U0140549

Hurcombe）主编的《性别与物质文化：历史视角》［*Gender and Material Culture: Historical Perspectives*，麦克米伦（伦敦），2000 年］。

注释

1. 关于建筑各流派的舒适观念的研究，参见 Witold Rybczynski, *Home: A Short History of an Idea* (New York: Penguin Books, 1987), vii。关于衡量舒适的建筑学努力，参见 T. C. Angus, *The Control of Indoor Climate* (Oxford: Pergamon Press, 1968); Reyner Banham, *The Architecture of the Well-Tempered Environment* (London: Architectural Press, 1969); P. O. Fanger, *Thermal Comfort: Analysis and Applications of Environmental Engineering* (New York: McGraw-Hill, 1970)。关于舒适观念的文化相对性，参见 Bernard Rudofsky, *Now I Lay Me Down to Eat: Notes and Footnotes on the Lost Art of Living* (New York: Anchor Books, 1980); Amos Rapoport, *House Form and Culture* (Englewood Cliffs, N.J.: Prentice-Hall, 1969); Brent C. Brolin, *The Failure of Modern Architecture* (New York: Van Nostrand Reinhold, 1976); Paul Oliver, *Dwellings: The House across the World* (Austin: University of Texas Press, 1987); Ronald G. Knapp, *The Chinese House: Craft, Symbol, and the Folk Tradition* (Oxford: Oxford University Press, 1991)。关 于 需 要（needs）的文化构成，参见 Don Slater, *Consumer Culture and Modernity* (Cambridge, England: Polity Press, 1997); Marshall Sahlins, *Culture and Practical Reason* (Chicago: University of Chicago Press, 1976)。关于舒适就座的"进展"，参 见 Siegfried Giedion, *Mechanization Takes Command: A Contribution to Anonymous History* (1948; repr. New York: W. W. Norton, 1969), 309–318; Galen Cranz, *The Chair: Rethinking Culture, Body, and Design* (New York: W.

目录

第一部分

传统的建筑舒适

第一章　宽敞的舒适：
堂屋与炉灶，内室与烟囱

中世纪对家庭舒适（domestic amenity）的定义把社会地位放在个人身体舒适（physical comfort）之上。比方说，14世纪关于神职人员住房的教会记录便使用"competent"（胜任）一词或其拉丁语形式 *competens* 来说明一处特别的居所对某一有俸圣职（benefice）的地位与财富的适用性。类似地，一本编年史写道，（约克）大主教乔治·内维尔（George Neville）将其最近改建的庭院庄园（courtyard manorhouse）布置得"相当宽敞而悦人"（ryghte *comodiously* and plesauntly）[1]——希望有王室驾临。这些措辞赋予家居环境与社会地位的和谐以高于主观身体标准的价值。1

在中世纪的物质文化中，作为一种价值或一个问题，身体舒适不享有优先权。乌尔里希·韦尔瓦（Ulrich Wyrwa）观察到，中世纪欧洲的各门语言"没有专门表示供给食物、衣服、住所等必需品的术语"；表示商品消费的术语最早是在具有重商主义性质的财政问题的讨论中发展起来的，比如"哪个会被收税"。英语中的"comfort"一词源自中世纪的法语"conforter"/"confort"（soutenir/encouragement，意为身体上或情感上的支持）。在18世纪中叶之前，"comfort"在被用作一个指称身体的名

---

[1] 本书中援引的不少文献包含中古英语和诺曼语等，与现代英语有异，故在括号中标明，请方家指正。——本书脚注均为译者注，以下不再说明。

词时，通常有药用或营养的含义。[2]

"不适"（*discomfort*）在中世纪强调的是肮脏，因为这个词在暗指不尊重。收录于威尔士故事集《马比诺吉昂》（*The Mabinogion*）中的 13世纪故事《罗纳布威的梦》（"Dream of Rhonabwy"），就描述了罗纳布威走进一座几近遗弃的长屋（longhouse）[1]和牛棚时的极度不适：

> ［罗纳布威和两个同伴］来到伊东（Iddon）之子卡都甘（Cadwgawn）之子黑林·戈赫（Heilyn Goch）的家里投宿。他们走近这座房屋，能够看到一个黑色的老旧堂屋（hall），堂屋有直直的山墙端，向外涌着浓烟（smoke a-plenty from it）。当他们走进去时，看见地板都是破洞，不太平整。有的地方隆起，甚至人都站不稳，再加上地板上的牛尿和粪便，就更容易让人滑倒了。在有洞的地方，男人得仔细检查自己的脚踝，那里水和牛粪搅在一起；还有大量被牛吃掉尖端的冬青树枝干。当回到了房屋的主楼层，他们可以看到光秃秃的布满灰尘的高台板（dais boards），一个干瘪的丑老太婆在高台旁加柴，因此，对任何活人来说，想要忍受这些浓烟进入鼻孔并不轻松……
>
> 他们检视安歇之处，当公牛吃光了它们头上和脚下的麦秸时，发现那里除了满是灰尘、跳蚤横行的麦秸头，以及旁支斜出的树枝粗大一头之外，再无其他。上面铺着一条破旧的灰红色毯子，线头都露了出来，跳蚤横行，毯子上面是一块粗糙的破旧床单，床单上有一个半空的枕头和肮脏的枕套。他们就这样入睡了。

中世纪的家政建议（housekeeping advice）会优先考虑防止像罗纳布

---

[1] 长屋，指英国旧式人畜共居的住宅，而非与之同名的北美部分印第安人的传统住宅，请读者注意区分。

威及其同伴所忍受的那种室内污秽。此类书中最全面是《巴黎家庭主妇》（*Le ménagier de Paris*，约 1393 年），该书表现的是一个年长的"资产阶级"给其年轻妻子的建议。它提供了一份对身体舒适与不适的异常丰富而具体的评估：

> 所以，你要仔细地关爱你丈夫，我祈求你让他穿上洁净的衣服，因为这是你的分内事，而且因为处理外事的麻烦都担在男人身上，所以丈夫们必须处处留意，必须来来去去，跋涉在风雨，以及雪和冰雹之中，此刻浑身湿透，下次身上干燥，时而流汗，时而打颤，吃不好、住不好、无处取暖、无处住宿。不要伤害他，因为支撑他的是这一希望，即回家后妻子会照料他，会带给他安逸、快乐和愉悦；会让他烤火，帮他洗脚，准备干净的鞋袜，让他吃饱喝足，照料服侍好他，晚上在洁白的床单里戴着睡帽入睡，裹着保暖的皮毛，还有一些快乐、欢娱、隐私、爱和秘密给他宽慰，这一点我就不讲了。第二天穿着崭新的衬衫和衣服……
>
> ……记住这句民谚，它说的是有三件事情会把好男人赶出家，即修补漏雨的屋顶、修补漏烟的烟囱，以及修理爱骂人的女人。

男人对舒适的物质需求包括干净的衣物、一张陈设讲究的床、一团明火，以及为他提供这些舒适的某人。目前，男人主要的不适来自滋生在其寝具（bedding）和房间的虫子——跳蚤、蚊子和苍蝇——而这位作者提供了几十种消灭它们的方法。[7]

在 15 世纪大量出现的礼仪书（books of courtesy）中，评估身体舒适的术语会特别涉及清洁（cleanliness）与整齐（orderliness），尤其是织物的清洁与整齐。对整洁（tidiness）的关注维持了有着开放空间的家庭中贵重物品的安全，并让多用途的空间能够用于不同的活动。要让桌子和内室

（chambers）令人满意，至关重要的是"打扮"（dressing）它们。饭菜供应的重点在于摆桌子时要小心，特别是在有块光滑的白色桌布的情况下。因此，把多余的食物扔在地上给看护狗吃是可以的，但吐在桌子上和用桌布清洁牙齿是不被允许的。提供洗手设施是好客的一个关键要素，这使得客人们在饭前就能洗手。当客人进来用餐时，一名仆人会带来一个水壶、一个水罐和一个盆子，另一名仆人会提供一条用于擦干的毛巾。另一种方法是在堂屋附近或里面放一个盆（lavour），以便客人自己洗手。就像身体舒适的大多数方面，个人卫生在教会机构中有着甚于世俗家庭的更繁复的重要性。所有修道院都有盥洗室（lavatoria），即修士们会在进入食堂之前于此处洗手的房间，其中部分盥洗室还有受水龙头控制的自来水。修道院也有茅坑，而私室（garderobes，用作厕所的小房间）更有可能在神职人员的住宅中找到，而非平民的住宅中，哪怕是在教区神父的级别上。[4]

但是在平信徒中间，就连有钱人都不需要太多用于个人住宿的家具。《巴黎家庭主妇》没有提及任何一个这样的例子，而黑林·戈赫的堂屋也是空荡荡的，因为他的家具他都可以随身携带。中世纪的词汇表使我们对家庭舒适所需要或渴望的物品有所了解，尽管其编纂者可能为了教学目的有所夸大。13 世纪初一位在法国教课的英格兰人，加兰的约翰（John of Garland），列出了一个绅士的房子所必需的家具："一张像样的桌子，一块干净的布，卷边的毛巾，高高的三脚架（tripods），坚固的支架（trestles），火把（firebrands），燃料原木，木桩，横杆，长凳，模板，扶手椅，木制框架和折叠椅，被子，垫枕和靠垫。"大多数用来描述家庭舒适的英语单词——诸如"chamber"、"tester"（床罩篷）和"parlor"——都源自诺曼法语，这暗示着它们的新颖性和它们在英格兰中世纪文化中的高贵属性。中世纪的家具设计优先考虑轻便（portability），这样的话，舒适就能跟随贵族的流动家庭——因此就有了"meubles"和"mobilier"这样的通用名称，它们后来指搁在一个房子中并使之适合居住的种种家具。在家具的需求和设计上，安全也是优先考量的指标。在中世纪的家居环境中，典型的家具是大箱子（chest），大箱子会被用来运输其他家用物品，特别是纺织品，并在旅行停止时提供一个坐下或睡觉的地方。[5] 拥有一张座椅（seat）是地位的象征，因此，家庭空间中少有椅子，而大多数其他坐具（seating furniture）——高脚凳和长凳——都缺少靠背（backs）。

中世纪的农民家庭往往完全没有坐具，对他们而言，用于准备食物的家具陈设比贵族家庭中的更为重要。尽管农民与贵族之间财富悬殊，但家具的类型却惊人的相似。一个能从自己拥有的土地那里维持家庭的富农，能够拥有"寻常的桌子、罐、平底锅和一块毛巾，一把银汤匙，一个 4 加仑和一个 12 加仑的黄铜罐，一张高脚凳，一个高脚酒杯（goblet），一块毛毯，两套床单，一张床垫，一个大箱子，一个保险柜，各种盛菜的餐具，一盏灯，以及一个窑或烤炉"[6]。富农以上阶层的差距在于家具的数量和质量，而非种类。

家庭的家具陈设支出主要用于织物、寝具和衣物，而不是家具。床上用品和织物提供了心理上和身体上的满足：它们表明了地位，显示了财富，并提供了抵御各种自然因素的保护。从 12 世纪一直到 17 世纪，关键的家庭便利设施就是寝具。在盎格鲁—撒克逊社会中，床是一个塞满东西的麻布大袋，放在凹室（alcove）中的一块木板或一张长凳上面。它既是一个地方，又是一个物体。诺曼人把带罩篷的床（tester bed）发展成了一种固定装置，能够用来支撑织物的帐篷状外壳。至少从 13 世纪起，人们开始用羽毛或绒毛而非麦秆来填充寝具，并用几层特殊的纺织品覆盖之："首先，在床上铺一张绗缝（quilte）；在这之上放一个长枕（bolster）；再放上一张床单 [a quilte poynte or raye（counterpointe, or counterpane）]；在这上面，床头的位置，放上枕头。然后把床单扔在上面，整张床都盖上了床罩。"

寝具而非床架（bedstead）赋予床以价值和声望。直到 19 世纪初，寝具上的创新才涉及对面料的展示，而不是床垫或床垫支架的设计。寝具的展示对于传达主人的地位非常关键，因为床是一个社交的场所，而不只是隐私的场所。在坐具的使用变得频繁之前的好几个世纪里，床提供了一个交谈和接待客人的地方，客人可以站着或坐在任何可及的水平面上，包括地板。[7]

衣物提供了抵御各种外界因素的必要保暖。正如住宅和家具的种类在整个社会范围内都相对同质——但其抛光成本和尺寸存在巨大差异，在中世纪的欧洲，人们穿上身的大多数衣服都是同一种类的，然而其数量和材料成本却存在很大差异。妇女和男子、平民和宗教人士、富人和穷人——全都在衬衫和男式紧身裤（hose）上穿着不同长度的类似直筒式连衣裙的束腰外衣（shiftlike tunics）。斗篷提供了进一步的保护，特别是如果内衬皮毛的话，而皮毛有很多种类，包括了貂皮和羊毛。这些基本服装的变化允许贵族服装存在性别差异（gender distinctions），从 12 世纪开始，女性衣物更适合上身，而男性的束腰外衣在 14 世纪中叶之后变得更短。[8] 舒适主要与织物及其清洁度有关，而非与房屋本身有关。

炉灶与堂屋的社交融入

中世纪的堂屋及其开放的、无烟囱的炉灶为研究体现了近代早期舒适观念（特别是关于温暖和照明的基本舒适）的建筑，提供了一个起点。很长一段时期内，从罗马帝国衰落之后的中世纪初到至少是 16 世纪，在大多数地区和社会团体中，欧洲人的家庭空间拥有一项共同特征：堂屋。不管住宅规模如何，这个单独的房间都为家庭、社会、生产和管理用途提供了重要的空间。[9] 虽然替代空间（内室）和设施［带烟囱的壁炉（chimney fireplace）］得以发展，而它们在住宅文化中的重要性也得以提升，但是直到 16 世纪，它们才从堂屋和炉灶的组合中夺取了建筑重心的地位。事实上，有炉灶的堂屋和有带烟囱的壁炉的内室在中世纪晚期依旧是设计家居环境的可行选择。事实上，在自耕农和小贵族中间，堂屋 / 炉灶的设计在 15 世纪变得更加精细。这些模式表明，堂屋 / 炉灶是民房建筑的一项可以自由决定的特征，而不是必然的倒退。

堂屋的基本便利设施是一个中央的明火灶——靠近房间中心的地板上有一团未封闭的火。中世纪欧洲的大多数乡村住宅没有烟囱。拥有一个中央明火灶的堂屋可以直通屋顶，在那里，上方或山墙上的护窗烟孔（shuttered smoke holes）会将烟排出。炉灶对面墙上的窗户和堂屋一端有对门（opposing doors）的交叉通道（a cross passage）可以控制气流，并平衡对空气和光亮的需求。火把空气从门里抽出来，然后烟从窗户、烟孔和 louvr（法语"louvr" = 木封条上的开口）排出（见图 1.1）。中央明火灶暗示着热量与光线（明火，或是从室外通过烟孔、窗户或门口进入的阳光和夜色）这两种要素之间的一种直接关系。家庭便利设施的这种基本特质，从英语单词"hearth"的词源中便可见一斑，该词源于盎格鲁—撒克逊语中的"heorþ"，一个指涉"earth"（土地）的单词。贵族文化和农民文化都容易接触到土地。如果人们能在室外，他们将会干活（包括烹饪、烘焙和酿造）、玩耍、娱乐，以及狩猎。明火灶也适合中世纪的室内休闲活动，例如不需要良好视野的国际象棋和音乐。[10]

大多数研究物质文化的历史学家把明火灶当作不合理、功能失调的设计。由于没有烟道控制火花和烟雾，明火灶似乎天生就容易引起房屋火灾和呼吸道疾病。因为堂屋中央有个明火灶，所以，当人们在这个房间里走动时可能会把衣服烧着，而在地板上爬行的婴儿可能会把自己烫伤。据说，一个明火灶会使一栋房屋沾满煤烟子、烟气弥漫。事实上，对与取暖和照明有关的家庭通风的人类学研究表明，许多种文化已经发展出了复杂的设

图1.1　肯特郡彭斯赫斯特（Peenshurst）的堂屋与明火灶。从高台上俯瞰的景象包括入口通道（passage screen）、巨大的屋顶横梁、固定的桌子（*tables dormants*）和炉灶。

John Henry Parker, *Some Account of Domestic Architecture in England from Edward I to Richard II* (Oxford: John Henry Parker, 1853), 卷首插图。

计，用于在使用明火灶取暖的同时保持空气的新鲜。同时研究也表明，在部分文化中，烟气弥漫的室内被认为是值得拥有的。[11]

　　历史学家们对中央明火灶所持的以种族为中心的过时理解，使中央明火灶在北欧文化中的象征意义及其在定义家庭舒适方面的积极作用打了折扣。无论按照字面意义还是其比喻意义来理解，堂屋与中央明火灶的结合都是中世纪家庭的中心。最早记录在案的一句英语谚语（约为 1300 年）

就指涉了与一个人的炉灶有关的幸福："Este bueth one brondes（自己的火是宜人的）。""侍灶者"（Hearthmen）则是有幸和他们的领主一起坐在明火旁的侍从。在英格兰农民的习惯法中，继承人继承的房屋（tenements）不是指住宅，而是指炉灶：它们是 astriers（astre= 炉灶）[1]。类似地，表示寡妇财产权（dower rights）的一个术语，"free bench"（寡妇的财产权），指的是其靠近炉灶的受优待的位置。诸如 fire-house 这种由炉灶衍生而来的词汇，将堂屋确认为一处建筑空间，而堂屋指的是整个家庭建筑群（entire domestic complexes）。诺曼征服之前的威尔士与盎格鲁－撒克逊时期的诗歌，将堂屋的明火和使用它的领主的活力紧密地联系在一起。在一种频繁为人引用的类比中，比德（Bede）[2] 在 8 世纪写的史学著作详细地对比了人类的生命与一只鸟，那只鸟在觥筹交错的席间短促地穿过贵族的堂屋：

> 噢，陛下，在我看来，现世的生活与我们不可知的时间相比，就像一只麻雀飞进了屋里又很快飞出去了一样：您和您的大臣及仆从冬天坐在这里吃饭，而堂屋中央的火炉把屋子烤得一片暖和，外面到处雨雪交加。麻雀从一扇门里飞进来，又马上从另一扇门飞出去，人们在房间里看得到它[3]的时候，它不受冬日风雪的侵袭，可舒适的天气是那么短暂，它立马又消失您的视线中，遁入了来时漆黑的冬天。

比德假设自己的听众能够轻易想象一只鸟从房子的一边飞进，在另一边飞出。[12]

比德的类比也表明中央明火灶如何与贵族的庇护身份相匹配。堂屋的纵轴确立了堂屋"上"端（即远离入口）的主导地位，在人们走进来的下

---

[1]　astriers，指具有合法继承权的居住者。"astre"源自诺曼法语中的"atre"（炉灶）。

[2]　比德（Bede Venerabilis，约 673—735 年），英国盎格鲁－撒克逊时期著名历史学家、神学家，被誉为"英国史学之父"。

[3]　原文如此，指麻雀。

端（lower end）之上。户主可以落座于上端，那里通常有一个高台，有时会用布或木制罩篷（wooden canopy）盖住。中心位置的炉灶将客人按照接近房屋主人的程度划分为对等的级别，同时为一个群体提供一个焦点位置。明火灶的空间关系内在地是社会性的和等级制的：它定义了具有不同特权和地位的单一空间。堂屋标志着领主提供庇护和小贵族提供服务的互惠。自加洛林时代以降，贵族的家庭空间与家庭组织具有同构性，使得小贵族在陪同其领主［在餐桌、在卧室、在酒窖（饮酒）和在马厩中］的过程中将其个人提供的服务变得更井然有序。[13]

作为一种社会空间，堂屋促成了公权私用的封建实践（feudal exercise of public power in private hands）。相应地，在罗马社会中一直是私密活动的进餐，到了中世纪出现在堂屋里，而且是在非家庭成员的陪伴下进行的。在公共场所用餐（宴席）是贵族堂屋设计的关键考量因素，而贵族堂屋是中世纪的家庭建筑的核心。在堂屋用餐要求人们的饮食举止合宜且谨慎，以便观察家庭内外人物的地位。进入堂屋的门白天要一直开着，以便采光和表示好客。向城镇居民和修道社区及农村家庭提供招待的必要性在于：他们也需要一个提供灵活的住宿条件的类似堂屋的空间，而从 13 世纪晚期到 15 世纪，中世纪的城镇房屋通常都有明火灶。[14]

堂屋／炉灶组合在建筑中的重要性一直延续到整个中世纪，甚至是当房屋的设计在材料、结构和平面上都发生了根本性的变化时也是如此。随着石质地基取代了孔内立柱框架（post-in-hole framing），对建筑材料的投入变得更大，而木材框架也越发广泛地替代半永久性材料建造的墙体，比如泥笆（wattle-and-daub）[1]、泥浆和玉米穗轴（cob）。这些材料符合新的结构设计，尤其是楼上的内室和单拱堂屋，后者的屋顶采用了大量精心

---

[1] 泥笆，一种建筑材料，先用枝条搭建框格，再涂上黏土、湿土、动物粪便等混合物。

架构的木材。房屋平面图设计了更专门化的空间，有着客厅（parlors）和娱乐用的大内室，以及一种包括了同一建筑内除堂屋之外用于烹饪和食品储存的区域的单体模式。

益格鲁—撒克逊语中一度缺少用于指定一幢建筑为一个家宅的术语。"heorþ"（炉灶）和"búr"（凉亭）被用来指代家庭空间。益格鲁—撒克逊式的堂屋是一种模块化的建筑，柱子作为主要的结构构件被安插在地面上，墙壁则采用被涂抹过的瓦片或铺有草皮的板材。各个家庭根据自己的需要复制了这些谷仓状的建筑，以便用于睡觉、做饭、饲养牲畜和储备粮食。访客和家仆睡在堂屋里，而领主的家人睡在单独的建筑中。与诺曼征服之前的英格兰不同，在法国北部，权贵经常将两层砖石结构的"内室楼房"与独立的地面堂屋联系在一起。这种法式偏好显然起源于加洛林王朝的宫殿，这些宫殿的礼堂（*aula*）在一楼提供服务，堂屋（*salle*）则在二楼提供招待。

这种常常借鉴修道院建筑模式的两层楼的石砌内室，成为13世纪的英格兰和威尔士贵族住宅的著名设计，但是，低等级的骑士们很少将其用作住所。相反，12世纪和13世纪的英格兰的庄园宅邸使人想起益格鲁—撒克逊人那些谷仓式的堂屋和附近的房间都在底层的设计。否则，庄园宅邸有时候会使用其堂屋的一个隔间，以便在同一片屋檐下提供一个用作堂屋炉灶的内室。这种"单体模式"的使用在小庄园宅邸中变得越来越频繁。益格鲁—撒克逊词语"*hall*"的持续运用与带前厅（vestibules）的底层堂屋的延续相一致，尽管来自法国典范的二层住宿条件享有盛誉。"*Salle*"，是上层堂屋（upper-level hall）的诺曼法语词语，中古英语并未采纳，而"*manor*"（庄园，法语为"*manoir*"）成了指代整个住宅综合体（residential complex）的术语。[15]

在12世纪晚期，主教们的邸宅（palaces）开始提供堂屋设计的更详细例子，其原则是用于睡觉和准备食物的家庭空间应该附属于堂屋及其炉灶，并与之分隔开来。他们给堂屋加上了单独的酒贮藏室（butteries，用于储存和享用酒水），而酒贮藏室上方通常有顶层房间（solars，私密的上层内室），顶层房间要么作为山墙的附属，要么作为堂屋隔间（bays）的一部分。一扇屏风将这些额外的家庭空间与堂屋的主空间分隔开，一道门穿过屏风，通向一条横通道（cross passage），而通道提供了从外界进入堂屋和服务区域的途径。14 世纪，随着单拱堂屋取代了过道堂屋（aisled halls），庄园宅邸通常将睡觉和服务的空间分隔在堂屋的两端。一条进出通道会将堂屋连同其明火灶与堂屋"下方"［也即下端（lower end）之外］的空间隔开，而后者不需要供暖。在贵族家庭中，这些空间是酒贮藏室和食品储藏室（pantry）。在农业家庭中，这些空间可以是用于诸如生产乳品、酿造或编织等家庭生产的服务室（service rooms）；或者那里还可以有一间用于养牛的牛棚。这种布局与中世纪晚期住宅与身体之间的种种类比相一致。14 世纪的法国外科医生亨利·德·曼德维尔（Henri de Mondeville）区分出了身体的两个层次，二者分别与贵族家庭的堂屋和服务空间类似。作为基础的下半身是一团火，为高贵的上半身准备营养，并清除不高贵的部分："下方的炉灶的用途是烹调有营养的体液，而且很像大的灶火，它是为了缓慢燃烧、煨汤和文火烹煮其他农家菜而设计的；然而，上面的楼层包含一团熊熊燃烧的火焰，让人欣喜若狂。"[16]

在 13 世纪，谷仓式和庄园式堂屋都开始注重持存性，有石墙支撑着过道堂屋上方的大块木材。随着粮食价格的上涨，领地（直接为了领主给的收入而耕作的庄园土地）的耕种变得更为密集，领主将其投资集中在更小的庄园和更大的谷仓上。拥有尽可能大的开放空间依旧是领主们的住宅设计中的优先事项，特别是在此前的威斯敏斯特教堂的过道堂屋于 14 世纪中叶以单拱重建之后。悬臂托梁屋顶（hammer beam roof）标志着过道堂屋的黯然失色，因为越来越多的木匠用它建造完全开放的堂屋，而不是用一排排柱子支撑屋顶的过道堂屋。更大的庄园宅邸开始在两层侧厅的堂屋两端设置了起居室和服务室。然而，对与过道堂屋相关的大量木工的赞许仍在继续，而投入贵族家庭建筑的大部分精力都集中在从开放堂屋内可以看到的屋顶木材的设计上。[17]

这些过道堂屋的大部分替代者保留了作为堂屋热源的中央明火灶。堂皇威严感与令人印象深刻的屋顶木材有关，这就推动了明火灶的使用，因为要展示这种堂皇需要一个直通屋椽的房间。在 13 世纪晚期，精心制作的陶制天窗作为堂屋的通风装置（图 1.2）被引入，这标志着中央明火灶继续得到接纳。这样的改造意味着明火灶是带烟囱的壁炉的替代品，而非一种退化的设施。天窗术语的不断变迁（*fumatorium*, *fumerillum*, *fumericios*）标志着这种新的建筑改进的创新性。除了用于通风和采光的玻璃窗户之外，天窗也是一项重要进展。百叶窗不仅能让明火灶排烟，它还能从人的头顶上方采光，同时保护室内免受雨水和交叉气流的影响。在中世纪晚期，明火灶没有过时。相反，人们（既包括传统上这般行事的贵族，又包括绅士和自耕农）继续建造直通屋顶的堂屋。

内室与空间排除

就其对家庭空间进行相对专门化的作用而言，内室在中世纪住宅建筑中并不常见，但确实是必要的。英格兰的住宅文化认为，应该有一个独立于堂屋的家庭空间。因此，在《修女的神父故事》（"Nun's Priest's Tale"）中，乔叟甚至在一个可怜寡妇的"狭窄的农舍"（narwe cotage）里给了她一个私人空间："她的卧室和堂屋漆黑一片。"（Ful sooty was hir boure and leek hire hall）在盎格鲁—撒克逊语中，"*búr*"（bower）一词指的是不同于堂屋，并特别用于隔离妇女及其活动和用于储存的空间。

图1.2　天窗。天窗昭示着房屋里存在一个有中央明火灶的堂屋；天窗可以排烟，并在保护窗下的人们不受风雨侵扰的同时实现采光。

L. A. Shuffrey, *The English Fireplace* (London: B. T. Batsford, 1912), 7.

在盎格鲁—撒克逊时期，以及诺曼征服后不久的英格兰，贵族家庭通常有独立的建筑用于封建堂屋（feudal hall）和妇女的家庭空间。当乔叟使用"chamber"和"bower"指除了堂屋之外的一种空间时，他正在使用一个新的英语词。"chamber"来自法语"chambre"，后者的拉丁语词根［"camera"意为拱形天花板（vaulted ceiling）］可以指任何房间。在中世纪法国家庭建筑中，自11世纪以降，二层的家庭空间就与富有的、非农业家庭联系起来。最初，通往顶层房间的楼梯都在外面，以防有人从堂屋随意进入，从而增强了堂屋的可防御性。诺曼征服之后的英格兰庄园宅邸继承了这一设计。在13世纪，当英格兰的庄园堂屋通常位于底层时，内室却依旧位于二楼，并与更高的地位和更多的财富联系起来，无论主人是贵族，还是来自城市及修道院。这个词在英语中的使用肇始于14世纪初，当时它指的是一个通常有寝具的私密所在。"chamber"和"solar"在14世纪成了同义词，因为就像顶层房间，内室可能是在楼上，而闺房是一楼的房间。在英格兰中部地区和北方，"chamber"一词在15世纪之前并未被使用；后来，该词把楼上的房间和客厅区别了开来，"parlor"开始指位于一楼用来睡觉和娱乐的房间。显然，这些地区的堂屋先前都搭有床铺。[19]

堂屋和内室的用途既存在冲突，又是互补的，而它们各自的设计也独立地发生了变化。在中世纪，妇女隔绝原则的应用大大增加了内室的数量，而堂屋在彰显地位的功能方面的变化则相对更少一些。贵族总体来说有理由强制将妇女相对隔绝在其家庭之外：负面的理由是在一个有许多单身男子的家庭里，妇女被视为冲突的催化剂；正面的理由则是将这些单身汉服侍领主的机会最大化，以便他们享受领主的恩惠。中世纪的贵族家庭里90%的人都是男性，从管家到厨师，不一而足。就连家中的高等仆人都被禁止在家中拥有妻子，而妇女很少会成为客人，哪怕是陪同贵族访客的女眷。除了贵族妇女之外，一个家庭中可能存在的妇女只能是洗衣妇和服侍领主妻女的侍女。妇女并不经常出席宴会，她们被认为应该在内室里用餐。当妇女参加堂屋中的宴会时，她们会在随后的饮酒环节之前离席。[20]

独立的家庭空间中的隐私与妇女紧密相关，因为堂屋包含了一些贵族规矩。1117 年的一份对佛兰德斯一栋尤其令人印象深刻的诺曼式住宅的记录描述了一个二层堂屋，旁边有一个"领主和他的妻子睡的大内室"。堂屋旁边是间"侍女和孩子的宿舍"，而大内室里是"一个特定的私密房间，在那里，在清晨或傍晚，或生病或放血时，抑或是给侍女和断奶的孩子取暖时"，他们会生火。至于是在明火灶还是在带烟囱的壁炉里生火——或者，考虑到不定期使用，更有可能是火盆（brazier）——记录没有给出，但是，生火取暖显然是出于对基于居住者长幼程度和性别的隐私的关注。[21]

在城堡中使用"内室"突出了它在将女性，特别是领主的妻子和女儿从堂屋中分离出来的作用。堂屋中绝大多数都是男性。在 13 世纪的诗歌中，城堡是一个监视有吸引力的妇女的地方。在中世纪晚期，一个家庭为妇女提供单独的家庭空间的能力依然暗示着其有着较高的社会地位。对妇女的室内陈设的投入与她们远逊贵族男子的流动性（因此基本上是定居的特性）相一致。考虑到 13 世纪男爵们在各自领地的外勤公务，贵族妇女很有可能长期住在任何一座特定的城堡里（图 1.3）。[22]

内室最终成为与身体舒适有关的空间，但在中世纪的英格兰，它们主要服务于所有家庭都适用的安全原则和妇女隔绝原则。内室为家庭的领主和 / 或女士及其享有特权的同伴和随从提供了从堂屋中撤离的空间。房间的室内陈设和活动与日俱增的重要性并不意味着不拘礼节和随意的舒适。在 14 世纪和 15 世纪，随着大内室变成了一个可供选择的娱乐空间，家庭的仪式和庆典变得更加精细和认真。[23]

图1.3　内室和女性的隐私。织物奢华地容纳了克里斯蒂娜·德·皮桑（Christian de Pisan）、巴伐利亚的伊莎博（Isabeau of Bavria）和她们的随从。

Manuscript collection, Harley MS 4431: f. 3, the British Library。

牛棚与乡土福祉

在盎格鲁—诺曼时期的英格兰，农民和领主房屋里的附属空间在其对他们社会地位的暗示方面有所差异。对领主来说，唯一重要的附属空间是内室，用于家庭隔离（domestic sequestration）；对农民来说，唯一重要的附属空间则是牛棚，牲畜在那里饲养，原材料在那里加工。在社会的乡村层面，在同一屋檐下饲养牲畜是富有而非贫穷的标志。在诺曼征服之后，英格兰农民住宅上主要的设计变化，包括了牛棚与一个类似堂屋的"长屋"的连接。在 12 世纪之前，有牛棚的房屋在英国很少见，但到了 14 世纪，这种房子在英格兰南部几乎遍地开花。随着经济的繁荣，这种"带牛棚的房屋"（byre-houses）的数量在不断增加。在黑死病过后人口减少之前，带牛棚的长屋的拥有者很可能会成为农奴，但是，他们的物质境况优于其自由的邻居。长屋标志着拥有牲畜的农民相对于更贫穷的农民的繁荣，后者生活在有一两个房间的小茅屋（cott）里。住茅屋的家庭可能占 13 世纪乡村的大多数，但他们没有牲畜和犁来耕种村庄的田地。相形之下，长屋代表的是经济竞争力，尽管长屋的家庭住宿水平与茅屋的相差无几。这两种情形下的家庭空间大小和布局都差不多，在类似堂屋的房间里都有一个明火灶，在山墙那端都有一个门厅（图 1.4）。[24]

在同一屋檐下容纳牲畜与人的带牛棚的长屋，出现的时候正逢建筑业的关注中心转向了更长时间的持久性。草皮房（Turf houses）没有窗户或专门的排烟设施。带石墙的房屋现在有了采光口，其中有些房屋的炉灶上有泥笆防火罩（wattle-and-daub fire hoods）。各种各样的建筑特征也越发将人类的空间与牲畜的空间区分开来。早期的牛棚通常没有分隔人与牲畜的隔板墙（partitions），但在石头建筑中，可以建造不同高度的隔板墙或带门的整面墙来分隔房屋和牛棚，同时允许房屋与牛棚之间的直接互通。入口通道的对门可以错开，这样的话，供牲畜进出的门就更靠近牛棚了。带牛棚的房屋的"上端"（与牛棚排水口的一端相对的那端），通常会有一个单独的凸起空间，用来睡觉和 / 或储藏。随着这些差异的出现，"home"一词的含义从指涉农业社群（agricultural community）转移到了个人家庭的住所。[25]

正如贵族们的堂屋的情形，中世纪农民住宅的空间功能和物理居住环境的变化远远小于其建设标准的改变。许多更坚固持久的房屋都是长屋，其中的大多数仍然使用中央明火灶，并有土方地板（earthen floors）和未安装玻璃的窗户。建筑质量得到改善，特别是在与曲木（crucks）、门和护窗有关的木工方面。曲木只用单独一块巨大的木料就能提供相当于墙和屋顶框架的东西，它体现了一个地主的富裕，他能够负担得起一栋建筑所需的两对曲木。木造屋顶强调农民住宅建设中对持久性的高度重视。在大木料投入使用之前，农民们已经用覆盖着茅草或草皮的粗略切割的树枝给他们的房屋盖上了屋顶。[26]

　　在12世纪和13世纪，砖石城堡在世俗建筑中占据优先地位。这一时期，住宅建设的持久性与社会地位密切相关。在诺曼入侵之前，英国几乎所有家庭建筑都以非永久性建设为特征，包括庄园和宫殿。事实上，在英格兰

图1.4　带明火灶的长屋。这张德文郡东部一栋中世纪房屋的草图向我们展示了经典长屋的全部要素：服务区和生活区之间的联络排送风道（cross-passage），一座砖石铺地的堂屋中的明火灶，经由一堵半墙（a half wall）与堂屋隔开的房间，而这堵半墙使房间能够与堂屋共享热量，未安装玻璃的带栅栏的窗户，山墙中用来排烟的通风口，以及巨大的屋顶用木料。
M.W. Barley, *Houses and History* (London: Faber & Faber, 1986), 159.

东南部，几乎没有 13 世纪之前的农民住宅遗存下来，而在英格兰高地和威尔士的一些地区，也没有 17 世纪之前的农民住宅遗存下来——这是对这些地区永久性建设工程的年代的粗略估计。考古遗迹显示，非持久性材料造就的房屋——玉米穗轴或草皮砌的墙，由安插在地面上的灯杆（light poles）加固。这样的房屋通常要求每 10 年到 20 年就进行重建。[27]

13 世纪农民住宅开启了对建筑持久性的追求，伴随着人群定居地区的需求增加所激起的粮食价格的上涨，以及在可以围住的公地和荒地地区中更为密集地开发农业用地的做法。这种新的对建筑持久性的追求也与村级社会分化程度的增加相一致，因为每个村庄都有少数家庭积累了土地，并从当地的庄园和修道院获得有利可图的租赁权。在 14 世纪初，这种家庭通常不再住在带附属牛棚的长屋中了，而是开始住进由房屋、谷仓和牛棚组成的庭院群（courtyard complexes）。这些"农场住宅"将生活空间与农业空间分割成独立的建筑。由于这种农场住宅的数量越来越多，带牛棚的长屋的盛行态势有所衰落。但是在英格兰高地，带牛棚的房屋持续使用至 17 世纪，而它们的数目在北方部分地区还有所增长。[28]

在黑死病之后，更难获得租赁权的佃户，可以通过谈判获得更安全的保有权[1]，这进一步鼓励了永久性住宅和附属建筑物方面的投入。对永久性住宅建设的投入节省了与土方结构相关的维护费用。永久性建设的乡土住宅有别于茅屋，后者是由有偿劳动力用买来的材料建造而成的，而不是占有者使用庄园土地上的废料建造而成的。用比泥土和黏土更牢固的材料造就的墙体可能更高，因此，房屋不需要凹陷的地板就可以有高到足以允许存在中央明火灶的屋顶。黑死病的幸存者还能进一步积累土地，为自己争取有利的租赁条件。领地农业（demesne farming）的集约化在 14 世纪

---

[1] 保有权（tenures），债权的一种形式，指债权持有者对其获得的财产拥有的权利，这种获得不一定来自购买，还包括租赁、合作、集体拥有等途径。

发生了逆转，土地越来越多地被出租给每个村庄特别富裕的农民，这些农民已经积累了足够的土地，如此他们就可以通过提供资本来使大规模的租赁变得有利可图。这些更富有的佃户可以效仿绅士的物质生活标准，特别是以庄园堂屋为代表。到了 14 世纪晚期，在英格兰东南部富裕的农民家庭中，两侧有内室，两头有服务室的开放式堂屋的建筑格局频繁出现。这些建筑显然借鉴了绅士规模更大的房屋。因为今天有数千座得以幸存下来，所以在 15 世纪和 16 世纪初必定已经建造了数万座，它们在这一层意义上是在当时非常流行的。[29]

在农民对房屋的结构、空间和功能进行重新设计之后，他们依然使用中央明火灶。的确，这些房屋中新的设计优先事项与中央明火灶的使用相适应。一间长屋屋主的能力尤其体现在他对支撑一个类似堂屋的房间的高屋顶的曲木的投入上。在 14 世纪晚期和 15 世纪，成千上万户英格兰农民家庭通过投资在石地基上建造曲木或梁木结构的房子，使自己与乡村同胞区别开来。这些房屋通常被分隔为两三个部分，每个部分都由一个砌上明火灶的堂屋和一到两个内室组成。在英格兰北方和中部地区，房屋是单层的；在东安格利亚（East Anglia）和肯特郡，堂屋和二层内室的结合更为频繁。15 世纪和 16 世纪初英格兰东南部地区的威登庄园（Wealden house）有两层侧厅和使人联想起城市住宅的悬挑式临街面（jettied front），它像极了庄园宅邸而非长屋，然而堂屋一直开到了屋顶，并往往有一个明火灶。英格兰北部的农民从一开始建造大型开放式堂屋时就偏爱防火罩，这证明了中央明火灶被广为接受的情况。在那里，板条和灰泥制的防火罩的大小占据了堂屋内部的一部分空间，在这中间是个明火灶，家庭成员围着明火灶坐在高背长靠椅（highbacked settles）上，这些高背长靠椅进一步围住了整个空间。[30]

对建筑改进措施的广泛模仿让中央明火灶得以不断流传。从 14 世纪到 16 世纪有许多谚语都承认火和烟必须共存：

> 不生火，即无烟。
>
> 无火，就无烟。
>
> 自家烟胜过他家火。

在自耕农中间，明火灶适合一个令人印象深刻的曲木造就的堂屋，正如在更朴素的农民家庭中间，它适合带牛棚的长屋。长屋与拥有独立的谷仓和马厩的农场住宅共存。在中世纪时期，与设计的演变相比，这些差异与相对财富的关系更为密切。类似地，财富的差异而非设计的演变更有力地解释了长屋之中的变化。13 世纪明显的设计元素，比如三室结构，人用的空间与牲畜用的空间之间的隔墙和墙壁，供人及牲畜用的分开的入口，以及可以加热内室和堂屋的壁炉，几个世纪以来一直与明火灶相伴。[31]

烟囱与隐私

在 13 世纪和 14 世纪，带烟囱的壁炉在英格兰的住宅中出现得频繁起来。对建筑史学家和物质文化史学家来说，它们的被采用看起来是如此自然而然，以致这一点很大程度上并未得到审视。带烟囱的壁炉已经变成基本文明舒适度的一个标志。事实上，烟囱一般不是中世纪的舒适观念的前提条件。带烟囱的壁炉在中世纪英格兰的使用视具体情况而定——在所有宗教机构中的个人住所、用作住宅的城堡、用于看护贵族妇女的空间——这与在其他社会空间中继续使用中央明火灶的情况是相匹配的。[32]

作为一种英格兰家庭供暖的设施，带烟囱的壁炉的起源鲜为人知。烟囱在法国家庭建筑中的使用比在英格兰更早，也更广泛。在 12 世纪的法国，除了城堡之外的房屋里也常常见得到烟囱，而"屋顶上高耸的烟囱可能比英格兰早一百年就普及了"。英语单词"chimney"极有可能源于法语"*cheminée*"，后者的词源据信来自拉丁语"*caminus*"，它与家庭和制造火炉有关。另一个词源候选词是"*chemise*"，指的是从烟罩（mantle）那儿悬挂下来的一块布料，用来使烟不漫出烟道。法语从 12 世纪开始就在现代意义上使用"*cheminée*"一词；英语开始使用"chimney"一词的记录则在两个世纪后。这些用法上的差异既表明了这种装置的法国起源，又揭示了其在中世纪的英格兰相对稀少的情形。盎格鲁—撒克逊语中没有对等的词；"*fyr*"同时指火和炉灶。[33]

利用烟道排出明火的烟的技术——烟囱——可谓由来已久，但是，它并不用于罗马的家庭供暖。罗马人的家庭建筑使用完全开放和完全封闭的火供暖。罗马人的家庭会在中庭（*atrium*）用餐，而中庭指的是一个用明火和火盆释放出的黑烟（*ater*= 暗黑色）来命名的、部分盖上了屋顶的庭院。烟道（*evaporatio fumi* 或 *exitus fumi*）在古代被用作将烟从烘炉（bake ovens）和加热火坑（古罗马的中央供暖系统）的火炉那儿排走，以及增加诸如用于金属加工和制陶等加热工作的火炉内通风的一项手段。这种烟道将火炉生成的烟排掉，这种火炉被称为"*caminus*"；它跟家庭没有关系，因为罗马人的房屋里没有带烟囱的壁炉。实际上，在罗马治下跨阿尔卑斯山的诸省，所有别墅都使用了火坑，此外还有可移动的火盆和明火灶，这些火盆和明火灶通常能给阿尔卑斯山这一带的罗马地区的别墅供暖。中世纪的拉丁语会用"*caminus*"一词指带烟囱的壁炉，并用"*caminata*"一词——源自"*camera caminata*"——指拥有带烟囱的壁炉的房间。

家庭舒适的教会来源

关于中世纪欧洲可能使用了带烟囱的壁炉给生活区供暖的情况，瑞士圣加尔修道院（St. Gall）从 9 世纪 20 年代起的改建计划提供了一个几乎独一无二的、最为丰富的早期参考记录。改建计划使用了罗马人的各种供暖技术。无烟囱的火炉等可以加热浴缸，并为厨房提供灶火。类似火坑[1]（Hypocaust-like）的设施给这个计划的医务室和见习室（novitiate）供暖。但是，那些计划也要求在修道院院长的房屋、小旅馆、放血屋和医生的房屋中设置带烟囱的壁炉（caminata），这些场所都是幽闭区（claustral precinct）外相对私密的空间。修道院的大多数官员的住处都有壁炉，不过，没有官职的工匠和僧侣住处都没有壁炉。[34]

这种设计的起源仍然是一个有待推测的问题。5世纪修道主义的扩张原本可以作为从近东向北欧传播的媒介，不过，源头究竟在何处依然只是一种猜测。早期的烟囱在炉灶上方都有类似烘炉的锥形罩（ovenlike conical hoods），根据词源和形状推断，烘炉可能是圣加尔修道院带烟囱的壁炉的设计来源。圣加尔修道院的烟囱设计对其他修道院的影响，以及对家庭空间的普遍影响，同样也是假设。在9世纪早期做出的这般描绘之后，几个世纪以来，西北欧的家庭空间中再也没有关于烟囱的进一步说明了。当带烟囱的壁炉的记录变得不那么少见时，在11世纪的法国，火坑已经从北欧的建筑词汇中消失了，尽管从阿尔萨斯向东的德意志地区已经开始使用火炉。截至彼时，西北欧的修道院的暖房（warming rooms）是由火盆或明火灶供暖的。[的确，圣加尔修道院大部分有带烟囱的壁炉的建筑也有一个中央明火灶（locus foci，壁炉），壁炉上方有一个用来排烟的中央天窗（testu）。] 因此，很明显，在中世纪早期，家用壁炉的烟道，其原理是来自古代的技术，而北欧的建筑技术与房屋中的烟道的使用是兼

---

[1] 火坑，罗马人的供暖装置，做法简述如下：用黏土制作出一系列的空心柱，将这些空心柱放在活动地板下，彼此间隔数英尺，以便炉子产生的热空气和蒸汽从这些空隙间穿过，并被输送到另一个房间。这种装置的优势在于，由于地面是凸起的，所以炉子产生的热空气不会进入房间，而是通过空心砖输入墙壁，使房间变得暖和起来，同时避免了烟和火可能引起的火灾风险和健康问题。

容的，可显然，大多数中世纪家庭拒绝采用烟道。[35]

类似圣加尔修道院这样的修道机构代表的是对传统文化和生活的日常标准的拒绝态度。在建筑中，这种考虑为不同的家庭活动提供了不同的空间——祈祷、吃饭［食堂（frater）］、睡觉［宿舍或寝室（dorter）］、洗漱［盥洗室（lavatorium）］，甚至排便［修道院后的厕所（reredorter）］。这种空间表达与世俗住宅中空间的多用途使用形成了鲜明对比。尽管修道院在大多数活动中也使用类似堂屋的空间，不过这些堂屋有其专门的用途。同样，修道院从世俗建筑中搬用来的内室提供了比在大家族家庭中更多的个人隐私。[36]

修道院的住宿安排为平信徒提供了可以效仿的模式。客厅最初只是将修道区与外界隔开的通道。外厅（outer parlor）将管窖人（cellarer）的活动范围与外界的供给连接起来，而位于临时寝室（subdorter）一端的内厅［inner parlor，修道院会客室（locutorium）或走廊（slype）］，则让修道士能够在保持隐居状态时与外人交流。在 11 世纪，修道院院长和副院长依旧会和其他修道士一道睡在寝室里，但是，他们在寝室的一端拥有受到特别优待的位置，朝向客厅。因为他们必须与外人打交道，所以他们越来越多地在管窖人的活动范围内寻找替代住处。到 12 世纪末，修道院院长和副院长已经搬出了寝室，住进拥有堂屋、内室和礼拜堂的单独的住所。一旦修道院院长的住处移出了寝室，他的房屋就在空间上接管了客厅的交流功能，客厅成为一个底层房间，兼具了世俗住宅中的堂屋和内室的功能和设施。它为接待来访者提供了一个比在堂屋中有更多隐私的空间，不过比在内室中见面的亲密度要低。这个修道院用来接待来访者的会客室显然为世俗住宅的客厅提供了样板和名称。它的主要特点是一个装饰过的壁炉。[37]

因为修道院建筑的规则和规划在其节俭方面是如此明确和有目的性

的，所以禁欲主义标准的例外和替代方案也同样具有自觉性。恰恰是因为在修道院的生活空间里，供暖不能被认为是理所应当的，所以取而代之的是，供暖被有意地禁止用于吃饭和睡觉的地方，而在供暖的特权使用上也更加谨慎。在 11 世纪，在克卢尼（Cluny）[1] 为高贵的访客们建造了一座新的客房（guest house）。这座客房为个人的身体舒适提供了一个样板：每个人都有一张独立的床和厕所，而他们共用的食堂里有一个壁炉。13 世纪早期的修道建筑经常设置烟囱，用于给暖房以外的空间供暖，比如修道士的房间和客人的住处。截至同一时期，地位较高的世俗神职人员会拥有带烟囱的房间，比如主教和枢机主教，这种房间显然借鉴了修道院的示范。[38]

在教会机构中，没有家人或贴身仆人者的个人住所比在封建家庭中更多。诸如祈唱堂（chantries）、大学和大教堂学院（cathedral colleges）这样的宗教场所（Religious foundations），不得不为个体的祈祷、学习与住宿提供空间。这些需要导致那里出现了一种比在其他住宅建筑中更为统一的身体舒适标准。此类住所或多或少提供了永久性的居住空间，这与堂屋中为访客提供的暂时性的、灵活的住处形成了对比，在那里访客可能得暂时睡在地板上。[39]

14 世纪，加尔都西会（Carthusian order）[2] 在整个欧洲共有 100 多家机构，它使用的是单间住宿方案（cellular accommodation），以允许过一种更加独居的生活。加尔都西会的会士们每天一起祷告，可是他们只在礼拜天和宗教节日会一同在食堂用餐。在别的日子里，修道士们在他们个人的"单间"（cells）里吃饭，这些单间实际上是有足够一个人住的小房间。这些单间彼此相互连接贯通，共享了一个花园、一个由带烟囱的壁炉供暖的堂

---

[1]　克卢尼，法国中东部勃艮第大区索恩－卢瓦尔省的城镇。

[2]　加尔都西会，天主教隐修会之一，由圣布鲁诺于 1084 年开创，因首创于法国的加尔都西山中而得名。

屋、一个演讲厅、一间卧室和一间茅坑等设施。加尔都西会会士们的房间强化了身体舒适与社交退缩（social withdrawal）之间的联系，而堂屋和房间在住宿和社会用途（social usage）方面之间的对比则早已经暗示了这种联系。[40]

就连在一心投入集体生活的修会中，在14世纪和15世纪也存在着一种为了个人住宿而牺牲公共生活的倾向。从14世纪晚期直至修道院的消亡，对修道士的住处进行改建的活动，遵循的是以前适用于需要医疗或休养的修道士的标准。在很多修道院中，健康的修道士越来越多地在医务室、暂停食禁者的餐室（misericord）用餐，在那里得到改善的饮食包括肉类。新楼层插入食堂堂屋的做法将堂屋分隔成了不供应肉的食堂（在那里，修会的规矩得以遵循），以及为名义上的暂停食禁者提供的餐室。在更为放纵的用餐区（dining area），带烟囱的壁炉取代了食堂的讲坛。14世纪60年代对威斯敏斯特大教堂的医务室的改建就加上了内室和客厅。虽然医务室是为了"临时的病人"准备的，不过，修道士们很快便永久性地占领之，并准备了垫子和窗帘。[41]

担任职务的修道士有权免于完全遵守集体生活。大多数拥有此类特权的修道士选择住在私人内室里，而其他很多修道士总能找到效仿他们的办法。从14世纪晚期到修道院的消亡，其间任何时候，威斯敏斯特大教堂几乎有一半修道士住在私人内室里。类似地，在一个超前"气派的乡村宅邸"的例子中，达勒姆修道院（Durham priory）在芬克（Finchale）建造了一个小修道院（subpriory），对一次性为四个修道士组成的团体提供三周的休养。来访的修道士们大部分时间要么待在有烟囱、壁板（waistcoating）、隔间和凸窗（oriel windows）的院长的住处，要么待在"玩家室"（Player Chamber，一处有供暖的堂屋）里。14世纪末，达勒姆修道院本院的修道士们重建了除食堂以外的所有修道院建筑。在余下的翻新过程中，食堂的公用功能与新的个性化住宿的优先性相冲突。新的宿舍将以前开放的睡眠区分隔成了供个人学习和睡觉的凹室。对此类经过分隔的宿舍来说，院长的堂屋——通常有羽绒床、彩布和银烛台——提供了一份装饰的样板。[42]

一种用小的居住单元替代公共生活空间的相似的进程发生在14世纪和15世纪的女修道院。家庭（*Familiae*），一起用餐的小团体，在更大的、名义上的集体内部有效地形成了各个家庭（households）。睡眠所在的住处变得更私密，因为在寝室内部开辟的单独空间最终被牢固地围成了单间。这些空间允许修女们在有壁炉和窗户，并配备壁挂（wall hangings）、大箱子、橱柜和床的房间里招待客人——正像女修道院院长一直以来所住宿的那般。[43]

救济金（corrodies，使个人有资格住进修道院的慈善赠款）制度进一步将修道院与非传统的生活标准联系起来。救济金（源自"*corrodere*" = 咬去）为平信徒提供了修道机构的家庭便利设施，同时不要求他们遵守规则。救济金的持有者包括修道院的仆从、受助对象、能够给自己买下一座修道院的人，以及王室或贵族的慷慨捐赠（largesse）的受益者。救济金是中世纪晚期慈善事业优先事项方面的转变的一部分，范围涵盖从修道院到世俗教会组织，比如祈唱堂、医院、救济院和学院，不一而足。这些世俗机构的建筑遵循的是单独住宿的原则。14世纪的学院通常会提供两层楼作为住宿房间，几个学生共用一个作为睡眠空间的房间，而每个学生都有独立的学习空间。当需要供暖时，这样的房间就有了烟囱，因为房间低矮的天花板妨碍了明火灶的使用。[44]

烟囱特别可能被配备给住在小家庭或独居家庭中的备受尊敬的人，也就是神职人员。在15世纪，许多房屋是为祈唱堂的神父而建。其中有些房屋是给许多人住的，而另一些仅能容纳数位神父。后者通常带有一个壁式烟囱（a wall chimney）的安装有天花板的堂屋（a ceiled hall），而神父们个人的房间也有烟囱。这样的烟囱并不意味着其主人比中央炉灶的拥有者有更高的地位。在 15 世纪晚期，低阶神父的房屋没有客厅，但是他们比高阶神父更有可能在其堂屋中拥有一个带烟囱的壁炉，而不是一个明火灶。[45]

　　烟囱在中世纪住宅中的使用，一定程度上与神职人员越发偏爱小型而私密的空间相一致。这种偏好最初在普通的神职人员中最为明显，这些人已经有理由相信独居之于祈祷和学习的重要性。在 12 世纪和 13 世纪，地位更高的在俗教士开始模仿起修道院式住宿，并宣扬其在身体隐私中（in physical privacy）表现出的更多个人虔诚（more personal piety）的理想。这种祈祷需要特别的书——赞美诗和祈祷书，还需要一个特别的地方——祈祷室（oratory），来阅读它们。随着祈祷室逐渐用于种种世俗和虔诚的活动，它们变成了"密室"——最终，在 17 世纪成为贵族住宅中舒适的中心地带。[46]

城堡与壁炉烟囱之需

　　除了在修道院使用之外，12 世纪上半叶，带烟囱的壁炉在盎格鲁—诺曼人建造的城堡中的数量也多了起来。所建造的城堡的威望也取决于其是否建造或支持该地的修道院。在 11 世纪和 12 世纪的英格兰建造城堡的男爵们，就支持来自诺曼底的本笃会教徒建造几十座宗教建筑。这些赞助上的联系让来自欧洲大陆的修道院建筑专业知识可以应用到城堡的设计中去。在城堡大建时期，烟囱进入了诺曼和英格兰的建筑词汇。[47]当加洛林公国（Carolingian principalities）在 10 世纪解体之后，法兰西的封建领主们建立了君主国，而他们之间的地方性战争要求他们建造堡垒，以标示和维护自己的统治。从 10 世纪晚期到整个 13 世纪，城堡是最令人印象深刻、最昂贵和最复杂的世俗建筑类型。城堡主塔（donjon）或城堡主楼（keep），一种能够抵御围攻的砖石塔楼，发展成为其关键特征。这些塔楼没有地面入口（ground-level doors），它们的外窗（external windows）在尺寸上最小，在数量上最少，以防投掷物的袭击。在法国西北部，尤其是在诺曼底和卢瓦尔河（the Loire）沿岸，城堡主塔都是一处避难场所，它们兴许有顶层房间，但不是住宅。紧挨着塔楼建造的围墙，把功能性建筑物（service buildings）围了起来，比如马厩，还有一间堂屋，在那里，领主可以在和平时期与他的家人一起娱乐和生活。

当法国的城堡被引入英格兰时，在其结构（一座塔楼）和功能（"权贵们对竞争对手或对自己不满的农民的个人防御"）上，它就代表着一种军事与政治革命。虽然不一定是住宅，但是城堡主楼需要拥有提供家庭膳宿的能力，以实现其关键的军事目的，即抵御围攻。诺曼征服之后，诺曼人最初的防御工事是城堡丘陵与堡场的复合体（motte-and-baileys），这些复合体的关键特征是一座陡峭的人工山丘，山顶有一座木栅塔（palisaded timber tower）。城堡丘陵是干旱的护城河与塔楼的复合体，堡场则是临近的、由一道沟渠围起来的提供服务、商品和住宅的区域。城堡丘陵的小规模和木结构使其供家庭使用的能力被限制在短期之内，而在 12 世纪期间，城堡丘陵通常会被更大的砖石结构取代。在解决家庭与军事功能之间的矛盾的过程中，城堡主楼在诺曼时期的英格兰变成了男爵的主要住宅。伦敦塔白塔（White Tower）为后诺曼征服一代设下了一个宏伟的标准：一个没有外部开口的巨大的底层围墙，一个通过一段外部楼梯（external stairway）可以到达经过加固的二层出入口，并能进入一间二层堂屋，以及有内室的高层。[48]

英格兰的城堡的区别性特征，即堂屋与城堡主楼的复合体（hall-keep），在诺曼征服之后得以发展。堂屋与城堡主楼复合体是为了凌驾于被征服的民众并统治他们，在欧洲大陆上并无对等物。堂屋与城堡主楼复合体将城堡丘陵的防御和居住功能、欧洲大陆青睐的二层楼堂屋（而非地面堂屋），以及诺曼式门楼（gatehouse）的砖石结构技术结合在了一起。大型砖石城堡不能建在人工土堆上，不过它们这种自身提供的居高临下的防御，而且它们建成的庞大规模使得人们可以以堂屋为中心，划分出各个房间作为不同的家庭空间。[49] 实际上，在城堡主楼中的生活鼓励了人们在热量和光线方面对堂屋的布局进行创新。这些混合式创新不可避免地需要在家庭需求和军事需求之间做出妥协。为了防御的目的，窗户的开口必须保持很小，特别是在较低的楼层；不过为了提供照明，窗户的开口必须放在墙上的凹陷处，即使这样的空腔（cavities）削弱了塔楼抵御冲击投掷物（shock missiles）的能力。领主离开堂屋后可以走到垂直堆砌在堂屋或塔楼上的内室里。在那儿，它们的高度可以使更大的窗户不那么容易被投掷物击中。当堂屋上方而不是堂屋旁边有内室时，那就不能用烟孔（smoke holes）来排掉明火灶的烟了（图 1.5）。

在堂屋与城堡主楼复合体中，壁炉比在城堡丘陵中更为必要和更有可能——更为必要是因为住宅空间的合并意味着堂屋与城堡主楼复合体有可能是多层的，因此相对不适合中央明火灶；更有可能是因为在砖墙中建造烟道（flues）比在木栅中建造烟道更安全。［城堡主楼上面的木塔（timber tower）中的住宿情况则鲜为人知。］到了 1200 年，在堂屋与城堡主楼复合体中，通常是堂屋中拥有带烟囱的壁炉。这些早期烟囱的烟道是斜穿过墙壁的，而不是竖直上升至建筑物的高度抵达屋顶（图 1.6）。（城堡主楼中的茅坑的设计仅仅是倒置的壁炉，而且数量可与之比肩。）竖直的烟囱烟道可以提供更有效的通风，但是，烟囱的脆弱性使其很容易被猛扔的投掷物摧毁，而竖直穿过整个塔楼的烟道就等于为围攻者破坏城墙提供了方便。竖直的烟囱的建筑证据直到 13 世纪才变得多起来，这与烟囱和壁炉的插图出现在手稿彩图中是同一时期。[50]

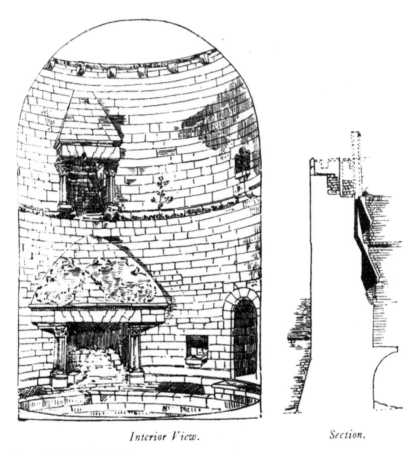

Interior View.   *Section.*

图1.5　城堡主楼中的烟囱。城堡里的多层住宅妨碍了中央明火灶的出现。
L. A. Shuffrey, *The English Fireplace* (London: B. T. Batsford, 1912), 16.

　　不能认为城堡里的烟囱在排烟方面比明火灶有进步。设置在城堡墙壁中的壁炉短而斜的烟道，既没有为烟提供竖直的通道，又没有在壁炉和外部空气之间提供显著的压差。城堡里的烟囱效率低下，这解释了人们更喜欢在有围墙的院子里，而非在城堡主楼里拥有厨房的原因，尽管其所在位置让烹饪变得困难起来。由于早期的城堡主要不是家庭空间，而且庄园中

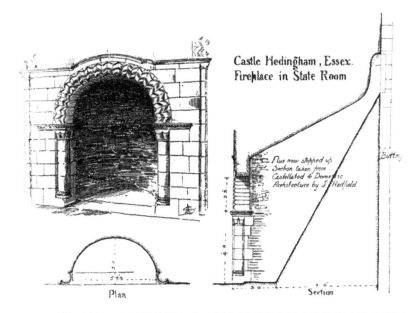

图1.6　城堡烟囱。在早期的烟囱中，烟会同时从水平方向和竖直方向穿过墙壁。

L. A. Shuffrey, *The English Fireplace* (London: B. T. Batsford, 1912), 15.

继续使用明火灶，因此，在最初采用烟囱时，对身体舒适的彻底改善充其量只是次要的。家庭生活总有一种要搬出塔楼式城堡主楼，搬进堡场或城堡庭院的堂屋的倾向。在 13 世纪，由于砖石城墙提供了城堡庭院（castle yards）代替土垒堡场（earthwork baileys），这使得堂屋变得更加安全，而明火灶得以继续在里面使用。[51]

　　的确，从 13 世纪一直到 14 世纪中叶，英格兰的城堡建筑将堂屋、内室和礼拜堂的居住空间移出了城堡主楼，并用幕墙（curtain wall）、塔楼和门楼的防御围成一圈。当城堡沿着这些界线改建时，以前在二层楼的堂屋通常变成了顶层房间。新的堂屋建在一楼，其结果是堂屋再次有了明火灶，而顶层房间现在有了带烟囱的壁炉。在 13 世纪，一座城堡的围墙内可能有几个堂屋，每个堂屋都为几户贵族家庭服务，而每个家庭都有自己的内室。这些内室通常位于在塔楼和门楼的二楼，因此有了壁炉和私室（garderobes）[1]。[52]

带烟囱的壁炉的典型位置是在内室中。在亨利三世（Henry III）将烟囱作为他在 13 世纪 30 年代及以后改建王室宫殿的一个重要特征之后，贵族生活空间中的烟囱的使用率有所增长。建筑史学家往往把亨利的改建之举描绘成 13 世纪中叶的典型设计，但是，年表表明，它们是创新的、引领风潮的。这些改建强调了私人内室的重要性。给爱德华亲王（Prince Edward）[2] 和"等待国王的绅士们"的内室建造指南明确规定，每个房间都要有"合适的窗户、一间厕所和一个壁炉"。这些设施为体面的住宿设置了一个新的标准；事实上，每条提及在亨利的训谕下建造或改造一个内室的记录，都明确规定了要有一个壁炉。[53]

烟囱与个人住宿空间的增多

M.W. 汤普森（M. W. Thompson）曾经暗示，有住宅之用的英格兰城堡，"在某些方面可以被视作堂屋文化的异类"：伴随着城堡在 14 世纪的衰落，出现了"堂屋在城堡墙内的死灰复燃"。在 14 世纪，通过将家庭住宿和防御工事集中在粗略呈四边形的构架中，城堡的架构把二者更紧密地结合起来。城堡开始更精确地按照等级分类和家庭构成来提供具有更细致设计的住宿条件，而不是大量增设带有卫星室（satellite chambers）的堂屋。在同一个城堡建筑群（castle complex）内会有一个巨大的堂屋，连接着供家庭居住的堂屋和内室的套房（apartments）以及单间住房。烟囱通常出现在顶层房间、内室和客厅里，但并非这些房间专属。在其他小房间、私室、

---

[1] 私室，中世纪豪华城堡里的室内厕所，而"garderobe"还有珍宝贮藏室之意。

[2] 爱德华亲王，亨利三世的长子，未来的爱德华一世（1239—1307 年）。

"密室"和家庭高级管理者和家仆（household officials and retainers）的住所也能找到烟囱。[54]

从长期来看，内室的重要性的上升与封建兵役制度的衰落有关。在14世纪，拥有土地的骑士经常通过金钱来减轻他们对其领主的军事义务，而权贵们越来越多地通过雇用骑士，然后为他们提供住房，以筹集军队。在修道院中的腐化现象增多的同时，城堡中有了更多武装家仆，后者可以讨价还价，因为他们与家庭的主要联系是经济契约，而非封建效忠。此类士兵作为外人长期驻扎在这个家庭中，鼓励了这个家庭在堂屋之外建造住所，这是14世纪和15世纪贵族建筑的一个显著趋势。[55]

14世纪和15世纪的王朝战争和男爵战争（dynastic and baronial wars）对军事需求的增加，进一步鼓励了领主离开堂屋。一名大领主的骑马弓箭手跟国王军队中的战士一样多，所以，他的家庭需要维持大量士兵，这些士兵有战马，却没有骑士的地位。为他们提供住宿需要用到诸如学院和祈唱堂这样的集体机构的设计，即有烟囱的多层房间。当贵族依靠他们的封建佃户进行防御时，后者中只有一小部分人在任何时候都与贵族居住在一起，而且他们可以随意地被安置在城堡的塔楼，或堂屋，抑或临时住所中。

因为贵族的跟随者中雇佣家仆的数量在增多，贵族的家庭生活空间变得越来越分散了，用于招待客人的建筑也发生了变化。在盎格鲁—撒克逊人和盎格鲁—诺曼人中间，堂屋招待客人的地方主要是提供食物和酒水，而非住宿。14世纪以降，贵族越来越多地在永久性建筑中为客人和雇员提供分开的住处。这些住所的住宿条件体现了家庭舒适度的最低标准："除了主室之外，这样的住所能涵盖一个壁橱、一个内室、一个衣橱和至少一间厕所"，而主室几乎雷打不动地有一个带烟囱的壁炉。随着堂屋在住宿方面的作用减弱，住所数量的增加和房间的集中使得住户更加依赖壁炉。

14世纪中叶以后，私人的二层堂屋在贵族中也变得更加时髦，而且通常会带有壁炉（图1.7）。[56]

随着带烟囱的壁炉的个人住所的增多，人们越发频繁地在文学作品中表达对堂屋明火灶的不适之感。乔叟在《修女的神父故事》中提到的"烟雾弥漫的闺房"（smoky bower），其作为客观描述的意义可能不如其作为一种新萌发的对一个生活中长期存在的事实的批判意识更加重要。带烟囱的壁炉的视觉呈现在15世纪变得频繁，当时，法国、勃艮第和佛兰德斯的手稿插图经常会展示贵族的家庭空间——通常是带玻璃窗、壁炉与覆盖墙壁和家具的昂贵织物的房间或书房。从带烟囱的壁炉的社会分布方面看，这些插图是可疑的（许多插图都描绘了农民住所中带烟囱的壁炉，但考古证据无法证明这一点），不过，他们对取暖设施表现出了新的关注。[57]同时代的家政管理指南明确规定了仆人应该如何使用壁炉以满足贵族的需要：

> 早上，当你的主人起床时，将他的椅子放在火炉边烤暖，并对一张脚垫如法炮制。首先将一把椅子连同护腿甲放在火炉旁，将另一把放在他的脚下/接着，把一张床单铺在椅子上，看有没有准备好一块头巾和一把梳子/接着，烤暖他的衬裙、上衣和胸兜/然后是他的紧身裤、鞋子或拖鞋……

> ［晚上，］看看那里是否有好火在明亮地燃烧，看看安逸之家是否甜蜜而干净，而茅房板是否盖上了一块绿布或护板，接着，为了你的主人看看是否有空白的东西［在下面］，或棉花［用于擦拭］，并为了你的主人看看是否有脸盆、有水的水壶和毛巾，接着脱下他的长袍，给他拿一件披风来御寒/接着将他带到火炉边，脱下他的鞋子和紧身裤；接着，拿出一块漂亮的头巾并给他梳头，并让他戴上

图1.7　华丽的石砌烟囱。中世纪晚期的烟囱从天窗那里借来了设计和装饰。
L. A. Shuffrey, *The English Fireplace* (London: B. T. Batsford, 1912), 33.

头巾和帽子/接着，铺开他的床，放好他的床头单和枕头/当你的主人准备睡觉了，拉起窗帘/接着看看是否已经有蜡锥或蜡或大蜂蜡蜡烛（percher）/然后把狗和猫赶出去，看看在你的主人附近是否有脸盆和小便器/然后礼貌地离开，这样你的主人就可以愉快地休息了。[58]

烟囱减少烟尘的能力符合当时人们对清洁纺织品的重视程度，这是显而易见的。

在 14 世纪和 15 世纪，堂屋和内室二者都变得更大了，它们的建筑在供暖设计上更加精巧。就算内室的重要性增加了，堂屋的规模也没有理由缩小。堂屋的仪式性意义得以继续：堂屋对需要巨大空间的盛宴来说是必需的。贵族阶层越发喜欢将堂屋用作一个专门的娱乐场所，堂屋同时为筵席提供了更为精致的食物，尤其是葡萄酒和香料。但是，15 世纪关于礼节的书籍也认为，国王和大领主通常会在他们的大内室而非堂屋里用餐。当领主和夫人从堂屋中离开，他们为了寻求专门的陪伴，喝好酒，饕餮佳肴，会前往内室与客厅（连同它们的烟囱），在 14 世纪（尽管有时不情愿，就像下面引文中皮尔斯·普劳曼所言）这些场所声名卓著。

> 一周的每天，堂屋都是可怜的，
> 领主和夫人都不喜欢在此就座。
> 现在富人都有独自用餐的规矩了
>
> 为了避开穷人而去私人客厅里，
> 或是离开主厅，到有烟囱的内室里，
> 那是供人吃饭的地方；
> 一切都是为了免受其他人的打扰。
> ⋯⋯

　　他们曾在堂屋中游戏

　　只要他们愿意继续下去

　　就会去他们称为内室的地方

　　经过那个的烟囱。[59]

　　在带烟囱的壁炉成为一种可供选择的设计方案后，明火灶便在中世纪的东北欧得以继续使用，越来越多地使用烟囱已经无法单单用对以往忽视的克服来解释了。因为一些与身体舒适无关的原因，某些类型的空间变得更加常见了，它们排除了中央明火灶的使用——尤其是城堡、内室与住处。烟囱和壁炉的技术先前就一直可以使用，但是，只要堂屋保持其建筑上的优先性，带烟囱的壁炉相对于明火灶的优势就不会像事后看来那样具有压倒性和普遍性了。[60]

中世纪建筑中的安装玻璃选择

　　烟囱的使用与玻璃窗户有着密切的联系，但正如烟囱的使用一样，在整个中世纪，安装玻璃是一种选择而非必需品。玻璃窗户使北欧人克服了把窗户开口控制在最低限度的偏好。作为墙上的透明开口，窗户传统上被视作对安全和健康负责。窗户会让不受欢迎的入侵者进来，让屋子里的暖气逃走，而在晚上窗户还会让瘴气进来。16世纪中叶的医学智慧建议道："在晚上，关上你房子的窗户，尤其是你的内室的窗户。"[61] 窗户与非法接近妇女有着特殊的联系，特别是如果窗户足够大，可以让人进入并与她们交流；通往楼上内室的窗户经常会被封上。欧洲的乡土住宅传统通常把墙上的开口限制在一个——无论是门、窗，或烟囱——而无烟囱的设计通常完全没有窗户，会让光线从门口透进来。

历史学家通常将玻璃窗户视作无可置疑的好东西，因为它们减少了气流，并且增加了照明："廉价的玻璃使老年人和体弱者能够忍受冬天，延长了所有人的寿命，人们不需要太多的想象力就能认识到其对人类健康和幸福的贡献。廉价的玻璃必须被看作有史以来生活标准最大的一次提升。"但是，在温带气候中，自然照明与热量损失之间存在着一种此消彼长的关系。玻璃窗户的数量在增加，辐射和对流造成的热量损失亦如是。反之，在亚热带和热带环境中，玻璃窗户会阻碍冷却通风，并允许热辐射进入。而在中世纪的实践中，玻璃窗户只是一座房屋半永久性的改进或特色。在14世纪和15世纪，玻璃窗户伴随四处奔波的贵族家庭的其他家具，从一户家庭来到另一户家庭，抑或，它们之所以会被移走，只是为了防止被损坏。窗格和框架很容易被风吹坏，所以，它们的维护费用至少和安装费用一样高。[62]

因为玻璃窗户依赖的是自然照明，所以，它们无法将家庭作息时间从每天的明暗节奏中解放出来。虽然玻璃窗户（在控制传统上与日光相伴的空气的意义上）起到了一种与自然光人为联系起来的作用，但是，它们也暗含着对自然黑暗的被动接受。在近代早期的家庭消费中，床的优先性突出了这种被动性，这显示了重新设计家居环境使其变得舒适的种种文化要求的不足。

玻璃的制造技术本身很是古老。玻璃来自碱和二氧化硅（通常来自沙子）的熔融过程。从草木灰中提取的钾盐或从特定海藻的灰烬中提取的苏打可以提供碱。要让玻璃变硬，石灰是必需品；虽然石灰不被看作一种单独的成分，但作为杂质，它大量存在于灰烬中。将金属氧化物和沙子及灰烬混合，可以增强或弱化颜色。最容易做出的玻璃颜色是绿色，这种颜色来自大多数沙子中天然存在的氧化铁成分。反之，最不易做出的是无色的玻璃，在某些树木（特别是山毛榉）的灰烬中发现的锰氧化物，可以减去绿色，使玻璃几乎无色。[63]

因为玻璃的基本材料很容易获得，所需要的熔炉的体积小，其又具有半永久性和价格便宜的特点，所以，玻璃的制造是流动性的，可能会满足当地的需求。玻璃的生产方式是手工作坊，五六个人即可为一个玻璃制作坊提供足够的劳动力。在玻璃制造的加热过程中，对燃料的高需求实际上鼓励了至少是区域范围内的生产转移。相较从遥远的来源地运送燃料，把人员和原材料移至一个地区的燃料供应地会更有效率。

中世纪的欧洲到处都可以生产玻璃，但是，阿尔卑斯山的两侧使用了截然不同的工艺。意大利的玻璃制造商用苏打作碱，能够生产出相对透明的玻璃。阿尔卑斯山北侧的玻璃制造商则使用钾肥生产出一种有着不同程度绿色的玻璃，而绿色的深浅取决于灰烬中氧化铁的浓度。这两种方式都生产出了一种适合用作窗户的玻璃。

两种不同的工艺生产出适合用于窗户的薄平板玻璃。"冕玻璃"（Crown glass）[1]来自在一根杆子的末端旋转一块熔融的玻璃的过程。离心力会在旋转杆上扩展开，造出一个又宽又薄的圆盘。离杆子最近的那部分玻璃会是最厚的，因为它旋转得比较慢，在把较薄的部分切成了规则的形状之后，圆盘的那个部分会留下一个"牛眼"（bulls-hole）。第二种技术是通过切开一个被吹鼓起来的玻璃圆柱体，然后将其平铺，制成一块长方形的"宽玻璃"（broad glass）。宽玻璃能更有效率地提供安装用的玻璃片（glazing panes），因为切割产生的废料较少；但是，作为透明的安装用材料，冕玻璃的质量更为优越。由于在旋转过程中没有外来物的表面接触到玻璃，所以冕玻璃的特点是具有明亮而光滑的光洁度；宽玻璃由于和压平台（flattening table）及抛光工具（smoothing instruments）接触，所以更

---

[1] 冕玻璃，这种工艺是程序是先吹制一个圆泡，然后旋转成扁平状，这样会在玻璃片中心处留下一个凸起，人称王冠（crown），故得名。

为暗淡和粗糙。

在整个罗马治下的不列颠时期，别墅和城镇房屋都有玻璃窗，不过撒克逊人的入侵结束了这种用途。罗马人曾经一直用吹筒法（cylinder process）生产平板玻璃，直到 12 世纪，这种方法依旧是中世纪北欧的典型工艺，彼时，十字军东征使欧洲人接触到冕法（crown process），冕法自古典时代晚期一直在近东被人使用。欧洲人在冕法上进行了扩展，他们把圆盘转动至使其大到足以用作整块平板玻璃，而近东地区的传统是将圆盘用来制作单个窗格。截至 14 世纪，冕法已经与诺曼玻璃制造商紧密联系起来，而吹筒法则与洛林人紧密联系起来。中世纪英格兰的玻璃制造商同时运用了这两种工艺。同时运用这两种工艺制造出的窗玻璃因为使用木灰而呈现绿色，因此被称作"森林玻璃"（forest glass）。

在中世纪早期的住宅中，窗户在建筑方面的优先性很低。窗户只是除了门之外的开口。盎格鲁—撒克逊自由民的大型过道长屋（long aisled longhouse，长 10 到 20 米，宽 4 到 6 米）的墙上只有很小的窗户［"眼洞"（eye holes）］，而墙是由枝条和泥炭建造而成。光通过门和明火灶上方的烟孔射入。盎格鲁—撒克逊人关于窗户的词汇包含了向外看和让空气进入的意思：眼洞（*eág-pyrl*）、眼门［*eág-dúr*（eye door）］和风门［*wind-dúr*（wind door）］。[64] 这些词汇都不曾暗示室内照明的作用；它们也没有指出开口的封闭性。相反，窗户与空气（以及空气的随从——烟）等要素紧密相关。

比德首个记录下盎格鲁—撒克逊时期的英格兰的玻璃安装工艺，他详细描述了大约公元 675 年的事，那年，芒克威尔茅斯（Monkwearmouth）修道院院长带来了法国玻璃制造商——"英国人直到那时还不知道的工匠，以便给教堂的窗户、画廊和上层的房间（餐厅？）安装玻璃（实际上是安装格子木架）"。［格子木架是对角安装的，好把雨水带至窗户的底部；格子木架的菱形图案可能已经延续至用于铅条窗（leaded windows）的图案了。〕比德解释了安装玻璃的优越性，因为"光在里面照耀着，但鸟儿和雨水无法入内"。中世纪早期英国的建筑只在王宫和修道院中断断续续地使用玻璃，而且，这种玻璃可能是由外国工人按照合同生产的，也可能是由修道院的国内工匠生产的。[65]

11世纪以降，大型建筑物——修道院、教堂、城堡与贵族的宅邸——的窗户开口变得越来越大，而且有更多的设施控制光和空气的进入。显然是宗教机构开启了这一趋势。12世纪的编年史作者，马姆斯伯里的威廉（William of Malmesbury）写道，11世纪晚期，约克有一座教堂安装了玻璃窗和"亚麻布或回纹厚板"（fretted slab）。在12世纪第二个25年里，给教堂窗户装上玻璃变得越发频繁。威廉还描述了坎特伯雷大教堂唱诗班的玻璃——这是英格兰的教堂现存最早的彩色玻璃（1174年），并强调了其装饰效果："就其窗玻璃的闪闪发光、大理石地面的闪耀，以及其有着许多色度的绘画而言，英格兰其他地方看不到此类的东西。"教堂一直是创新出现的地方：玻璃窗户的木制框架，以及旨在调节空气和光线、用铰链连接的护窗，首次被人记录是在13世纪英格兰的林肯大教堂（Lincoln Cathedral）。[66]

12世纪的西多会教徒（Cistercian），明谷的伯纳德（Bernard of Clairvaux）的布道，援引了光作为一个关键的宗教隐喻，而他脑海中实际上想到的光是穿过玻璃的光。西多会教堂有一个惊人明亮而清晰的彩饰，它提供了与其他12世纪宗教建筑的玻璃安装设计上的刻意区别。该修道团1134年、1159年和1182年的规章完全禁止窗户有两种以上的颜色或绘有画像："由于只允许使用灰色单色玻璃（grisaille glass），所以，它的效果原本是一种显著的、清晰的、略带绿色的亮度，而这种亮度由按照不同的设计范例确立的生动的几何图案触发。"[67]只有在特殊的情况下，西多会的规章才会鼓励安装玻璃用于照明，而非用于装饰。

玻璃窗户是为修道院带来建筑荣誉的显著特征。修道院院长和副院长的编年史，详细记录了他们的建筑项目如何通过创新的设计提高了这个共同体的声望。12世纪初，圣奥尔本修道院（St. Alban's）院长威廉"完成了教堂南北侧的走廊上许多其他建筑的石工和玻璃安装工作；因此，教堂在清新光芒的照耀下看起来几乎是新的"。威廉还用玻璃窗改善了宿舍（domilicium），"借助玻璃窗，宿舍亮堂堂"。建筑项目一般会借用修道院圣事区（sacramental part）的设计，并将其用于改善生活区。修道院院长，伊夫舍姆（Evesham）的约翰·德·布罗克汉普顿（John de Brokehampton，1282—1316）就"无愧地造就了圣母马利亚的小教堂，小教堂有窗户、漂亮的拱顶和涂金的圆形凸饰（bosses）；小教堂里华丽地描绘着救世主的故事和各种童贞女的故事。……他还造有会礼堂（chapter-house），会礼堂的内部和外部设计巧妙，有着非凡的拱顶，但没有中央支柱［'底座'（base）］，并饰有精美的涂金圆形凸饰，周围环绕着玻璃窗。这座建筑因其宽敞和美丽而被认为是会礼堂领域的主要建筑之一"[68]。

编年史、设计方案和设计风格表明，在教会建筑中使用玻璃安装工艺为世俗建筑提供了样板。平信徒有很多机会对教会建筑中玻璃的使用留下深刻的印象。在对比神圣的建筑与世俗的建筑时，皮尔斯·普劳曼（Piers Plowman）将其修道院之旅展现为一次非凡的建筑体验，尤其是见到大量玻璃的体验。这里有一间适合国王的堂屋，"有玻璃窗/变得像间教堂"，"还有供贵族使用的房子，有带烟囱的房间"，"以及装上玻璃的每个开口（iche hole）"。在截至14世纪晚期的英格兰，有俸圣职，即修道院划拨为教区神职人员使用的代牧住宅（vicarages），很可能有许多装饰得令人印象深刻的大窗户。在14世纪造的窗户很可能有两处光源；在15世纪造的那些窗户通常有更大且更多的光源。15世纪的代牧住宅往往有两层凸窗（bay windows）。在堂屋对面，与一座同富裕自耕农的房屋相当的一位神父的房屋，那里会有两扇大窗户，窗户有两排光源和带窗花格的顶部（traceried heads）。堂屋、内室与服务用室（service rooms）可能也有多窗格的窗户（multipaned windows）。[69]

中世纪家庭建筑中的玻璃窗在 13 世纪中叶以前是很少见的。在 12 和 13 世纪，描述盎格鲁—撒克逊庄园的木制框架窗户的单词，只有"pertuis"（洞）。墙上最大的开口在堂屋，内室墙上的开口略小。其他墙上的开口则在堂屋与内室之间，为堂屋与马厩之间的内部空间提供了外部视野。坐拥康沃尔郡（Cornwall）最大领地的那个家庭的一座庄园，建于 1200 年左右，显示了改进开窗法（fenestration）的可能性。北边和南边的墙上有顶部为圆形的、双格窗户，总面积约为 2 平方码[1]，但是没有证据表明这些窗户装上了玻璃。相反，它们的竖框（mullions）被小心地凿成了适用于木制护窗的形状。一栋 13 世纪晚期大型石制城镇房屋中［如牛津大学默顿学院（Merton College）院长的房子］的典型窗户，与城堡中的窗户相类似——有一个带明火灶的堂屋，其每个隔间的两边都有一扇"高高的、双格的且有横楣的（transomed）窗户"。当 13 世纪的城堡建设开始在围墙内而非城堡主楼确定堂屋的位置时，面向城堡庭院的那堵墙可以有大窗户（尽管并未安装玻璃），而且很多墙壁也的确如此。此类示范的力量在后来的 13 世纪和整个 14 世纪建造的设防庄园（fortified manors）中显而易见：堂屋有大窗户，用护城河围住庄园，同时还要守卫住通往二楼内室的通道。[70]

世俗建筑中的玻璃窗户开始在 13 世纪中叶被频繁记录在案，并在考古学上得到了证实。在其改造宫殿的指示中，亨利三世特别关注窗户的位置、设计、尺寸、安装玻璃的情况和照明效果。王后内室中的窗户如下所述：

---

[1]　码，长度单位，等于 3 英尺或 0.9144 米。

借助两根大理石柱延伸开来，窗户会镶有嵌板（to be panelled, "lambruscari"）。窗户用带嵌板的柱子之间的玻璃窗开合，嵌板可以打开和关闭。其内部有整块的木制护窗（"fenestras bordeas integras"），以便关闭玻璃窗。而在国王的堂屋中，西边靠近高台的上部窗户会用白色玻璃窗关闭，玻璃窗的一半绘制了坐在宝座上的国王，另一半则是坐在宝座上的王后。[71]

对景观和照明的考虑显然影响到了这些改造活动：窗户为能俯瞰花园的房间所独有。

贵族们对更多光线的渴望在 14 世纪晚期和 15 世纪变得相当明显，当时堂屋的过道有所缩小，墙壁有所加高，以便有更大的窗户开口，并向堂屋提供通畅无阻的光线。这些更大的窗户通常采用凸窗的形式来照亮高台。随着窗户变得更大，它们在设计上也变得更为精细，三叶形装饰（trefoil）、四叶形装饰（quatrefoil）和五叶形装饰（cinquefoil）顶部相继出现。用来指称一栋建筑的水平分隔（horizontal division）的英语单词 "story"，源自中世纪的英语单词 "storye"，后者又来自拉丁语单词 "historia"，指的是玻璃窗上水平方向一系列插图所讲述的故事。当乔叟在《公爵夫人之书》（*The Book of the Duchess*）中描绘他的房间时，他对玻璃窗的许多功能表示赞赏：

> ……我的内室完全脱了漆，至于玻璃，
>
> 所有窗户都装上了全透明的玻璃，
>
> 没有增加一个孔洞，
>
> 看到这一幕真是乐极。
>
> 至于神圣的部分，所有特洛伊故事
>
> 都体现在如下玻璃制作过程中，

…………

我的窗户每扇都关着，

阳光透过玻璃，照在

我的床上，光束明亮，

犹如许多林间溪流镀上了金。

在伦敦一户商人家庭中长大以及在宫廷担任官员的经历，让乔叟熟悉了世俗环境中最精致的玻璃安装工艺。正如其相对的自我满足所暗示的那样，在中世纪晚期的北方城镇，玻璃只是覆盖了大多数人家里的一部分窗户。一个固定的小型铅制窗框被安置在一扇窗户的顶部，而窗户下部未镶玻璃的开口有不同尺寸的护窗来控制通风（图 1.8）。正如尼德兰人伊拉斯谟在其对英格兰住宅的批评中所解释的那样，一扇完全装上玻璃的窗户不利于通风：

首先，他们不考虑窗户或门将面对哪一片天空；其次，他们的房间通常会被设计成不可能有穿堂风的样子，而这是盖伦[1]特别推荐的。其次，墙壁的很大一部分是由透明的玻璃窗组成，这些玻璃窗既隔绝了风又允许光线照入，但通过缝隙，他们所说的过滤过的空气依然能够渗入，这种空气相当不健康，并长时间在那里静止不动。

就像带烟囱的壁炉，玻璃窗户有它们的优点，但没有避免更传统的设计的缺点。[72]

中世纪对身体舒适的关注，并不如我们以为的那样，聚焦于淘汰中央明火灶和大面积玻璃窗。在中世纪晚期的英格兰和威尔士，存在着诺曼征

---

　　[1]　盖伦（Galen，129—199 年），古希腊人，罗马帝国著名医学家，继承"医学之父"希波克拉底的"体液说"并发展出相应的人格特质理论，著有《气质》《本能》《关于自然科学的三篇论文》等作品。

图1.8　半安装玻璃的窗户。中世纪晚期的窗户把固定不变的玻璃安装工艺与仅由护窗保护的开口结合了起来。

John Henry Parker, *Some Account of Domestic Architecture in England from Edward I to Richard II* (Oxford: John Henry Parker, 1853), facing 37.

服之前的家居环境设计中所没有的堂屋与中央明火灶的替代品，但是，这些替代品的实际存在使得堂屋／炉灶复合体（hall/hearth complex）的持续存在成为一个需要解释的现象。它并不代表技术的倒退，而是具有一种积极的可接受性。中世纪建筑的创新取决于宗教和贵族团体中待客要求的特殊变化。由于共同生活的神职人员越来越少，他们必然组成小家庭，而这些小家庭的资源和需求更容易通过壁炉烟囱而不是带有明火灶的堂屋得以满足。在贵族阶层中，带烟囱的壁炉变得更多了，因为作为娱乐场所的内室要比堂屋更受重视。我们可以用隐私的要求来解释的，则是能被更有力地解释为小规模的、更具社会排他性的欢宴交际的结果。虽然替代性空间（内室）和设施（带烟囱的壁炉）是在中世纪的建筑中发展起来的，而且它们在住宅文化中的地位有所提高，但是，它们直到16世纪才与堂屋／壁炉的结合体产生冲突。相反，两种组合体——带明火灶的堂屋与有着带烟囱的壁炉的内室——在中世纪晚期的家居环境的设计中依旧是可行的替代选择。

注释

1. Colin Platt, *Medieval England: A Social History and Archaeology from the Conquest to A.D. 1600* (London: Routledge & Kegan Paul, 1978), 182; W. A. Panting, "Medieval Priests' Houses in South-West England," *Medieval Archaeology* 1 (1957): 119 关于舒适观念在中世纪设计中的相对优先性，参见 Witold Rybczynski, *Home: A Short History of an Idea* (New York: Penguin Books, 1987), 31–36; and Siegfried Giedion, *Mechanization Takes Command: A Contribution to Anonymous History* (1948; repr. New York: W. W. Norton, 1969), 258–304。"Comfort"（舒适）及其同根词在援引时都用斜体字排出（指

英文原文）。

2. Ulrich Wyrwa, "Consumption and Consumer Society: A Contribution to the History of Ideas," in *Getting and Spending: European and American Consumer Societies in the Twentieth Century* (Cambridge: Cambridge University Press, 1998), 432–433; A. J. Greimas, *Dictionnaire de l'ancien français jusqu'au milieu du XIVe siècle* 2nd ed. (Paris: Librairie Larousse, 1977), s.v. "conforter"; *The Oxford English Dictionary*, 2nd ed. (Oxford: Clarendon Press, 1989), s.v. "comfort"; Samuel Johnson, *A Dictionary of the English Language*, 2vols. (London: J. F. & C. Rivington et al., 1785), s.v. "comfort," "comfortless," "discomfort."

3. Gwyn Jones and Thomas Jones, eds., *The Mabinogion* (London: J. M. Dent, 1949), 137–139; 引 文 来 自 M. W. Thompson, *The Rise of the Castle* (Cambridge: Cambridge Unviersity Press, 1991), 115。关于中世纪的家政标准，参见 Barbara A. Hanawalt, *The Ties That Bound: Peasant Families in Medieval England* (New York: Oxford University Press, 1986), 37。*Le ménagier de Paris (The Goodman of Paris: A Treatise on Moral and Domestic Economy by A Citizen of Paris)* (c. 1393), ed. and trans. Eileen Power (London: George Routledge, 1928), 171–176, 还可参看第 190 页。Power 写道，乔叟针对将男人从其房屋中赶出去的事物曾经两次使用同一谚语；ibid., 320; 还可参看 *The Oxford Dictionary of English Proverbs*, comp. William George Smith (Oxford: Clarendon Press, 1935), 491。

4. Penelope Eames, "Documentary Evidence Concerning the Character and Use of Domestic Furnishings in England in the Fourteenth and Fifteenth Centuries," *Furniture History* 7 (1971): 50, quoting R. W. Chambers, ed., *A Fifteenth-Century Courtesy Book* (London: Early English Tract Society, 1914),

11; Thomas Wright, *A History of Domestic Manners and Sentiments in England during the Middle Ages* (London: Chapman & Hall, 1862), 59, 156–157, 259; Georges Duby, "Solitude: Eleventh to Thirteenth Century," in *A History of Private Life*, ed. Georges Duby, trans. Arthur Goldhammer, 5 vols. (Cambridge: Harvard University Press, 1988), 2:524–526; Philippe Braunstein, "Toward Intimacy: The Fourteenth and Fifteenth Centuries," in *History of Private Life*, 2:600–610; Hanawalt, *Ties That Bound*, 61; Barbara Harvey, *Living and Dying in England, 1100–1540: The Monastic Experience* (Oxford: Clarendon Press, 1993), 131; G. H. Cook, *English Monasteries in the Middle Ages* (London: Phoenix House, 1961), 69–70.

5. Thomas Wright, *A Volume of Vocabularies*, 2 vols. (London: Thomas Wright, 1857), 引 自 LeRoy Dresbeck, "Winter Climate and Society in the Northern Middle Ages: The Technological Impact," in *On Pre-Modern Technology and Science: A Volume of Studies in Honor of Lynn White*, Jr., ed. Bert S. Hall and Delno C. West (Malibu, Calif.: Undena Publications, 1976), 194; Giedion, Mechanization, 270–276; Margaret Wade Labarge, *A Baronial Household of the Thirteenth Century* (New York: Barnes & Noble, 1965), 34; John Gloag, *A Social History of Furniture Design from B.C. 1300 to A.D. 1960* (New York: Bonanza, 1966), chap. 1; Eric Mercer, *Furniture, 700–1700* (New York: Meredith Press, 1969),17。

6. Giedion, *Mechanization*, 260–267; Hanawalt, *Ties That Bound*, 46, 49.

7. Eames, "Documentary Evidence," 41–60; Wright, *History of Domestic Manners*, 45–46, 110, quoted 256; M. W. Barley, *The House and Home* (London: Vista Books, 1963), 21; Gloag, *Social History of Furniture Design*, 74, 78, 86; Lawrence Wright, *Warm and Snug: The History of the Bed* (London: Routledge

& Kegan Paul, 1962), 18, 58–59, 71–73, 79–86, 93–100; Philippe Contamine, "Peasant Hearth to Papal Palace: The Fourteenth and Fifteenth Centuries," in *A History of Private Life,* ed. Georges Duby, trans. Arthur Goldhammer, 5 vols. (Cambridge: Harvard University Press, 1988), 2:489–499.

8. Robert Delort, *Life in the Middle Ages,* trans. Robert Allen (New York: Universe Books, 1973), 35–37, 158; James Laver, *Costume and History: A Concise History* (London: Thames & Hudson, 1982), 17, 56–60.

9. Jean Chapelot and Robert Fossier, *The Village and the House in the Middle Ages,* trans. Henry Cleere (French ed. 1980; London: B. T. Batsford, 1985); Contamine, "Peasant Hearth," 2:444–448. 城堡造价数千英镑，一座城堡塔楼造价几百英镑，堂屋和房间造价几十英镑，而木匠为农民建的一栋房子造价约 2 英镑；Christopher Dyer, *Standards of Living in the Later Middle Ages: Social Change in England c. 1200–1520* (Cambridge: Cambridge University Press, 1980), 80, 166. M. W. Thompson, *The Medieval Hall: The Basis of Secular Domestic Life, 600–1600 A.D.* (Aldershot, Hampshire: Scolar Press, 1995), 3, 这部著作用社会学而非建筑学的术语把堂屋定义为由一位贵族拥有，但是，用了一本书的篇幅来处理这个建筑要素可谓独一无二。汤普森对堂屋的社会定义与骑士和农民的房子的定义有些相似，因为贵族的堂屋是用来宴请而非做饭或睡觉的。

10. Peter Smith, *Houses of the Welsh Countryside: A Study in Historical Geography* (London: Her Majesty's Stationery Office, 1975), 39–40. *The Oxford English Dictionary*, 2nd ed., 20 vols. (Oxford: Clarendon Press, 1989), s.v. "hearth"; *An Anglo-Saxon Dictionary*, ed. T. Northcote Toller (Oxford: Oxford University Press, 1898), s.v. "heorþ"; Gwyn I. Meirion-Jones, "The Long-house in Brittany: A Provisional Assessment," *Post-Medieval Archaeology*

7 (1973): 7–8; Nicholas Orme, "The Culture of Children in Medieval England," *Past and Present* 148 (May 1955): 65, 86.

　　11. 裹襁褓（Swaddling）与明火灶有着紧密联系，并被用于社会各阶层，贯穿整个中世纪时期，因为这都使得把孩子安全地放在靠近壁炉的地板上取暖成为可能；Wright, *History of Domestic Manners*, 48–51。为了减少人们睡觉时候的火灾威胁，灶上盖了一个穿孔的盖子，允许余烬在一夜之间阴燃，但不能充分燃烧；Hanawalt, *Ties That Bound*, 40, 175. 关于带烟囱的壁炉的可取性的有所夸大的时代错置观点，参见 Leroy Joseph Dresbeck, *The Chimney and Fireplace: A Study in Technological Development Primarily in England during the Middle Ages* (Ph.D. diss., University of California—Los Angeles, 1971), 94–97。在苏格兰的建筑史上，中央明火灶没有多少技术倒退的意味；Alexander Fenton, *The Hearth in Scotland* (Dundee: National Museum of Antiquities, 1981). 关于取暖、采光和通风之间的关系的人类学研究，参见 John Fitchen, "The Problem of Ventilation through the Ages," *Technology and Culture* 22 (1981): 485–511. James Marston Fitch and Daniel P. Brance, "Primitive Architecture and Climate," *Scientific American* 203, no. 6 (December 1960): 134–144; Peter Nabokov and Robert Easton, *Native American Architecture* (New York: Oxford University Press, 1989)。

　　12. *Oxford Dictionary of English Proverbs*, 348. L. A. Shuffrey, *The English Fireplace: A History of the Development of the Chimney, Chimney-piece and Firegrate with Their Accessories, from the Earliest Times to the Beginning of the Nineteenth Century* (London: B. T. Batsford, 1912), 4; George Caspar Homans, *English Villagers of the Thirteenth Century* (1941; repr. New York: Russell & Russell, 1960), 111, 142, 180, 190–191; F. Pollock and F. W. Maitland, *The History of English Law before the Time of Edward I*, ed. S. F.

C. Milsom, 2nd ed., 2 vols. (Cambridge: University Press, 1968), 2:285; R. Ross Noble, "Turf-Walled Houses of the Central Highlands: An Experiment in Reconstruction," *Folk Life* 22 (1983–1984): 69. 对火的人类学研究表明，火用于加热常常是其他用途所附带的，比如防御、照明、举行仪式，以及烹饪; Kenneth Oakley, "The Earliest Fire-Makers," *Antiquity* 30, no. 118 (June 1956): 102ff. 比德转引自 Wright, *History of Domestic Manners*, 19。

13. Georges Duby, "Private Power, Public Power," in *A History of Private Life*, ed. Georges Duby, trans. Arthur Goldhammer, 5 vols. (Cambridge: Harvard University Press, 1988) 2:19; idem, "The Aristocratic Households of Feudal France," *A History of Private Life*, 2:72–73.

14. Thompson, *Rise of the Castle*, 1; W. A. Pantin, "Medieval English Town-House Plans," *Medieval Archaeology* 6–7 (1962–1963): 202–209; Robert Taylor, "Town Houses in Taunton, 1500–1700," *Post-Medieval Archaeology* 8 (1974), 63–79.

15. Margaret Wood, *The English Medieval House* (London: Phoenix House, 1965), 35, 208; Wright, *History of Domestic Manners*, 11, 16, 26–27; John G. Hurst, "A Review of Archaeological Research (to 1968)," in *Deserted Medieval Villages*, ed. Maurice Beresford and John G. Hurst (London: Lutterworth, 1971), 90, 100. 关于楼房（chamber blocks），参见 John Blair, "Hall and Chamber: English Domestic Planning, 1000–1250," in *Manorial Domestic Buildings in England and Northern France*, ed. Gwyn Meirion-Jones and Michael Jones (London: Society of Antiquaries of London, 1993), 1–21。关于诺曼征服之后过道的引入，参见 Thompson, *Medieval Hall*, 26–27。

16. Patrick Faulkner, "Domestic Planning from the Twelfth to the Fourteenth Centuries," *Archaeological Journal* 115 (1958): 150–183; Duby,

"Solitude," quoting de Mondeville, 2:522.

17. Peter Smith, "The Architectural Personality of the British Isles," *Archaeologia Cambrensis* 129 (1980): 7; J. T. Smith, "Medieval Roofs: A Classification," *Archaeological Journal* 115 (1960): 111–149; M. W. Barley, *The English Farmhouse and Cottage* (London: Routledge & Kegan Paul, 1961), 21.

18. J. T. Smith, "Medieval Aisled Halls and Their Derivatives," *Archaeological Journal* 112 (1955): 76–93; Eric Gee, "Heating in the Late Middle Ages," *Transactions of the Ancient Monuments Society* (London), 31 (1987): 88–105; Shuffrey, *English Fireplace*, 5–9; Thompson, *Medieval Hall*, 120, 141.

19. Geoffrey Chaucer, "The Nun's Priest Tale," 253, lines 2822, 2832; "The Wife of Bath's Prologue," 109, line 300; "The Wife of Bath's Tale," 117, line 869; "The House of Fame," 362, line 1186, in *The Riverside Chaucer*, ed. Larry D. Benson, 3rd ed. (Boston: Houghton Mifflin, 1988); John S. P. Tatlock and Arthur G. Kennedy, *A Concordance to the Complete Works of Geoffrey Chaucer and to the Romaunt of the Rose* (Washington, D.C.: Carnegie Institution, 1927); A. Hamilton Thompson, "The English House," in *Social Life in Early England,* ed. Geoffrey Barraclough (London: Routledge & Kegan Paul, 1960), 139; *Oxford English Dictionary*, s.v. "bower," "chamber"; *Anglo-Saxon Dictionary,* s.v. "búr," "solor," "sollar"; *Grand Larousse de la langue française*, 6 vols. (Paris: Librairie Larousse, 1971), s.v. "chambre"; Gwyn I. Meirion-Jones, "The Vernacular Architecture of France: An Assessment," *Vernacular Architecture* 16 (1985): 14–15; Maurice Barley, "Glossary of Names for Rooms in Houses of the Sixteenth and Seventeenth Centuries," in *Culture and Environment: Essays*

in Honour of Sir Cyril Fox, ed. Idris Llewelyn Foster and Leslie Alcock (London: Routledge & Paul, 1963), 496–497.

20. Thomas Wright, "Illustrations of Domestic Architecture," *Archaeological Journal* (London: British Archaeological Association, 1846), 1:213–215; Kate Mertes, *The English Noble Household, 1250–1600: Governance and Politic Rule* (Oxford: Basil Blackwell, 1988), 43, 57–58; Mark Girouard, *Life in the English Country House: A Social and Architectural History* (New Haven: Yale University Press, 1978), 27.

21. Wood, *English Medieval House*, 214.

22. Roberta Gilchrist, "Medieval Bodies in the Material World: Gender Stigma and the Body," in *Framing Medieval Bodies*, ed. Sarah Kay and Miri Rubin (Manchester: Manchester University Press, 1994), 53–55; Norman John Greville Pounds, *The Medieval Castle in England and Wales: A Social and Political History* (Cambridge: Cambridge University Press, 1990), 86–87.

23. Girouard, *Life in the English Country House*, 45–47; Wright, *History of Domestic Manners*, 40.

24. Eric Mercer, "'Domus Longa' and 'Long House,'" *Vernacular Architecture* 3 (1972):9–10; C. A. Ralegh Radford, "The Saxon House: A Review and Some Parallels," *Medieval Archaeology* 1 (1957): 27–38; Eric Mercer, *English Vernacular Houses: A Study of Traditional Farmhouses and Cottages* (London: Her Majesty's Stationery Office, 1975), 37; J. T. Smith, "The Long-house in Monmouthshire: A Re-appraisal," in *Culture and Environment: Essays in Honor of Sir Cyril Fox*, ed. Idris Llewelyn Foster and Leslie Alcock (London: Routledge & Paul, 1963), 411–412; cf. Meirion-Jones, "Long-house in Brittany," 17–18. 关于中世纪日耳曼与斯堪的纳维亚的长屋，参见 Morine

Krissdotter, "Ingolf 's Pillars: The Changing Icelandic House," *Landscape* 26, no. 2 (1982):7–14; Karl Baumgarten, "Some Notes on the History of the German Hall House," *Vernacular Architecture* 7 (1976): 15–20; Robert C. Hekker, "Farmstead Villages in the Netherlands," *Vernacular Architecture* 4 (1973): 7–12。Meirion-Jones 原本会辩称，长屋被广泛用于不列颠群岛，而对单室居住空间（a single-celled dwelling space）的偏好几乎更接近布列塔尼和爱尔兰的凯尔特地区的种种住宅传统；"Some Early and Primitive Building Forms in Brittany," *Folk Life* 14 (1976): 46。

25. Maurice Beresford and John Hurst, *Wharram Percy: Deserted Medieval Village* (London: B. T. Batsford, 1990), 31–51, 69–100; Guy Beresford, "Three Deserted Medieval Settlements on Dartmoor: A Report on the E. Marie Minter's Excavation," *Medieval Archaeology* 23 (1979): 98–158; Smith, "Long-house in Monmouthshire," 393, 412–413.

26. Dyer, *Standards of Living*, 166; John Walker, "Wynter's Armourie: A Base-Cruck Hall in Essex and Its Significance," *Vernacular Architecture* 18 (1987): 25–33; Hurst, "Review of Archaeological Research," 99–100.

27. Platt, *Medieval England*, 40; Smith, *Houses of the Welsh Countryside*, 19.

28. Platt, *Medieval England*, 42, 105, 107; Helen Clarke, *The Archaeology of Medieval England* (Oxford: Basil Blackwell, 1986), 33–36; Mercer, *English Vernacular Houses*, 41–48.

29. Christopher Dyer, "English Peasant Buildings in the Later Middle Ages," *Medieval Archaeology*, 30 (1986): 19–43. 维护半永久性建筑的房屋所需的努力，通常相当于每年至少三四周的家务劳动量，参见 Noble, "Turf-Walled Houses," 68–83。

30. Mercer, *English Vernacular Houses*, 20–23; J. T. Smith, "The Evolution of the English Peasant House to the Late Seventeenth Century: The Evidence of Buildings," *Journal of the British Archaeological Association*, 3rd ser., 33 (1970): 122–147. 关于一个在 16 世纪初进行了改造，但保留了一个明火灶和白垩地板的丘陵地带（Downland，萨塞克斯郡）的木结构房的例子，参见 F. G. Aldsworth, "A Medieval and Seventeenth-Century House at Walderton, West Sussex, Dismantled and Reerected at the Weald and Downland Open Air Museum," *Sussex Archaeological Collections* 120 (1982): 45–92。

31. *Oxford Dictionary of English Proverbs*, 283, 316, 323, 461; Hurst, "Review of Archaeological Research," 106–111, 114; Mercer, *English Vernacular Houses*, 8, 13–14.

32. D. Hawes Richards, "The Chimney," *Journal of the British Archaeological Association*, 3rd ser., 24 (1961): 67–79; Eurwyn Wiliam, "Yr Aelwyd: The Architectural Development of the Hearth in Wales," *Folk Life* 16 (1978): 85–100; Sir Cyril Fox and Lord Raglan, *Monmouthshire Houses: A Study of Building Techniques and Smaller Houseplans in the Fifteenth to Seventeenth Centuries* (Cardiff: National Museum of Wales, 1954), 45.

33. 并无带有中央明火灶的法国贵族客厅的例子留存下来；Meirion-Jones, "Vernacular Architecture of France," 11, 16. M. E. Wood, "Norman Domestic Architecture," *Archaeological Journal* 92 (1935): 167–242; J-C. Bans, P. Gaillard-Bans, and Peter Smith, "Le Manoir de Saint Lô, Aclou," *Vernacular Architecture* 26 (1995): 26–32; *Oxford Latin Dictionary*, 2 vols. (Oxford: Clarendon Press, 1968), s.v. "caminus"; *Dictionnaire historique de la langue française*, 2 vols. (Paris: Dictonnaires Le Robert, 1992), s.v. "chiminée"; *Grand Larousse de la langue française*, 6 vols. (Paris: Librairie Larousse, 1971),

s.v. "cheminée"; *The Oxford English Dictionary*, 2nd ed., 20 vols. (Oxford: Clarendon Press, 1989), s.v. "chimney"; *An Anglo–Saxon Dictionary*, ed. T. Northcote Toller (Oxford: Oxford University Press, 1989), s.v. "fýr."

34. Walter Horn and Ernest Born, *The Plan of St. Gall: A Study of the Architecture and Economy of, and Life in a Paradigmatic Carolingian Monastery*, 3 vols. (Berkeley: University of California Press, 1979), 2:124, 128; Dresbeck, *Chimney and Fireplace*, 48–49, 59, 83; David Lord, "Power Applied to Purpose: Towards a Synthesis of Climate, Energy and Comfort," *Journal of Architectural Education* 37, nos. 3, 4 (Spring–Summer 1984): 38–42.

35. Horn and Born, Plan of St. Gall, 2:348; Dresbeck, Chimney and Fireplace, 93; 关于东欧的火炉，参见 Chapelot and Fossier, Village and House, 210; "Plaster and Wicker Chimneys" in *Wood, English Medieval House*; E. W. Parkin, "A Unique Aisled Cottage at Petham," in *Collectanea Historica: Essays in Memory of Stuart Rigold*, ed. Alec Detsicas (Maidstone: Kent Archaeological Society, 1981), 227–230。

36. Hugh Braun, *English Abbeys* (London: Faber & Faber, 1971), 114–115; "From Hildemar's Commentary on St. Benedict's Rule (c. 850)," "A Description of the Monastery of Farfa (Cluny II, c. 1042–1049)," in Wolfgang Braunfels, *Monasteries of Western Europe: The Architecture of the Orders* (Princeton: Princeton University Press, 1972), 237–239.

37. Girouard, *Life in the English Country House*, 59, 103; Cook, *English Monasteries*, 74; Braun, *English Abbeys*, 127, 155, 179; Wright, *History of Domestic Manners*, 1862, 134. 主教的宫殿在14世纪将客厅引入了北威尔士；Smith, *Houses of the Welsh Countryside*, 48。

38. 宿舍的地下室（undercroft, or subdorter）通常是暖房（warming

room or *calefactorium*），厨房之外的修道区唯一取暖的地方。修道院建筑的古罗马先辈最初也是用火盆在提供热量。然而，西多会使用的是增温房（warming *houses*），这种地方的楼层格局要小于地下室；它有带双烟囱的壁炉（dual chimney fireplaces）［比如在里沃兹（Rievaulx）和方登（Fountains）］或［比如在廷滕（Tintern）］依据修道院厨房的样板小心翼翼地装上了护窗的明火灶；R. Liddesdale Palmer, *English Monasteries in the Middle Ages: An Outline of Monastic Architecture and Custom from the Conquest to the Suppression* (London: Constable, 1930), 149; Georges Duby, "Aristocratic Households of Feudal France," in *A History of Private Life*, ed. Georges Duby, trans. Arthur Goldhammer, 5 vols. (Cambridge: Harvard University Press, 1988), 2:48–49; J. C. Dickinson, *Monastic Life in Medieval England* (London: Adam & Charles Black, 1961), 34; Harvey, *Living and Dying in England*, 130。

39. Wright, "Illustrations of Domestic Architecture," 1:213.

40. Contamine, "Peasant Hearth," 2:482–484, 487; Leroy Joseph Dresbeck, "The Chimney," *Albion* 3 (1971):25, 这篇文章引用了 13 世纪初的一种说法，称迦太基人的小单间里有带烟囱的壁炉。

41. Platt, *Medieval England*, 165–172; Harvey, *Living and Dying*, 77, 89–90, 130.

42. C. R. Peers, "Finchale Priory," *Archaeologia Aeliana*, 4th ser., no. 4 (1927): 193–220; William Greenwell, *Durham Cathedral*, 6th ed. (Durham, England: Andrews, 1904), 107.

43. Eileen Power, *Medieval English Nunneries*, c. 1275–1535 (1922; repr. New York: Biblo & Tannen, 1964), 316–322.

44. Howard Morris Stuckert, *Corrodies in the English Monasteries: A*

Study in English Social History of the Middle Ages (Philadelphia: University of Pennsylvania Press, 1923), 44; Platt, *Medieval England*, 149–154; Contamine, "Peasant Hearth," 2:488–489.

45. Wood, *English Medieval House*, 183, 200, 202; Panting, "Medieval Priests' Houses," 118–146.

46. Duby, "Solitude," 2:530; Girouard, *Life in the English Country House*, 56.

47. 随后的讨论基于 Dominique Barthélemy, "Civilizing the Fortress: Eleventh to Thirteenth Century," in *A History of Private Life*, ed. Georges Duby, trans. Arthur Goldhammer, 5 vols. (Cambridge: Harvard University Press, 1988), 2:396–423; John Burke, *Life in the Castle in Medieval England* (1978; repr. New York: British Heritage Press, 1987); Norman John Greville Pounds, *The Medieval Castle in England and Wales: A Social and Political History* (Cambridge: Cambridge University Press, 1990), 232–239; Thompson, *Rise of the Castle*, 136–137; Lawrence Wright, *Home Fires Burning: The History of Domestic Heating and Cooking* (London: Routledge & Kegan Paul, 1964), 19–24; Thompson, *Medieval Hall*, 62–98; Shuffrey, *English Fireplace*, 14–23; Janet Burton, *Monastic and Religious Orders in Britain, 1000–1300* (Cambridge: Cambridge University Press, 1994), 132; Cook, *English Monasteries*, 41–42. 虽然烟囱被引入了盎格鲁—诺曼时期的城堡，但是，火炉屡屡出现是在德意志的城堡之中；Bernard Metz, "A propos de quelques eléments du confort dans les chateaux fort alsaciens," in *Le chateau mediéval, forteresse habitée (XIe-XVIe): Archaeologie et histoire: Perspectives de la recherche en Rhone-Alpes, Documents d'Archaeologie Française*, no. 32 (Paris: Editions de la Maison des Sciences de l'Homme, 1992), 143–146, 149。

48. Burke, *Life in the Castle*, 11; Platt, *Medieval England*, 11, 13; Barthélemy, "Civilizing the Fortress," 2:404.

49. Platt, *Medieval England*, 16; Thompson, *Rise of the Castle*, 39, 59, 74–75.

50. D. F. Renn, *Norman Castles in Britain*, 2nd ed. (London: John Baker, 1973), 120, 130, 151, 255, 262, 265; cf. 143, 155–157, 191, 262; 关于城堡作为王室权威的象征性再现，参见 T. A. Heslop, "Orford Castle, Nostalgia and Sophisticated Living," *Architectural History* 34 (1991): 36–58, 尤其是第 42 页、第 44 页。

51. 关于对壁炉在中世纪文化中持续的重要性的特别强调，参见 Thompson, *Medieval Hall*, 101, 110。

52. P. A. Faulkner, "Castle Planning in the Fourteenth Century," *Archaeological Journal* 120 (1963): 213–235.

53. Wright, "Illustrations of Domestic Architecture," 302–303, 305; Dresbeck, *Chimney and Fireplace*, 188–92; L. F. Salzman, *Building in England down to 1540: A Documentary History* (Oxford: Clarendon Press, 1967), 384–386.

54. Susan Margaret Conrad, *The Household Structure of the Medieval Castle and the Organization of Space: From the Eleventh through Fourteenth Centuries* (master's thesis, California State University at Fullerton, 1992), 103–105.

55. M. W. Thompson, *The Decline of the Castle* (Cambridge: Cambridge University Press, 1987), 68–69; Mertes, *English Noble Household*, 186–187.

56. Girouard, *Life in the English Country House*, 5–56; Andrew Ayton, *Knights and Warhorses: Military Service and the English Aristocracy under*

Edward III (Woodbridge, Suffolk: Boydell Press, 1994), 10–11, 88–96, 232–246. Felicity Heal, "The Idea of Hospitality in Early Modern England," *Past and Present* 102 (February 1984): 66–67, 81–82; Thompson, *Medieval Hall*, 152–155.

57. 关于中世纪晚期 "对冬季的厌恶"（179），参见 Dresbeck, "Winter Climate and Society," 223–230; Contamine, "Peasant Hearth," 428, 429。

58. "The Boke of Kervynge" [1413], in *Early English Meals and Manners*, ed. Frederick J. Furnivall (London: Early English Text Society, 1868), 169; John Russell, "The Boke of Nurture folowyng Englondis gise," (c. 1450) (Harleian MS 4011), "The Office off a Chamburlayne," lines 875–878, 887–890, in *Early English Meals*, 60, 61.

59. William Langland, *The Book Concerning Piers the Plowman*, ed. Rachel Attwater (London: J. M. Dent, 1957), passus X, 78; Burke, *Life in the Castle*, 108–109, 116; Girouard, *Life in the English Country House*, 46–47; Wright, *History of Domestic Manners*, 150–154, 168; *Book of Kervynge*.

60. 关于中世纪的欧洲对烟囱的需求、烟囱的社会语境与社会影响的有所夸大的描述，参见 Dresbeck, Chimney and Fireplace, e.g., 8, 36. "到了 12 世纪，壁炉连同烟道和烟囱已经成为西欧建筑的主要供暖来源"；ibid., 101, cf. 200n。

61. Wright, *History of Domestic Manners*, 83, 123; Andrew Boorde, *A Compendyous Regyment or a Dyetary of Helth*, ed. F. J. Furnivall ([1547]; London: Early English Text Society, 1870), quoted 247.

62. Smith, *Houses of the Welsh Countryside*, quoted 266. Eleanor S. Godfrey, *The Development of English Glassmaking, 1560–1640* (Chapel Hill: University of North Carolina Press, 1975), 207.

63. Godfrey, *Development of English Glassmaking*, 157–159; 下文中对玻璃制造的大部分讨论都来自这本书。

64. Radford, "The Saxon House," 32–34; C. F. Innocent, *The Development of English Building Construction* (1916; repr., Newton Abbot: Charles & David Reprints, 1971), 249.

65. R. J. Charleston, *English Glass and the Glass Used in England, Circa 400–1940* (London: George Allen & Unwin, 1984), 13–14, 援引比德的话是在第 12 页; D. B. Harden, "Domestic Window Glass: Roman, Saxon and Medieval," *Studies in Building History: Essays in Recognition of the Work of B. H. St. J. O'Neil*, ed. E. M. Jope (London: Odhams Press, 1961), 48, 52–54。

66. Salzman, *Building in England*, 175, 356, Malmesbury quoted 365.

67. Peter Fergusson, *Architecture of Solitude: Cistercian Abbeys in Twelfth-Century England* (Princeton: Princeton University Press, 1984), 10, quoted 64.

68. Salzman, *Building in England*, 379.

69. Ibid., 379–380 (quoting Piers Plowman), 387, 398; Panting, "Medieval Priests' Houses," 1:122–123, 134.

70. Guy Beresford, "The Medieval Manor of Penhallam, Jacobstow, Cornwall," *Medieval Archaeology* 18 (1974): 90–145; Pantin, "Medieval Town-House Plans," 209.

71. Salzman, *Building in England*, 384 (insertions Salzman's).

72. Geoffrey Chaucer, "The Book of the Duchess," The Riverside Chaucer, ed. Larry D. Benson, 3rd ed. (Boston: Houghton Mifflin, 1988), lines 322–327, 335–338; Salzman, *Building in England*, 174–175, 384–385; Walker, "Wynter's Armourie," 30. Desiderius Erasmus, *The Correspondence of Erasmus*, trans. R. A. B. Mynors and Alexander Dalzell (11 vols.), vol. 10, 1523–1524 (Toronto:

University of Toronto Press, 1992), Erasmus to John Francis, c. 27 December 1524, 10:471. *The American Heritage Dictionary of the English Language, ed. William Morris* (Boston: Houghton Mifflin, 1969), s.v. "story."

第二章 礼仪的舒适：豪宅

随着都铎君主制在 15 世纪晚期取得了对贵族阶层的主导权，贵族建筑的军事功能变得无足轻重，甚至成了一种政治负担。宫廷的礼仪和娱乐方式开始胜过当地的那些礼仪和娱乐方式。堂屋越发成为一个旨在供访客使用的庄严入口，而访客的社交目的地很有可能是大内室（great chamber）。大内室取代堂屋成为贵族社交仪式的主要场所："大内室被用于音乐、跳舞、戏剧和假面舞会的上演；用于葬礼前的遗体瞻仰；用于在餐间打牌、掷骰子和玩西洋双陆棋；用于家庭祷告，尤其是在没有小教堂的房屋中。"[1]

13 世纪中叶到 16 世纪晚期是堂屋发展繁盛时期，在此期间，贵族家庭的结构基本保持不变。但是，随着都铎王室对贵族财富的政治重要性与日俱增，在大领主家中效劳的次等贵族的政治重要性减少了。贵族家庭的规模直到 17 世纪才有所下降，可在那些家庭中效劳的骑士数量少了起来。随着家政服务在政治上变得不那么富有恭敬意味，而是更加具体地表现为为领主及其客人的家政需要而组织起来。家政服务的组成、地位和规模都发生了变化。在贵族家庭中效劳不再是绅士们的特权了。最明显的变化是，越来越多的妇女成为以前由男子从事的各种家务劳动的仆人。这种性别上的变化表示家务劳动的地位有所下降，而随着仆人失去了地位，他们便越来越多地住在通常没有供暖的住所、门房或马厩的老虎窗（dormers）。[2]

作为教会建筑长期以来几乎垄断的一项特征，住宅空间的大范围专门化如今也在世俗建筑中得到优先考虑。住宅建筑的声望在于其风格的精巧与创新设计的结合。如 16 世纪伦敦的萨默赛特宫（Somerset House）这样的宫殿引入的文艺复兴风格，很快就来到乡村，进入朗利特庄园（Longleat）这类房屋，这种风格在那里提供了设计（对称）、材料（砖和鹅卵石）与特色（楼梯和安装玻璃的大窗）方面的典范，不久之后，绅士甚至自耕农都会效仿了（图 2.1）。[3]

除贵族之外，16 世纪初大多数英格兰乡村的房屋仍然是一室到两室的，而且是单层的，这种布局适合使用中央明火灶。对富裕的自耕农和下层绅士来说，这种开放式设计的主要改进是有着客厅、堂屋和服务侧厅（service wing）的三分格局，有时一楼客厅上方有一间内室，服务侧厅上方有一个阁楼。一个开放的堂屋通常会把客厅和服务侧厅分开，通常只有它才生火。

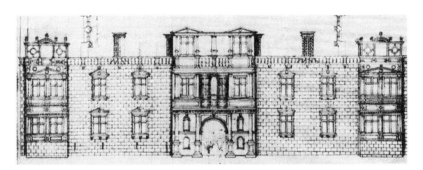

图2.1 文艺复兴式的端庄（civility）。摄政爱德华·西摩（Protector Edward Seymour）[1]在斯特兰德街（Strand）上非常有影响力的宫殿，在对称性、比例和建筑柱式（architectural orders）上借鉴了法国古典主义的正确示范。John Thorp, *Elevation of Somerset House* (c. 1547). 伦敦约翰·索恩爵士博物馆（Sir John Soane's Museum）惠允使用

---

[1] 爱德华·西摩（1500—1552 年），第一代萨默塞特公爵，英格兰国王爱德华六世的舅父和摄政，其妹简·西摩（Jane Seymor，1509—1537 年）是亨利八世的第三任妻子、爱德华六世的生母。

屋顶的一个开口让烟得以排出，光线得以进入。窗户很少安装玻璃，因此，遮盖它们以切断室外的气流也会切断日光。这样一种设计延续了中世纪的住宅模式。实际上，英格兰南部和东部 15 世纪和 16 世纪初的乡土建筑表现出带有中央明火灶的堂屋的复兴，因为有大量民居是作为永久性建筑而建造的。自耕农们正在仿效绅士府邸的设计，在 15 世纪，这些府邸一直都有带中央明火灶的大型堂屋。木质结构的房屋可以建造服务侧厅和内室侧厅，并与堂屋相连，但堂屋的中央明火灶通常仍然是自耕农家中唯一的灶火；堂屋依旧是烹饪、吃饭、睡觉和家庭生产的多功能空间。15 世纪中叶，亨利六世的财政大臣拉尔夫·克伦威尔勋爵（Ralph, Lord Cromwell）建造了一处庄园，庄园拥有自威斯敏斯特大教堂以来最大的堂屋。在优先为国宾提供住宿的同时，它还有一个中央明火灶（图 2.2）。[4]

　　在建筑引入古典主义理念很久之后，堂屋容纳了家庭关系的开放性和热情好客的氛围，这一点很适合大多数自耕农阶层和下层绅士。"奢华的"贵族建筑与公开的鄙陋和"私人的愚蠢和虚荣"联系在了一起。对"风雅"建筑（polite architecture，即那些遵循文艺复兴时期的风格要求的建筑）的抵制，强化了一种不同于高雅文化的生活方式。在 17 世纪末写作的罗杰·诺思（Roger North）领会到，对风雅建筑的采纳或抵制与人们想要的生活方式上的差异相一致：

　　　　在古代或哥特时代，许多家庭在同一个房间里坐在几张桌子前吃饭，几乎没有侍者才是常态；管家负责服务主人那桌，门房负责其他桌（大门那时已经关上了）就足够了……但是，那种一间共用的餐厅可以使大堂屋开到屋顶，让大堂屋的天窗排掉烟雾和臭气，这是一种值得称赞的方式，所以，这是一种非常高贵和富足的象征，而因此造成的不洁也可以谅解；但是现在世界之道变了，用餐分开了，有许

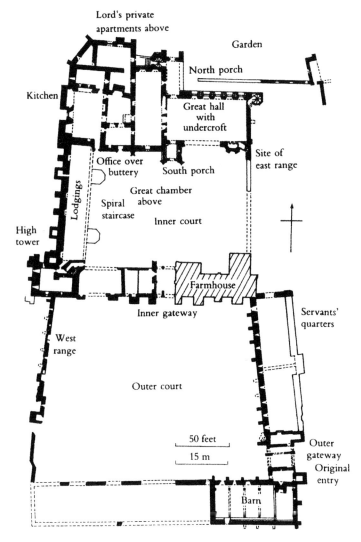

图2.2　中世纪晚期的堂屋和炉灶。拉尔夫·克伦威尔勋爵在南温菲尔德（South Wingfield）的庄园，大堂屋有一个中央明火灶，在住处则有多个烟囱。

M. W. Thompson, *The Decline of the Castle* (Cambridge: Cambridge University Press, 1988), 65. 重印获得许可。

多侍者等着，在主人吃完后再吃饭，而主人则在一间专门为了那个目的进行布置的房间里被人伺候着用餐。因此，那些宽敞的堂屋被人晾在一边，这些房间演变成了一个大厅（grand salle），这是一个娱乐（entertein）来家里的客人的地方，故应该装饰得得体而整洁。矫揉造作的整洁带来了各式各样的房间，而古人不在乎这些房间，他们在乎的不是雅致的整洁。[5]

人文主义者最初的社会地位通常介于神职人员和世俗民众之间，他们率先提出了住宅舒适的民间标准和新的风雅标准之间的对比。比方说，出于对英格兰流行"出汗病"（sweating-sickness）的担忧，伊拉斯谟致信沃尔西红衣主教（Cardinal Wolsey）的医师，抱怨英格兰住宅中的地板："一般是用黏土铺就，接着铺上了来自沼泽地的灯芯草，而灯芯草会时不时会更换，但这样就留下了一个基础层，有时长达20年之久，其下有腐坏的痰渍、呕吐物、狗尿和人尿，还有啤酒渣和丢弃的鱼片，以及其他难以形容的污秽。随着天气的变化，这释放了一股在我看来对身体健康不利的瘴气。"人文主义者们试图远离当地物质文化中有威胁性的基本特质，伊拉斯谟是其中的典型代表。托马斯·莫尔（Thomas More）将当时乌托邦人的住宅——他们住在类似文艺复兴时期之宫殿的建筑物中，而这些建筑物有"三层，外观漂亮"，墙是由"石头或水泥或砖"建成——与早期乌托邦人的住宅进行了对比，后者是"低矮的区区小屋（cabins）和棚舍（huts），用手头有的任意木材随意制作的，用泥灰糊的墙。他们还用麦秆给住宅覆上了坡度很陡的屋顶"。莫尔敦促贵族阶层建造风雅的建筑，而贵族们全心全意地接受了这一邀请。在其1537年论及文艺复兴时期建筑的富有影响力的论文中，意大利建筑师塞巴斯蒂亚诺·塞利奥（Sebastiano Serlio）展示了如何将烟囱与端庄联系起来，以及如何将烟囱的基本功能与乡土建

图2.3　文艺复兴时期的壁炉架。

Vignola [Giacomo Barozzio], *Regola delle Conque Ordini d'Architettura . . .* (Rome, 1563?), pl. 36 特拉华州温特图尔市温特图尔图书馆印刷书刊藏品部惠允使用。

筑分离开来——通过律造古典风格的壁炉，尽管它们在古代建筑中并没有一致的起源（图 2.3）。[6] 在两代人的时间里，一种新的英格兰乡土建筑将对贵族改良其家居环境之迫切要求的风行一时的效仿中发展而来。

堂屋—客厅复合体住宅

受到文艺复兴对建筑的影响，人们对带烟囱的壁炉产生了独特的偏好。在 16 世纪下半叶，对英格兰南部和西部的有产者来说，拥有中央明火灶的堂屋变得无法接受了。他们的房屋的主体部分变成了两层，而不仅仅两翼是如此，这样的设计排除了明火灶，并且鼓励使用烟囱。住宅标准上的这些变化推动了英格兰住宅广泛而持久的改建和更新，W. G. 霍斯金斯（W. G. Hoskins）在其 1953 年的经典文章中称之为"大重建"（Great Rebuilding）。随着玻璃窗户、壁炉和专门房间数量的增加，以及使用了更精细的建筑材料，如切割过的石头，经改建或重建的有堂屋的住宅提供了更多隐私和对自然的侵袭的隔绝。在 16 世纪晚期的肯特郡，这个乡村住宅变化最明显的郡，每栋住宅的房间数的增速比每个家庭的财富增速更为显著。新的关于客厅和楼梯以及更多的内室和服务室的迫切要求体现于各个乡土建筑。大型住宅中的房间数量从 3 到 5 间增至 6 到 7 间。房间数量的增加要求堂屋上方有天花板，这样就可以直接在楼上而不是在侧厅设置卧室。而这顶天花板要求堂屋有个烟囱。[7]

烟囱提供了一种表现地位和供暖的时尚方式。在中世纪晚期（公元 1350—1500 年），名声在外的烟囱都是用进口材料建造的，通常是被认定为"佛兰德斯地砖"的砖块。这种材料提供了展示奢华的机会，这与以前在贵族住宅中使用并继续用于乡土住宅中的烟囱和烟道的抹灰的石块或瓦楞形成了对比。在欧洲大陆上，砖块与城堡建筑有着久负盛名的联系，15

世纪初，从欧洲大陆上各大战役中归来的骑士们在家乡就用这种材料建造城堡，尤其是在东盎格利亚（East Anglia）。此后不久，砖块很快便在东盎格利亚被用作庄园宅邸中烟囱的材料，它取代了瓦片和石头，用于在虚夸的宅邸中建造烟囱。在 16 世纪二三十年代，用砖块来砌烟囱仍然是新颖的和富有声望的。有些砖砌烟囱展示了精美的装饰造型和图案（图 2.4）。白金汉的桑伯里城堡（Thornbury Castle）就有英格兰可确定年代最早的和最华丽的砖砌烟囱。

威廉·哈里森（William Harrison）的《英格兰绘》（*Description of England*，1577 年）为 16 世纪的建筑改造提供了权威之作。根据一位埃塞克斯郡的乡村教区长的看法，最常被人引用的关于英格兰家庭环境的评论就是这段话：

> 在我仍然待着的村子里还住着一些老人，他们依据可靠的记忆，注意到有三件事在英格兰发生了惊人的变化……其一，近来烟囱林立，而在他们年轻的时候，在王国的大多数高地城镇里，烟囱至多也不超过两三个（其领主，或者是一些大人物，用于宗教目的的房屋和庄园除外），而且每个人都在其用餐和处理肉制品的堂屋中靠着壁炉背面（reredos）生火。[8]

在英格兰低地地区，出于象征性的和实际的原因，轴向烟囱（axial chimney）——一种靠近房屋中心，并与房屋短轴对齐的烟囱（参见图 2.5）——逐渐界定了后中世纪时期的乡土设计。3 个世纪以来，烟囱一直是英格兰建筑谱系中的一部分，但现在它们实际上变成了房屋的核心特征，无论是在空间上还是在结构上都是如此。在 17 世纪最后数十年，壁炉出现的典型位置是在堂屋和客厅之间。客厅和堂屋的两侧往往都有砖砌的烟囱和壁炉。烟囱的这种中心地位主要是自耕农住宅的特点，而非乡绅庄园，

图2.4　带有装饰的砖砌烟囱。都铎王朝早期的砖制烟囱在雕塑的多样性和炫耀性方面无视材料的限制。

L. A. Shuffrey, *The English Fireplace* (London: B. T. Batsford, 1912), 50.

后者更有可能在堂屋和客厅的前墙（front wall）上有一个烟囱。

　　对家庭舒适的重新定义往往聚焦于客厅，那里的床会被摆放在很显眼的位置。客厅标志着品位方面的一个社会分水岭：在 16 世纪的英格兰低地地区，它们成为乡绅住宅的标准，而且是自耕农可取的选择。客厅通过强化空间的性别化差异，重新定义了房屋格局。通过展示购买的布料和金属，客厅实际上代表了家庭的物质财富，以及一名丈夫的法律特权。有一

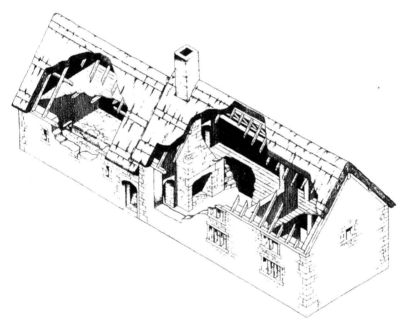

图2.5　"大重建"。16世纪中期德文郡这座带有牛棚的长屋的重建说明了中世纪乡土住宅的变化，而这些变化标志着被称作"大重建"的建筑设计的发展：用烟囱代替防火罩（firehood）或中央明火灶，用琢石（cut stone）代替石块构造的（dry-stone）墙壁，用玻璃窗的直棂代替护窗和栏杆，生活区的整体分层禁止存在一个开放式堂屋，而楼上的内室取代了用梯子通往的阁楼。
Eric Mercer, *English Vernacular Houses: A Study of Traditional Farmhouses and Cottages* (London: Her Majesty's Stationery Office, 1975), 40. 重印获得许可。

间客厅会让房屋中各个房间之间的分隔和区别更加明显，特别是在进行家务劳动的房间——妇女专用的堂屋、厨房、服务室诸领域——和人们进行社交或拥有隐私的房间。客厅不参与家中的家庭经济活动：客厅中既没有工具，又不储存家庭加工的成果。客厅在家中的位置总是朝向前方，而且可以从那边进入，厨房和其他服务室朝向房屋的一端或后方，陌生人从那里进入不会太显眼。到了 17 世纪晚期，在英格兰东南部，拥有多个客厅的富裕家庭可能会将其中一个专门用来招待客人，而不是睡觉。[10]

轴向烟囱代表的是为客厅供暖的投入。［在英格兰东南部，如果一栋房屋有一个以上的横向烟囱（lateral chimney），那么，这些烟囱通常被放置在房屋的前面，显然是为了装饰的目的。］作为乡土住宅中最引人注目的技术和建筑创新，砖砌的轴向烟囱，与减少堂屋对生火的需要相一致，因为烹饪最好是在厨房里进行，而访客们更可能被带进有供暖的客厅。轴向烟囱代表着家庭空间的去中心化设计（decentralized design），因为堂屋的多个功能分散到了客厅、厨房和其他服务室，而楼梯开始便于进出二楼。在某种程度上，文艺复兴时期的平衡（balance）和统一（uniformity）的标准适用于乡土建筑，而轴向烟囱回应了在房屋中心有些许特点的愿望。[11]

虽然兼有堂屋和客厅的房屋向男性户主传达了更多象征性威望，但是，它实际上增加了女性工作区域（areas of female work）的空间优先权（spatial priority）；更多的钱被投入了客厅，不过服务室增加了比客厅更多的空间。有三类房间先前曾是乡村建筑的典型特征——堂屋、内室、酒贮藏室，房屋除了这三类房间之外还有专门的服务室，而服务室出现的速度比客厅和内室更快。16 世纪，随着英格兰东南部的农场建筑（farmhouses）变得更大，服务室至少与家庭空间的改善具有了同样高的优先性。位于有供暖设施的堂屋上方的内室，不仅能增加安放床的空间，而且作为一个干燥的储藏室也是可取的，而英格兰东南部的大多数房屋，甚至是农夫和工匠的房屋，都在二楼有一个内室。[12]

有地产的家庭需要更多的储存空间，因为他们有更多的设备用于家庭生产（household production），因此也有更多的产出物需要储存。中世纪三合院（three-part house）的服务室一直是储存酒水的贮藏室，以及储存面包和其他食物的食品储藏室。但是，在 16 世纪，英格兰南部和东南部农场建筑的改造和新建轻而易举地就增加了（大致按优先顺序排列）制奶屋（milkhouses）、后屋（backhouses，用于麦芽制造和烘焙）、厨房、酿酒室（brewhouses）、储藏室（larders），甚至还有苹果屋（apple houses）。正如其中几个服务室的名称所示，它们代表的是附属建筑物（outbuildings）的家政化（domestication）。由于服务室的数量庞大，它们很可能位于房屋后部的侧翼部分，而非位于堂屋之外。实际上，它们的位置界定了房屋的后部，与之相对的前部始终是堂屋和客厅的位置。长期以来，堂屋和服务室之间提供直接联系的交叉通道一直是种便利的存在，但对越来越多的服务室来说，这是不够的。尽管同一屋顶下有更多用于服务的空间，但它们与堂屋的分隔显然也是可取的。[13]

在 16 和 17 世纪，"厨房"变成了房屋中的一处关键空间，而非一栋独立的建筑。被人指定为厨房的空间不一定用来烹饪。有些厨房甚至没有壁炉。在乡土住宅的背景下，"厨房"一词最初指的是一个多用途的服务区域，用于加工食品，比如酿造或制作奶酪或腌渍肉类，但不一定会用于烹饪。在 17 世纪下半叶，这样的厨房是有三到四个房间的住宅中最常出现的服务室。烹饪可能是在堂屋进行，因为很多房屋依旧只有一个烟囱，这个烟囱为堂屋和客厅的壁炉效劳。在拥有两个烟囱的房屋中，厨房要优先于客厅或卧室占用第二个烟囱。显然，利用热能来加工材料已经优先于纯粹的家庭取暖。有自己壁炉的厨房，仍然需要把准备食物的功能从堂屋和内室那里夺过来。[14]

到了 17 世纪中叶，考虑到堂屋仍然是一个做饭和吃饭的房间，而其他房间承担了堂屋的其他功能——服务、睡觉和接待客人，各个房间便有了新的名称。在英格兰的北部和西部，接待客人的"前室"（foreroom）区别于服务的"后室"（backroom）；而在英格兰的南部和东南部，"厨房"开始指代烹饪的房间，而不是非专门化的服务室。与睡觉、服务或接待客人相比，烹饪和用餐在建筑上的优先地位有所下降；食物的准备和消耗往往被转移到与时俱进的专门化进程所留下的空间中去。大多数家庭继续在堂屋用餐。在英格兰东南部引入客厅之后的至少一个世纪里，相较堂屋，客厅更不可能是用餐的地方。[15]

尽管在 16 世纪晚期和 17 世纪，烟囱的位置有所迁移并处于实际上的中心位置，但炉灶的数量落后于房间数量的增加。比如在诺里奇（Norwich），1580 年到 1730 年间，五分之一的房屋的房间数在三间及以下，而在这些房屋中，每栋房屋炉灶的平均数仅仅从 1.1 增至 1.3。拥有四到六个房间的房屋数约为总数的五分之二，这些房屋比规模为其一半的房屋的炉灶数量就多了一个；在整个 17 世纪，这些房屋的炉灶平均数仅仅从 1.7 增至 2.0。在 18 世纪初的诺里奇，不足半数的堂屋拥有炉灶，比例与 16 世纪末时一样。不足半数的房间拥有带烟囱的壁炉。[16]

因为家庭空间正在进行切分，所以，即便家中有更多炉灶，人们也不一定觉得比待在有一个中央明火灶的堂屋中更暖和。在盎格鲁—撒克逊和诺曼时期的征税领域，"炉灶"一直是"住所"（residence）的同义词，这是基于每个家庭都仅有一个炉灶的假设。但是，到了 17 世纪中叶，在英格兰，由于拥有多个烟囱或烟囱贯通不止一个壁炉的房屋数量有所增加，尽管有些粗略，但烟囱已经变成一个很明显的家庭财富指数，以致在1662 年，炉灶税（hearth tax）取代了人头税（poll tax）。炉灶税法案要求户主列举他们的炉灶数。王室任命的"烟囱吏"（chimneymen）有权进入没有列举数字或似乎填写了虚假的应税财产申报表的房屋。烟囱可以从外面数清，而如果有一个以上的烟囱，就很可能有超过平均数量的炉灶。这笔新税被通俗地称作"烟囱税"（chimney-money）。拥有烟囱或多个炉灶并不被视为必要，而烟囱税实际上是对可自由支配的支出进行课税。威廉·佩蒂（William Petty）在《税收与贡献论》（"A Treatise of Taxes and Contributions"，1662 年）中曾经写道，大多数烟囱是"无用而多余的"。[17]

炉灶税之所以出现，是因为需要用税收来补偿国王在推翻和复辟君主制之间失去的王室领地和封建收入。这项税制会对家中的每个炉灶每年征收 2 先令。如果一个家庭太穷，无法支付经过评估的贫民税（poor rates）或教会税（church rates），或者是其租房价格低于 1 英镑，或是其年收入低于 10 英镑，则可以免除这些家庭税负。反对这项税收的理由是，它的入侵式评估方式给普通家庭带来了巨大的负担。烟囱吏面对的是暴力的，有时甚至致命的抵制，抵制他们为收不上来的税款而征收特价商品的行为。1689 年，议会废除了炉灶税，理由是它鼓励侵犯家庭空间："这本身不仅是对穷人的巨大压迫，而且是加诸全体人的奴役标记，让每个人的家都暴露给他不认识的人，供其随意进入和搜查。"[18]

历史学家们对炉灶税申报表（hearth tax returns）进行了深入的研究，以获取人口和经济信息，但是，他们获得的关于家居环境的信息都是将炉灶的社会和地理分布制成表格后的学术副产品。在关于后中世纪时期家居环境的舒适方面，炉灶税记录的证据有利也有弊。一方面，有些房屋中的大量炉灶标志着堂屋和客厅复合体之外空间的专门化和细分。另一方面，尽管烟囱层出不穷，但是大多数人仍然住在只有一个炉灶的房屋中。根据郡及其次级区域的数据，大约三分之二到四分之三的家庭只有一个炉灶，其中，只有约半数的家庭因贫困而免税。大约五分之一的人口拥有两个炉灶。以灶台而非家庭为分母，这笔税负的不平等分配更为明显：不到五分之一的家庭有三个或更多炉灶，他们可以拥有一个郡半数以上的炉灶。有些家庭的炉灶数量是大多数其他住宅的 10 到 20 倍。[19] 这种分布表明，在烟囱被引入乡土设计的三个世纪里，明显旧式的社会基础引起了研究者的注意。

对健康的担忧并没有迫使家庭增加烟囱。火对健康和温暖都有影响。医学知识告诉我们，火对通风来说甚是关键。火让空气保持纯净："必得有一堆火不停地燃烧，以便让一处空间墙壁上散发的有传染性的湿气，以及石灰和沙子的气味挥发掉。……要在你的房中生火，烧尽房内的恶气，因为人的呼吸能让房内的空气变臭。"一个中央明火灶可以说符合这些要求，甚至优于带烟囱的壁炉，所以前者不一定是退步的设施。威廉·哈里森并不认为采用烟囱理所当然会是在舒适、卫生或技术上的改进。历史学家们很少提到，哈里森认为烟囱是家庭舒适上的"退步"（a step *backward*）：

> 现在我们有了许多烟囱，然而我们的幼儿在埋怨分泌物、黏液和感冒。接着，我们只得一而再，再而三地重造（reredoses）［用于明火炉的石制或金属背墙（firebacks）］，而我们的头就再也不会痛了。因为当时烟被认为足以使房屋的木料变硬，所以它被认为是一种更好的药，可以使户主和他的家人远离庸医［因为喉咙嘶哑］或感冒，而当时很少有人得病。[20]

乡土建筑表明人们不愿意增加或引进烟囱。在创造出更多房间的改造行为中，不一定要增加额外的烟囱。几乎所有贫困家庭都只有一个炉灶，但不是所有只有一个炉灶的家庭都是贫困的：有些炉灶属于有财产的寡妇、工匠、农夫，甚至自耕农。很多自耕农在堂屋与客厅之间的轴向烟囱只配有两个炉灶。炉灶的数量与房屋中的房间数量或居住者的财富只有微弱的相关性。一句可追溯至 17 世纪中叶的谚语表达了对拥有许多烟囱的可取性的模棱两可："砌两个烟囱要比起维护一个烟囱容易得多。"比方说在剑桥郡（Cambridgeshire），尽管对房屋进行了广泛重建，但几乎半数房屋仍然只有一个炉灶，然而，单一炉灶式房屋的大小从一个房间到六个房间不等，而屋主的财富从 10 英镑到 200 英镑不等。有两个炉灶的房屋，大小从两个房间到十个房间不等，而屋主的财富从 10 英镑到 300 英镑不等。[21] 这种炉灶数与有待供暖的房间数或屋主财富之间的弱相关性表明，对家庭整体温暖度的要求并不是很严格，个人的喜好和需要之间的差异很大。即便在"大重建"之后，无供暖的房间仍然比有供暖的房间多得多。源自"大重建"的典型房屋，有带着烟囱和天花板的堂屋，这比中世纪晚期有堂屋的房屋里的获得供暖的家庭空间的比例更低。

只要有一个轴向烟囱，就可以让户主在地位上与劳工和依官册享有的土地所有人（copyholders）的单一炉灶家庭明显区别开来。这样一个烟囱意味着一种堪比下层绅士的地位，因为两层楼房屋中的一个轴向烟囱可以容纳多达四个炉灶的烟道。轴向烟囱的地位优势取决于下层绅士和自耕农中乡土设计的普及程度。在征收炉灶税的时期，恰逢绅士和商人放弃了乡土设计，以大都会的施工和规划标准取而代之——用于整栋建筑都以砖砌、山墙烟囱（gable-end chimneys）、专门用于烹饪的厨房，以及对称的建筑立面（symmetrical elevations）。在乡土层面，在烟囱的建造中，砖块的使用取代了木构造和泥笆。自 14 世纪初以来，这些易燃材料就被大型城镇的建筑法规所禁止，但是在 17 和 18 世纪，它们依旧在乡村使用。[22]

在英格兰，从定义上讲，整栋房屋都用砖建造是与乡土传统的决裂。在英格兰东南部，17 世纪上半叶，当地出现了砖的替代品，学校、救济院、小旅馆和领主宅邸都开始用这种材料建造。自 16 世纪 70 年代以来在英格兰东南部许多城镇都有很多尼德兰移民，他们认为砖结构是理所当然的，但在几十年过后，人们才开始为小商人、工匠或自耕农的家庭建造砖房。在汉普郡一个仔细调查过的地区，人们发现 16 世纪的农场建筑中砖只用来砌烟囱；直到 18 世纪初，那里才广泛用砖块建造整个农场建筑。英格兰中部地区的村子在 1680 年之前没有砖建的农场建筑，但 20 年后，这种材料频频被用于新的建筑物。古董收藏家亚伯拉罕·德·拉·普赖姆（Abraham de la Pryme）在其关于约克郡哈特菲尔德·切斯地区（Hatfield Chase）历史的著作中描述了 17 世纪后期出现的类似变化：

> 这座城镇本身虽然不大，但非常美观和整洁，它以前拥有的建筑物，都是用木头、黏土和灰泥建造的，但是现在这种建筑方式已经完全消失了，因为现在从最富有的人到最贫穷的人，都只会用砖头来建造：因此，从大约80年前开始（当时砖块第一次在这个教区被看到、使用和制造），它们已经占领了全镇，现在镇上几乎没有一栋房屋不是那种持久而上流（genteel）的建筑，如果不是全部都如此的话，那也是大部分都如此。[23]

但是，直到 18 世纪下半叶，即便是在英格兰东南部，建筑材料的多样性——木框架、黏土、燧石和白垩，以及砖——掩盖了这些一厢情愿的期望。正如许多古董收藏家对住房的观察，普赖姆的阅历事实上证明了 16 和 17 世纪舒适的个人标准的巨大差异，尽管人文主义者和古董收藏家都希望有一致的端庄。

16 和 17 世纪的古董收藏家将新的、"文明的"房屋设计与旧的乡土特征进行了比较。不可否认，烟囱比中央明火灶更干净，而且，烟囱把火的要素放在一个更人工的和被象征性地控制的空间里。建筑史家们看重的是这些报告与特定领域的创新有关的表面价值（face value）。但是，由于被报告为新的设计实际上是已经存在几个世纪的可供选择的替代品，所以这些报告确实表明了对先前共存的标准之间差异的一种新的、容易引起反感的敏感性。新的房屋设计似乎正在取代旧的房屋设计，因为大多数乡土住宅的建造史都是一个腐朽和翻新的连续不断的过程，而"文明"的房屋高度重视的是持久性。[24]

这些古董收藏家将他们所处时代的住宅与他们对不远的过去的记忆进行了对比，他们的笔下出现了"在那些还活着的人记着的时代"、"直到晚近的年月里"和"大约1618年以来"。他们将这些变化的新颖之处与过时标准的假定陈旧之处进行了对比，"古老的康沃尔建筑风格"、"旧时代布立吞人的房屋"和"撒克逊人的老旧风格"这样的短语体现了那些标准。古董收藏家心目中的典型古旧物品是中央明火灶："房间中央的炉灶应该是有烟囱的，而烟囱顶部的天窗用来排烟"，"房屋最中间的火炉靠着一堆黏土"。但是，由于这些描述跨越了一个多世纪，从16世纪第三个25年到17世纪晚期，所以它们确实证明了在乡土层面，可以替代文明标准的建筑的顽强力量（图2.6）。在17世纪70年代提笔著述的英格兰古董收藏家约翰·奥布里（John Aubrey），写到依官册享有的土地所有人和其他"普通"人都在宗教改革之前"没有烟囱，但有例如天窗上散热孔之类的烟道"；他声称在其幼时曾见过几栋这样的房屋。他还记得，那时威尔特郡（Wiltshire）"依官册享有的土地所有人和普通穷人"的窗户上没有玻璃，但他观察到，"［现在］依赖施舍（almes）的最穷的人都拥有了玻璃"。一个世纪前，理查德·卡鲁（Richard Carew）有着许许多多羊于康沃尔郡房屋的记忆，那些房屋有"土墙、低矮的茅草屋顶，几乎没有隔板墙，没有刨床（planchings）或玻璃窗，以及，除了墙上一个用来排烟的洞外几乎没有任何烟囱：他们还有床、麦秆和毯子"。他宣称，在他的一生中，这些"时尚"中的大多数"普遍被抛弃了，而康沃尔郡的农夫让自己符合东部模式中更风雅之举"。但是，当理查德·高夫（Richard

图2.6　农民的舒适。人文主义者和古董收藏家屈尊来到那个有明火灶和无楼梯的阁楼的几乎没有家具的堂屋。

George Wither, *A Collection of Emblems, Ancient and Modern* (London: Augustine Matthews, 1635), 222. 特拉华州温特图尔市温特图尔图书馆印刷书刊藏品部惠允使用。

Gough）在 18 世纪之交时回忆起英格兰中部地区什洛普郡（Shropshire）教区没有烟囱的农舍时，16 世纪中叶这样的标准在康沃尔郡是否真的普遍存在呢？[25]

正如古董收藏家运用了当地的记忆，其他观察家也可以将他们所在地的情况与外国进行比较，以承认不同标准的共存现象，同时还要改变这种现象。R. 普劳特（R. Plot）将 1680 年斯塔福德郡（Staffordshire）"仅以用草皮建造的圆锥形"简陋住所（hovels）与麦哲伦海峡附近的印第安人的房屋进行比较。威廉·哈里森将英格兰南部的"府邸"与"海外很多地方和本国北方部分地区"进行对比，在后面这些地方的住宅中，制乳室（dairies）和马厩在"同一屋檐下"。对 17 世纪中叶的医师安德鲁·布尔德（Andrew Boorde）来说，苏格兰人那带牛棚的房屋在地理上近在咫尺，但在文化上却遥不可及："他们的确是居住在苏格兰与英格兰的边界，尼科尔森林（Nycoll forest）旁，向上可到特威德河对岸的巴威克（Barwyke）——他们生活在贫穷和困苦中，那里除了一个男人能够在三四个小时内建成的那种临时建筑外，没有其他房屋：他和他的妻子，还有他的马全都站在一间屋子里。"[26] 整个 16 和 17 世纪观察到的这种现象表明，不同的舒适标准在继续共存，而不是出现了一场舒适观念的革命。

玻璃窗户的本土化

哈里森关于新的住宅设计（除了烟囱之外）的另一个转喻指向的是玻璃窗户，而玻璃窗户被认为是"上流的"和文明的住宅的标志。但是，即便房屋的窗户开口变得越来越大了，给窗户开口安装玻璃仍然是选择性的和临时性的。在其 1519 年以拉丁语和英语发行的启蒙读本中，威廉·霍曼（William Horman）认为他的读者不一定熟悉窗户玻璃，故对其进行解释：

"玻璃窗让光线进入，并把风挡在外面。"1505 年，一个英格兰法院仍然裁定，基于"没有玻璃的房屋是完备的"这一原则，房屋的窗框（主要是护窗）作为固定设施属于继承人，而玻璃则应由遗嘱执行人作为个人财产进行分配。直到 16 世纪，贵族家庭才把玻璃窗当作一种可移动的奢侈品，而非房屋的固定设施。直至 16 世纪末，玻璃窗仍然是如此特别，即便是在富裕的城市家庭中也是如此，以致它们都被记录在死者的财产清单上。[27]

窗户玻璃既起到装饰作用，又起到照明作用。平板玻璃被着色，用于中世纪的教堂装饰，而这种装饰传统又转移至家庭用途。16 世纪的窗户有复杂的玻璃形状和颜色图案，而透明的玻璃窗通常也有彩绘设计，比如纹章。在 16 世纪，人们希望玻璃工人不仅可以安装玻璃，而且可以用颜料在上面作画——通常是用纹章、鼓舞人心的铭文和人物装饰。直至 17 世纪中叶，大多数家用窗户玻璃都是小的圆形窗格玻璃（circular panes），有玻璃吹制后留下的一个大凹坑。这种玻璃不可避免的变形是可以接受的，因为窗户玻璃是家居装饰的一个组成部分，而不仅仅是作为家庭照明的媒介。[28]

直到 16 世纪中叶，英格兰对窗玻璃的需求都太小，而且零零星星，以致无法维持玻璃工业的发展，因此大多数窗户玻璃都是进口的。来自诺曼、佛兰芒和勃艮第地区的玻璃质量也更好，价格也低于从英格兰能够随时买到的玻璃。中世纪英格兰的大部分玻璃制造企业，都是为修道院、大教堂、宫殿和城堡的特定建筑项目而建的临时设施。只有位于伦敦南部的维尔德（Weald）地区才有一个成熟的玻璃制造业，该行业主要生产廉价的器皿，而非玻璃窗。16 世纪初，英格兰的平板玻璃制造业几近崩溃。宗教改革减少了对窗户玻璃的需求，因为需要彩色玻璃的宗教机构有所减少，而被掠夺的修道院的玻璃带来了意料之外的供应源头。对家用窗户玻璃的需求无法填补这一空缺：15 世纪 60 年代，所有进口到英格兰的窗户玻璃的总量还不到一家玻璃工厂的产量。[29]

　　在 16 世纪 50 年代后期，移民而来的玻璃制造商建起两个玻璃熔炉，期望它们足以满足英格兰的所有需求。仅仅 20 年后，英格兰的窗户玻璃产量就相当于大约 7 座玻璃工厂的产量，或者说产量在每年 50 万到 100 万平方英尺的范围内。在第一代家用窗户玻璃行业迅速扩张之后，产量在 16 世纪 90 年代到 17 世纪 30 年代之间翻了一番。玻璃行业的这种增长显然很容易就满足 17 世纪上半叶的需求，因为其价格并没有随着 17 世纪二三十年代罗伯特·曼塞尔爵士（Sir Robert Mansell）的垄断供应而上涨，也没有随着他失去垄断地位而下跌。[30]

　　因为该行业规模太小、太简单，所以，16 世纪 60 年代少数作为新教难民的玻璃制造商就可以改变英格兰的玻璃制造业。是宗教迫害和经济混乱将他们从欧洲大陆推出去的，而非英格兰玻璃市场的吸引力将他们拉来此地。但是，他们的迁移让其具备一个优势，可以用国内来源来代替被中断的国外来源。可与威尼斯镜子行业相匹敌的安特卫普镜子行业的玻璃制造商，除了带来了宽大的窗户玻璃之外，还带来了生产"晶体"（cristallo，一种特别透明的玻璃）的技术。来自洛林的移民则引入了改进的玻璃板（broad glass）技术。[31]

　　英格兰玻璃行业的主要创新是用煤代替木材作为热源。自 16 世纪 80 年代以来，议会和王室试图通过禁止铁厂和玻璃厂进入燃料需求旺盛的地区，来减轻木材和木料供应的明显枯竭，特别是在泰晤士河沿岸、维尔德地区和南部沿海地区。然而，尽管有所谓燃料短缺现象，窗户玻璃的价格仍然相对稳定。产量的增长显然跟上了需求，窗户玻璃的进口几乎停止了，尽管没有加诸进口的限制。16 世纪晚期，伦敦的窗户玻璃批发价约为冕玻璃每英尺 3 侏儒[1]，而玻璃板每英尺 2 侏儒。在 17 世纪上半叶，这两种类型的玻璃的价格低于每英尺 2 侏儒。16 世纪晚期，伦敦的玻璃零售价为每英尺 6 至 7 侏儒，玻璃的安装包括在内，而在 17 世纪上半叶是每英尺 4 至 5 侏儒。在 17 世纪 20 年代之前，英格兰北部的零售价大约高出 1 便士，当时纽卡斯尔在转向使用煤炭之后发展成为一个玻璃中心。[32]

16 世纪晚期，玻璃经历了从一种奢侈到一类体面的转变，这关乎时尚而非成本。到了 17 世纪 10 年代，煤作为燃料成功替代木材用于玻璃熔窑，消除了扩大生产的潜在瓶颈。但是，即便在煤制玻璃的制造商被授予了所有窗户玻璃的一系列复杂的生产垄断权之后，需求仍然非常温和，以致价格基本保持稳定。镜子市场仍以进口为主，而作为窗户玻璃的来源，进口已然变得微不足道。实际上，对于镜子奢侈品，罗伯特·曼塞尔爵士优先考虑提高质量，并增加了镜子贸易中的玻璃产量，而对住宅市场的窗户玻璃，他只是出租了生产特权。燃煤工艺生产的玻璃鼓励了制造用于窗户的更透明的玻璃。曼塞尔复制"晶体"的努力需要开发作为碱的苏打的来源，而木材作为燃料遭淘汰，从而减少了木灰（及其意想不到的氧化铁绿色着色剂作用）的现成可用性。[33]

正如玻璃生产史表明的那样，在 16 世纪晚期，玻璃窗变成了家庭物质文化的一个组成部分。1599 年，法院推翻了先前的评估，裁定不能拆除窗户玻璃，因为"没有玻璃就没有完备的房屋"。约翰·奥布里断言，在亨利八世统治前，玻璃窗户在教堂和绅士的宅邸之外是很少见的，他还声称记得，就在最近的内战时期，英格兰西部偏远地区登记在册的土地保有者和穷人还没有玻璃窗户，这暗示了他们现在都拥有玻璃窗户。[34]

玻璃窗每平方英尺只花费几便士，而 16 世纪上半叶的庄园宅邸通常

---

[1]　侏儒（dandyprat），英国的一种价格单位，一侏儒等于两便士。

只有几百平方英尺的玻璃窗，但并非所有窗户都装上了玻璃。在 17 世纪下半叶，虽然每英尺的玻璃成本增加了 1 便士左右，但是，庄园宅邸开始有超过 1000 平方英尺的玻璃，而 16 世纪晚期建的最大的那批住宅的玻璃量是这个数字的几倍之多。在米德尔顿庄园（Middleton Hall）安装了 1700 平方英尺的玻璃花费了 50.95 英镑；为王室宫殿安装 8000 平方英尺的窗户花费了无与伦比的 348 英镑。此类规模的建筑往往有数百扇窗户，而每扇窗户都比一个人还高。[35]

伊丽莎白女王时代和詹姆斯一世时代的神童之家（Jacobean prodigy house）中大量使用玻璃窗表明，在创造玻璃需求方面，装饰时尚（decorative fashion）优先于实际照明需求。米德尔顿庄园、沃拉顿庄园（Wollaton Hall）和哈德威克庄园（Hardwick Hall）的建筑师罗伯特·史密森（Robert Smythson），显然引入使用了更大的方形窗格（square panes），而这些窗格有由木材和石头制成的水平窗格条（horizontal muntins）。当时流行的做法是在每面墙上安装玻璃窗，以便向外面的观看者展示玻璃。对 1575 年女王的凯尼尔沃思（Kenilworth）之行的描述对此有恰当的回应："白天，每一面都因玻璃而闪闪发光；夜晚，由于蜡烛、火炉和火炬的持久亮光而闪闪发光，在轻盈的风中格外澄澈，就像它将光辉的埃及法洛斯岛（Pharos）加诸亚历山大的海岸。"这种奢华的开窗法并不完全适合室内布置，因为它排除了靠墙放置大型家具的做法，并且有时由于来自直角光源的光线而会产生眩光。要给外界留下深刻印象的考虑，在哈德威克庄园最为明显。16 世纪的一首押韵短诗提到"哈德威克庄园，玻璃比墙还多"，但事实上，其中一些窗户是安在实心墙上的，不允许光线进入室内，也不允许视野向外。[36] 安装玻璃数量的社会差异表明，安装玻璃首先是为了奢华展示，其次才是为了改善家居舒适。伊丽莎白时代的贵族追求的玻璃规模以前只有在最大的教会建筑中才能找到，而整个国家对玻璃的需求增长要慢得多，随着国内来源的供应量增加，玻璃的价格有所下降。

直到中世纪晚期，农民住宅中的玻璃窗才为人所知。拥有明火灶的中世纪的长屋，往往根本没有窗户开口。相反，光线是通过对开的屋门和排烟孔进入的。如果地形允许这种选择的话，长屋的长轴通常是东西向的，以便通过边墙上朝北和朝南的门将季节性照明做最大化利用。长屋典型的对门体现了照明和通风之间的权衡。在允许日光进入的情况下，可以根据风向和壁炉通风的需要来打开或者关闭对门。长屋的设计往往将窗户的数量和尺寸维持在最低值，特别是当排烟孔或用于防火罩或烟囱的大型烟道可以从头顶上提供照明时。乡土建筑中给窗户安装玻璃约始于15世纪中叶。考古学家在约克郡的沃拉姆珀西（Wharram Percy）的中世纪晚期农民住宅中发现了安装玻璃的证据，但直到16世纪下半叶，这种做法在自耕农和下层绅士阶层中仍然罕见。[37]

在乡土层面，玻璃窗先是开始经常出现在城镇居民的房屋中。16世纪60年代，英格兰南部的商人率先开风气之先，而到该世纪的后几十年，英格兰中部地区和伦敦周围各郡城镇的商人开始给自家的部分窗户安装玻璃。在中部地区的乡村，16世纪的最后几十年，玻璃窗出现在自耕农的房屋中，但数十年来，玻璃窗仍然只是当地建筑的一种选择而已。16世纪晚期和17世纪初中部地区农场建筑的设计往往会为每个房间提供一扇玻璃窗；有些房主则只给堂屋的窗户安装玻璃。17世纪末，自耕农的房屋通常每个房间有三扇玻璃窗，两扇在前面，一扇在侧面或后面。[38]

新英格兰的乡土住宅很好地说明了玻璃窗如何在乡村地区变得流行起来，甚至在大西洋彼岸都受到了伦敦大都会的影响。虽然安装玻璃从一开始就几乎是马萨诸塞湾框架房屋（framed houses）的标准组成部分，但在17世纪中叶普利茅斯殖民地的一些房产合同中，玻璃窗和房屋构成之间的区别仍然很是明显。这些合同向买家保证，窗户是交易的一部分，不会被移除。比方说，在 1645 年，普利茅斯殖民地的桑威奇的理查德·查德维尔（Richard Chadwell）在把房屋卖给爱德蒙·弗里曼（Edmond Freeman）时，就认为他的玻璃窗是家具的一部分："所有这些都属于他的住宅……所有的门、锁、梳妆台、长凳、玻璃和玻璃窗，以及属于它们的木制护窗、床架、床垫和床单，还有属于所述房屋的所有土地。"在 17 世纪的美国乡土建筑中，前墙和山墙有玻璃窗，而后墙通常没有。在朝南的房屋中，这样一种模式本来可以保护房屋背阴的一面不受气流的影响，但房屋"正脸"的外观显然至少与实际用途的考量同样重要。具有二层楼和突堤式悬挑（jettied overhangs）等赋予地位特征的房屋，正立面有大型玻璃窗。合同通常要求每层楼的每个房间都有一扇玻璃窗，窗户高 2 到 3 英尺，宽 3 到 5 英尺，通常有 2 到 5 个进光口。正面的窗户通常大小一致，山墙上的窗户略小一点。有些进光口是固定的——显然是以高侧窗（clerestory）和窗台（stool）为标志，但大多数玻璃窗至少包括一扇垂直铰链平开窗（vertically hinged casement）。[39]

17 世纪马萨诸塞的建筑合同表明，对窗户玻璃的需求既存在虚夸成分，又有限制成分。一位搬到马萨诸塞湾的贵族官员在 1637 年写的一封信，给出了关于其新房屋的窗户的说明："在任何房间里都不要太大，而且为便利计，要尽可能少"，但没有提及给窗户安装玻璃。有些合同明确规定要有"大大的平开窗"；其他合同则遵从社区标准，"按照人们判断的必要之数"订购。还有其他合同自命不凡地规定，"所有窗户都要大，因为它们现在一般都是为附近新建的住房而造的，而且……要给所有窗户安装玻璃"。[40]

在 17 世纪的英格兰，玻璃窗变得如此普遍，以致 1697 年的议会在一笔窗户税中找到了炉灶税的替代品。虽然这笔为重新铸造边缘缺损的货币提供资金的税收覆盖了所有窗户，而不仅仅是安装玻璃的窗户，但正是玻璃窗让窗户的数量激增，使其成为一个吸引人的征税对象。无法支付贫民税或教会税的家庭被免除该项税收，但除此之外，房屋的居住者——而非房主——每年支付 2 先令的"房产税"（house duty）。那些拥有 10 到 19 扇窗户的人额外支付 4 先令，那些拥有 20 扇以上窗户者要额外支付 8 先令。在 18 世纪，这些费用多次调整，不过总是向上加增。[41]

由横楣（transom）和直棂（mullion）组成、有四个进光口的横窗（cross window）在 17 世纪的大部分时间里都是受人尊重的标准，直到在 1690 年后被垂直推拉窗（sash window）取代。大型矩形玻璃窗格产量的增加让人们可以使用足够坚固的木制框架，以适应频繁调整通风的需要。垂直推拉窗首先是在路易十四的宫廷中得到大面积使用；据报告，到 17 世纪 80 年代后期，垂直推拉窗才在温莎城堡中使用。横窗不一定安装玻璃，因为横窗可以在关上护窗时关闭，但是垂直推拉窗只有安装玻璃才有意义。垂直推拉窗成为贵族住宅的一个决定性特征，而在 18 世纪，自耕农和城镇居民的家庭越来越多地效仿了这一特征。因为垂直推拉窗的高度长于宽度，所以，它们的使用标志着由其提供照明的房间拥有高高的天花板，而相对较高的天花板变成了贵族住宅的一个区别性特征。[42]

18 世纪伊始，一名波士顿商人在向伦敦的一位商业通信者订购翻新其房屋的材料时，暗示了窗户玻璃的流行。他想要"一些奇特的透明玻璃，如果我没弄错的话，这种玻璃叫冕玻璃。……它似乎是置于钟表表盘前的那种东西。埃利亚金·哈钦森（Eliakim Hutchinson）先生就用它给其房屋的正面装上玻璃，而这种玻璃看起来非常好。我很想给一两个房间装上那种玻璃。……房屋后面我已经装上了足够多的玻璃了"。他欣赏这种新型玻璃的技术优势，但他真正喜欢的是这种新型玻璃给别人留下的印象。最初，他计划在如今看来属于传统的"铁制平开窗上"安装这种新型玻璃，"因为我不太喜欢将垂直推拉窗这种最新的时尚用作平开窗"。然而，在他的儿子的影响下，"他对我的指导很是挑剔……我们现在决心使用垂直推拉窗"。[43]

整洁的室内陈设

在 16 和 17 世纪家居环境的重塑过程中，"舒适"一词仍然主要指向心理和精神状况，而非身体状况。拉尔夫·约瑟林（Ralph Josselin）是一名牧师，他的日记是 17 世纪英格兰最丰富的日常生活个人记录，且拿他的日记为例。"舒适"一词至少每隔几天就出现一次，但几乎总是指天赐的祝福。日记以父亲临终时他的自我安慰开始："回想我对他的温柔之爱，对我来说是持续的舒适"；他把父亲的一次布道与"许多的欢乐和舒适"联系起来。他会定期根据天赐的"舒适"来评估自己的状况：他妻子怀孕一事"结果证明确实是我们无比的欢乐和舒适"。上帝"在过去一周都对我行善，在健康方面，在地产、舒适、友朋方面：在我家中，是我亲爱的妻子和宝贝们，他在让我继续我的使命上颇为仁慈"。"舒适"一词的身体指涉适用于天气，其本身就属天意："非常晴朗而舒适的天气，适合收割和耕种，召唤我们去祝福关心着我们的上帝。"当约瑟林评估自己在家的身体适应情况时，他使用了"便利的"和"精神焕发"这两个词："在那排楼梯附近四处走动，走出堂屋，进入内室，而前一周还在堂屋搭建了我的屏风，我们发现它对我们来说是非常温暖而便利的：由于上帝的旨意，我们享受到了别人希冀的精神焕发。"[44]

"自在"（Ease）是 16 和 17 世纪最常用的表达对身体舒适的领会的词语。它意味着痛苦的缺席或痛苦和烦恼的减轻，并具有很强的宁静（restfulness）的内涵。在 18 世纪中期，塞缪尔·约翰逊依旧把"自在"定义为"痛苦与愉悦之间的一种持平状态（a neutral state）"。当"舒适"

在 17 世纪的英语中有了身体指涉意义时，它通常也意味着痛苦的缓解，而非舒适的提升。17 世纪的法律文件，如遗嘱、合同和法令，在提到为处于贫困环境中的人提供最低限度的充足物质供给时使用了"舒适的"一词。普利茅斯殖民地的法律授权每个城镇的监督机构收养穷苦人家的孩子，"以提供必要而便利的食物和衣物"，并"安置好他们，这样他们就可以舒适地生活了"。一名"年迈的"男子"并没有能力自己居住并持家"，把"他的房产交到"另一名男子"手中，借此他便可能拥有舒适的生活"。在这些抚养合同中，"便利的"意为对一般需求的"适当"供应："肉类、酒水以及浣洗和住宿"。一位寡妇"舒适的生计"通常涉及孩子有义务允许她使用房屋和院子里指定的空间——"在我现在居住的房屋中，独自而适当地使用堂屋和上面的内室，以及免费使用房屋外的花园、厨房烤箱和年鉴"，还要提供给她木柴和玉米，牲畜的牧场，让她可以进入果园土地，并给她一笔钱。[45] 在其身体指涉意义上，"舒适"通常指最基本的必需品。

在近代早期，人们最常用来表达对房屋的赞赏的关键词语指涉的是房屋的外观和建筑材料，而不是居住在其中的切身体验。比如，不妨以亚当·马丁代尔（Adam Martindale）为例，他是一名教师、贵格会传道者，在 17 世纪初的一个自耕农家庭长大。一位杰出的建筑史学家援引了马丁代尔对他父亲重造房屋的回忆，作为一种想要更多"舒适"的渴望的例子。不过，马丁代尔实际上将他早期的家称为他出生于斯的新的"相当整洁的住所"，以及他父亲后来建造的"坚固而巨大的石屋"。17 世纪，英格兰的房产自由保有者的房屋设计涉及了概念上和空间上将自然因素隔绝于家庭之外的趋势与日俱增，这表现为"上流而持久"、"整洁"、"美丽"、"漂亮"和"可靠"等表述。罗伯特·布莱尔·圣乔治（Robert Blair St. George）已经表明，人类、牲畜和原材料在空间上的分隔的增加标志着英格兰自耕农对"人工"要素的珍视超过了对自然要素的珍视。当时存在着"一种将房屋的服务功能推向房屋后部的总体趋势。这可以掩盖住家政工作的杂乱，屋主现在可以向他的邻居展示一个对称整齐的物件：他那拥有中央烟囱的房屋的正面。由于烟囱填满了旧的排烟孔，所以这座 16 世纪房屋的开放式堂屋上面可以用天花板覆盖，以提供以前无法实现的第二层房间"。[46] 中央烟囱象征着对自然的、人类的和经济的过程的控制，而这会带来一种体面的生活方式。

身体愉快与清洁有着紧密联系。格瓦塞·马卡姆（Gervase Markham）在指导家庭主妇制作布料时强调了布料的恰当性，而非布料给人的感觉："她应该同时给她的家人缝制内外衣物；外衣能抵御严寒对人的侵害并使人美观；内衣则保持皮肤的清洁和整洁，借此，皮肤能够免于汗水或害虫的污秽；前者由羊毛织物构成，后者则是亚麻织品。"污秽将导致不适：

> 小心，你可别住进无人住的老旧内室中，特别是那种老鼠和蛇常去的内室。别住进那种被彻底剥夺了阳光和户外的内室；也别住进楼下的内室，除非它提供膳宿（borded）。

> 只要有老实的男人在房屋的外围，房屋和内室的清扫工作就不应该进行，因为灰尘的确会让空气腐烂，使之变得稠密。靠近那个地方时，也不要给亚麻和大麻浇水；当心蜡烛的气味和苹果的气味，因为这些东西有传染性。

害虫是危险的卫生状况的症候，而不仅仅是眼前的麻烦事："这种麻烦［多虱］的确来自带汗的暖热体液造成的腐坏，或身体的恶臭，或不洁的洗漱，或是与污秽的人同床共枕，或是不更换内衣，或是睡在污秽的床上。"[47]

就其隐含的身体意义来讲，"舒适"仍然有着加强（strengthening）的意味，更常见的是指卫生的状况，而非房屋的室内陈设。一栋房屋是否宽敞舒适取决于屋内是否拥有新鲜的空气："如果宅邸或房屋周围的空气是新鲜的、纯净的、干净的，那么，它确实维持了人的生命，确实给大脑和自然的、动物的、属灵的力量带来舒适，并产生和制造了优质血液，而人的生命就由这些血液构成。"相反，身体的虚弱意味着不适，这一点可以在提及劣质的空气时得以明确表达。防止湿气污染空气是房屋设计的主要考虑因素：

> 相反，有害的、腐坏的空气的确会感染血液，并产生很多腐坏的体液，让大脑腐坏，让心脏腐坏；因此，它会滋生很多疾病和症状，因为这，人的寿命被缩短了。

> 很多东西的确会让空气受影响、腐坏和腐烂，比如各种星辰、死水、臭气弥漫的水汽和沼泽的影响，它们长时间搁在地面上，就像许多人躺在一个小房间里，不干净，肮脏和放荡；因此，自诩要建造自己的宅邸或房屋的人，必须保证自己的房屋不靠近任何沼泽或沼泽地；附近没有恶臭和腐烂的积水、水池、池塘和沼泽。

维特鲁威（Vitruvius）是个卓越的古典建筑权威，他教导英格兰读者，建筑物"便利"方面的主要考虑因素是其卫生状况——这些建筑物能为居住者提供"有益健康的"空气。一旦此类选址问题得到解决，那么房间就可以面向太阳和盛行风，以适合其对温暖和光线的需要——例如东方的图书馆，这些图书馆"朝向初升的太阳，因为我们一般是在上午学习"，而且"在太阳升起的时候，自然热量会把大地的一切腐朽的体液和邪恶的气体都带走，并让人的精神活跃起来"。[48]

***

当哈里森提到烟囱是他那个时代房屋中的一个新设施时，他附带提到它早些时候出现在庄园和宗教场所。他的说明意味着，生活标准的变化是社会和文化以及技术和经济的变化。诺贝特·埃利亚斯（Norbert Elias）对文艺复兴时期礼仪"开化过程"的分析也适用于家居环境。这一建筑优化过程，最初侧重的是人文主义者的理想家庭空间——书房。书房是礼仪的同义词。在文艺复兴时期的宫殿中，书房得到了对某种家居环境设计的专门关注，而这种设计以前是修道院建筑的特点。作为个人阅读和思索古典文本的所在，书房避开了世俗和宗教世界。作为旨在储存和展示因其独特风格和满足个人高度自觉的休闲需求而得以精心挑选的物品——不仅是书籍，还有桌椅、玻璃器皿、镜子、靠垫，其他带来舒适感的纺织品，以及人工照明设施，艺术品——文艺复兴时期的书房可以说是近代早期的消费革命和现代身体舒适表达的初始场所。虽然在18世纪之前，人们对自己眼前的家庭物质环境的自觉满意的描述通常很少，但对个人的书房存在着无数令人愉快的评论，这是一个大大的例外。在文艺复兴期间，书房变成一个转喻，表明一个人在重新思考家庭舒适方面取得了成功。[49]

关于人文主义者在关于其书房的表述中明确表达的看法，其他家庭在其为自己的客厅和房间购买商品时做了含蓄的表达。在哈里森的时代，整个社会的各个阶层都重视以前为小得多的群体保留的便利设施。自耕农以上的阶层，对物质生活标准进行了重新定义。在自耕农家庭层面，财富差异与物品数量和质量的关系，要比与耐用消费品种类的繁多的关系更为密切。一个相对富裕的家庭会用与不太富裕的邻居相同的物品来布置更多房间；该家庭只是有更多的物品，而且这些物品质量更佳。自耕农家庭在耐用消费品方面的大部分投资都花在了寝具、大箱子和白镴制品上。尽管可以负担得起，但自耕农很少拥有书桌、非宗教书籍、铺软垫的靠垫和椅子这样的物品，这些是绅士家庭的典型特征。因为对消费模式的变化可以从社会方面进行解释，所以，哈里森能通过英格兰境内的区域比较来分析消费模式的变化，而在英格兰，租赁和土地使用的社会关系的变化因区域而异："我们这些人，家中的家具也太多了，而且模样非常精致：在这里，我所说的不仅仅是贵族和绅士，而且同样有我们南国（South Country）大多数地方最低等级的人。"[50] 在东盎格利亚沼泽地区，以及在北部和西部的家庭，延续了以前在英格兰社会各阶层盛行的家庭室内陈设模式。

家庭生活在建筑方面的改善与家庭生产和消费性开支的重新定位相一致。显然，为了有更多收入能用于家居装饰，家庭转向或增加了面向市场的生产。在 16 和 17 世纪，这些改善涉及隐私、清洁和光亮。在这个时期，白镴餐具和饮水器取代了木制品，床变成了所有有产家庭的财产，而房间开始被分隔开来。

消费的变化是由社会模仿发展起来的，这在近代早期经历了两个阶段。第一个阶段始于 16 世纪后期，并一直延续到 18 世纪前几个十年。在那个时期，消费性开支的增加用于改善寝具和餐具。威廉·哈里森 1557 年的《英格兰绘》再次提供了关于新住宿标准的经典观察："往日的精致"（passing delicacy），"整洁和奇特"的家具——挂毯、银制品、白镴制品、铜制品、亚麻细布，"三到四床羽毛褥子（feather beds），许许多多的床罩"，以及由细木工而非木匠制作的床架——现在，不仅贵族、绅士和商人拥有，而且"劣质技工"和租赁条件优越的农场主都拥有了。哈里森仔细解释了这些新设施是如何源自需求变化而不仅仅是财富变化：

> 我们的父辈（是的，还有我们自己）时常就躺在麦秆垫子上，只盖着一套床单，床罩由粗织的蓬松床单和被单（dagswain or

hapharlots，我使用的是他们自己的词语）制成，并在他们的头下位置放一根圆木，而非靠垫或枕头。如果我们的父辈或一家的户主在婚后七年内买了一张床垫或短绒床，并在上面放了一袋谷糠，好让自己的头放松，那么，他会认为自己和城里的领主一样安顿得很好，后者或许很少会睡在由羽绒或全部羽毛制造的床上，以致他们对这种卑微的家具也很满意，而在贝德福德郡（Bedfordshire）的一些地方，以及离我们南部更远的其他地方，这一点也没有太多的变化。枕头（据说）被认为只适合儿童床上的女性使用。至于仆人，如果他们能够盖上被单的话，那就够好了，因为他们身下很少会有床单，以防刺痛人的麦秆穿过草垫的帆布，刺破他们粗糙坚硬的皮肤。[51]

在哈里森之后的那个世纪里，自耕农的遗嘱在鉴定遗赠的寝具时变得更加具体和详细，他们有"坚硬的……帆布……麻……博克拉姆（Bockram）……尼德兰……浅黄色的……亚麻布"床单。类似的区分也适用于床垫材料的质量。天鹅的羽绒是最好的，其次是别的羽毛。一张"碎毛垫子"（flock）床填满了羊毛，并可以在仆人的房间里找到。比方说，在17世纪50年代的汉姆庄园（Ham House），马厩和附属建筑物中就有碎毛垫子床；阁楼小屋中，在屋内服务的仆人拥有床架和羽毛褥子。地位远低于碎毛的是麦秆。对这样一副寒酸的床垫，床架是可选的，而床垫可以简单地放在粗麻布的"底部"。[52]

寝具材料的类型标志着地位和财富。床是17世纪贵族住宅礼室室（ceremonial rooms）的核心，而其配件精确地按照将要居住者的等级进行调整。在17世纪50年代的汉姆庄园，休息室（withdrawing room）（客人在大餐厅用餐后来此）有一个"大的法式床架"，休息室里面有"一套座椅家具（2把扶手椅和10把折叠凳）和一张桌毯（table-carpet），所有这些都与用绣花白缎做成的华丽的床帷相配套（*en suite*）"。更大的住宅中会有一间国宾卧室（state bedroom）。在这些贵族环境中，就连枕头的数量都标志着地位的等级。只有一个枕头的床很可能没有床头板（headboard），而且仅仅有一套由羽纱[1]这种普通面料制成的帷幔。床上的高级配件，以及众多模仿者的最终源头，都是用于王室造访的配件。除了柱子上方的羽毛和一束束假花之外，"床帷（bed hangings）包括当时可能的最大数量的部件——6块床帘（即床外露的3个侧面各有一对），而遮住头部和角落连接处的窄窄的厚斜纹棉布肯定会有内外两层薄织物（inner and outer valences），而床帘在这两者之间环绕着床罩（tester）的边缘"。[53]

王室用床的价格远远高于哈里森笔下的典型的自耕农的床，但贵族和自耕农都同样追求舒适型的设施。适当的睡眠是一个主要的健康考虑因素，在这里，"舒适"一词也有强身健体的含义：

> 冬天，把你的衣服放在火边：用一块温暖的窗格（panne）给你的床供暖：除非你想要磨砺你自己，并服从军事纪律。这种表面加热的方式能很好地舒缓（*comfort*）内部热量，有助于调和并消耗水分。

16世纪中期的医师安德鲁·布尔德解释了睡眠的治疗生理学（therapeutic physiology）：

> 适度的睡眠最受称赞，因为这的确会造就完美的消化能力；它的确会滋养血液，让肝脏之热适度；它的确会让记忆敏锐起来、快起来、鲜活起来；它的确会恢复自然，让人的体液和脉搏都安静下来，让人所有的自然的、动物性的和精神性的力量都有生气，并抚慰

---

[1] 羽纱，原文为"camolet"，疑为"camlet"之误。

之。……我向你宣传的是，要用棉花或短绒或干净的羊毛做一床很厚的被子，并且要让它的覆盖物是白色的纬起绒布，你睡的床得是羽毛铺盖；你睡的床不要太热，也不要太冷，而是温度适宜。

当科顿·马瑟（Cotton Mather）在一次布道上使用了"舒适的内室"这个隐喻时，他唯一提及的家具就是内室中的床。[54]

如果说床和永久性房屋是"礼仪"的转喻，那么，直面来自都铎王朝的英格兰殖民者的"狂野的爱尔兰人"就是"礼仪"的反义词，他们接近自然要素，堪称越轨。在没有寝具或用于食品储存、准备和供应的制造品的情况下，爱尔兰人的生活方式是对英格兰新的乡土标准的彻底的否定：

> 那个国度是荒凉的、广袤的，到处都沼泽和大山，谷物几无可寻；但是，他们有足够的肉，但面包也罕见，啤酒也没有。因为那里的百姓懒惰，不肯耕种他们的土地，也不在乎财物。因为在许多地方，他们不在意罐、平锅、壶，也不喜欢床垫、羽毛床，也不在意这样的家居用具。因此，前提是他们缺乏礼貌和诚实，缺乏教育且粗鲁；这种粗鲁，连同其忧郁的脸色，使其无缘无故地愤怒和暴躁。在那些聚会上，他们将坐在地上享用他们的肉食。他们会把自己的肉食放在兽皮上。兽皮应当安在许多木桩上，然后把木桩放在水里和肉里。接着他们会在木桩之间的兽皮下生起大火，而兽皮不会被烧毁。当他们吃完了肉，他们会喝东西，喝干他们的肉汤。在这类地方，男人和妇女会一起睡在斗篷和麦秆上。

对像爱尔兰人这样一个漂泊的、放牧的族群来说，这件斗篷既可充当房屋、床，也可作衣服。这些斗篷是爱尔兰人野性的代名词，斗篷让他们能住在树林里，使他们能在任何自己喜欢的地方过夜："它是他的床，是的，而且几乎是其全部家当。因为树林是他抵御各种天气的房屋，而他的斗篷是他睡觉的洞穴。"在16世纪80年代，作为一名官员和殖民者的埃德蒙·斯宾塞颇了解爱尔兰人，对他来说，这件斗篷是一种返祖现象，将反常的"锡西厄式"（Sythian）的野蛮延续到现代文明时代。斯宾塞认识到，斗篷完全符合爱尔兰生活的"必要性"——这就是问题所在。[55]

在下一个世纪，"政治算术"（political arithmetic）的创始人威廉·佩蒂爵士，依旧可以用炉灶来计算爱尔兰的人口数，因为大多数人住在没有烟囱的房屋中——"恶劣的、肮脏的小屋，没有烟囱、窗户和门栓（door-shut），比野蛮美国人的小屋更糟糕，完全不适合制作可销售的黄油、奶酪或羊毛、亚麻或皮革制品。"据他估计，爱尔兰大多数家庭（20万户中的16万户）住在"没有固定炉灶"的"小屋"里，其余大多数家庭（4万户中的2.4万户）只有一个烟囱。大多数有一个以上烟囱的家庭住在城市和城镇（16000人中有9400人）。这种小屋的住户"使用的商品很少；而几乎每个人都能制造和生产这样的产品"。他们的家庭经济和环境与英格兰可谓有霄壤之别：

> 那就是说，人们住在此类他们三四天内就能建造完毕的农舍中；食用此类不是从他人处购买的食物（烟草除外）；穿上的的确是用自家羊身上的羊毛纺成的纱线制成的衣服……

小屋本身也阻止了人们参与新的消费经济：

> 在这里，我认为，黄油或奶酪，还有亚麻、纱线或精纺毛料织品，以及其他材料能都无法物尽其用；主要是因为煤烟和烟都令人讨厌；也因为这个地方的狭窄和肮脏；它既不能保持干净，也不能远离野兽和害虫，更不能远离潮湿和发霉的臭味，而这些臭味是所有在

这些小屋里产下或存放的鸡蛋都会产生的。因此，为了促进贸易，这些小屋的改造是必要的。[56]

佩蒂的族裔中心主义（ethnocentrism）驱使他在建筑上把英格兰的礼仪和爱尔兰的野蛮表现为极度对立。事实上，很长一段时期内，他都在研究始于15世纪的英格兰住宅设计的区域差异。建筑史学家们以进化论的视角看待这种多样性，因此，没有体现南部和东部典型风格变化（"古典规范"）的地区"落在了后面"或"有所放缓"，这些地方"进展非常缓慢"。先不管其明确的目的论，这样一种观点还阻碍了新的或传统的理解，因为前者在很大程度上被认为是理所当然的，而后者之所以重要主要是因为其贫困。[57]"文明"和"落后"建筑之间这种颇惹人厌的对比源于16世纪博学的评论作品。大堂屋，连同其明火灶，逐渐被视为陈旧，因为中央烟囱和玻璃窗已经成为英格兰南部和东部地主的体面住房的标准特征。但是，正如美洲殖民地的建筑史所显示的那样，在英格兰的住宅文化中，这种体面仍然是选择性的。从象征意义和经济意义上讲，烟囱和床在近代早期英格兰的住宿方面占有优先地位。它们需要最大的开支，而且吸引了最多的视觉关注。直到18世纪初，几乎所有的其他家居环境支出都是选择性的。

注释

1. Colin Platt, *The Great Rebuildings of Tudor and Stuart England: Revolutions in Architectural Taste* (London: UCL Press, 1994); Mark Girouard, *Life in the English Country House: A Social and Architectural History* (New Haven: Yale University Press, 1978), 85, 引自第88页; Kate Mertes, *The English Noble Household, 1250–1600: Governance and Politic Rule* (Oxford:

Basil Blackwell, 1988), 103; Christopher Dyer, *Standards of Living in the Later Middle Ages: Social Change in England c. 1200–1250* (Cambridge: Cambridge University Press, 1989), 63; Felicity Heal, *Hospitality in Early Modern England* (Oxford: Clarendon Press, 1990), 36–48。

2. Mertes, *English Noble Household*, 51, 190–191; M. W. Barley, "Rural Housing in England," in *The Agrarian History of England and Wales* (*1560–1640*), ed. Joan Thirsk, 7vols. to date (Cambridge: Cambridge University Press, 1967–), 4:699.

3. Maurice Howard, "Self-Fashioning and the Classical Moment in Mid-Sixteenth-Century English Architecture," in *Renaissance Bodies: The Human Figure in English Culture c. 1540–1660*, ed. Lucy Gent and Nigel Llewllyn (London: Reacktion Books, 1990), 198–217; Mark Girouard, *Hardwick Hall* (London: National Trust, 1989), 15–16; Eric Mercer, *Furniture, 700–1700* (New York: Meredith Press, 1969), 100; Lord Raglan, "The Origin of Vernacular Architecture," *Culture and Environment: Essays in Honour of Sir Cyril Fox*, ed. Idris Llewelyn Foster and Leslie Alcock (London: Routledge & Paul, 1963), 373–387.

4. Barley, "Rural Housing," 4:696–766, esp. 720, 752; C. F. Innocent, *The Development of English Building Construction* (1916; repr., Newton Abbot: Charles & David Reprints, 1971), 248–269; Christopher Dyer, "English Peasant Buildings in the Later Middle Ages (1200–1500)," *Medieval Archaeology* 30 (1986): 19–45; J. T. Smith, "The Evolution of the English Peasant House to the Late Seventeenth Century: The Evidence of Buildings," *Journal of the British Archaeological Association*, 3rd ser., no. 33 (1970):122–147; C. A. Hewett, "The Development of the Post-Medieval House," *Post-Medieval Archaeology* 7

(1973), 60–78; Matthew Johnson, *Housing Culture: Traditional Architecture in and English Landscape* (Washington D.C.: Smithsonian Institution Press, 1993), 44–63, 142–144; A. Emery, "Ralph, Lord Cromwell's Manor at Wingfield (1439–c. 1450): Its Construction, Design and Influence," *Archaeological Journal* 142 (1985): 276–339, esp. 291.

5. Howard Colvin and John Newman, eds., *Of Building: Roger North's Writings on Architecture* ([1968]; Oxford: Clarendon Press, 1981), xiv–xv. 关于堂屋持续作为绅士家庭中开放待客的空间，参见 Felicity Heal and Clive Holmes, *The Gentry in England and Wales, 1500–1700* (Stanford, Calif.: Stanford University Press, 1994), 282–289。

6. Desiderius Erasmus, *The Correspondence of Erasmus*, trans. R. A. B. Mynors and Alexander Dalzell (11 vols.), vol. 10, 1523–1524 (Toronto: University of Toronto Press, 1992), Erasmus to John Francis, c. 27 December 1524, 10:471. 伊拉斯谟对泥土地板的偏见可能让他的认知有所偏差，因为保持地板清洁以减少火灾危险是中世纪家政活动的重中之重。John G. Hurst, "A Review of Archaeological Research (to 1968)," in *Deserted Medieval Villages*, ed. Maurice Beresford and John G. Hurst (London: Lutterworth, 1971), 98–99; Gwyn I. Meirion-Jones, "Some Early and Primitive Building Forms in Brittany," Folk Life 14 (1976): 55–56. *The Complete Works of Saint Thomas More*, vol. 4, *Utopia*, ed. Edward Surtz, S.J., and J. H. Hexter, 15 vols. (New Haven: Yale University Press, 1961), 4:121; Sebastiano Serlio, *Regole generali di architettura* (Venice, 1537), book 4.

7. W. G. Hoskins, "The Great Rebuilding of Rural England, 1570 to 1640," *Past and Present* 4 (1953): 44–59; M. W. Barley, *The English Farmhouse and Cottage* (London: Routledge & Kegan Paul, 1961), 46, 62; Anthony Quiney,

"The Lobby Entry House: Its Origins and Distribution," *Architectural History* 27 (1984): 456–466. 对这一过渡的最佳研究是 Johnson, *Housing Culture*, 64–121。

8. William Harrison, *The Description of England*, ed. Georges Edelen ([1587]; Ithaca: Cornell University Press, 1968), 200–201, 205, 276. 哈里森提到的另外两个改变，是用床替代了麦秆草垫子（straw pallets）和用玻璃和金属容器及勺子替代了木制餐具。哈里森在16世纪60年代撰写了《英格兰绘》的草稿，接着在后来的20年里不断修改，直至于1577年发表在霍林斯赫德（Holinshed）的《编年史》中，并在1587年单独发行；D. M. Palliser, *The Age of Elizabeth: England under the Later Tudors, 1547–1603* (London: Longman, 1983), 390–391。

9. Eric Mercer, *English Vernacular Houses: A Study of Traditional Farmhouses and Cottages* (London: Her Majesty's Stationery Office, 1975), 60–63.

10. Linda Hall, "Yeoman or Gentleman? Problems in Defining Social Status in Seventeenth-and Eighteenth-Century Gloucestershire," *Vernacular Architecture* 22 (1991): 5. Sylvia Colman, "Two Small Mediaeval Houses: Walnut Tree Cottage, Wattisfield, and Friars Hall, Rattlesden: The Effects of Modernisation," *Proceedings of the Suffolk Institute of Archaeology* 31 (1967): 68–70; John Walker, "Wynter's Armourie: A BaseCruck Hall in Essex and Its Significance," *Vernacular Architecture* 18 (1987): 30; Frank E. Brown, "Continuity and Change in the Urban House: Developments in Domestic Space Organisation in Seventeenth-Century London," *Comparative Studies in Society and History* 28, no. 3 (July 1986): 583–584.

11. Peter Smith, *Houses of the Welsh Countryside: A Study in Historical*

Geography (London: Her Majesty's Stationery Office, 1975), 232; M. W. Barley, "Rural Building in England," in *The Agrarian History of England and Wales (1640–1750)*, ed. Joan Thirsk (Cambridge: Cambridge University Press, 1985): 5:659.

12. Barley, *English Farmhouse and Cottage*, 43, 63, 88–89, 134, 139–140.

13. Ibid., 44–45, 74.

14. Margaret Wood, *The English Medieval House* (London: Phoenix House, 1965), 247; Maurice Barley, "Glossary of Names for Rooms in Houses of the Sixteenth and Seventeenth Centuries," *Culture and Environment: Essays in Honour of Sir Cyril Fox*, ed. Idris Llewelyn Foster and Leslie Alcock (London: Routledge & Paul, 1963), 492–493; H. M. Spufford, "The Significance of the Cambridgeshire Hearth Tax," *Cambridge Antiquarian Society Proceedings* 55 (1962): 53–59.

15. Barley, *English Farmhouse and Cottage*, 141, 149, 172, 239; Ursula Priestley and P. J. Cornfield, "Rooms and Room Use in Norwich Housing, 1580–1730," *Post-Medieval Archaeology* 16 (1982): 105–106, 108–109.

16. Priestley and Cornfield, "Rooms and Room Use," 101, 104–105, 108.

17. John Bell Henneman, *Royal Taxation in Fourteenth-Century France: The Development of War Financing, 1322–1356* (Princeton: Princeton University Press, 1971), 4–5; C. Clegg, "Hearth and Window Taxes," *Halifax Antiquarian Society* (1913): 275–276; *The Economic Writings of Sir William Petty*, ed. Charles Hunt Hull (Cambridge: Cambridge University Press, 1899), "Verbum Sapienti" (MS [1665], publ. [1691]), 1:115, "A Treatise of Taxes and Contributions" [1662], 1:194.

18. C. D. Chandaman, *The English Public Revenue, 1660–1688* (Oxford:

Clarendon Press, 1975), 77–109; Lydia M. Marshall, "The Levying of the Hearth Tax, 1662–1688," *English Historical Review* 51 (1936), 628–646; William Kennedy, *English Taxation,1640–1799: An Essay on Policy and Opinion* (London: G. Bell & Sons, 1913), 58; John Patten, "The Hearth Taxes, 1662–1689," *Local Population Studies* 7 (1971): 15–16. 议会据以制定炉灶税的法令是 14 Charles II, c. 10; 废除这一税负的法令是 1 William & Mary, c. 10.

19. Tim Unwin, "Late Seventeenth-Century Taxation and Population: The Nottinghamshire Hearth Taxes and Compton Census," *Historical Geography Research Series*, no. 16 (1985; Norwich: Institute of British Geographers, 1985); cf. Gwyn I. MeirionJones, "The Use of Hearth Tax Returns and Vernacular Architecture in Settlement Studies, with Examples from North-East Hampshire," *Transactions of the Institute of British Geographers* 52 (March 1971), 133–160.

20. Andrew Boorde, *A Compendyous Regyment or a Dyetary of Helth*, ed. F. J. Furnivall ([1542]; London: Early English Text Society, 1870), 233, 235, 237, 239, 246–247; Harrison, *Description of England*, 200–201, 205, 276.

21. *Oxford Dictionary of English Proverbs*, 232. Spufford, "Significance of Hearth Tax"; Carole Shammas, The Preindustrial Consumer in England and America (Oxford: Oxford University Press, 1990), 164–165.

22. *Rutland Hearth Tax 1665*, ed. Jill Bourne and Amanda Cole (Rutland Record Society, 1991); W. G. Hoskins, *The Midland Peasant: The Economic and Social History of a Leicestershire Village* (London: Macmillan, 1965), 299–307. 在 18 世纪初，按照砖砌烟囱、楼梯、玻璃窗、一楼以上天花板和抹灰的新标准，装修一栋房屋需要花费 6 到 10 英镑。这一数额相当于 30 英亩的农场两个丰收年的利润，或如此规模的牧羊场一年的利润；R. Machin,

"The Mechanism of the Pre-Industrial Building Cycle," *Vernacular Architecture* 8 (1977):817. 关于烟囱的建造，参见 Colin Platt, *Medieval England: A Social History and Archaeology from the Conquest to A.D. 1600* (London: Routledge & Kegan Paul, 1978), 178; Jane E. Wight, *Brick Building in England from the Middle Ages to 1550* (London: John Baker, 1972), 98; L. F. Salzman, *Building in England down to 1540: A Documentary History* (Oxford: Clarendon Press, 1967), 98–100; E. L. Jones and M. E. Falkus, "Urban Improvement and the English Economy in the Seventeenth and Eighteenth Centuries," *Research in Economic History* 4 (1979): 198–203。

23. Barley, *English Farmhouse*, 188–190; Arthur Percival, "The Dutch Influence on English Vernacular Architecture with Particular Reference to East Kent," *Blackmansbury* 3, nos. 1, 2 (1966): 38–39; Gwyn I. Meirion-Jones, "The Domestic Buildings of Odiham, Hampshire," *Folk Life* 9 (1971): 130–134; Hoskins, *Midland Peasant*, 302; Robin Lucas, "When Did Norfolk Cross 'The Brick Threshold'?" *Vernacular Architecture* 28 (1997): 68–80; Abraham de la Pryme, "History and Antiquities of Hatfield Chase, Yorkshire," British Library, Manuscript Collection, Lansdowne MS 897, fol. 40r (courtesy of Daniel Woolf).

24. Richard Carew, *Survey of Cornwall*, ed. F. E. Halliday (MS c. 1582, publ. 1602, repr. London, 1969), 138, 124; William Smith (MS on Cheshire, c. 1585, publ. in Daniel King, *The Vale-Royal of England* [1656]), 转引自 Palliser, *Age of Elizabeth*, 111。

25. Carew, *Survey of Cornwall*, 138, 124; Harrison, *Description of England*, 195; William Smith, MS on Cheshire, in Palliser, Age of Elizabeth, 111; Richard Gough, The History of Myddle, ed. David Hey (MS [1701–1702]; London: Penguin Books, 1981), 234–235; John Aubrey, *Natural History*

of Wiltshire [1847]，转 引 自 Mildred Campbell, *The English Yeoman under Elizabeth and the Early Stuarts* (1942; repr. New York: Barnes & Noble, 1960), 232。

26. R. Plot, *The Natural History of Staffordshire* (Oxford, 1686)，转 引 自 Palliser, *Age of Elizabeth*, 113–114; Harrison, *Description of England*, 195; Andrew Boorde, "The First Boke of the Introduction of Knowledge," ed. F. J. Furnivall, *Andrew Boorde's Introduction and Dyetary, with Barnes in the Defence of the Berde* ([1547]; London: Early English Text Society, 1870), 136。

27. William Horman, *Vulgaria* (1519; repr. Norwood, N.J.: Walter J. Johnson, 1975), 242; M. W. Barley, *The House and Home* (London: Vista Books, 1963), 45; Christopher Hibbert, *The English: A Social History 1066–1945* (New York: Norton, 1987), 12; W. G. Hoskins, "An Elizabethan Provincial Town: Leicester," in *Provincial England: Essays in Social and Economic History* (London: Macmillan, 1963), 107; Eleanor S. Godfrey, *The Development of English Glassmaking, 1560–1640* (Chapel Hill: University of North Carolina Press, 1975), 207; Salzman, *Building in England*, 185; Barley, *English Farmhouse*, 70. 自耕农们也获得"我的房子里面和周围的玻璃"的遗赠；Campbell, *English Yeoman*, 232; John Henry Parker, *Some Account of Domestic Architecture in England, from Richard II to Henry VIII*, 2 vols. (Oxford: John Henry & James Parker, 1859), 1:122。

28. R. J. Charleston, *English Glass and the Glass Used in England, Circa 400–1940* (London: George Allen & Unwin, 1984), 80–81。

29. Godfrey, *Development of English Glassmaking*, 9–13, 209; Charleston, *English Glass*, 72–73, 78.

30. Godfrey, *Development of English Glassmaking*, 211–215; Charleston,

English Glass, 79.

31. Godfrey, *Development of English Glassmaking*, 16–28.

32. Ibid., 22.

33. Ibid., 50–74, 82, 126, 139.

34. Innocent, *Development of English Building*, 258; Smith, *Houses of the Welsh Countryside*, 266.

35. Godfrey, *Development of English Glassmaking*, 205–206.

36. Laneham, *A Letter Whearin Part of the Entertainment, untoo the Queenz Majesty, at Killingwoorth Castl*, quoted in Mark Girouard, *Robert Smythson and the Architecture of the Elizabethan Era* (New York: A. S. Barnes, 1967), 33; see also 44–45, 71, 86–88, 99. Godfrey, *Development of English Glassmaking*, 205. 弗朗西斯·培根（Francis Bacon）批评在建筑中将玻璃纯粹用于展示是不合逻辑的；*The Complete Essays of Francis Bacon* (1597; New York: Washington Square Press, 1963), 117–118。

37. Hurst, "Review of Archaeological Research," 97; Meirion-Jones, "Early and Primitive Building Forms," 56, 58; Caoimhín O'Danachair, "The Combined ByreAnd-Dwelling," *Folk Life* 2 (1964): 7071; Gwyn I. Meirion-Jones, "The Long-house in Brittany: A Provisional Assessment," *Post-Medieval Archaeology* 7, no. 2 (1973): 5–6.

38. Godfrey, *Development of English Glassmaking*, 208; Hoskins, *Midland Peasant*, 149, 291, 297, 298.

39. Abbott Lowell Cummings, *The Framed Houses of Massachusetts Bay, 1625–1725* (Cambridge: Harvard University Press, 1979), 145–156; idem, ed., "Massachusetts Bay Building Documents, 1638–1726," *Architecture in Colonial Massachusetts*, ed. idem (Boston: Colonial Society of Massachusetts, 1979),

193–221.

40. Abbott Lowell Cummings, "The Beginnings of Provincial Renaissance? Architecture in Boston, 1690–1725," *Journal of the Society of Architectural Historians* 42 (1983):49; "Massachusetts Bay Building Documents,"196, 203, 208.

41. Clegg, "Hearth and Windows Taxes," 300–302. 制定窗户税的法令是 7 & 8 William III, c. 18.

42. Cummings, *Framed Houses*, 154–156; Charleston, *English Glass*, 195.

43. "Massachusetts Bay Building Documents," 194–195; Hall, "Yeoman or Gentleman?" 13–14, 19n. 关于"安装了水晶玻璃"的窗户的魅力，参见 Robert Beverley, *The History and Present State of Virginia*, ed. Louis B. Wright (1705; repr. Chapel Hill: University of North Carolina Press, 1947), 289; Ivor Noel Hume, "A Window on Williamsburg: 'sasht with Cristal Glass,' the casement window swung outward," *Colonial Williamsburg* 20, no. 1 (Autumn 1997): 32–39。

44. *The Diary of Ralph Josselin*, 1616–1683, ed. Alan Macfarlane (London: Oxford University Press for the British Academy, 1976), 3 (March 1632), 138 (13–14 September 1648), 217–218 (9 October 1950).

45. *The Oxford English Dictionary*, ed. J. A. Simpson and E. S. C. Weiner, 2nd ed., 20 vols. (Oxford: Clarendon Press, 1989), s.v. "ease." *Records of the Colony of New Plymouth in New England Laws 1623–1682*, ed. David Pulsifer, 12 vols. (Boston: Commonwealth of Massachusetts, 1855–1861), 6:125–126, 11:111 (1658); references from John Demos, *A Little Commonwealth: Family Life in Plymouth Colony* (New York: Oxford University Press, 1970), 76, 104. 还可参看 Philip J. Greven, Jr., "Family Structure in SeventeenthCentury

Andover, Massachusetts," *William and Mary Quarterly*, 3rd ser., 23, no. 2 (April 1966): 253; idem, *Four Generations: Population, Land, and Family in Colonial Andover, Massachusetts* (Ithaca: Cornell University Press, 1970), 145–146. Demos, *A Little Commonwealth*, 76, quoting deeds by John Branch and William White. Estate of John Boynton (1671), estate of Richard Dodge, Sr. (1671), *The Probate Records of Essex County Massachusetts*, 3vols. (Salem: Essex Institute, 1916–1920), 2:215, 230–232.

46. Paul Drury, "'A Fayre House, Buylt by Sir Thomas Smith,' The Development of Hill Hall, Essex, 1557–1581," *Journal of the British Archaeological Association* 136 (1983):98–123; "The Life of Adam Martindale Written by Himself," ed. Richard Parkinson, in *Remains Historical and Literary Connected with the Palatine Counties of Lancaster and Chester* (1845; repr. New York: Johnson Reprint, 1968), 4:12; cf. Barley, *English Farmhouse*, 114. Robert Blair St. George, "'Set Thine House in Order': The Domestication of the Yeomanry in Seventeenth-Century New England," in *New England Begins: The Seventeenth Century*, 3vols., ed. Jonathan L. Fairbanks and Robert F. Trent (Boston: Museum of Fine Arts, 1982), 2:161–162, 166.

47. Gervase Markham, *Country Contentments, or the English Huswife* (London: R. Jackson, 1623), 154; Boorde, *Compendyous Regyment*, 235, 237, 249; Furnivall, *Andrew Boorde's Introduction and Dyetary, "Extracts from Andrew Boorde, Brevyary of Health"* (1547).

48. Boorde, *Compendyous Regyment*, 233, 235, 237, 239, 246–247; Bacon, *Complete Essays*, 115; John Worlidge, *Systema Agriculturae: The Mystery of Husbandry Discovered*, 2nd ed. (London: T. Dring, 1675), 231; John Shute, *The Theory and Practice of Architecture; or Vitruvius and Vignola Abridg'd* (London:

R. Wellington, 1703), 17–18; John Shute, *The First and Chief Groundes of Architecture Used in All the Auncient and Famous Monumentes* (London: Thomas Marshe, 1563), Biiiv.

49. Norbert Elias, *The Civilizing Process*, trans. Edmund Jephcott, 2 vols. (orig. publ. in German, 1939; New York: Pantheon Books, 1978 [vol. 1]); Dora Thornton, *The Scholar in His Study: Ownership and Experience in Renaissance Italy* (New Haven: Yale University Press, 1997); Peter Thornton, *The Italian Renaissance Interior, 1400–1600* (London, Weidenfeld & Nicolson, 1997), 13, 15.

50. Shammas, *Preindustrial Consumer*; Campbell, *English Yeoman*, 238–240; Harrison, *Description of England*, 200.

51. Harrison, *Description of England*, 200–202. 关于家务劳动的专门化，参见 Jan de Vries, "Between Purchasing Power and the World of Goods: Understanding the Household Economy of Early Modern Europe," in *Consumption and the World of Goods*, ed. John Brewer and Roy Porter (London: Routledge, 1993), 85–132。关于尼德兰的类似进展，参见 Jan de Vries, "Peasant Demand Patterns and Economic Development: Friesland 1550–1750," in *European Peasants and Their Markets: Essays in Agrarian Economic History*, ed. William N. Parker and Eric L. Jones (Princeton: Princeton University Press, 1975), 205–263; Simon Schama, *The Embarrassment of Riches: An Interpretation of Dutch Culture in the Golden Age* (Berkeley: University of California Press, 1988), 290–322, 375–397; Witold Rybczynski, *Home: A Short History of an Idea* (New York: Penguin Books, 1987), 51–75。

52. Campbell, *English Yeoman*, quoted 235; Peter Thornton and Maurice Tomlin, *The Furnishing and Decoration of Ham House* (London: Furniture

History Society, 1980), 31–32, 56.

53. Thornton and Tomlin, *Furnishing of Ham House*, 24, 56, 110, 145.

54. Markham, *Country Contentments*, 154; William Vaughan, "Fifteen Directions to Preserve Health" (from *Natural and Artificial Directions for Health* [1602]), in *Early English Meals and Manners*, ed. Frederick J. Furnivall (London: Early English Text Society, 1868), 136–137; Boorde, *Compendyous Regyment*, 244, 247, 249; Cotton Mather, *Comfortable Chambers Opened and Visited* (Boston: J. Edwards, 1728).

55. Boorde, "First Boke," 132–133; Edmund Spenser, *A View of the Present State of Ireland*, ed. W. L. Renwick ([1596]; Oxford: Clarendon Press, 1970), 51–53, 156–159.

56. William Petty, "The Political Anatomy of Ireland" (MS [1672]; publ. [1691]), in *A Collection of Tracts and Treatises Illustrative of the Natural History, Antiquities, and the Political and Social State of Ireland*, 2 vols. (Dublin: Alexander Thom & Sons, 1861), 2:19, 56, 58, 77.

57. Mercer, *English Vernacular Houses*, 8, 13–14, 30–32.

第三章 殖民地的舒适：
乡土的与优雅的选择

在盎格鲁美洲早期的住宅文化中，有能力拥有表面上舒适的房屋的人不一定就建造了这些房屋。当殖民地总督威廉·布拉德福德（William Bradford）称普利茅斯殖民地早期的房屋为"小农舍"（small cottages）时，他认为农舍与不合格的住宅存在着历史性关联。毕竟，这些建筑物没有地基，有的是木制烟囱、茅草屋顶、土方地板、未曾安装玻璃的或小窗格的平开窗，以及泥笆。但是，"农舍"一词在美洲殖民地几乎已经过时，尽管大多数美洲家庭住在看起来像农舍的房屋中（比如参见图3.1）。在当时的英格兰，住在农舍里意味着人们缺乏足够的土地来养家糊口，但在早期美洲，农舍比村民多得多。大多数美洲家庭拥有足够的土地为他们的家庭成员提供生计，因此，住在农舍里并不是住在别人拥有的住所中。在18世纪晚期的美洲，住宅缺乏其在英国拥有的与社会地位的紧密关联。在殖民时期的盎格鲁美洲，在取暖、照明、隐私和卫生等时兴建筑设计方面的支出相对较低。它与财富的关联程度不如消费者在时髦服装、家具和陶瓷制品上的支出那么紧密。

当第一代英格兰殖民者在海外建造家园时，他们彰显了自己对所谓的古代建筑的记忆。在新英格兰和弗吉尼亚，他们借鉴了"非永久性建筑"的传统，建造了比棚舍更精心的房屋，但这种房屋使用的材料至少需要代际更换。这些传统做法早于"大重建"。他们要求在地上打桩，把炉灶直接搁在地上，而且他们让烟囱和窗户成了可选择项。来自英格兰的移民不断来到切萨皮克，让这种非永久性建筑的传统在整个 17 世纪得以延续。当非洲人开始作为奴隶大量来到那里，直至该世纪末时，他们用新的技术手段强化了这些乡土传统。[2] 然而，在新英格兰，移民主要集中在 17 世纪 30 年代，其社会基础主要是来自英格兰南部和东部的自耕农家庭，他们正是将"大重建"延伸至海外的那个群体。

北美洲的殖民将近代早期英格兰住宅文化的地域差异加以夸大，其中也包括了大量以家居舒适为目的的设计方案。殖民同时让英格兰乡土建筑中的古老元素重新焕发活力，并提高对这些古旧事物的认识。英格兰的观察家可以通过与英格兰早期版本的住宅进行比较，来理解美洲人的住宅。

图3.1　乡土住宅。主要沿着约克镇（York Town）附近的巴尔的摩路（Baltimore Road）分布的农舍般的住宅。
Columbian Magazine; or Monthly Miscellany, 2 (Philadelphia: T. Seddon, July 1788), facing 357. 特拉华州温特图尔市温特图尔图书馆印刷书刊藏品部惠允使用。

119

因此，耶稣会传教士安德鲁·怀特（Andrew White）通过将马里兰阿尔冈昆人（Algonkians）的住宅与英格兰一座据说只存在于记忆中的建筑——长屋相比，使其显得富有异国情调：

> 他们的房屋是以20英尺长的半整体形式（halfe ovall forme）建造的，有9到10英尺高，顶部有个地方敞开，半码见方，光线借此可以进入房屋，烟也可以从此排出。这些房屋效仿了英格兰古老堂屋的风格，在房屋中部建了火炉，而他们躺在离地面一码远的矮架上的垫子上睡觉。在其中一栋房屋中，我们如今的确会做［弥撒］，我们之后会让印第安人将这栋房屋装修得稍好一些，直到我们能够拥有一栋更好的房屋，而这很快就会实现。

怀特在欣赏东道主的便利设施的同时，也体会到了他们的房屋的古旧品质。此类住宅安排，尽管"古老"，但依旧在英格兰有着乡土生命力。殖民者在其最初的住宅中借鉴了这些所谓古旧的传统，他们使用的材料近在咫尺，可以快速加工。各式各样的材料和设计都被用于每个殖民地的殖民点：印第安人的长屋，覆着裂开的隔板（clapboards）、水平原木（horizontal logs）、垂直尖木桩（vertical palings）、有茅草屋顶的泥笆墙（wattling-and-mud walls）和土方框架结构（earthfast frames）。从一个殖民地区到另一个殖民地区，住宅文化存在显著差异，但在每个地区，财富和家庭规模差异悬殊的家庭都生活在相似的家居环境中，而建筑的格局、规模和材料的多样性都不如来自欧洲各地的殖民者的来源地的多样性。[3]

殖民地南方的乡土替代选择

切萨皮克殖民地的住宅文化可与英格兰高地地区的住宅文化相比较。

在英格兰高地——中部地区、北部和沿石灰岩高原从东北到西南延伸的地区——从 16 世纪到 17 世纪幸存下来的建筑数量要远远少于英格兰南部和东部地区。与低地地区有产家庭相比，高地地区的有产家庭在住宅方面的支出在绝对值和相对值上都要少。亨伯－塞文河一线（Humber-Severn line）西北部，英格兰每户应纳税财富不到英格兰东南部的一半，家庭层面的财富差异较少会直接转化为住宿方面的差异。大多数家庭只睡在一楼，而在 1600 年后，客厅变得更多时，客厅往往没有供暖。土方地板在几乎所有阶层的乡土住宅中都是可以接受的。

直到 17 世纪晚期，在英格兰高地大部分地区，在富有和具有中等财富的家庭中，堂屋仍然是社交和家政工作最重要的家庭空间。在 17 世纪的德文郡，富裕的农夫通常只有一间服务室，而富裕的自耕农也只有两三间。但有产家庭仍然能接受只有一间服务室的住宅，即便富裕的农业家庭更可能将烟囱安装在山墙各端或交叉通道上，而不是在堂屋和客厅之间安装轴向烟囱。在 17 世纪晚期的约克郡，客厅是用于睡眠的房间，其中很多没有供暖。那里的自耕农家庭在一个空间内将家庭用途与农业用途结合起来，比如在内室中储藏庄稼和工具。大多数家庭生活发生在一个单一的空间，而该空间仍然通常被称作"房屋"。由于客厅作为休闲和接待客人的房间优先性较低，故 17 世纪末在建造两层农场建筑时，这些建筑都没有客厅，二楼则有卧室。在 17 世纪初西约克郡（West Yorkshire）和兰开夏郡的许多农场上，那些拥有谷仓和干草房（hayhouses）的住宅常被称为"火房"（firehouses），因为它们没有厨房，只有坐人的皇室。即便那里的房屋装上壁板、玻璃和木制客厅地板，这些房屋通常也只是在堂屋中才有壁炉。[4]

英格兰西部和北部养牛业素来的重要性，显然让农场主们不愿意放弃通往牛棚和制乳室的便利渠道——交叉通道。直到 17 世纪中叶，拥有牛棚的长屋仍然是由西部和北部的贫困地区〔德文郡、赫里福德郡（Herefordshire）、湖区（Lake District）〕和约克郡的养牛户建造而成。建筑物的使用方式取决于居住者的农业经营类型（牧场而非耕地），而不是贫困程度。当住户将牛棚与房屋分开时，他们会保留房屋的"较低"一端用于储存和一般服务目的。在长屋是可行建筑方案的地区，想要增加客厅和服务室的富裕农场主，通常会将其放在同一立面上，而不是像在英格兰南部和东南部那样将服务室放在后面，然后将客厅放在前面。北部地区使用防火罩替代烟囱，这显然体现了长屋传统的影响力。[5]

***

就像在英格兰高地地区，在 17 世纪的弗吉尼亚，财富差异比当地住房质量的差异更大。大量殖民者住在遵循堂屋—内室—厨房模式的有地面立柱的"弗吉尼亚式房屋"（Virginia houses）中。17 世纪切萨皮克的殖民者选择不建造英格兰低地地区的农夫和自耕农喜欢的"结实的"或"相当大的"房屋。至少到 18 世纪中叶，切萨皮克的乡土住宅才符合第一代定居者的建筑标准。[6]

历史考古学家已经发现，切萨皮克早期房屋的特点是"土方"结构。殖民者使用的建筑方法，在英格兰已经开始被 13 世纪使用石基或地基（stone footings or foundations）作为框架的建筑取而代之了。切萨皮克殖民地的建筑实践表明，土方结构依旧是英格兰全部建筑宝库的一部分。在英格兰，由于住房投入的优先性有所增加，只有贫乏的经济状况才会使用这种建造方法，不过在切萨皮克，"大重建"时的最低投入——烟囱、天花板和木地板——很显然是可选择的，无论经济状况如何。弗吉尼亚的土方房屋都是精心建造而成的，特别是在选择了可以作为地面支柱的木料时。

在更远的北方非种植园殖民地的欧洲人，使用了同样的建筑技术，但是他们将其用于过渡性住宅，直到他们能够负担得起作为永久性建筑的房屋。在北方，殖民伊始，建筑的持久性，特别是以砖砌地基和砖砌烟囱为标志的，显然具有在种植园社会中所缺乏的象征与实际意义。[7]

大约于 1670 年在弗吉尼亚的威斯特摩兰县（Westmoreland County）建造的一座"种植园主住宅"（manner house），绝壁庄园（Clifts），代表了一位大种植园主的建筑雄心。为了其富足的、拥有仆人的佃户，房主建造了一座有带框架的交叉通道的房屋，其在柱孔中设置了垂直支撑，在隔板外壳涂上了沥青。中央明火灶给堂屋和内室供暖。炉灶本身有一层嵌在黏土中的石制表面，有个泥笆防火罩。这种炉灶虽然在英格兰南部的大部分地区都很古老，但是，它代表主人对取暖的细致态度要多于对仆人宿舍取暖的关心，因为仆人宿舍的唯一取暖设备安排就是在地上挖一个洞。两类建筑物都有土方地板。当仆人的宿舍大约于 1700 年被拆除后，新建筑有个用木头制成的外部烟囱，木头上面覆盖着黏土。主人的房屋有一个中央炉灶和防火罩。这些施工技术，特别是供暖设计，是 17 世纪最后的三分之一时期至 18 世纪前三分之一时期切萨皮克许多富裕和殷实的家庭的典型特征。[8]

1730 年左右，绝壁庄园被拆除了，取而代之的是一座砖砌宅邸，名叫斯特拉特福德庄园（Stratford Hall）。在前 20 年里，富有的种植园主已经不在自己的房屋中使用立基于柱孔上的房柱，而是开始广泛使用砖做地基、烟囱，有时甚至是墙壁。庄园宅邸使用砖标志着庄园宅邸的家庭经济与家政功能之间一系列分离的完成。罗伯特·贝弗利（Robert Beverley）早在 18 世纪就谈到了这个过程，"他们所有的苦差事，比如做饭、洗衣、打理家务等，都是在远离住所的服务处里进行的，这样一来，住所就更凉爽、更温馨了"。[9]比方说，在绝壁庄园，在过去的半个世纪里，交叉通道被堵住了，因此门廊入口成为通往堂屋通道的缓冲地带；独立的建筑被建造了起来，为先前在主人家中完成的厨房和制乳室工作提供空间；交叉通道后部的一个开放式工棚（open work shed）已经被拆除。与此同时，堂屋变成了一个拥有娱乐设施的场所——配备了印刷品和肖像画、桌椅和镜子，而内室被扩大了，以提供更充分的堂屋之外的休憩时光，其既作为起居室，又作为睡觉的地方。

从 17 世纪 10 年代一直到殖民地时期结束，种植园主都建造了这种小型的、装饰精美的、兼有堂屋和客厅的房屋。在从农舍到宅邸的过渡过程中，土方房屋典型的框架结构和单桩（single-pile）（一室深）、一层半的格局和立面特征，都得以延续，而附属建筑物也可随时用于家庭服务功能。不那么富裕的种植园主仿效最富有的种植园主在同一时期建造的富丽堂皇的砖砌宅邸，建造了其规模缩小的版本。这些小型庄园中有许多都符合乔治王朝时期的外部对称（external symmetry）标准，有山墙端烟囱、平衡的窗台和中央入口，即便房屋里面的房间和壁炉的大小与之不同。[10]

从 1736 年到 1780 年，在《弗吉尼亚公报》（*Virginia Gazette*）上打广告的待售房屋中，大概有一组房屋质量上扬，倾向于有人长期居住的地区，超过三分之二的房屋只有一到两个房间。这些房屋的大多数房主都选择住在有一些附属建筑物的装修精美的小房屋里，而不是住在有更专门的房间的房屋里。许多拥有地产的家庭在某些方面损害了装修的品种——覆盖沥青的壁板、护窗而非玻璃窗，木制而非砖制地基，木料和黏土砌成的烟囱而非砖砌烟囱。如果他们的境况有所改善，增加的任何住房投入都会落在装修质量和建筑的持久性上，而不是规模上。[11]

在 18 世纪的切萨皮克，在建筑规模上的投入落在了附属建筑物上。与 17 世纪的土方建筑一道，弗吉尼亚建筑的这种发展代表了一种倒退现象。在英格兰的"大重建"时期，住宅内的服务室成倍增加，而厨房也一同被纳入房屋之内。在弗吉尼亚，人们有一种将厨房搬出房屋的强烈需求。18 世纪 60 年代，在弗吉尼亚一个长期有人定居的地区，一个在其几百英亩的种植园里有一间独立的厨房和一间烤烟房（tobacco house）的种植园主，很可能住在一座只有一个房间的房屋里，而房屋的大小介于两栋附属建筑物的规模之间。在厨房和烤烟房之后，谷仓、制乳室、烟熏房、玉米透风仓（corn cribs）和马厩是最重要的。[12]

　　尽管切萨皮克地区经济迅猛增长，但落后于殖民地和英格兰的城镇化地区。在追溯切萨皮克地区的家庭参与前工业消费革命的第一阶段时，洛伊丝·卡尔（Lois Carr）、格洛丽亚·梅恩（Gloria Main）和卡罗尔·沙马斯（Carole Shammas）已经表明，到了 18 世纪中叶，其他地方的家庭通常都会拥有的那些东西——"粗糙的陶瓷制品、床巾布、桌布、夜壶、长柄炭炉（warming pans）和一些室内照明设备"——迟至 18 世纪 20 年代，在切萨皮克已经发现的家庭数量都不到三分之一。直到 18 世纪 20 年代，这些物品只属于一些富人，尽管它们并非所费不赀。切萨皮克的大多数家庭生活在同样的物质条件下，尽管他们在财富上存在差异。财富差异与一个家庭拥有与相邻家庭相同类型财产的数量相对应，即更多或更少的土地、建筑物、奴隶劳力和牲畜。[13]

　　直到 18 世纪 20 年代，切萨皮克的种植园主们仅仅通过拥有更多的建筑来表示经济上的成功，但在那十年里，几十位富有的种植园主开始建造对称的、大型的、永久性的砖房，这些房屋对传统堂屋进行了独特的重新设计。堂屋不再是一个从室外直接进入的多用途生活区。相反，入口变成了一个单独的走廊（hallway），走廊穿过房屋的中心，为会见外人提供了一个区域。在这条走廊外，大型堂屋的后继者变成了一个类似客厅的娱乐室。这些房屋的家务区变得更加专门化。大多数房间至少有两扇大型玻璃窗，而进入这些房间需要穿过走廊（此时相应地称作"通道"）。事实上，

18世纪弗吉尼亚的所有豪宅都有中央通道（central passages），其中大多数都毫不掩饰地宣告了其通过拥有双烟囱来达成的双桩格局。

尽管大多数富有的种植园主都采用了通道设计，但是，18世纪上半叶"餐厅"的发展延续了家庭的种种非正式传统。一旦"堂屋"变成了一个会见外人的房间，餐厅指的就是一个位于一楼的，可以用来储藏、吃饭和睡觉的多用途家庭空间。"餐厅"一词有点用词不当，因为除了作为就餐空间外，这一空间还承担了多种功能。除了在用餐时使用的桌椅外，餐厅还可以安上床、存放工具，并提供从院子里的厨房进入房屋的通道。有餐厅的房屋通常也有一间内室，这是房屋最私密的部分，只能从餐厅进入。正如戴尔·厄普顿（Dell Upton）所言，"餐厅是家庭住宅的中心，而堂屋是家庭社交景观的中心"。[14]

18世纪20年代以降，无数参观弗吉尼亚诸栋豪宅的游客艳羡地提到，中央通道，连同其位于房屋两侧的门道（doorways），方便了凉风吹过房屋，并提供了一个遮阳的避暑场所。他们谈到了座椅家具，甚至床是如何在夏天运到那里的。但在整个18世纪中叶，弗吉尼亚只有少数房屋有一个以上的房间，其中只有不到五分之一的房屋有一条直通通道（a through passage）；到殖民地时期末，这一比例增加至多室住宅的五分之二。有交叉通道的房屋通常会破坏堂屋和餐厅的交叉通风（cross ventilation），因为内室或者壁橱会将房屋分隔为两部分（double-pile）。虽然带有中央通道的房屋高度重视烟囱架的装饰功能，但中央通道实际上降低了加热效率，因为它将未加热的大型空间插入房屋中央。中央通道通常有开放式楼梯，这进一步降低了多个壁炉的效率。[15]

尽管引入了中央通道，但是，堂屋和客厅复合体的格局在弗吉尼亚依然象征着财富，纵使这些房屋比18世纪初开始建造的宏伟宅邸要朴素得多，而这些宏伟宅邸一直是种植园建筑的样板。在18世纪末，种植园主们通常还是建造有一到两个房间的房屋。大多数有产者都没有否定乡土建筑；相反，他们将上流社会的设计融入其中，比如砖砌的地基和烟囱、抹上灰泥的天花板和一些专门的娱乐房间。18 世纪的弗吉尼亚的大多数自由人住在阁楼式的单人房屋里，他们只能通过唯一的一扇窗户从外面直接进入房屋内。当托马斯·杰斐逊（Thomas Jefferson）于 1785 年谈到弗吉尼亚人的房屋时，他曾说，"不可能设计出更丑陋、更不舒适（*uncomfortable*）、更容易腐朽的东西了"，这时，他运用了一套他的同胞必定会抵制的价值观。

奴隶的住宅

几乎所有从南方殖民地幸存下来的房屋都属于奴隶主。奴隶自己居住的房屋几乎没有一座能从殖民时期幸存下来。在弗吉尼亚，奴隶一开始就按照盎格鲁美洲人的最低标准被安置，因为他们与来自不列颠群岛的契约佣人（indentured servants）一起居住。17 世纪第三个 25 年伊始，主人们将其非自由劳工、契约工和被奴役的劳工，分别安置在不同的宿舍（quarters），通常是故意建出不具持久性的建筑，其装有护墙楔形板的框架由竖立在地上的柱子垂直支撑。在接下来的半个世纪里，随着被奴役的非洲人作为非自由劳动力占据了主导，他们的住处与被从未被奴役的欧洲劳工的住处隔离开来。在这一过渡时期，许多自由人口，包括有经济能力建造其他类型建筑的人，继续住在土方建筑物中。但在后来的殖民地时期，这类房屋成为贫困的标志，因为就连殷实的家庭也开始拥有具有以下一项或者多项特征的房屋：砖基、木板地面、玻璃窗、灰泥墙和天花板、楼梯和砌砖烟囱。[16]

到了殖民地晚期，有能力自行决定住宿标准的人，比如监工，可能需要的最低住宿标准包括抹上灰泥的离地墙壁、木板地面和为每个房间效劳的砖砌烟囱。在 18 世纪，框架房屋比用圆木建造的房屋更有可能在内部完工，更有可能拥有玻璃窗、砖砌烟囱，以及木板地面。在任何时候，都有相当大比例的自由人口住在低于这一标准，而且接近奴隶家庭的住房中——例如，一些木屋（log houses）完全没有窗户——但这些家庭的成员通常期望最终达到这一标准。在切萨皮克，在 18 世纪晚期和 19 世纪初，木屋不一定就是佃户或者小地主社会地位低下的标志，尽管绝大多数奴隶住在其中。自由人口显然更喜欢框架房屋。最后的精细加工而非建筑类型标志着地位：在 18 世纪中叶，一个租户家庭最低程度精细加工的房屋，其花费六到七倍于一个奴隶家庭的房屋，并提供了大约是后者两倍的空间。砖砌烟囱和玻璃窗则略高于自由人住宅的最低标准；一些非常简陋的房屋有砖砌烟囱，而大多数都没有。砖块是具有区别性特征的材料：在 19 世纪初，很少有奴隶家庭住在砖房里，他们中也很少有人有砖砌烟囱或者以砖作为他们墙壁的基脚。[17]

正如一些贫穷的自由人的住房标准与大多数被奴役者相当，也有少数奴隶住在以财富为标准的建筑中。在殖民地时期，奴隶的住所因其所在的特定种植园的资源和结构而异。有些奴隶没有自己的家庭空间，就睡在主人家的地下室里或者阁楼上，或者白天工作的地方，比如楼梯平台（stair landings）和内室，抑或厨房和马厩里。由于这些"服务处"，即从事家务或农活的空间，有时会被用来展示，所以它们将体现崇高地位的构造——砖基和烟囱、楼梯、玻璃窗——和类似营房的住所矛盾地组合了起来。反过来，在远离主要种植园的烟草"宿舍"工作的人可能会与同他们没有关联的人以及亲属一起居住，一处有十到二十人，而这种宿舍的建造可以追溯到 17 世纪的标准。到了 18 世纪中叶，单独的奴隶家庭住房是一种可识别的住宅类型，但与杂乱无章和类似营房的住处相比，它在所有奴隶住房中所占的比例很低。但到了 19 世纪初，这将成为惯例。[18]

因为奴隶为种植园主建造房屋，其中一些人在房屋完工后通常在这些房屋中工作，所以，他们洞悉小种植园主正在效仿的最高品位和设计标准，但他们在自己的房屋中没看到太多。当奴隶有单独的住处时，其住处充其量可能包括一个罐子和一床毯子、一个着地的床架、搁在墙上的钉子上的架子、椽子上的钩子和铺着木板的储藏室。与 17 世纪初以来有财产的盎格鲁美洲人的家庭相比，奴隶的寝具明显不合格：大多数人睡在麦秆上；少数人拥有寝具意义上的"床"（装满麦秆的褥套）；床架很少见，然而少数人用楔子钉住木板，或者用鸠尾榫接合木板，在地上构成一副框架。凳子、桌子、椅子和长椅都是不寻常的。在 18 世纪，奴隶的土方房屋仍然有中央明火灶，而当时自由人口的最低住房条件至少需要一个由圆木和黏土砌成的烟囱。[19]

赞美受奴役人口的居住环境的简朴优点是不合适的，不过可以论争的是，从现代北美的角度来看，奴隶住房最令人不快的某些特征，在前工业时代的背景下却是实用的（functional）和先进的（sophisticated）。典型的奴隶住宅的基本特征是其土方地板，通常为了使用而精心打理。土方地板是"人造的"。它们提供了一个坚硬、光滑的表面，易于清洁，并能够排水。它们的表面是由特定等级的黏土混合而成，有时会添加更多的材料，如牛血、灰烬和石灰，并在使用前对整个混合物进行加热。在储藏窖（storage pits）的建造过程中，地板受到了进一步关注，显然，在切萨皮克，非裔美国人比欧洲裔美国人更为重视储藏窖。人们小心翼翼地将这些窖排成列，并用木板隔开。作为奴隶住宅最引人注目的地位标志，其由圆木和黏土砌成的烟囱的设计也同样复杂，给人一种草率的感觉。壁炉上方的烟囱通常以一个看似有些危险的角度倾斜于房屋的墙壁上，因此，它通常由设置在地面上的斜撑（angled braces）支撑。然而，在烟囱着火的情况下，这种设计的目的就发挥了作用，烟囱可以推离房屋。这样的烟囱可以在次日重建，大部分用的是相同的材料。[20]

如果一个种植园有一个以上的奴隶宿舍，那么，奴隶住所很有可能分散在种植园周围。在 18 世纪，奴隶主们甚至宁愿让附近的宿舍都不出现在自己的视野中，尽管宿舍很小心地朝向主屋。而到了 19 世纪，一排奴隶屋往往是通往种植园的主要通道上沿线的一道风景线。建筑物之间的区域实际上是奴隶住所的一部分。庭院为菜园和禽舍提供了空间。厨房、马厩、木匠铺和铁匠铺等工作区域也是奴隶特有的社交空间。家庭聚会常常把奴隶从其当前家居环境中拉出来，因为配偶、父母和孩子很可能被迫分开生活，但是住在附近的种植园里。[21]

这种建筑物之间空间的家政化，与西非大部分地区的同期实践相一致。在那里，独立的建筑物服务于睡眠和储藏等特殊的活动，而大多数烹饪、饮食和社交活动都是在户外进行的。按年龄、性别、婚姻状况和血统分组，通常，兄弟姐妹、父母和子女以及一些配偶不得不分开睡觉。只有带围栏的场地（compound），而不是独栋建筑，才能在空间上组织所有这些家庭关系。奥劳达·埃奎亚诺（Olaudah Equiano）是一名来自尼日尔河（Niger River）伊卡（Ika）地区的伊格博人（Igbo），他在弗吉尼亚和西印度群岛度过了被奴役的青年期后，于 1789 年出版了他的废奴主义自传。盎格鲁美洲历史学家非常幸运地看到了他的种种观察。埃奎亚诺含蓄地将他家乡的本土建筑与 18 世纪中叶在弗吉尼亚被奴役时所知道的建筑做了比较：

> 在我们［位于非洲］的建筑中，我们研究的是便利而非装饰［像在弗吉尼亚］。每个［伊格博］家庭的主人都有一块巨大的方形土地，周围有护城河或篱笆，或者用温软的红土砌的墙围起来，而红土干了之后像砖块一样硬。在这之内，是他安置家人和奴隶的房屋；如果人很多的话，将经常呈现一个村庄的样子。中间矗立着主要建筑，

分配给主人专享，由两间房间组成；在其中一间房间里，他会和家人白天坐着，另一套房间则留着接待他的朋友。除此之外，他还有一间独特的房间，他和他的儿子们一起睡在里面。两边是他们的妻子们的房间，他们也有各自的白天和夜晚居住的房子。奴隶及其家庭的住所分布在整个封闭地区的其他地方。[22]

鉴于非洲奴隶贸易覆盖大陆的范围，人们是从具有各种建筑传统的社会来到北美殖民地的。来自不同地区的非洲人用木头、茅草、石头、晒干和窑干的砖、板条和涂料，以及黏土建造房屋。使用这些材料的大部分技能与盎格鲁美洲的建筑技术和材料相融合。奥劳达·埃奎亚诺再次给出了非同寻常的细节：

> 这些房屋的高度从来不会超过一层；它们总是用木头建成，或者用木桩打入地面，与板条交叠，内外都用灰泥整齐地涂抹。屋顶是用芦苇盖的。我们白天待的房屋，两边都敞开着；但我们夜晚睡觉的房屋则总是被盖住，并在里面涂上一层混了牛粪的混合物，以驱散总是在夜间骚扰我们的不同的昆虫。这些房屋的墙壁和地板通常都覆盖着垫子。我们的床是一个平台，高出地面三四英尺，上面铺着毛皮，以及一种叫车前草（plantain）的植物的不同部分。我们的覆盖物是印花布或平纹细布，和我们的衣服一样。惯常的座位是几根木头；但我们有长凳，长凳总是抹上了香水，以取悦陌生人：这些构成了我们家用家具的十部分。像这般建造和布置家具的房屋只需要很少的技巧就可以建起来。就实现这个目标而言，每个人都可以胜任建筑师。左邻右里都会一致提供他们的帮助来建造这些房屋，作为回报，他们得到和期待的只是一顿盛宴。[23]

考古研究发现，南卡罗来纳早期奴隶住房中的非洲成分明显多于弗吉尼亚。在 18 世纪的前 75 年时间里，南卡罗来纳的奴隶建造的是与欧洲定居者和殖民者迥然不同的房屋。这些房屋有立在沟渠中的厚厚的黏土墙，用柱子为墙提供内部支撑。这种房屋通常包含两个房间，二者之间有一面实心墙。有时候此类房屋每堵山墙上都得有数道门，这对盎格鲁美洲人来说是个极不寻常的格局。这些门提供了唯一的照明和通道。美洲蒲葵的叶子覆盖着狭窄的山墙屋顶。院子是家庭空间的一部分，不仅用于花园，而且用于烹饪用火。人们在院子里用餐，坐在地上或木块上。主要用于睡觉和贮存的小房屋补充拓展了院子的用途，大部分白天的家庭活动都在院子里进行。南卡罗来纳这些早期奴隶住宅比弗吉尼亚的要小，平均每个房间只有 200 定义平方英尺，而弗吉尼亚的每间超过 350 平方英尺。这种小型、相对大量的房屋具有缓和极端冷热气候的特点。实心墙使其免受日常热量波动的影响。土方地板在完全遮阳的室内可以保持凉爽。在只有一个炉灶的时候，炉灶是没有烟囱的，而且没有固定的位置。它的主要目的是供暖，不过当恶劣的天气迫使人们进入室内时，它也被用来做饭。这种无烟囱的炉灶使房屋干燥，使火的热量输出最大化；它的烟起着防虫的作用。[24]

在 18 世纪最后数十年里，南卡罗来纳低地地区的奴隶住宅逐渐符合在切萨皮克发展起来的标准：大约 20 英尺宽、15 英尺长的带烟囱的木屋。在这样的房屋中，大多数烹饪都是在室内炉灶上进行的，而不像以前那样是在室外进行的。在这一过渡的早期阶段，烟囱与有黏土墙和用土方柱支撑的泥笆墙的房屋结合在一起。南卡罗来纳低地地区的奴隶住宅仍然是与众不同的，因为它们总是比北部和西部的要小，而且在墙壁开口方面有所限制，而且，它们有时候会继续使用中央明火灶。[25]

几乎所有在美国幸存的奴隶住宅都可以追溯到 19 世纪，而且是一种在整个南方都能找到的类型：带砖基和砖砌烟囱的框架结构联式房屋

（framed duplexes）。在所有幸存下来的房屋中，它们是特殊的。它们从一开始就被设计成展品；它们通常有统一的正面，与奴隶主的房屋垂直排列，而且通常可以从种植园的主要通道被看到。这些像样的房屋可能有珠帘防风雨板（beaded weather boards），而朝向主人房屋的窗户周围则有装饰物，并被粉刷。它们有时会有木地板，并用砖垛或木墩使墙抬离地面。[26]

从18世纪晚期到整个内战时期，美国的大多数奴隶住在独户的、有山墙屋顶的圆木屋里，有一个房间和一个可以通过梯子到达的阁楼。其最突出的建筑特征是一个外部的山墙烟囱，其材料与房屋的外壳相同，但是，烟囱的木笼（crib of logs）由较轻的木材制成，而烟道的整个内部都覆盖着黏土。填充的黏土也构成了地板。人们希望门能提供光线和通道，这样带门的墙就不会有窗户，如果对面的墙上有窗户，那就不会有后门。奴隶住所可能根本没有窗户；很少有奴隶住所一扇以上的窗户，而这些窗户会装上护窗，而非装上玻璃。这样的窗户很少有大于三平方英尺的开口，而两平方英尺更为典型。天花板和内墙要么缺少灰泥，要么缺少护壁材料。[27]

18世纪晚期的奴隶房屋，它们的特点在于地理位置、一律未经装饰的后期加工，以及被改造或扩展的很小的可能性。但是，在设计和建造上，它们类似于自由人口中的穷人或定居者一直以来的住房。18世纪中叶，切萨皮克的租户住房通常是用原木建造的，面积大约为20英尺×16英尺，有木地板，烟囱通常是木制的，但有时是砖砌的。租户通常有一个单独的厨房和其他附属建筑，如一间玉米透风仓。这样的房屋通常有的是木楔板屋顶，而非木瓦盖屋顶（shingling），很少涂灰泥，而且往往没有玻璃。改善性住宅的两个标志物——玻璃和砖，非常少见。[28]

18世纪80年代以降，奴隶主们越发有可能为奴隶提供高达最低舒适住房标准的住宅，而且这些住宅在很大程度上界定了最低舒适住房的标准。谷仓和营房是达不到标准的，至少对安置家庭来说是不行的。部分奴隶主对其奴隶的住宅标准的关怀，是 18 世纪后半叶舒适的更广泛的人道主义定义的一部分。但是，面对整个欧洲大西洋文化中新生的反奴隶制进程，他们对这些标准的使用满足了一种更迫切的需要，即为他们对待人形财产（human chattels）的态度道歉。到了 19 世纪前数十年，奴隶主对奴隶的住所采用了（最低限度的）欧洲标准。一个为奴隶的待遇辩护的人试图从两个方面来解释：

> 他们的住宅由良好的黏土小屋组成，这些小屋有着黏土砌的烟囱，但近年来，人们非常关注他们在这方面的舒适，以致现在非常普遍地（特别是在海群岛[1]上）为他们提供有砖基、带砖砌烟囱的坚固框架结构房屋。许多人认为，在有地面层或泥地面的开放式临时小屋里，他们会更健康。但是，这与那些愿意为更好的建筑付出代价的人的经验不符。

下一章将解释，奴隶主为了建造符合最低体面生活标准的住所而开展的一场自觉运动一样，"舒适"一词出现在了对奴隶生活条件的谴责性描述中，而最低体面生活标准是由贫穷的欧洲裔美国人的生活水平来衡量的。

殖民地的欧洲大陆乡土风格

除了非裔之外，英国殖民地的其他来自欧洲大陆的尼德兰和德意志地区的大型群体使乡土建筑多样化了。他们也有种种为了基本而舒适的取暖和照明而作的设计，这些设计有别于近代早期盎格鲁美洲人的设计。比方说，在 18 世纪初的奥尔巴尼（Albany），大型房屋拥有窗户，而窗户的设计让开口的一部分装有护窗但不安装玻璃，以提供通风，而另一部分装

---

[1] 海群岛（Sea Islands），美国大西洋沿岸岛群。

有固定或平开的含铅玻璃窗。而尼德兰裔人的壁炉才是真正的明火灶，靠墙放着一个防火罩。罩子凸出到房间很远处，经常有 5 到 6 英尺，以致人们很容易聚集在火堆周围。这些无支腿（unjambed）壁炉吸引了英格兰观察家们的注意力。

> 壁炉没有支腿（而我们的有），但是背部与墙壁齐平，而炉灶是用瓦砌的，跟先前一直延伸到房间的尽头，在低矮的房间里，炉灶通常会有五英尺高，而壁炉梁应该在的地方，其上的物件和我们的一样是由木工制作的，我想它是固定在里面的铁杆上的。

这种壁炉表明，靠近火是优先考虑事项，就像中央明火灶一样。尼德兰裔的火炉用法表明，他们也有接近火源的类似渴望。烟囱帽（chimneyhood）是工作场所（workspace）的一部分，为熏肉提供了空间。烟囱帽并不是非永久性建筑的一个特征。它们是用砖建的，需要精心建造以支撑凸出在外部分的重量。[30]

16 和 17 世纪，当英格兰的乡土住宅将烟囱引入了堂屋和内室时，德意志的农舍将家庭空间与堂屋之火的直接接触隔离开来。客厅（Stube）发展成一个由火炉加热的封闭生活区。要从阁楼（Lucht）进入客厅，这是带堂屋的房屋（hall house）内的一个空间，可以从这里直接前往农场和农业储藏所。德意志中部和南部近代早期房屋格局的基本要素，（大部分德意志人都是从这里移民到宾夕法尼亚的）是堂屋（Küche）和客厅的组合。德意志人房屋的堂屋有 个带烟囱的壁炉，而客厅有一个五板条支腿火炉（five-plate jamb stove），由从一堵共用墙另一侧的堂屋壁炉中推出来的煤来加热。从中世纪开始，客厅就因为其在城堡和修道院中的运用而具有很高的地位，而在那些地方，铺设木板的客厅构成了居住空间的核心。客厅在中世纪晚期变成德意志人乡土建筑的一部分，因为它的空间与堂屋分开了。

整洁（Snugness）和无烟清洁成为德意志家庭住宿的标准。由于支腿火炉的热源不会从它加热的房间中吸入空气，因此，与有明火的房间相比，客厅可能更紧密，更不通风。（楼上的一间内室将由一个支腿火炉供暖，支腿火炉里的煤由壁炉而来，这个壁炉的主要用途是提供火炉取暖所需的煤，而不是加热它所在的房间。）由于客厅的热量依赖另一个房间明火灶中的煤，所以，就像尼德兰人的房屋，德意志人房屋中烟囱罩的使用，不一定表明财富或建筑资源的不足。事实上，熏肉室（Rauchkammer，堂屋炉灶上方用于熏肉的房间）彰显的是繁荣。另一方面，烟囱确实与地位有所关联，至少在那些买得起屋顶瓦片的人中是这样。不那么富裕的德意志农民将石砌烟囱视作火灾隐患，因为它们太容易将火花送到茅草屋顶上。[32]

在 18 世纪的宾夕法尼亚，德意志人的房屋格局保留了一个中央烟囱，但与德意志本土的相比，这种格局更多地采用了"走廊—厨房房屋"（Flurküchenhaus）的三居室格局，一间狭窄的厨房（Küche）在房屋的前后贯通。由于有两扇门直接从外面开向内部最活跃的空间，这种房屋格局让外来者可以随时来访，而且在白天一直开着门是个社会要求（social imperative）。此外，这些德裔殖民者会在晚上坐在屋外，进行一段仪式性社交（ritual sociability）。为了与外界完全隔离，人们从厨房可以到达客厅，再从客厅到达卧室（Kammer）。在 18 世纪下半叶，乔治王朝时期[1]的准对称（symmetrical）立面，则因其窗户数量均衡，有时有两扇门，掩盖了这种房屋格局的延续性，但山墙上烟囱的位置往往要求放弃客厅的火炉。[33]

---

[1]　乔治王朝时期，指英国国王乔治一世至乔治四世时期（1714—1830 年）。

新英格兰的"大重建"

在 17 世纪的新英格兰，殖民者在古旧和乡土风格之间产生了鲜明的分歧。在殖民地的前二十年，普利茅斯殖民地建造的大多数房屋都有木烟囱、茅草屋顶、泥笆墙以及未安装玻璃的窗户。部分房屋有框架，其他有的是用牢牢固定的木柱"围成栅栏的"墙。有些房屋是土方的；其他拥有的是在地面固定的窗台（ground-set sills）。这种异质性显然因为在英格兰的不同地区招募的移民，以及他们可以选择的最新的和古旧的设计。这些殖民者中约 60% 的人来自英格兰南部和东部，30% 的人来自西部，还有 10% 的人来自北部。1637 年，塞缪尔·西蒙兹（Samuel Symonds）在诺福克（Norfolk）郡的伊普斯威奇（Ipswich）致信小约翰·温斯罗普，事关为他在马萨诸塞湾建造一栋房屋。西蒙兹是绅士而非自耕农，然而，他想要建造一座古色古香的房屋，一座有 30 多英尺长、16 英尺宽的堂屋的房屋。他想要两端都有木制烟囱，但它们几乎都是用明火灶，因为他的烟囱实际上是防火罩，可能会延伸至整个房屋的宽度。他没有给一楼的分区做出指示，他也不在乎二楼是否分区。这是一位经历过"大重建"的人，但他故意选择了相反的设计。最能说明问题的是他对窗户的说明："对于窗户，任何房间里都不要太大，在便利的情况下尽量少点。"他也没有给窗户装上玻璃的说明。[34] 这与其说是落后，不如说是一套难以纳入现代化线性模型的替代标准。

但是，在殖民统治的一代人中，新英格兰的大多数乡土建筑，特别是马萨诸塞湾和康涅狄格殖民地的，都表现出了威廉·哈里森描述的从自耕农到英格兰低地建设者都有的典型的想要最新的东西和创新的愿望。（在缅因和新罕布什尔，来自英格兰西部的殖民者占大多数，而那里的 17 世纪的房屋经常把一个带烟囱的大房间和一个或多个没有供暖的房间连接起来。那里的房屋也延续了内室—堂屋—服务室线性三分格局，而不是将服务区移到房屋后部。）17 世纪的新英格兰的大多数殖民者，他们建造的房屋与英格兰东南部劳动者的两居室房屋相似，有一个堂屋用于做饭、吃饭和睡觉，而另一个房间用于睡觉或服务和储藏。这些殖民者按照东南部的习惯做法改进了房屋，增加了客厅、附加的服务室和轴向砖砌烟囱："上帝一直乐于将英格兰人第一次来到这里时居住的所有茅屋（wigwams）、棚屋和茅舍（hovels）变成井然有序、美丽、建造精良的房屋，其中，许多房屋装修精良，果园里种满了漂亮的果树，花园里开满了各种各样的花。"根据威廉·布拉德福德的观点，普利茅斯的第二代殖民者想要拥有"上好而美丽的房屋"。"美丽"意味着框架结构。[35]

在新英格兰签订的建筑合同通常认为巨大的石砌烟囱是理所当然的，而在这个方面，这些石砌烟囱完全符合"大重建"的标准。16 世纪后期英格兰自由房产保有者采用的房屋设计的特点，包括将自然环境与家庭进行空间分离的强化。这些特点在新英格兰最明显，那里所有欧洲人的住房在17 世纪都是新的，大部分人口居住在自耕农的家庭中。马萨诸塞湾殖民地使用砖基的证据最早出现在 17 世纪 50 年代，而带轴向烟囱的、堂屋和客厅复合体的格局亦如是。这种格局的扩展涉及房屋后部的披屋（lean-to），通常用于厨房和制乳室，但不一定有炉灶。睡觉和吃饭都有专门的家具和设备，但没有单独的房间。床可以放在一楼任何房间里，也可以放在上面的内室中，而反过来，内室提供了工作空间、储藏空间和睡眠之处。家庭的一日三餐将在厨房或堂屋进行，而与外人一道用餐则可以在内室或客厅进行。[36]

普利茅斯殖民地和罗得岛的大多数房屋，在规模和格局上都与马萨诸塞湾附近的不同。在新英格兰东南部，17 世纪中叶之后，不同大小和格局的房屋（两层以及单层，中央和山墙端烟囱）共存，不过最典型的房屋是单室的（single-celled），一层半高，山墙则有一个很大的（至少 8 英尺宽，5 英尺高）石砌壁炉。但是，两个较小的殖民地的房屋也属于"大重建"时期。17 世纪 40 年代以降，有文字材料提到砖砌烟囱和玻璃平开窗。木地板至少在早期就变得很常见了；在英格兰，它们在同等规模的房屋或者同等地位的家庭中则不太常见。扩展通常以沿山墙延伸的方式进行，在第一个单间旁边放置另一个砌有烟囱的单间。在 18 世纪初，在罗德岛和前普利茅斯殖民地，这种不对称的房屋经常被改建或替换为接近 17 世纪马萨诸塞湾标准的房屋，有时是两层楼，但通常房间位于中央砖砌烟囱的两侧。[37]

　　建筑物可能不像建筑合同等书面文件那样明确地提供历史证据，不过实物遗迹有自己的故事要讲。罗德岛莫特之家（Mott House）的遗迹是对建筑辉格主义（architectural Whiggism）[1] 的一种警告，而这种建筑辉格主义在关注建筑风格变化时常常会表达得很明显。对单个房屋所作改造的分析，具有在风格和设计上显示真正的演变和连续性的优点，避免了从不同房屋的一系列格局中创建单一的风格叙事（stylistic narrative）。莫特之家建于 1680 年之前的某个时候，一开始是单室建筑，面积为 16 平方英尺，西南角有个烟囱。1680 年前后，从南墙处新建了一座两层单室住宅。它也有一个端部烟囱（end chimney）。（见图 3.2 A 和 B）莫特建造了第二栋房屋，这是比最初那栋房屋更大、更好的版本。在两栋房屋上，连同其中央烟囱和带五个隔间的建筑面（five-bay front）（每个窗户或门都算是一个隔间或开口），他都无视了自耕农的"科德角式住宅"（Cape-Cod House）[2] 的对称风格。与科德角式住宅的中央堂屋入口相比，莫特之家表现出更容

---

[1]　辉格主义，指参照今日来研究过去，而非更强调历史语境的一种史学方法，很容易将复杂的历史简单化。

[2]　科德角式住宅，指起源于 17 世纪新英格兰的一种住宅，单层，低矮宽阔，有个中等陡峭的三角屋顶，一个大型中央烟囱，是殖民者对英格兰建筑的改造，以抵御科德角的暴风雨天气。

易适应自然环境的条件。两个版本的莫特之家，其唯一入口直接从室外进入主要的家庭空间堂屋，而在堂屋，门口可以从南面采光（从而在冬季最缺乏自然照明时提供最大程度的自然照明），大型中央壁炉则是活动中心。在这座房屋里，光和热有着天然的互惠关系。炉灶和门口是主要的光源，窗户相对来说并不重要。[38]

在 18 世纪 20 年代后期，莫特的儿子彻底改变了这座建筑（见图 3.2 C）。他将房屋原来的部分拆除（在很大程度上保留了 1680 年新增的墙壁），代之以一间两层、单间的侧房，而且他在后面加了一个单坡厨房（a kitchen lean-to）。他还拆除了第一次改建（1680 年）的西墙上的巨大壁炉，并用原来房屋的烟囱底座为 1680 年的堂屋和新的客厅提供壁炉。他还为单坡厨房建了一个壁炉。如今他拥有一栋看起来很新式的房屋，因为它有一个中央烟囱。这次改造对自然环境与房屋的关系做了调整，尤其是光线。房屋不再朝南，而光线也不再直接进入厨房的炉灶区域。相反，主入口是一个前厅（lobby），它在生活空间和室外之间提供了一个缓冲区。在接下来的 50 年里，莫特之家一度又被重新改造，这次拆除了单坡厨房，在后面增加一栋两层附楼，并增加一个四坡屋顶（hipped roof）。如今，这里有"18 世纪新英格兰乔治王朝时期住宅的新颖格局和时尚的外观"。[39]

在 17 世纪 90 年代，都市的殖民者已经开始建造新英格兰本土建筑的受到各国文化影响的替代品。在移民新英格兰的工匠中，一直有"木匠、石匠、瓦工、细木工、泥水匠、雕刻工和画家"，他们熟悉自 17 世纪 60 年代以来在伦敦流行的各种巴洛克式盎格鲁—尼德兰（Anglo-Dutch）建筑风格。1686 年后王室管理官员在殖民地的出现和 1692 年后英格兰圣公会神职人员在殖民地的出现，强化了克里奥尔人对古典风格的品位。除了古典风格的装饰外，世界主义品位还引入了新的供暖和照明设计：山墙上带镶板烟囱（paneled chimneys）的砖墙、中央楼梯、壁炉的凸嵌线框

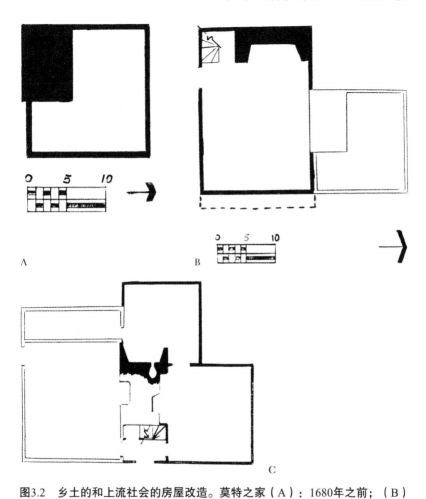

图3.2　乡土的和上流社会的房屋改造。莫特之家（A）：1680年之前；（B）
1680年；（C）雅各布·莫特二世（Jacob Mott II）之家，1775年。
Dell Upton, "Architectural Change in Colonial Rhode Island: The Mott House as
a Case Study," *Old-Time New England* 69, nos. 3, 4 (January–June 1979): 18–33;
drawings by author. 重印获得作者惠允。

（bolection frames）（即带线脚）、垂直推拉窗和三层对称立面。在波士顿，在 1711 年大火需要大规模重建后，一些工匠的房屋以"豪宅"式建筑的特征自傲。[40]

到了 18 世纪中叶，康涅狄格河谷的精英们正在按照这些大都会的供暖和照明标准建造房屋。在农村，他们的房屋在完全对称、古典装饰和家庭空间的专业化等方面具有创新性。住在河谷地区的富人家庭，他们早期的房屋主要在规模上与众不同；在 17 世纪晚期，"巨大的中央烟囱，陡坡屋顶，单桩（一室深）两层结构，兼有堂屋和客厅的格局，未上漆、有隔板的正立面，凿出的悬垂物和山墙上的角门（corner door）都可以在该地区的很多房屋中找到"。新的房屋设计将创新导向了家庭照明在质量和数量上的变化。新英格兰人早些时候都不屑于有一个正式的中央入口（central entrance），而玻璃窗带有可疑的奢侈含义。鉴于这种对玻璃窗的厌恶，以及由此产生的限制窗户数量的需要，为了提供自然照明，传统的设计便一直是不对称的，在南边山墙端有一扇门，可以让日光进入主要的家庭用房，就像莫特的房屋一样，而大壁炉是活动的中心。[41]

新的豪宅风格使家庭生活与户外生活更加疏远。它取消了山墙端的门，并用一个复斜式屋顶（a gambrel roof），在上层增加窗户。新的设计在每个山墙端用较小的壁炉取代了传统的大型中央烟囱。房间变得越来越小，越来越多，以容纳更频繁但规模更小的娱乐活动，比如每天的茶话会和小型晚宴。社交空间装饰着"精心制作的细木工，比如实木镶板（fielded paneling）、有扇形饰边的橱柜（scalloped cupboards）、人字形的门廊（pedimented doorways）、窗帽（window caps）"，这些装饰，其上流社会的形式和古典主义将其与厨房以及户外自然环境区分开来。

用中央门廊和大堂入口取代了山墙端门是上流社会住宅设计中最常被模仿的特征。河谷地区四分之三的房屋仍然是单层的，并拥有中央烟囱，而到 18 世纪 70 年代，城镇中三分之二的房屋有两层。乡村精英对体现财富、权力和文明的建筑主张已经开始表现为对流行的城市文化的认同。这种豪宅是双桩格局，有两层楼，对面山墙上有烟囱，这是兼有堂屋和客厅、有着中央烟囱的乡村住宅的替代品。兼有堂屋和客厅的房屋，其中央烟囱象征着待在室内的重要性，而豪宅的中央通道和精致的门廊强调了进入室内的重要性。[43]

优雅的住宅

在 18 世纪前 75 年的时间里，只有一小部分北方家庭将他们的住所与普通的住房绝对地区分开来。卡罗尔·沙马斯计算出，在 18 世纪 70 年代，只有最富有的 10% 的家庭才有如下的做法：

> （他们）清空了其一间或两间前屋（front rooms）的床和家庭生产材料，然后用精致的木片、软垫皮椅（upholstered leather chairs）、窗帘，甚至地板覆盖物来装饰自己的家。英格兰和美国农村房屋的绝大多数业主，即使是那些相对富裕的人，也不装修房间。近代早期的人们装饰的是可移动物品，特别是他们的床和桌子。或许，那里有一把专门为户主准备的椅子，越来越常见的为别人准备的蔺茎椅或藤椅（rush or cane seats），还有一张画或壁挂，但没有橱柜、填充椅、壁纸、地毯，或用于夜间娱乐的足够多的照明。

对大多数新英格兰家庭来说，在 18 世纪，住宿标准——在客观上，也许主观上——也没有明显变化。带轴向烟囱的、堂屋和客厅复合体的格局在农村地区占大多数；单层住宅出现的频率是双桩、两层"豪宅"式住宅的 7 倍。比方说，在 18 世纪末的马萨诸塞中部 [伍斯特县（Worcester

County）]，大多数房屋都很小，建筑面积不到 850 平方英尺，而三分之二是单层建筑。在 18 世纪后期的马萨诸塞，只有在高度商业化的沿海地区的埃塞克斯县（Essex County），两层楼的房屋才占多数，在该县，它们占房屋存量的四分之三以上。[44]

大多数分化发生在城市的语境中。那里的商人住在多层、多室的砖房里。这些建筑有着昂贵的精细程度，有"锯好的、饰以珠子的壁板，大型滑动式垂直推拉窗，装饰性的飞檐托檐口（modillion cornices），以及各种精心抹上灰泥和装饰的房间"。店主大多数会租住房屋，他们用自己的前屋来谋生而不是娱乐。他们有房间睡觉，而不是睡在阁楼上，并在后面有一个单独的厨房，从而提高了其住宿条件。他们在主要用于娱乐的房间，即客厅和偶尔选择的内室中展示他们的建筑品位，尤其是关于壁炉和壁炉架（见图 3.3）。除此之外，他们在建筑上的投入不多。在大型商业城镇之外，尽管他们都接触到了城市建筑的标准，但收入相当的人基本上忽视了这些细节。[45]

***

早期美国住宅的价值差异悬殊。住房投资比现在更像是一种奢侈品。根据 1798 年的《直接税评估》（*Direct Tax Assessments*），最有价值的 1% 的房屋的价值相当于最没有价值的 40% 的房屋的价值总和。这种分布不像其在英格兰和威尔士那样与财富的分布直接对应，而英格兰和威尔士的财富中值（median wealth）都低于美国自由人口的财富中值。但在英国和美国，窗户安装玻璃的数量是衡量房屋价值最直接的尺度。1759 年，英格兰和威尔士房屋窗户的中位数在 6 到 9 之间；就连 40 年后的美国，窗户的中位数也小于 3，总共只有不到 20 块玻璃。[46]

图3.3 空间的分化。小壁炉和壁炉架的精致线脚象征着社交活动有教养地与烹饪和取暖等日常必需活动疏远的情形。Thomas Milton, John Crundon, and Placido Columbani, *The Chimney-piece-maker's Daily Assistant . . .* (London: Henry Webley, 1766), frontispiece to vol. 1. 特拉华州温特图尔市温特图尔图书馆印刷书刊藏品部惠允使用。

18世纪上流社会的盎格鲁美洲人的建筑，其大部分历史都涉及窗户安装玻璃与日俱增的优先性和风格化。但是，19世纪之前大多数美国乡土建筑对窗户安装玻璃的重视程度不高。家庭照明是次要的考虑因素。窗户是选择性的。大多数房屋用门作为自然光的唯一入口。大约一半的房屋要么没有窗户，要么只有一扇装有一块玻璃的窗户。在所有有窗户的房屋中，半数只有一扇窗户，整个房屋的玻璃不到10块，而最有价值的20%的房屋有8个或更多窗户，每个窗户都有9块或更多玻璃。在城镇，玻璃可有可无的属性不那么明显，评估值较低的房屋的窗户数和玻璃块数多于农村同等价值的房屋。[47]

1798年的联邦税根据房屋的"优雅程度"来评估之。国会关于税收的辩论定义了两类房屋：一类是农场主和劳工的房屋，这些人在设计和装饰上几乎没有可自由支配的开支（其在住宅上的所有开支都是"必要的"），另一类则是城镇中的房屋（与"优雅"同义）："房屋是消费品，不会生产出任何东西。它们仅仅对我们享受其他种类的舒适起重要作用（当它们不超过便利的尺度时，它们便是必要的）。"法案规定，对房屋的评估应考虑"房屋的状况、范围或面积、层数、窗户的数量和尺寸、建筑材料，无论是木材、砖块还是石头，以及附属于其上的室外房屋的数量、类型和尺寸"（见图3.4）。城市房屋评估的价值中值，几乎是农村房屋的10倍——614美元对77美元。与收入或财富（如果土地被包括在内）上的差距相比，城乡间的房屋在税负上的差距要大得多。

一栋好房子，尽管其自身是非生产性的，却往往比一个有价值的、有生产力的农场更能反映主人的财富。对一个人来说，与公共经济保持一致的是，他可以住在一个农场上，尽管他的处境可能会让他感到尴尬，而农场本身可能是抵押贷款买来的，但如果这个农场产生了超出他支付的利息的任何盈余，他可以像耕种另一个农场一样耕种该农场。但在任何情况下，一个窘迫的或贫穷的人拥有一栋有价值的房子都是不正当的。这必定会增加他的难处。他应当将其出售，偿还自己的债务，或者出租，并节省租金的差额。如果他都不做的话，那么，且让他为自己的虚荣和愚蠢付出代价吧。

这项税是对面积在2英亩以下的房屋和宅地征收的。因为房屋是"非生产性物品，而从财务角度来看仅仅是支出的指标"，故该税可以被定义为奢侈品的累进税，税率随评估价值而上升。建筑材料之所以被纳入评

图3.4　优雅。尖桩篱栅围绕着一个精心设计的房屋景观，有人字形的柱廊（pedimented portico）、带有装饰的古典柱式、一个凉亭和一个粉刷过的谷仓。

估，是因为它们暗示了持久性被是优先考虑的事项，但它们不如优雅来得重要，后者由玻璃窗的数量衡量——因此，宾夕法尼亚州中部的米夫林县（Mifflin County）40% 的房屋都属于 500~999 美元的评估类别（在全国排名前 13%，在农村地区排名前 9%），尽管这些房屋是用原木建造的。[48]

亚历山大·汉密尔顿（Alexander Hamilton）向财政部部长奥利弗·沃尔科特（Oliver Wolcott）推荐了一个比最终在税收法规中颁布的更为详细的装饰项目，但他的分类表明了住宅的某些要素是如何构成奢侈品的。汉密尔顿希望通过制定具体的评估标准来排除主观的评估。在建筑材料方面，他只区分了木屋（log houses）和其他建筑。他将以每个房间 20 美分的价格给木屋估价。根据房屋中的房间数量，其他房屋将以更高比率进行评估：两室的房屋，每个房间 25 美分；三室的房屋每个房间 33 又 1/3 美分；对于有七室或七室以上的房屋，每个房间最多 1 美元。每个内部粉刷过的房间，都会被征收额外的 25 美分；每个贴上壁纸的房间，都会被额外征收 50 美分；每个有瓷砖或石砌烟囱的房间，都会被额外征收 50 美分，每个有大理石饰面烟囱的房间，都会被额外征收 1 美元；每个有雪松或乌木造的楼梯的房间，都会被额外征收 50 美分，每个有桃花心木造的楼梯的房间，都会被额外征收 1 美元；粉饰灰泥檐口（stucco cornices），要被额外征收 1 美元，粉饰灰泥天花板，则是两美元。"前立面外的支柱或壁柱"将使估价增加 1 美元，而任何大理石饰面将使估价增加 2 美元。因此，几乎任何一个房间或外部的任何装饰都会导致评估结果相当于大多数未经装饰的一座木屋。[49]

在 18 世纪后期的任何时间，很大一部分美国人（新英格兰以外）住在用当地材料快速加工而成的房屋里，这种材料通常是原木。在新近殖民的地区，多达 90% 的房屋是原木结构。两个人就能在不到一周的时间内建起一座房屋。根据 1798 年的《直接税评估》，窗户，尤其是窗玻璃，是主要的建筑改进方向，为房屋增加了比建筑材料、建筑面积或层数带来的更多价值。在农村，玻璃窗是一种奢侈品，但是，一栋原木建成的房子并不排斥这种精致，负担能力亦非主要制约因素。大多数美国人在 18 世纪末依旧住在这种房屋里，其格局、便利设施和精细加工——兼有房间和阁楼的房屋之格局、木头和黏土砌成的烟囱、少而小的窗户，以及利用当地原材料进行施工——将会为其赢得在英格兰具有贬义的名称"农舍"。

注释

1. William Bradford, *Of Plymouth Plantation, 1620–1647*, ed. Samuel Eliot Morison (New York: Alfred A. Knopf, 1952), 76, 136; Carl R. Lounsbury, ed., *An Illustrated Glossary of Early Southern Architecture and Landscape* (New York: Oxford University Press, 1994), 97; J. B. Bordley, "Thoughts on Hired Labourers and Servants, Cottages and Cottagers," in *Essays and Notes on Husbandry and Rural Affairs*, 2nd ed. (Philadelphia: Thomas Dobson, 1801), 389; Lucy Simler, "The Landless Worker: An Index of Economic and Social Change in Chester County, Pennsylvania, 1750–1820," *Pennsylvania Magazine of History and Biography* 114, no. 2 (April 1990): 168–169, 175–176, 179, 187; idem, "Tenancy in Colonial Pennsylvania: The Case of Chester County, Pennsylvania," *William and Mary Quarterly*, 3rd ser., 43, no. 3 (October 1986): 562–568; idem, letter to author 26 March 1996.

2. James Deetz, "Plymouth Colony Architecture: Archaeological Evidence from the Seventeenth Century," *Architecture in Colonial Massachusetts* (Boston: Colonial Society of Massachusetts, 1979), 43–60; Cary Carson, Norman F. Barka, William M. Kelso, Garry Wheeler Stone, and Dell Upton, "Impermanent

Architecture in the Southern American Colonies," *Winterthur Portfolio* 16 (1981): 135–178; Mechal Sobel, *The World They Made Together: Black and White Values in Eighteenth-Century Virginia* (Princeton: Princeton University, 1987), 72–73, 104–105, 113, 119–126.

3. Father Andrew White, S.J., "A Briefe Relation of the Voyage unto Maryland, by Father Andrew White" (1634), in *Narratives of Early Maryland 1633–1684*, ed. Clayton Colman Hall (New York: Charles Scribner's Sons, 1910), 34–35; "Houses for New Albion, 1650," *Journal of the Society of Architectural Historians* 15, no. 3 (1956): 2; C. Carroll Lindsay, "Plantagenet's Wigwam," *Journal of the Society of Architectural Historians* 17, no. 4 (1958): 31–35; Amir H. Ameri, "Housing Ideologies in the New England and Chesapeake Bay Colonies," *Journal of the Society of Architectural Historians* 56, no. 1 (March 1997): 6–15.

4. D. M. Palliser, *The Age of Elizabeth: England under the Later Tudors 1547–1603* (London: Longman, 1983), 100; M. W. Barley, *The English Farmhouse and Cottage* (London: Routledge & Kegan Paul, 1961), 79–81, 91, 104–108, 115–119, 145, 175, 197, 205, 211, 222, 227–229, 235; W. G. Hoskins, *The Midland Peasant: The Economic and Social History of a Leicestershire Village* (London: Macmillan, 1965), 149, 187; Peter Smith, "The Architectural Personality of the British Isles," *Archaeologia Cambrensis* 129 (1980): 1–36.

5. Barry Harrison, "Longhouses in the Vale of York, 1570–1669," *Vernacular Architecture* 22 (1991): 31–39; M. W. Barley, "Rural Housing in England," in *The Agrarian History of England and Wales* (1560–1640), ed. Joan Thirsk (Cambridge: Cambridge University Press, 1967), 4:749.

6. 戴尔·厄普顿将这个现象解释成，它意味着"有渠道获得详细行为规范的人可能不会在小社群使用之，因为他们的身份不受挑战，不需要明确肯定"；Dell Upton, "Toward a Performance Theory of Vernacular Architecture: Early Tidewater Virginia as a Case Study," *Folklore Forum* 12, nos. 2 & 3 (1979): 184–185; James Horn, *Adapting to a New World: English Society in the Seventeenth Century Chesapeake* (Chapel Hill: University of North Carolina, 1994), 296–307, 328–330。

7. Carson et al., "Impermanent Architecture."

8. Fraser Neiman, "Domestic Architecture at the Clifts Plantation: The Social Context of Early Virginia Building," *Northern Neck of Virginia Historical Magazine* 28, no. 1 (December 1978): 3103–3104.

9. Robert Beverley, *The History and Present State of Virginia*, ed. Louis B. Wright (1705; repr., Chapel Hill: University of North Carolina, 1947), 289–290.

10. Dell Upton, "Vernacular Domestic Architecture in Eighteenth-Century Virginia," *Winterthur Portfolio* 17 (1982): 95–119; Cary Carson, "The 'Virginia House' in Maryland," *Maryland Historical Magazine* 69 (1974): 193–195.

11. Camille Wells, "The Eighteenth-Century Landscape of Virginia's Northern Neck," *Northern Neck of Virginia Magazine* 37 (1987): 4239–4245.

12. Dell Upton, "The Virginia Parlor: A Report on the Henry Saunders House and Its Occupants," (Washington, D.C.: National Museum of American History, Smithsonian Institution, 1981), 60–61; Donald W. Linebaugh, "'All the Annoyances and Inconveniences of the Country'. Environmental Factors in the Development of Outbuildings in the Colonial Chesapeake," *Winterthur Portfolio* 20, no. 1 (Spring 1994):1–18; Wells, "Eighteenth-Century Landscape," 4230, 4234–4235.

13. Lois Green Carr and Lorena S. Walsh, "Inventories and the Analysis

of Wealth and Consumption Patterns in St. Mary's County, Maryland, 1658–1777," *Historical Methods* 13 (1980): 87–96; Carole Shammas, "The Domestic Environment in Early Modern England and America," *Journal of Social History* 14, no. 1 (Fall 1980–1981): 1–24; Gloria L. Main, *Tobacco Colony: Life in Early Maryland, 1650–1720* (Princeton: Princeton University Press, 1982), 176.

14. Mark R. Wenger, "The Dining Room in Early Virginia," *Perspectives in Vernacular Architecture III*, ed. Thomas Carter and Bernard L. Herman (Columbia: University of Missouri, 1989), 149–159; Mark R. Wenger, "The Central Passage in Virginia: Evolution of an Eighteenth-Century Living Space," in *Perspectives in Vernacular Architecture II*, ed. Camille Wells (Columbia: University of Missouri, 1986), 137–149; Bernard L. Herman, *Architecture and Rural Life in Central Delaware, 1700–1900* (Knoxville: University of Tennessee Press, 1987), 20–49; Henry Glassie, *Folk Housing in Middle Virginia* (Knoxville: University of Tennessee Press, 1975), 28–31, 72–77, 84, 100, 104; Upton, "Vernacular Domestic Architecture," quoted 104.

15. Upton, "Vernacular Domestic Architecture," 106, 109–119.

16. Dell Upton, "Slave Housing in 18th-Century Virginia" (report to the Department of Social and Cultural History, National Museum of American History, Smithsonian Institution, July 1982), 22; Leland Ferguson, *Uncommon Ground: Archaeology and Early African America* (Washington, D.C.: Smithsonian Institution Press, 1992), 55–57; Philip D. Morgan, *Slave Counterpoint: Black Culture in the Eighteenth-Century Chesapeake and Lowcountry* (Chapel Hill: University of North Carolina Press, 1998), 104–124.

17. George W. McDaniel, *Hearth and Home: Preserving a People's Culture* (Philadelphia: Temple University Press, 1982), 54, 94; Upton, "Slave

Housing," 30–34.

18. William M. Kelso, Kingsmill Plantations, *1619–1800: Archaeology of Country Life in Colonial Virginia* (New York: Academic Press, 1984), 102–128. 对于奴隶和英格兰仆人住宿的（令人遗憾是静态的）比较，参见 Mark L. Walston, "'Uncle Tom's Cabin' Revisited: Origins and Interpretations of Slave Housing in the American South," *Southern Studies* 24, no. 4 (Winter 1985): 358–363。

19. John Michael Vlach, "Afro-American Domestic Artifacts in Eighteenth-Century Virginia," *Material Culture* 19, no. 1 (1987): 10.

20. McDaniel, *Hearth and Home*, 70–71, 78; Ferguson, *Uncommon Ground*, 57–58.

21. Upton, "Slave Housing," 35–37, 46–48.

22. Olaudah Equiano, *The Interesting Narrative of the Life of Olaudah Equiano, or Gustavus Vassa, the African*, 2 vols. (London, 1789; repr., Coral Gables, Fla.: Mnemosyne Publishing, 1989), 1:15; Jean-Paul Bourdier and Trinh T. Minh-Ha, *African Spaces: Designs for Living in Upper Volta* (New York: Africana Publishing, 1985).

23. Equiano, *Interesting Narrative*, 1:15.

24. Fritz Hamer and Michael Trinkley, "African Architectural Transference to the South Carolina Low Country, 1700–1880," *Tennessee Anthropologist* 22:1 (Spring 1997): 1–34; Thomas R. Wheaton, Amy Friedlander, Patrick H. Garrow, "Youghan and Curriboo Plantations: Studies in Afro-American Archaeology," (report to National Park Service, Southeast Regional Office, Archaeological Services Branch, April 1983), 169, 193–194, 340–341; Lesley M. Drucker, "The Spiers Landing Site: Archaeological Investigations in Berkeley County, South

Carolina" (report to U.S. Department of the Interior, Heritage Conservation and Recreation Service, Interagency Archaeological Services, Atlanta, 1979), 91, 93, 96.

25. Drucker, "Spiers Landing Site," 96, 123–127, 150; Wheaton, Friedlander, and Garrow, "Youghan and Curriboo Plantations," 338–339, 341; Ferguson, *Uncommon Ground*, 81, 145. 在牙买加，奴隶对房屋的设计和布局拥有更多控制权。只有五分之一的种植园格局显示，种植园主对奴隶住所的布局进行了规划，而房屋本身代表了几种结合非洲和欧洲建筑传统的克里奥尔式设计；B. W. Higman, *Jamaica Surveyed: Plantation Maps and Plans of the Eighteenth and Nineteenth Centuries* (Kingston: Institute of Jamaica Publications, 1988), 245–246, 250。

26. Upton, "Slave Housing," 12, 15; McDaniel, *Hearth and Home*, 98–100.

27. Upton, "Slave Housing," 49; McDaniel, *Hearth and Home*, 47, 73.

28. Edward A. Chappell, "Housing a Nation: The Transformation of Living Standards in Early America," in *Of Consuming Interests: The Style of Life in the Eighteenth Century*, ed. Cary Carson, Ronald Hoffman, and Peter J. Albert (Charlottesville: University Press of Virginia, 1994), 181n, citing Maryland Orphans Court records.

29. Robert J. Turnbull, *A Refutation of the Calumnies* (1822), quoted in Ferguson, *Uncommon Ground*, 79; Bernard L. Herman, "Slave Quarters in Virginia: The Persona Behind Historic Artifacts," in *The Scope of Historical Archaeology: Essays in Honor of John L. Cotter*, ed. David G. Orr and Daniel G. Crozier (Philadelphia: Laboratory of Anthropology, Temple University, 1984), 274, et passim; Joyce E. Chaplin, "Slavery and the Principle of Humanity: A Modern Idea in the Early Lower South," *Journal of Social History* 24, no. 2

(Winter 1990): 299–313.

30. 关于尼德兰人的窗户，参见 Roderic H. Blackburn and Ruth Piwonka, eds., *Remembrance of Patria: Dutch Arts and Culture in Colonial America 1609–1776* (Albany: Albany Institute of History and Art, 1988), 119–121, 133; Sarah Kemble Knight, *The Private Journal Kept by Madame Knight* [1704], quoted in ibid., 100; "A Glance at New York in 1697: The Travel Diary of Dr. Benjamin Bullivant," ibid., 146。在 18 世纪下半叶，实际上所有尼德兰壁炉都进行了调整，以容纳支腿壁炉；ibid., 150。火炉"让它们附近的房间非常温暖，这对所有的外地人来说都是彻彻底底令人不快的，并让他们头疼"，关于尼德兰人使用火炉的情况，参见 Warren Johnson, "Journal of a Trip from New York to the Mohawk Region 1760–1761," quoted in ibid., 158。

31. William Woys Weaver, "The Pennsylvania German House: European Antecedents and New World Forms," *Winterthur Portfolio* 24, no. 4 (Winter 1986): 254–258; George Ellis Burcaw, *The Saxon House: A Cultural Index in European Ethnography* (Moscow: University of Idaho Museum, 1973), 50–51, 101.

32. Edward A. Chappell, "Acculturation in the Shenandoah Valley: Rhenish Houses of the Massanutten Settlement," *Proceedings of the American Philosophical Society* 124, no. 1 (1980): 55–89.

33. Henry Glassie, "Eighteenth-Century Cultural Process in Delaware Valley Folk Building," *Winterthur Portfolio* 7 (1972): 42, 47; Charles Bergengren, "From Lovers to Murderers: The Etiquette of Entry and the Social Implications of House Form," *Winterthur Portfolio* 20, no. 1 (Spring 1994): 48–53. 关于"欧洲大陆"的三室格局与英国乡土传统的兼容性，参见 W. John

McIntyre, "Diffusion and Vision: A Case Study of the Ebenezer Doan House in Sharon, Ontario," *Material History Bulletin* 22 (Fall 1982): 11–20; Cary Carson, "The Consumer Revolution in Colonial British America: Why Demand?" in *Of Consuming Interests: The Style of Life in the Eighteenth Century*, ed. Cary Carson, Ronald Hoffman, and Peter J. Albert (Charlottesville: University Press of Virginia, 1994), 665–667。

34. Anthony Quiney, "The Lobby-Entry House: Its Origins and Distribution," *Architectural History* 27 (1984): 464; Symonds to Winthrop, 8 February 1638, "Massachusetts Bay Building Documents, 1638–1726," ed. *Abbott Lowell Cummings, in Architecture in Colonial Massachusetts*, ed. idem (Boston: Colonial Society of Massachusetts, 1979), 215–216.

35. J. F. Jameson, ed., *Johnson's Wonder-Working Providence, 1628–1651*, as quoted in Cary Carson, "Homestead Architecture in the Chesapeake Colonies," (presented at the Lives of Early Americans Conference: Archaeological Perspectives on Colonial Society, 30 April–2 May 1981, Millersville State College, Millersville, Pennsylvania), 7–8; Barley, *English Farmhouse and Cottage*, 142, 144–145; Barley, "Rural Housing," 4:765–766. 近些年，与英国本土相比，英属北美殖民地的乡土建筑历史考古学研究更 多；J. T. Smith, "Short-Lived and Mobile Houses in Late Seventeenth-Century England," *Vernacular Architecture* 16 (1985): 33; Richard M. Candee, "A Documentary History of Plymouth Colony Architecture, 1620–1700," part 1, *Old-Time New England* 59, no. 3 (January–March 1969): 61–69, Bradford quoted 61; idem, "A Documentary History of Plymouth Colony Architecture, 1620–1700," part 2, *Old-Time New England* 59, no. 4 (April–June 1970): 105–111; idem, "A Documentary History of Plymouth Colony Architecture,

1620–1700," part 3, *Old-Time New England* 60, no. 2 (October–December 1969): 37–50; idem, "First-Period Architecture in Maine and New Hampshire: The Evidence from Probate Inventories," *Early American Probate Inventories*, ed. Peter Benes (Boston: Boston University, 1989), 97–120。

36. Robert Blair St. George, "'Set Thine House in Order': The Domestication of the Yeomanry in Seventeenth-Century New England," in *New England Begins: The Seventeenth Century*, ed. Jonathan L. Fairbanks and Robert F. Trent, 3 vols. (Boston: Museum of Fine Arts, 1982), 2:161–162, 166; Abbott Lowell Cummings, "Inside the Massachusetts House," in *Common Places: Readings in American Vernacular Architecture*, ed. Dell Upton and John Michael Vlach (Athens: University of Georgia Press, 1986), 219–239; Abbott Lowell Cummings, "Three Hearths: A Socioarchitectural Study of Seventeenth-Century Massachusetts Bay Probate Inventories," *Old-Time New England* 75, no. 263 (1997): 5–49.

37. Candee, "Documentary History," part 1: 105, part 2: 47, 49; Dell Upton, "Architectural Change in Colonial Rhode Island: The Mott House as a Case Study," *Old-Time New England* 69, nos. 3, 4 (January–June 1979): 18–33; Norman Morrison Isham and Albert F. Brown, "Early Rhode Island Houses," [1895], in *Common Places: Readings in American Vernacular Aruchitecture*, ed. Dell Upton and John Michael Vlach (Athens: University of Georgia Press, 1986), 149–158.

38. Upton, "Architectural Change"? Abbott Lowell Cummings, *The Framed Houses of Massachusetts Bay, 1625–1725* (Cambridge: Harvard University Press, 1979); John Demos, *A Little Commonwealth: Family Life in Plymouth Colony* (New York: Oxford University Press, 1970), 28–30.

39. Upton, "Architectural Change."

40. Abbott Lowell Cummings, "The Beginnings of Provincial Renaissance Architecture in Boston, 1690–1725," *Journal of the Society of Architectural Historians* 42 (1983): 43–53; P. Smith, "Some Reflections on the Development of the Centrally-Planned House," in *Collectanea Historica: Essays in Memory of Stuart Rigold*, ed. Alec Detsicas (Maidstone: Kent Archaeological Society, 1981), 192–212.

41. Kevin M. Sweeney, "Mansion People: Kinship, Class, and Architecture in Western Massachusetts in the Mid-Eighteenth Century," *Winterthur Portfolio* 19 (1984): 231–256.

42. Sweeney, "Mansion People," 237; David H. Flaherty, *Privacy in Colonial New England* (Charlottesville: University Press of Virginia, 1972), 41–42; Ernest Allen Connally, "The Cape Cod House: An Introductory Study," *Journal of the Society of Architectural Historians* 19 (1960): 49.

43. Sweeney, "Mansion People," 242; Cummings, "Inside the Massachusetts House."

44. Carol Shammas, *The Preindustrial Consumer in England and America* (Oxford: Oxford University Press, 1990), quoted 172; Michael Steinitz, "Rethinking Geographical Approaches to the Common House: The Evidence from EighteenthCentury Massachusetts," *Perspectives in Vernacular Architecture III*, ed. Thomas Carter and Bernard L. Herman (Columbia: University of Missouri Press), 16–26.

45. Chappell, "Housing a Nation," 183–187, 190–191n.

46. Lee Soltow, "Egalitarian America and Its Inegalitarian Housing in the Federal Period," *Social Science History* 9, no. 2 (Spring 1985): 199–213; idem,

Distribution of Wealth and Income in the United States in 1798 (Pittsburgh: University of Pittsburgh Press, 1989), 53, 57, 99.

47. Lee Soltow, "Housing Characteristics on the Pennsylvania Frontier: Mifflin County Dwelling Values in 1798," *Pennsylvania History* 46 (January 1980): 57–70. 关于殖民地的玻璃生产史，参见 Arlene Palmer, "Glass Production in Eighteenth-Century America: The Wistarburgh Enterprise," *Wintherthur Portfolio* 11 (1976): 75–101。

48. 关于国会辩论中"优雅"一词的使用，参见 *The Debates and Proceedings in the Congress of the United States*, 42 vols. (Washington, D.C.: Gales & Seaton, 1834–1856), 5th Cong., 2nd sess., (J. Williams, 30 May 1798, p. 1840), (N. Smith, 30 May 1798, p. 1846), (Harrison Gray Otis quoted, 30 May 1798, pp. 1842–1843); "An act to provide for the valuation of lands and dwelling-houses, and the enumeration of slaves, within the United States," ibid., 3rd sess., 3763 (9 July 1798). Oliver Wolcott, Jr., to the House of Representatives, 14 December 1796, as quoted in *The Papers of Alexander Hamilton*, ed. Harold C. Syrett et al. (New York: Columbia University Press, 1974), 20:500n. 到目前为止，对 1798 年的直接税最充分的研究是 Soltow, *Distribution of Wealth and Income*, see esp. 53–59, 75–76, 99。

49. Enclosure to Oliver Wolcott, 6 June 1797, *Papers of Alexander Hamilton*, 20:502–504; 1797 年 1 月，汉密尔顿寄给西奥多·塞奇威克一份提议书，现已佚失。

第二部分

从奢侈到舒适

第四章　体面的舒适：蜡烛和镜子

不同社会中的人使用了几乎各式各样的燃料来源和照明设备：碎木片（wooden splinters）、北美脂松（pitchpine）蜡烛、带浮动灯芯的灯、带灯芯喷嘴的灯。由提供照明来源的动物都可以组成一家动物园了：在丹麦，企鹅肚子里有苔藓灯芯，在纽芬兰有狗鲨（dogfish）的尾部，北美西北部有蜡烛鱼（candlefish）[1]。很少有关于照明史的插图本会放弃这样一幅画面，即设得兰群岛岛民将一整只孤零零的海燕作为蜡烛，用一根灯芯穿过尸体进行燃烧。[1] 但是，由于专注于器具，照明的历史忽略了有关其使用、传播和社会意义的问题。

前工业革命时代欧洲的人工照明史鲜为人知。就连费尔南·布罗代尔（Fernand Braudel）在其关于物质文化的伟大三部曲 [2] 的第一部中也只用了几句话来描述照明。他说，照明"几乎不存在"，除了作为"骄傲甚至是炫耀的对象"。布罗代尔可以忽略人工照明的话题，因为他知道人工照明技术自古代以来几乎未曾改变。罗马人从建城伊始就将灯用于宗教仪式和家庭照明；来自蜡烛形式的固体燃料的照明，则是帝国早期从近东借来的。[2] 直到 16 世纪，罗马的食用油和蜡贸易都比特来在欧洲开展的贸易更为发达。公元 1 世纪，罗马家庭中常见的灯具为更多的人提供了更好的照

---

[1]　蜡烛鱼，产自北太平洋的一种食用小鱼，富油质，干鱼可用作蜡烛。

[2]　指布罗代尔的《十五至十八世纪的物质文明、经济和资本主义》（*Civilisation materielle, economie et capitalisme, XVe-XVIIIe siecle*）。

明，直到 18 世纪，鲸油（whale oil）和鲸蜡（spermaceti）才为富裕的欧洲人提供了更清洁、更可靠的传统光源。

人工照明技术

在 19 世纪初使用煤气之前，照明的基本技术与古典时代之前的几千年保持一致。有机材料不完全燃烧产生的火焰提供了光亮。除了明火之外，用于这种燃烧过程最频繁、最古老的器具就是灯。灯用灯芯燃烧动植物油脂。旧石器时代的诸文化中，有用挖空的石头制成的燃烧油脂的灯，比如 15000 多年前用来照亮拉斯科（Lascaux）洞穴 [1] 中绘画的油灯。5000 年前诸帝国文明伊始，工匠们制作了陶器和金属灯，用来燃烧从动物脂肪中提炼出来的油。随后，前工业时期的器具并没有提供明显优越的光亮，但是它们可以对灯芯进行更多控制，并对油的供应进行更多保护，使其免受污染和溢出。蜡烛真的像微型灯一样在燃烧：火焰的热量融化了包裹灯芯的蜡或凝固的动物脂肪，然后燃烧起来成为一盏灯。[3]

前工业时代的照明技术决定了大多数人在大多数时间里只能偶尔获得照明。油灯和兽脂蜡烛（tallow candles）的灯芯大约每 15 分钟就需要修剪一次。修剪的需要抑制了照明的普遍性，因为只有很少的 10 盏（根）灯或蜡烛需要一个人的持续关注。如果不修剪，油灯就会随着灯芯被油淹没而闪烁，而蜡烛会随着燃烧的灯芯落在未熔化的动物油脂上而熄灭。这些照明来源的火焰不可避免地会有黑烟，甚至在它们耗尽房间的氧气之前，就会对呼吸系统的健康构成威胁。油灯和兽脂蜡烛都燃烧可食用的脂肪，而像动物油脂和鱼油这种动物燃料，其中的蛋白质杂质在燃烧时会变质，

---

[1]　拉斯科洞穴，位于法国多尔多涅省蒙特涅克村，洞穴中有旧石器时代的壁画，1979 年被列入世界文化遗产名录。

并发出令人作呕的气味。另外，动物油脂和天然油脂在自然环境中相当不稳定：兽脂蜡烛在华氏 122 度 [1] 会融化，这意味着它们自身在炎热的天气下会过早融化；灯油在北方的冬天会凝结。与蜡烛相比，灯的优点是用少量燃料可燃烧数小时。原则上，一品脱灯油可以轻松提供一整天的照明。罗马人的宗教信仰禁止熄灭火焰，可不断燃烧的灯也会散发出大量烟尘，所以，指房屋重要生活区的拉丁语单词，"*atrium*"（中庭），指的就是发黑的烟。4

蜂蜡蜡烛是欧洲照明中奢华的例外。它们没有什么难闻的气味，而且由于燃烧温度较高，它们的灯芯较少需要修剪。制作得当的蜡烛可以在无人看管的情况下燃烧数小时。灯芯粗度和蜡的厚度之间的比例是影响其性能的关键因素：如果灯芯对蜡烛来说过粗，那么它会以比熔化蜡更快的速度燃烧，并释放烟；灯芯太细则会让蜡熔化得太快，以致在灯芯燃烧之前，蜡就浪费殆尽，掉在蜡烛的两侧。5

在欧洲大陆上，照明之需与对植物油，尤其是对橄榄油的食物需求形成了直接竞争。由于英格兰的羊群提供动物油脂作为羊毛工业的副产品，所以英格兰是一种蜡烛文化，而不是灯文化。兽脂蜡烛的质量差别很大。模制的蜡烛接近蜂蜡蜡烛的硬度和光滑度。灯芯草蜡烛也用油脂作为燃料。对纯粹的照明来说，它们是兽脂蜡烛令人满意的替代品，不过对那些声称精致的家庭来说，它们是不可接受的，即使在普通家庭也很少使用。它们的光亮相当于一支蜡烛，但其燃烧的角度接近水平，因此其油脂会在地板上滴落成一条线。虽然美国人工照明历史学会（American historical society for artificial illumination）将其会刊命名为《灯芯草蜡烛》（*The Rushlight*），但实际上没有证据表明 17 或 18 世纪的美国使用了灯芯草

---

[1] 约 50 摄氏度。

蜡烛。[6]

几乎所有现有的照明研究都得出结论称近代早期的照明条件可谓恶劣。这一结论回避了这样一个问题，即渴望更好的照明，但在技术上无法实现。另一种观点是，人工照明通常要么是神圣的，要么是奢侈的，的确不是大多数人日常生活的关键部分。教会和贵族在天黑之后使用烛光与人们从事种种活动依赖自然照明相冲突。这种依赖既是道德上的，也是实践上的：人工照明意味着对责任的忽视。一本16世纪的家庭管理手册就通过指出精明的家庭经济和蜡烛使用之间的权衡，给"丈夫这样一个教训"：

> 当你坐在炉火旁，已经用过晚餐，我将建议人们记住一件事，尤其是在冬季，那就是在你的心中思考，无论你是否醒着，思考你、你的妻子和仆人当做何事，要更有利于你在炉火、烛光、肉和酒水上用去的时光，而如果这更有利，那么安静坐着；如果不是，那么上床睡觉，要准时上楼，在白昼前开斋用餐，这样你就可以在寒冬的所有日子里为你的事情而忙碌。

在家政的"下午事项"标题下，另一本手册建议：

> 不管你如何努力争取，白日都会过去，
>
> 夜晚是个贼，若你没有好好利用。
>
> 洗碗、放好发酵粉、熄火，
>
> 锁门、睡觉，一位家庭主妇会发出指责。
>
> 在冬日是九点，在夏日是十点，
>
> 不论男女都在晚餐后上床睡觉。
>
> 在冬日的五点，仆人起床，
>
> 在夏日是四点，此乃非常好的表现。

牧师弗朗西斯·希金森（Reverend Francis Higginson）新近定居马萨诸塞湾塞勒姆，当他于1630年为定居者们起草一份"必需品"清单时，他逐项列出了一年的食物、武器和盔甲、衣服、工具和香料，但在推荐的家居用品中没有人工照明设施。蜡烛制造也不是传统的家庭经济的常规组成部分。托马斯·塔瑟（Thomas Tusser）的《精打细算五百点》（*Five Hundred Points of Good Husbandrie*，1580年）有酿造、烘焙、烹饪、制乳、煮练、洗涤和制作麦芽的说明——但没有制作蜡烛的说明。关于18世纪初用于家庭制造的工具和材料的文献有一些留存下来，对这些文献的调查发现，超过一半的家庭有纺车，五分之二的家庭有其他家用制造品的迹象，但制作蜡烛的简单工具和现成材料几乎都没有记录在案。如果真的发现了这样的文献，那么，制作蜡烛的设备最有可能出现在富裕的家庭中。只有到了19世纪，当人工照明成为家庭活动的一个更常规的组成部分时，蜡烛制作才成为家务劳动的常规部分。[7]

蜡烛可以广泛用于实际用途，例如延长通常需要日光的活动的时间。在17世纪，受过高等教育的人有时会表现出一种在天黑后阅读的自我意识，这可能也是他们应该做的事情。约翰·奥布里写到数学家威廉·奥特雷德（William Oughtred），称"他的妻子是一个穷苦女人，不允许他在晚饭后点蜡烛，这意味着许多好想法都丢了"。拉尔夫·约瑟林（Ralph Josselin）则多次记下要用烛光来提高阅读能力的新的决心：

> 今天我们起得很早，开始这一天，在炉火和蜡烛旁消磨一些时间，我打算早上研读文科（liberall arts）。

> 今晚，我在烛光下开始阅读教会史，书名叫作《玛格代布诸世纪》（*Centuries of Magdeb*）。

在 17 世纪 90 年代的战争中，在塞缪尔·佩皮斯（Samuel Pepys）的指挥下，海军委员会（Navy Board）有 75 人在天黑后工作，每天晚上大约要消耗一大把蜡烛。官员们计算，在这 10 年里，委员会消耗了 6 万多支蜡烛，这么多夜晚近 2500 人的花费超过 1500 英镑。但是这些例外，通过展示了大量使用人工照明的技术可能性，证明了那个常规，即大多数人不认为烛光是延长白昼的一种理所当然的方式。一项对 17 世纪英格兰农村和切萨皮克的物质文化的研究发现，照明被认为是可选择的，而不是必需的。不到三分之一的中等财产家庭（财产价值 10 ~ 50 英镑）拥有照明用的家具。超过一半，但不到三分之二的坐拥大量财产的家庭（财产价值 50 ~ 250 英镑）有这样的家具。就连在富裕家庭中，不同地区的拥有率也从一半到五分之四不等。[8] 人工照明是人们日常生活中的一个可选择的部分，而不是关键部分。

蜡烛的仪式用途

欧洲人最熟悉的人工照明是在教堂里。虽然早期的基督徒像异教徒和犹太人那样，抵制灯和蜡烛的仪式用途，但是，基督教将人工照明的文化和技术从古代传到了中世纪的欧洲。蜡烛和油灯早在成为日常生活的常规部分之前就已经是教堂家具陈设的固定装置。5 世纪初的诺拉主教（Bishop of Nola）圣保利努斯（St. Paulinus）就描述了如何使用一盏长明灯（perpetual lamp）作为圣器室（sacristies）的固定装置，从而将罗马家庭神龛的惯例带入了教堂。5 世纪晚些时候，教宗佐西（Pope Zosimus，在位时间 417—418 年）开启了从复活节星期日（Easter Sunday）到耶稣升天节（Ascension Day）期间在祭坛上点亮一盏灯的做法；精心制作的帕斯夏（Paschal）枝状大烛台就是为庆祝活动而研制的。到了 8 世纪，据说罗马的圣彼得大教堂有一盏圣殿灯（sanctuary lamp），它有 1300 多根灯芯漂浮在油池中。在 10 世纪，罗马天主教教堂会开始在弥撒期间于祭坛上摆放蜡烛；以前，蜡烛被神父的助祭（servers）持着，或放在相邻的桌子上。（西多会反对在教堂里燃烧蜡烛，这种态度源于蜡烛使用的普及，正如他们同时反对用彩色玻璃装饰教堂，也是因为彩色玻璃使用的普及。）9

中世纪关于家用蜡烛的词汇指的是教堂和宗教仪式中使用的蜡烛类型。

> 屈膝礼使他们绕着床走动；
>
> 在他的蜡锥（morters）添蜡或大蜂蜡蜡烛（percheres），使其不会熄灭。
>
> 将围着床的床帷掀起；
>
> 看他那不会熄灭的带蜡或蜡烛的灯。

"morters" 指的是 "放在教堂里，用来在死者的坟墓和神龛上燃烧" 的灯或蜡锥（wax tapers）；"percheres" 指的是 "通常放在祭坛上" 的大蜂蜡蜡烛。教堂的蜡烛是品质最高的。它们是纯蜂蜡制作，而且是被漂白的。教宗盖拉西厄斯（Pope Gelasius，在位时间 492—496 年）引入了 "蜡烛节"（Candlemas），时间是 2 月 2 日，祝颂蜡烛的节日，从而取代了当天举行的罗马人的生育节日牧神节（Lupercalia）。这个基督教节日庆祝的是基督，"照亮外邦人的光"，以及他母亲在圣殿中的显现与洁净。后者与蜡烛之间的联系是利用了处女蜂（virgin bee）的混乱的象征意义而建立的。根据罗马的乡土传说，母蜂（mother bee）无玷生产，并产出了蜂蜡。蜜蜂的 "嗡嗡" 声类似于宗教上礼拜基督的声音。基督教的象征大多适用于蜡烛。蜡烛中的灯芯可以与基督徒的灵魂相比，满载着恩典。相应的，为罪人「包括那些遭到信仰审判（auto-da-fé）[1] 的人」进行的忏悔常常要求他们拿着未点燃的蜂蜡蜡烛公开露面，这是对他们罪行的处罚，也是他们需要恩典的象征。烛台遗赠和圣殿灯捐赠是中世纪遗嘱中最常见的一些条款。在拥有小礼拜堂的贵族家庭中，通常三分之一的蜡烛将用于宗教仪式。在 17 世纪 70 年代的汉姆宅邸（Ham House），只有在礼拜堂里，用于人工照明的家具才被广泛使用，那里有 10 个壁式烛台（sconces）和 8 个烛台（candlesticks）。在 18 世纪后期，人们继续用蜡烛来进行家庭宗教仪式；比较典型的詹姆斯·伍德福德牧师的日记中就记录道，他只在圣诞节才点上一支大蜂蜡蜡烛。[10]

整个中世纪和近代早期，在大多数世俗家庭中，蜡烛的日常使用都是为了在内室休息。正如韵文故事（fabliaux）[2] 所示，盎格鲁—诺曼人的日程与盎格鲁—撒克逊人的日程并非迥然不同。13 和 14 世纪的日常饮食习惯不需要人工照明。人们通常期望晚饭后马上上床睡觉，天亮时就起床。早餐，仅仅是面包和一杯饮料，是根据个人的时间表随便吃的。丰盛而正式的一餐是在上午晚些时候进行的正餐，大约是季节性变化的 12 个小时白昼的第 5 个小时。晚餐是在黄昏时分进行。中世纪有一些关于在烛光下饮食和进行其他活动的插图，但数量很少。[11]

蜡烛主要与上床睡觉和睡眠有关，而与天黑后的活动无关。它们象征着财富和地位，因为只有昂贵的蜂蜡蜡烛才能燃烧一整夜，而这种使用意味着仆人的存在，仆人会拿着蜡烛，领着男女主人上床睡觉，然后整夜照看蜡烛。15 世纪的家庭管理指南指示道，蜡烛会在一家领主的床边燃烧一整夜。门房负责蜡烛，因为它们来自食品储藏室：

---

[1] 信仰审判，西班牙宗教法庭宣判和处决罪人或邪教徒的一种仪式。

[2] 韵文故事，亦作故事诗，是法国早期的一种文学体裁，近似笑话，风格多粗俗、幽默。

他将从内室带来一锥蜡，

先生，不会造成什么损坏

在干净的盆里，整晚燃烧，

令内室夜里免受火灾。

接着，有内室的自耕农用不结雾凇的火把照亮了虚空，

火把来得颇为及时，

内室门关上了，接着门房

又带来燃烧的烛台

这些夜间的蜡烛有起火之虞。在近代早期的日记中，大多数提到蜡烛的地方都提到它引起了火灾。比方说萨缪尔·休厄尔（Samuel Sewall）就认为，他家的一场火灾可能是一只老鼠"从炉灶的烛台上把我们点着的蜡烛拿出来，拖到我的衣橱门下"。[12]

蜡烛被视为奢侈品和地位的象征，人们在黑暗中休憩的一个主要原因便是蜡烛的花费。除了面包和啤酒配给，蜡烛在家政管理者的每日津贴（messe）中是一个明显的组成部分。

在无光的内室中，将会燃起，

一瓶蜡，这所有人都知道；

每一支万圣节蜡烛都有津贴

如我对你所说，就是蜡烛津贴；

侍从也应该有蜡烛，

因为人们都对此趋之若鹜

犹如对烤肉和啤酒，而管家

当让侍从，还有骑士

整年都用的上蜡烛

否则，就是他失职

在威斯敏斯特大教堂提供的包括为数不多的救济金中，每年的蜡烛份额大约为 25 英镑，或者说每晚一支蜡烛。人们会从壁炉拿出一根蜡烛，来到内室上床睡觉。中世纪的烛台很重，是实心的铁和铜制品，不能移动，所以蜡烛被从上面取下，用手拿到想要的位置，然后再粘在或插进另一个烛台（上）。[13]

威尼斯，中世纪晚期大多数奢侈品的来源地，是蜂蜡蜡烛和新烛台设计的主要供应商。威尼斯的大多数蜂蜡来自东方，而欧洲人使用的插座式（socketed）烛台显然衍生自波斯的烛台。中世纪的烛台最初是插孔式的（pricket type）；蜡烛被插在烛台顶上的一个尖刺上。最简单的类型是个三脚架，架子的一条腿会延伸开去，充当尖刺。由于三脚架底座在不规则表面上的稳定性，故它可以被灵活放置。插座式烛台在 14 世纪开始运用于家庭之中，大约与窗户的扩大增加了庄园大厅的自然照明，而玻璃的使用减少了烛火的闪烁发生在同一时间的可能。插座式烛台最初也有三脚架底座，但在 15 世纪后期，由于家具和室内装饰提供了更平整的表面，平板底座（flat base）成为标准。这些早期的插座式烛台，大部分像其波斯先辈一样，有大块底座，但是，更轻、更便捷的插座式烛台在 15 世纪出现了。从 14 世纪到整个 17 世纪晚期，金属烛台通常是用固体金属——青铜、白镴或黄铜——制成，它们是铸造的，然后在车床上磨平。它们的设计主要涉及控制融化的动物油脂和蜡。带有车床削成的各种线脚的长枝，使融化的燃料在到达靠近底座的碟状盘子之前冷却。近代早期大多数时候，蜡烛和烛台是由最初为了满足教会需求的制造商提供的奢侈品。[14]

一系列宗教的和世俗的标志充分利用了蜡烛丰富的象征潜力。在 17 世纪的尼德兰风俗画（genre painting）之前，蜡烛最有可能是根据一些宗教场景的象征手法来表现的，尤其是圣哲罗姆（St. Jerome）[1]在他的书房中和天使报喜（Annunciation）的场景。但是，在提及表面上的与真正的光照、虚假与真实的智慧，以及神圣的恩典时，尼德兰风俗画画家们运用了基督教和哲学中烛光的象征手法。17世纪的寓意画册用蜡烛来说明各种道德教诲：

> 那些美丽的火焰使之目盲的愚人，
>
> 感受到死亡，可此处他们本应发现生命。
>
> …………
>
> 我的实质，和我的光亮，都
>
> 在寻求他人满意的过程中耗尽了。

在关于一个公众人物的场景中，一支燃烧的蜡烛提醒观众注意利他主义——"我在为他人服务"。在光天化日之下看不见东西的猫头鹰，在被点燃的蜡烛包围时，它代表着虚假的智慧：

> 失明的他，将看不到任何东西，
>
> 这就是光明之于他的样子。

蜡烛之所以具有这种象征性的力量，是因为它们标志着日常生活中的明显差异——光与暗、醒与眠、庄严与日常。[15]

***

巴洛克式宫廷生活将照明运用得极尽奢华，这主要是效仿了剧院。整

---

[1] 圣哲罗姆，早期基督教拉丁教父，数十年如一日研究《圣经》和基督教神学，其用拉丁文翻译的《圣经》，《通俗拉丁文圣经》在16世纪中叶被特兰托公会议定为天主教法定版本。

个 16 世纪，戏剧作品都是在室外表演的，以利用自然照明。舞台上的灯和蜡烛，连同烟火，主要用来制作特效。在 17 世纪，剧院搬到了室内，因为宫廷变成了表演的主要场所。在 18 世纪，剧院仍然在下午开始演出，

图4.1　猫头鹰在光照下失明。
George Wither, *A Collection of Emblems, Ancient and Modern* (London: A.M., 1635), 253. 特拉华州温特图尔市温特图尔图书馆印刷书刊藏品部惠允使用。

但通常在天黑之后就结束。300 多支蜡烛照亮了凡尔赛宫中歌剧院的演出，因为一个人只能照看 10 支左右的蜡烛，所以这里的照明费用比音乐家和表演者的费用都高，而牵涉的人也同样很多。在凡尔赛宫举行的有照明的游园会（*fêtes champêtres*），会用上数千盏灯。这种利用夜晚之举（use of night）加深了大都会与都城之外的文化之间的区别，以及奢侈与节俭之间的区别。在家中使用一支以上的蜡烛仍然是挥霍的标志，而在凡尔赛宫，蜡烛从未间断过。在宫廷中效劳的贵族会收集蜡烛未燃烧的部分供自己使用，或赠送或出售。有时，人们期望这些贵族充当人形烛架（human candlestands），并修剪他们所持的蜡烛。[16]

贵族的宫殿效仿凡尔赛宫，增加了照明家具。1654 年，在 17 世纪晚期英格兰在室内装饰方面最具影响力的住宅汉姆宅邸，财产清单既没有列出厨房之外的烛台，又没有列出烛架。1670 年的一次巴黎之旅显然影响了伊丽莎白·戴萨特（Elizabeth Dysart），使其倾向于法国室内设计，并在她于 1672 年嫁给劳德戴尔公爵（Duke of Lauderdale）之后，鼓励她将这种设计应用于汉姆宅邸。在这个家庭 1677 年、1679 年和 1683 年的财产清单中，有许多烛架，而有些清单也列了烛台。凡尔赛宫的示范也影响到了英格兰使用镜子的情况。当人工照明成为精致娱乐的标志时，镜子与蜡烛发展出密切的联系，而财产清单一贯将烛台与穿衣镜列在一起。它们一起组成了"合奏"（ensemble），而这是由室内装饰的时尚所决定的。穿衣镜（见图 4.2）和一对烛台构成的乐团，与同一个房间里的烟囱相得益彰。[17]

镜子：从贵族到大众的奢侈品

镜子的所有权标志着人们对人工照明的新的流行需求。在不到一个世纪的时间里，镜子从贵族的奢侈变成了大众的体面。1675 年，在伦敦和

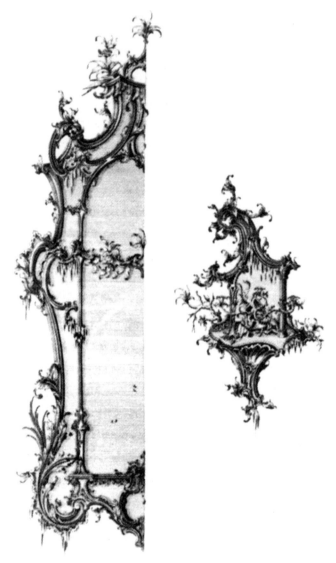

图4.2　穿衣镜和多枝烛台。

Thomas Chippendale, *The Gentleman and Cabinet-Maker's Director* (London, 1754), pl. 142. 特拉华州温特图尔市温特图尔图书馆印刷书刊藏品部惠允使用。

伦敦周围各郡以外的英格兰家庭库存中，只有不到 10% 的人记录了镜子。在伦敦，在被清点的家庭中，只有三分之一的家庭中找到了镜子。50 年后，除了床、椅子和桌子之外，它们是最常见的家具。[18]

从古代到整个中世纪，镜子在宗教和哲学中与在日常生活中一样重要。埃及人发明了青铜抛光镜，而许多伊特鲁里亚（Etruscan）和希腊的镜子得以保存。希腊艺术中的许多神话场景都说明了镜子在打扮时的作用，而希腊哲学家在解释几何现象时也提到了镜子的反射。镜子在伦理学和形而上学中也作为多义隐喻发挥着巨大的作用。它们提供了一种自知（self-knowledge）的手段，而且它们标志着一种非理性的虚荣心。镜像的模糊与抛光的金属圆盘无法提供直接可见的全反射（perfect reflection）这一事实相符。镜像视图（mirrored view）作为非全视图的形而上学意义，取决于反射在经验上的不完全。柏拉图反复提到镜子而非直视（direct sight）所提供的景象，以对比理念形式（ideal forms）和我们对它们的感知。类似地，当保罗在写到哥林多（Corinth）[1]的基督徒关于尘世生活和与上帝同在（with God）的生活之间的区别时——"现在，我们只能在镜中看到令人费解的反射，但之后我们将面对面地看到"——他期望哥林多人自己能看到这个类比的前半部分。[19] 毕竟，哥林多有个颇为可观的镜子行业。

从古代到 12 世纪，生产镜子的技术变化不大，而在 12 世纪，德意志与尼德兰的玻璃制造商开始在玻璃球的内部涂上锡和锑的混合物，并用树脂黏合，从而制造镜子。当被切割成镜片时，它们会在进口到中世纪晚期的英格兰时，以每片几便士售出。鉴于铅的钝度（dullness）[2]和名义上的透明玻璃的浓绿色调，这种镜子通常只能说明反射的概念。同时，为了鼓励人们对完满（perfection）而非此世抱有希望，中世纪的基督教教义又提

---

[1]　哥林多，希腊地名，今译为"科林斯"，此处与和合本《圣经》译名保持一致。
[2]　此处原文疑为"dulness"（模糊，无光泽）之误。

起了镜子在技术方面的缺陷这一经典主题。从 12 世纪到 16 世纪，童贞女马利亚的纯洁之所以是"一尘不染的镜子"的纯洁，恰恰是因为没有人能够制作这样一面镜子。抛光钢制成的镜子可以提供最高质量的反射，同时它们依然容易出现锈斑。[20]

人们更熟悉的是国王詹姆斯钦定译本（1611 年）对保罗写给哥林多人的信的翻译，"我们如今仿佛对着一块玻璃（through a glass）观看，模糊不清"，这是玻璃镜子在古代之后发展起来的一种过时产物。介词"through"的选择表明译者们确实发现玻璃窗［带有浅绿色色调和光学畸变（optical distortions）[1]］而非镜子是恰当的类比。文艺复兴时期，镜像已经成为感知现实（perceived reality）近乎完美的反映。意大利对镜子的需求很高，镜子是文艺复兴时期意大利研究中最受欢迎的物品：平面镜为页面带来了额外的照明，而凸面镜可以放大文本，人们认为，看任何一面镜子都可以减轻阅读时的眼睛疲劳。在 15 世纪晚期，威尼斯的玻璃制造商用苏打作为碱，研制出一种透明、几乎无色的玻璃，水晶玻璃。因为它很像其名所示的水晶石，所以它有很高的价值。作为一种珍贵的材料，水晶被用于装饰和容器，而不是安装玻璃，但是在 16 世纪，威尼斯的镜子制造商开始在镜子中使用平水晶玻璃。在这种玻璃的抛光片上，他们使用了佛兰德斯的镜子制造商最近开发的汞锡合金的高反射性背衬。在 16 世纪初，威尼斯的镜子制造商通过这种组合，开始在奢侈品镜子市场占据繁荣的主导地位，并在接下来的 150 年中保持着这种优势。[21] "Looking glasses"（可照见人的玻璃，镜子）成为英语中镜子的通用术语。

直到 17 世纪中叶，威尼斯的玻璃制造商才垄断了奢侈品镜子市场。在 17 世纪 60 年代，英格兰和法国政府开始鼓励国内生产商，并通过授予

---

[1] 光学畸变，指光学系统对物体所成的像相对于物体本身而言的失真程度，是理论上计算得出的变形度。

专利和其他特权引诱威尼斯的玻璃大师。威尼斯的玻璃制造商用圆筒吹制的玻璃来生产镜子，但是，法国的镜子制造商很快通过铸造工艺生产出更大、更平的玻璃，来制造高级镜子。

***

巴洛克式室内设计专注于窗户、镜子和壁炉的布置。窗户和镜子都变得多了起来，但是，当窗户变大时，壁炉却变小了。来自窗户的光线的增加使镜子更有效。在17世纪一系列丰富的由法国室内设计开创的先例中，作为家庭名望的格调标志，镜子与装饰性的壁炉密不可分。从17世纪20年代开始，一种"贵族室内装饰的民族风格"，在巴黎人的豪宅中发展起来，而在1660年后，这种风格变成一个国际标准，时尚的尼德兰和英格兰名人也践行这一标准。第一座展示这种风格的豪宅是兰布依侯爵夫人凯瑟琳·德·维冯（Catherine de Vivonne, Marquise de Rambouillet）的住宅。她的建筑师们自觉地寻求将意大利文艺复兴时期的建筑和谐和规则标准应用于私人建筑的内部。成功的室内设计的两个考验是室内装潢家具与带有镜子的装饰性烟囱架的一致性（ameublement）。为了在烟囱与镜子之间达到装饰性平衡，必须降架子，缩小壁炉的立面。由此产生的壁炉更小、更干净，更远离社交活动，而社交活动现在被镜子的漫反射（diffuse reflection）[1]照亮。22

因为兰布依夫人拥有巴黎最著名的沙龙，所以，她的城市宫殿确实为王国的其他地方树立了风格。作为一名法国大使的女儿，她在罗马长大，新婚后搬回巴黎开始重新装修房子，很容易就成了意大利式设计方面的权威。巧合的是，摄政的玛丽·德·美第奇（Marie de'Medici）正在修建卢

---

[1] 漫反射，指投射在粗糙表面上的光向各个方向反射的现象。

森堡宫（Luxembourg Palace），美第奇派她的装饰师到兰布依夫人的家中征求意见。为了利用国内建筑中新的当下流行的装饰风格，出现了有大量插图的设计指南，这些指南起着皮埃尔·勒穆特（Pierre Le Muet）的《建好适合所有人的住所的方法》（*La manière de bien batir pour touttes sortes de personnes*，1623 年）和路易·萨沃特（Louis Savot）的《私人住宅法式建筑》（*L'Architecture françoise des bastimens particuliers*，1624 年）这样的标题。

室内建筑模式图则（pattern books）中的设计一贯将注意力集中在烟囱架上，使其成为房间最突出的特征。烟囱架也是装饰的最大技术挑战，因为烟囱也有一定的功能要求。作为对室内设计的测试，这种对烟囱的关注至少一直持续到 18 世纪 20 年代的法国和 18 世纪中叶及其后的英格兰。在 17 世纪，参观过法国时髦豪宅的英格兰游客，会用诸如"最珍贵的可移动物品""奢华而过度的意大利""小巧但极为整洁""精致而华丽"等评论表达了对室内设计的钦佩。不像 20 世纪的历史学家，这些观察者没有明确地将奢侈等同于身体舒适。[23]

亨利·沃顿爵士（Sir Henry Wotton）的《建筑学要素》（*Elements of Architecture*，1624 年）立即将这种新的风格介绍给英格兰和尼德兰。作为弗朗西斯·培根、约翰·多恩和康斯坦丁·惠更斯（Constantyn Huygens）的一位朋友，二十年的驻威尼斯大使，沃顿是向西北欧的人们介绍源自意大利建筑设计的法国装饰创新的完美人选。惠更斯和沃顿一样雄心勃勃，希望推广一种将意大利式的规律和秩序与法国的便利（*commodité*）相结合的风格。在沃顿扮演其另一个角色——亲法的尼德兰执政（stadholder）的秘书时，他协助了《建筑学要素》一书的尼德兰语译本的出版。[24]1636 年，伊尼戈·琼斯（Inigo Jones）从一本法国烟囱架设计书中借来这些经验，为玛丽·德·美第奇的女儿亨利埃塔·玛丽亚王后（Queen Henrietta

Maria）[1] 重新装修房间，而他可能是第一个将这些经验应用到英格兰建筑环境中的人。

这种设计与政治的关联推迟了英格兰贵族全心全意地采用新的室内设计，直到复辟时期。此后不久，1666 年的伦敦大火为新建建筑提供了巧合的必要条件，在城市重建期间，小型壁炉的数量大大增加。它们符合受多国文化影响的风格，也适合取暖用煤的日益增加的使用。凡尔赛宫的大型事业对迄今为止的镜面烟囱架和小型壁炉的时尚创新设计提出了无可置疑的标准。讽刺的是，法国宫廷的巨大规模和冷峻形式，强化了将家庭舒适等同于设计精美的小型烟囱架的趋势。一种新的房间，小储藏间（closet），实际上发展自宫廷场景中的一个真正的私人空间。在这个特殊但必要的小房间里，一个比例适中但设计精巧的烟囱和镜子的组合确定了理想的个人空间。[25] 更小的壁炉让更多的壁炉成为必需，这意味着更多的烟囱架；烟囱架越多，镜子就越多。

面对如此巨大的外国需求，威尼斯共和国通过独家制造特权和对工业间谍（industrial espionage）的恐怖惩罚，无情地垄断了整个阿尔卑斯山以北的奢侈品市场。有效竞争只在 17 世纪六七十年代才发展起来，然后才得到法国和英格兰政府的帮助。海军与商务大臣让·巴普蒂斯特·科尔贝尔（Jean Baptiste Colbert）让法国驻意大利大使从威尼斯偷渡镜子制造商进来，向他们支付王室养老金，还安排他们的妻子加入他们的行列，并在一家王室制造厂安置他们，为国内镜子行业培训法国工匠。这一事业的资本来自议会议员（councilors）和税务官所许的王室贷款，这些人负责管理同业公会，而且得到了王室宫殿的订单保证。与此同时，在法国工作的大量威尼斯镜子制造商出人意料地死亡，这显然是死于威尼斯秘密间谍之手。

---

[1] 亨利埃塔·玛丽亚，英格兰、苏格兰和爱尔兰国王查理一世的王后，二者于 1625 年缔结婚姻。

然而，十年内，精美的法国镜子便与威尼斯镜子在质量方面（即便不是在价格方面）展开了有效的竞争。1672 年，国王从王室制造厂购买了 700 面镜子，此后便不再从威尼斯购买。在 17 世纪 80 年代，法国镜子制造商开发了一种通过铸造（casting）而非吹塑圆筒制造大型平板玻璃的工艺，在下个世纪，最好的大型镜子便来自法国王室制造厂。[26]

在科尔贝尔赞助新兴的法国镜子产业的同时，第二代白金汉公爵乔治·维利尔斯（George Villiers）在英格兰也扮演了类似但更富有创业精神的角色。在获得了自己制造玻璃的专利并购买了其他人的专利后，公爵成立了一家销售玻璃和制造镜子的可敬公司，并在沃克斯霍尔建立了一家玻璃厂。他也聘请了威尼斯的镜子制造商开始运营，英格兰镜子的质量很快就可以与最好的法国大镜子以外的所有镜子相媲美。[27]

由于人们认为镜子的反射精度（reflective accuracy）是确定的，所以，时尚关注的是其尺寸和风格。1698 年，西莉亚·费恩斯（Celia Fiennes）在一次"形成英格兰观念"的好学之旅中，对剑桥郡奇彭纳姆庄园（Chippenham Park），海军上将爱德华·拉塞尔（Admiral Edward Russell）的住宅中的巨大镜子发表了评论。就在一年前，拉塞尔被封为奥福德勋爵（Lord Orford），如今他可以在一个全身镜中研究他现在的贵族形象，并将其与他那些"按王室比例绘制的图画"并列放置。费恩斯很欣赏这个机会的新奇性：

在最好的起居室内……没有镜子，但在烟囱架上，在镜子曾经放置的位置的对面，是一块4块长3块宽的玻璃板镜子，放在壁板上；餐厅在三扇窗户之间的两个墙墩上有一面镜子。它从上到下是2格宽、7格长，因此它能照见一个人的全身。……烟囱架和壁式烛台立在烟囱的每一侧，内室中的玻璃看起来很不牢靠，有精雕细琢的头部和框架，有些是天然木材的，有些是镀金的，但它们是我见过的最大的镜子。……对门、烟囱和壁式烛台，以及大块镜板的好奇心，都是人们津津乐道的，是最好的，而且在数量上是最多的，以致在任何地方都能看到。[28]

正如费恩斯所记，在时尚的室内，矮几和壁式烛台通过手持蜡烛提供照明，而两侧的镜子则将光线反射。

随着拥有镜子变得不再稀罕，镜子所有权的变化不那么依赖于财富，而更多依赖于同受各国文化影响的风格的联系。虽然镜子是一种新的大众消费品，但是，潜在的深层需求立即发展起来，而 17 世纪最后 25 年产量迅速增加。到了 1695 年，1000 多人在伦敦的 24 家玻璃厂工作，他们中的大多数人除了生产酒具和窗户玻璃之外，还生产镜子。在英格兰的余下地方，玻璃厂的数量至少是这个数字的两倍，但生产镜子的专业化程度较低。到了 18 世纪初，家境殷实的英格兰家庭都能买得起镜子。镜子的价格仅为一先令，而大多数镜子都不到 25 先令。当时家庭所有物品的价格中值约为 25 英镑，在拥有物品的价值在 11 至 15 英镑之间将近三分之一的家庭中，在拥有物品的价值在 26 至 100 英镑之间五分之三以上的家庭中，都能找到镜子。

拥有一面镜子赋予人一种不言而喻的高雅。1675 年至 1725 年间，大约四分之三的伦敦有产家庭都有镜子，相比之下，在首都以外和较小城镇的家庭中，有一半的家庭都有镜子，而在村庄中，只有五分之一的家庭拥有镜子。除了那些职业地位较低的商人之外，其他商人拥有镜子的可能性和绅士一样高，就连职业地位较低的商人拥有镜子的可能性也是自耕农的两倍。财富相似的商业家庭之间的差异取决于其生计的相对体面程度："奶酪商、煤炭商、肥皂商"比"进出口批发商、纺织品商人和布商"更不可能花钱购买家居展示用品。[30]

殖民地美洲人拥有镜子，这说明了它们的广泛需求和现成的可用性。比方说在 1670 年之前，在康涅狄格商业农业城镇威瑟斯菲尔德（Wethersfield），只有该镇最为富有的居民和学校校长［来自一个哈特福德（Hartford）的商人家庭］的财产清单记录有镜子。在下半个世纪中，它们变成了该镇半数以上家庭的财产，但是，最富裕的四分之一家庭拥有三分之二数量的镜子，即便它们的平均价值仅为 5 先令。就像在大都会，所有权的变化更多地取决于对城市时尚的接触，而不是纯粹的财富。比方说，在马萨诸塞的埃塞克斯郡，1700 年，该郡列出财产的家庭中 35% 拥有镜子，而相比之下，该郡的商业城镇塞勒姆的这一比例为 75%。在人口主要为农村人口的威瑟斯菲尔德，镜子拥有率只在 18 世纪中叶达到这一水平（75%），此后这一比例并未增加。在宾夕法尼亚，城市和农村的所有权模式有着明显差异：在 1705 年到 1735 年间的城市财产清单中，半数记录了镜子，相比之下，宾夕法尼亚东南部整个地区的财产清单中记录下镜子的不到四分之一。然而，镜子迟早会成为一种典型的家庭用品，只是不同地点的时间有异。随着这种消费模式被确立为传统，时尚需求转向拥有更多、更精致的镜子。富人拥有的大块镜子，如果放在雕刻和 / 或镀金的镜框里，价格可能在 2 到 5 英镑之间，比平均价格高出 10 到 20 倍。不那么富裕的家庭也开始拥有一面以上的普通镜子。[31]

在 18 世纪，镜子成为接待外人的房间中最具特色的家具类型。镜子的理想位置是沿壁炉取向，要么在壁炉上方作为烟囱玻璃，要么在壁炉对面作为穿衣镜。然而，因为镜子玻璃价格呈指数型增长，而且需要昂贵的镶板和木雕才能正确地安装玻璃，所以这种安装对大多数有产家庭来说都所费不赀。这样的安排可能要花费几十英镑，相当于一个中等商人家庭的年度家庭预算。大多数拥有镜子的家庭，都将镜子作为家具摆放在指定的陈列地点，而非用于个人的打扮——在客厅而不是内室。无论是在绘画、金属、织物或家具装饰中，镜子和烛光的结合都符合室内装饰对光泽（sheen）和光彩（luster）的渴望。窗户玻璃有助于房间的表面光泽。用于制作镜子的平板玻璃的改进技术和可获得性也适用于窗户玻璃。作为窗户玻璃，平板玻璃是一种奢侈品，它设定了玻璃昂贵与否的标准。[32]

从奢侈照明到体面照明

在 17 世纪晚期，宫廷和贵族的示范让人们在天黑之后和更晚的时间进行社交变得越发时髦。在 18 世纪，在节日场合过量使用灯光的情况进一步增加（图 4.3）。在 18 世纪的过程中，枝形吊灯从一种只有在查理二

图4.3　节日照明。

William Hogarth, *Analysis of Beauty* (London, 1733), pl. 2. 耶鲁大学刘易斯·沃尔波尔图书馆（Lewis Walpole Library）印刷藏品部惠允使用。

世（Charles II）的国宴上才有可能找到的稀罕之物变成了教堂和剧院的常规特色。1731 年，当罗伯特·沃尔波尔爵士（Sir Robert Walpole）款待洛林公爵（Duke of Lorraine）时，他用 130 支蜂蜡蜡烛照亮了霍顿府（Houghton）的大厅。在乔治二世（George II）和乔治三世（George III）的加冕典礼上，不到一分钟就点燃了几千支蜡烛，瞬间让威斯敏斯特大教堂内部从幽暗变为明亮。1778 年 5 月，约翰·安德烈少校（Major John André）向《绅士杂志》（*Gentleman's Magazine*）发送了一份关于费城一次类似"超级娱乐"的报道，而娱乐的地点是一个专门为纪威廉·豪爵士（Sir William Howe）辞去指挥权而建造的大厅。

> 晚餐在一家豪华的大厅供应……大厅有56面巨大的穿衣镜，装饰着绿色丝绸人造花和丝带：100条灯枝，每条上面都有三盏灯，以用85面镜子的方式进行了装饰［"饰以玫瑰粉色丝带和人造花"］；有24盏灯悬挂在天花板上，每盏有18种光泽，装饰得像灯枝一样；300根蜡锥（wax-tapers），沿着餐桌摆放。……所有这一切共同形成了让人愉悦之物的最辉煌的集合，当我们来临时便立刻出现了，展示出无法描述的辉煌一瞥（*coup d'oeil*）。[33]

休闲的商业化让有财产的民众习惯于公共建筑中的人工照明，其规模远远超过他们家中。伦敦的假面舞会使用了剧院的照明设施，并增加了数十盏灯。在沃克斯豪尔花园（Vauxhall Gardens），通过使用日常娱乐活动中的庆典装饰，人们头顶上的灯照亮了乐队演奏台（bandstand）和人行通道。从大都会的公众在沃克斯豪尔和拉内拉赫（Ranelagh）花园的游乐经历来看，他们将时尚休闲与大型照明以及在户外待到很晚联系在了一起。除了剧院和歌剧院，像咖啡馆、俱乐部、格斗场所（cockpits）和集市（assemblies）等其他商业休闲场所也以夜间照明的承诺吸引了顾客。[34]

在制造和使用烛台的伟大时代，从 17 世纪中叶到 18 世纪，照明家具的种类激增。成对使用的蜡烛越来越多，蜡烛设计的类型也越来越多。枝形吊灯、装饰烛台和装有两支或两支以上蜡烛的壁式烛台从多个点提供照明，它们会从一个位置移动到另一个需要照明的位置，这与通常只使用唯一一根蜡烛形成对比。需要良好照明的家具——折叠式牌桌（card tables）、梳妆台、写字台——都得到了烛台的专门支持。与更昂贵的照明家具相比，只持有一根蜡烛的烛台并不常见。[35]

在 17 世纪晚期，烛台变得更加奢华，但也更加实惠，因为黄铜和银制烛台开始被铸造了，这些烛台会分为空心的两半，一起熔制，而不是从一块实心的烛台上翻过来。新工艺提供了更轻、更便宜的烛台，而且它们更容易使用，因为空心的圆柱（stem）可以通过撅子（plunger）清洁插座。在 18 世纪 80 年代，银烛台和黄铜烛台的空心铸造被实心铸造取代了，这是一种更简单的工艺，进一步降低了生产成本。谢菲尔德银盘（Sheffield plate，铜上镀银）的制造始于 18 世纪六七十年代；这种技术适合新近时髦起来的新古典主义设计更为精细的细节，而这些设计源自受各国文化影响的照明实践。黄铜并不适合新古典主义装饰所要求的精致，但由于谢菲尔德银盘几乎同样廉价，所以，黄铜正在失去其作为烛台材料的人气。与此同时，玻璃更多地被用于制作烛台，这大概是因为它的反光显得富丽堂皇（glittering reflections）。[36]

在 17 世纪晚期，随着新的消费模式在殷实和富裕家庭中迅速传播，越来越多的人开始拥有照明设施。对于 18 世纪 "体面之物"（decencies）的需求，从有教养的贵族阶层转向了有财产的民众。这些体面之物提升了家居环境的风格，并为茶话会和小型晚宴提供了专门的娱乐用家具。在 18 世纪中叶，为人工照明家具所登的报纸广告开始强调时尚和品位，方式是使用诸如 "雕刻和镀金" 和 "最新图案" 之类的术语，或提出诸如 "镀金边的胡桃木框架……抛光金的、玻璃镶边、桃花心木和黑胡桃木框架，有着各种尺寸的镀金装饰的壁式烛台"之类的精致材料，或引入全新的类型，例如"一些奇特的四臂雕花玻璃烛台（four armed cut glass candlesticks），上面点缀着星星和水滴，被恰当地称作多枝烛台（girandoles）"。[37]

对自然光的需要曾经意味着上流社会（而不仅仅是农村家庭）在传统上是在中午用的主餐，但是在有着上流社会式休闲的家庭中，主餐时间在18世纪变得越来越晚。在18世纪初，主餐时间通常是在下午2点，到了18世纪30年代，变为下午3点。到了18世纪80年代，又变成下午4点。茶，还不是一顿定时的饭，会在一天的晚些时候出现。夜宵（supper）则是在睡前享用的，而它只是一份敷衍的剩饭，不是一顿特意备好的饭菜。茶和夜点心是彰显富裕体面的食物，但这两者对食物准备的要求及其社会特征适合低照明度的条件。[38]拥有烛台象征着一个家庭可以在天黑后娱乐，即使这个家庭很少娱乐。

威廉·霍加斯（William Hogarth）[1]的版画研究了人工照明在18世纪的日益普及。霍加斯最知名的系列——《懒惰的学徒和勤奋的学徒》（*The Idle and Industrious Apprentices*）、《妓女的生涯》（*The Harlot's Progress*）和《瑞克的历程》（*The Rake's Progress*）——中场景的细节显示了社会地位与照明之间的精确对应关系。在社会底层，实际上并没有人工照明。那位懒惰的学徒习惯于家具简陋、破损，要么没有照明，要么由居民无法控制的来源（守夜人的灯以及火）照亮的房间。他跟一名妓女合住的房间丝毫没有任何照明——既无窗户，亦无明火——他们的床坏了，他们唯一的家具是些破陶器（图4.4）。他被捕的那家非法酒馆有照明设

---

[1] 威廉·霍加斯（1697—1764年），英国著名版画家、讽刺画家，欧洲连环漫画先驱，被誉为"英国绘画之父"，主要作品为《瑞克的历程》、《妓女的生涯》和美学论著《美的分析》等。

备，但只能通过生火来照明。妓女的境况比懒惰的学徒要好得多。她有装饰过的椅子、壁炉设备和体面的寝具。她有相应的照明能力——她的大部分光亮来自炉灶，而兽脂蜡烛则挂在门上。在妓女从事皮肉生意早期，她声誉隆隆。那时她的房间布置得更加舒适，有一把椅子和一张桌子、全套寝具、印花棉布和白镴马克杯。她可以在家里娱乐，在家里，她有着殷实家庭的那种照明：铅框的窗户和一支蜂蜡蜡烛。在穷苦诗人的阁楼里，人们发现了一种类似的但略显寒酸和游移的体面，而那里的照明水平与妓女的一样——一扇窗户和一支蜂蜡蜡烛。这种居住水平处于社会分界线上，此处的人工照明将被视为理所当然。

第三个系列，《瑞克的历程》解释了消费者的支出水平已经越过了从

图4.4　人工照明的缺席。

William Hogarth, *The Idle and Industrious Apprentices* (London, 1747), pl. 7. **耶鲁大学刘易斯·沃尔波尔图书馆印刷藏品部惠允使用。**

"体面"到优雅的那道门槛。在一张将瑞克父亲的消费习惯与他的消费习惯做比较的图画中（图4.5），一个朴素的插孔式烛台和架子上用于蜡烛的防溅器，就代表亡父吝啬的生活方式。当然，瑞克正试图从商人风格转向绅士风度。他对照明的关注已经从家庭经济转向了决定如何花钱以获得最显著的效果。作为文雅的标志，他的房间的一侧有个壁式烛台。瑞克一旦离家进入社会，他就处在一个更加明亮的环境中。那里有高达天花板的大窗格窗户，窗户之间还有一面大镜子——这可是悠闲的人工照明所不可避免的伴奏。到了瑞克的历程的第三幕，这种休闲已经有点失控（图4.6）。

图4.5　父亲节俭的人工照明与瑞克上流社会的人工照明的对比。
William Hogarth, *A Rake's Progress* (London, 1735), pl. 1. 耶鲁大学刘易斯·沃尔波尔图书馆印刷藏品部惠允使用。

图4.6 用于放荡的人工照明。

William Hogarth, *A Rake's Progress* (London, 1735), pl. 3. **耶鲁大学刘易斯·沃尔波尔图书馆印刷藏品部惠允使用。**

场景是德鲁里巷（Drury Lane）的一家酒馆。家庭生活被颠覆了：现在是凌晨3点，瑞克一直在和守夜人斗争。那里有一面带两支蜡烛的镜子，但镜子本身是坏的。在这种背景下，蜡烛和人工照明具有放荡无度的含义：女佣在用蜡烛烧地图，门房则拿着一个大浅盘，前景中"故作姿态的"舞者将在上面跳舞。在瑞克身处赌场的那一幕中，灯光与邪恶也有类似的联系。赌台管理员拿着一对蜡烛，而另外两支蜡烛照亮了一位放高利贷者的作品和一则做了记号的牌的广告。在霍加斯的《午夜摩登交谈》（*Midnight Modern Conversation*）中，画中所描述的时间实际上是凌晨4点，不过，环境比瑞克的世界稍微体面一点。这是一家咖啡馆，它有一个精致的时钟、雕刻家具和镶板墙；住户是些商人，他们都试图做出绅士的样子，却在酗酒中出卖了自己。霍加斯将蜡烛的奢侈使用描绘成与熬夜太晚和陷入麻烦有着关联。《假面舞会门票》（*Masquerade Ticket*）中展示了一场王室假面舞会，以纪念约翰·雅各布·海迪格尔（Johann Jacob Heidigger）被任命为乔治二世（George II）的宫廷游艺总管（Master of the Revels），其中，人工照明与恶习的关联得以大大地象征化。它以两座祭坛为主要组成，分别是献给维纳斯和普里阿普斯（Priapus）[1] 的。

这种版画暗示了家境殷实者对人工照明的不确定态度。任何人工照明的普及都需要克服这种不安。因为在传统上，灯火用于展示至少跟用于照明一样多，所以，过量的灯火具有贵族的含义。在优雅的世界里，照明是一种直截了当的奢侈品，是一种挥霍无度的消费。《美的分析》（*Analysis of Beauty*）中的舞厅那幕（图 4.3）灯火通明，有个枝状大烛台和七个壁式烛台照亮了舞蹈姿势，展现出一种精致的层次感（hierarchy of refinement）。这种精心布置的灯火不可避免地与伪装和矫揉造作的不道德行为有关。不过，在霍加斯描绘的 18 世纪三四十年代的英格兰，人工照明的不足还带有可耻的社会关联。总的来说，霍加斯对照明的描绘是矛盾的，与 18 世纪人工照明文化中发展起来的更广泛的种种紧张关系相对应。一方面，他的版画细节暗示，几乎所有体面的家庭都有人工照明；缺乏照明是邪恶和犯罪的标志。但照明不是必需的；这是一种时髦的想望。[39]

在 18 世纪，对那些渴望追求受多国文化影响的风格的精致，而不想涉及奢侈及其负面含义的人来说，适度使用蜡烛已经成为一种体面了。对一个"中等规模的家庭"来说，按照每晚 3 支蜡烛的速率，"夏日和冬季，

---

[1] 普里阿普斯，亦作普里阿波斯，古希腊神话中的生殖之神，酒神狄奥尼索斯和美神阿佛洛狄忒（即罗马神话中的维纳斯）之子。

用于日常和特殊的场合"，每晚花费 7 便士，一年的开支至少是 7 英镑——多于糖和洗衣的花费，而少于黄油和鞋子的花费。蜡烛是按磅来销售或分配的，每磅蜡烛的数量决定了蜡烛的大小。每磅蜡烛的数量范围从 4 支到 24 支不等。在 18 世纪的盎格鲁美洲殖民地，浸制牛油蜡烛价格约为每磅 9 便士；模制牛油蜡烛的价格约为每磅 11 便士。蜂蜡蜡烛的价格约为每磅 13 便士，而鲸油蜡烛的价格约 3 倍于此。即便它们的价格并没有下降，但对蜡烛的需求在 18 世纪有所增长，而且它们跟日常必需品一样能让人们负担得起。当威廉·皮特（William Pitt）[1] 于 1784 年提议每磅蜡烛多征半便士的税时，他计算出，就连穷苦人家每年都要用掉 10 磅蜡烛。他估计全国人口的平均消费量约为每个家庭 30 磅。[40]

在《国富论》中，亚当·斯密确定蜡烛是生活"必需之物"之一，他所说的必需之物，指的"不仅是那些生来就有之物，而且是既定的体面规则使其对最底层的人来说是必需之物"。认为蜡烛是必需品，这种观点是新颖的。在包括波士顿在内的 17 世纪的马萨诸塞的埃塞克斯县，列出财产清单的庄园中不足一半有专门的照明设备：37% 的庄园（520 个中的 193 个）拥有烛台；10% 的庄园（520 个中的 51 个）拥有灯具。在 18 世纪初的宾夕法尼亚，能够买得起烛台的人中，很大一部分人选择不买。在那里，所有权与财富的关系不大。最不富裕的有产家庭，即那些个人财富不足 100 英镑的家庭，其中五分之一拥有烛台。但是，在财富低于 400 英镑的庄园中，拥有烛台的比例几乎都没有增长；只有大约四分之一的家庭拥有之。即便是在最富裕的庄园中，即那些个人财富超过 400 英镑的，也只有五分之二的少数家庭拥有烛台。然而，就其开支而言，烛台并非奢侈品。18 世纪中叶的殖民地报纸就为要价分别为 22 先令、18 先令 6 便士和

---

[1] 指小威廉·皮特（1759—1806 年），英国政治家，1783 年获选首相，是英国历史上最年轻的首相。

16 先令一对的黄铜和铁制烛台打过广告，这些价格与银制烛台的价格相比可谓小巫见大巫，而后者的重量对得起它的价格。[41]

到了 18 世纪 70 年代，13 个殖民地里列出财产清单的庄园中，有四分之三的样本拥有烛台；按殖民地划分，拥有者的比例从南卡罗来纳和弗吉尼亚的三分之二到纽约和马萨诸塞的五分之四不等。在北方商业城镇，这个比率甚至更高——波士顿几乎为 90%。到了殖民晚期，拥有烛台的比率随着财富的变化而变化，从清单财产值为 300 英镑以上的庄园中的 90% 到那些清单财产值不足 49 英镑的庄园中的 50% 不等（清单财产值在 100 ~ 299 英镑之间的，比例约为 80%，而清单财产值在 50 ~ 99 英镑之间的，比例约为 60%）。1770 年对弗吉尼亚总督博特托特勋爵（Lord Botetourt）庄园的死后清单的分析表明，照明的物质文化是何等丰富，该庄园有 "31 个烛剪和熄火器、114 个照明设备和 952 个光源"。[42]

对萨宾庄园的兰登·卡特（Landon Carter of Sabine Hall）家中的人工照明，与其侄子，诺米尼庄园的罗伯特·卡特三世（Robert Carter III of Nomini Hall）家中的人工照明所作的比较表明，即便在最富裕的弗吉尼亚绅士阶层中，城市与农村之间对家庭照明的使用都存在差异。在自己的种植园里，兰登·卡特过的是一个农场主的日子。作为一位牢骚满腹的鳏夫，他没有时间表现出绅士风度，而他通常在傍晚就会上床睡觉。人工照明存在不少问题，而他多少也不熟悉。他很难在当地市场上获得可靠的蜡烛供应。他抱怨那些商人给他寄来用桃金娘蜡而非蜂蜡制作的蜡烛，抱怨诺福克的一名牛油经销商忘记发出他的订单。因为买蜡烛存在困难，所以他不得不向其他种植园主借蜡烛，但反过来他却会不情愿把蜡烛借给他们。[43]

虽然兰登·卡特的蜡烛商业供应不足，但直到独立战争将其中断，他才开始大规模生产自己的蜡烛。1777 年春天，他写道，他的一个女奴已经模制出了将近三罗[1]的牛油蜡烛，但他不了解她使用的工艺。虽然他以自己在种植业管理的各个方面的专业为傲，但是，他对蜡烛制作一无所知。他不确定有多少牛油可以从牛肉脂肪中提炼出来，他想知道他是否应该效仿其他人，"把牛肉脂肪从用作食物的肉块中削出来，放到牛油中去"。[44]为了实现蜡烛的自给自足，他不得不将每天的消费量限制在两支以下。

就兰登·卡特对人工照明的熟悉程度而言，他对人工照明是怀疑的。他的日记很少提及在天黑后进行的活动，而且大多数此类评论都是持反对态度的。他将夜间休闲与其同住一个屋檐下的成年儿子的放荡联系起来，而他责备儿子"崇拜朝阳，无视落日"。在儿子的所有恶行中，他最痛恨儿子的赌博行为，他指出，这个年轻人和他的朋友们"玩到睡觉时间，玩到深夜"。让他困惑和苦恼的是，他们可以以不顾日光自然地定义一天的方式打牌；而且，他们"从早餐后一直玩到深夜睡觉时间"。[45]

与叔叔的家中形成对比，罗伯特·卡特的家中有着严格的时间表，它将日间活动与夜间活动区分开来。孩子们早上跟着家庭教师上课，而课程起止都会响铃。晚餐，即主餐，通常是在下午 3 点进行的。夜宵大约是在下午 9 点进行的，而人们通常在晚上 10 点到 11 点之间睡觉。在罗伯特·卡特家中，使用自然光与人造光的活动之间有精确的划分。主餐需要日光，这是全家人一起休闲最重要的时间。晚上被定义为"从主餐到日光结束（day-light-End）的时间"，用于社交休闲，如跳舞、全家在种植园周围散步、骑马去附近种植园，以及招待休闲游客。天黑之后的时间通常是为了更亲密的休闲，需要一些（但不用太多）照明。"烛光"是一天按时间划分的种种界限之一，就像"主餐"、"晚上"和"夜宵"一样。在烛光出现之后，个人可以在烛光下阅读，但对他们来说，更常见的是在火炉旁聚集，进行

---

[1]　罗（gross），数量单位，一罗等于 144 个（支）。

需要较少光线的活动，如谈话或音乐。"夜宵"给一天画上了句号；它是补充营养、增强活力的时刻，而非休闲的时候。[46]

更高的照明水平意味着庆祝活动。菲利普·威克斯·菲西安（Philip Vickers Fithian）是一位来自新泽西的长老会导师，他的日记描述了罗伯特·卡特的家庭，在这种庆祝的时候，他会注意到蜡烛在照明中的特殊使用。他还数了数蜡烛："这个房间看起来明亮而富丽堂皇；我们享用夜宵的餐桌上，4支很大的蜡烛在燃烧，该房间不同的地方另有3支蜡烛；一次快乐的社交聚会，4个训练有素的侍者！"对一个渴望拥有长老会牧师生涯的人来说，这似乎有些奢侈，但即使在节日场合，人工照明的实际使用量也很有限。在这种情况下，由至少7名成年人、一些儿童和4名仆人组成的一群人在一顿持续约1小时的晚餐上点了7支蜡烛；到了10点钟，人们已经上床睡觉了。虽然舞会上的祝酒可能会持续到午夜，但烛光下开始的舞会在夜宵之前就结束了。在晚点心之后，宾客们会围着炉火玩游戏，敬酒。[47]

在诺米尼庄园，蜡烛象征着精致的家庭休闲。卡特在圣诞前夜和圣诞夜给菲西安送去了"大而透明、非常优雅的鲸油蜡烛"，以此表达对菲西安的感激之情，菲西安对此印象深刻。但事实上，日光和火光提供了常规照明。即便是在上流社会和富裕的家庭中，壁炉都仍然是全家人的主要聚会场所，并决定了夜间休闲将是非正式的和交谈式的。[48]

人工照明象征着一种环境，在这种环境中，一些家庭活动将会更少地受到传统的自然因素的限制。18世纪上流社会的生活方式，通过在家庭生活的建筑、家具和室内设计中对人工照明进行推广，明确肯定了这种隔绝了自然环境所起的作用和所产生限制的独立性。这是一种温文尔雅的风格，它标志着家庭对受多国文化影响的生活的认同。大多数农村人口继续住在由自然光条件决定家庭生活的房屋里。

注释

1. F. W. Robins, *The Story of the Lamp and the Candle* (1939; repr. Bath: Kingsmead Reprints, 1970); William T. O'Dea, *The Social History of Lighting* (London: Routledge & Kegan Paul, 1958), 1, 223, 而关于照明和动物油脂来源的奇闻怪事，参见 226, 232；Alastair Laing, *Lighting: The Arts and Living* (London: Her Majesty's Stationery Office, 1982), 8。

2. Fernand Braudel, *Capitalism and Material Life, 1400–1800* (New York: Harper & Row, 1973), 225–226.

3. 关于火焰的物理学和化学，参见 Joseph T. Butler, *Candleholders in America, 1650–1900: A Comprehensive Collection of American and European Candle Fixtures Used in America* (New York: Crown, 1967); O'Dea, *Social History of Lighting*, 1–2, 13–15, 220。

4. David J. Eveleigh, *Candle Lighting* (Aylesbury, Buckinghamshire: Shire Publications, 1985); O'Dea, *Social History of Lighting*, 19, 32–34. 有些发光体的相应熔点如下：牛油为华氏109度，羊油为华氏117度，蜂蜡为华氏149度。

5. O'Dea, *Social History of Lighting*, 6.

6. Ibid., 7, 20, 39; Leroy L. Thwing, "A Note about Rushlights," in *Lighting in America: From Colonial Rushlights to Victorian Chandeliers*, ed. Lawrence S. Cooke (Pittstown, N.J.: Main Street Press, 1984), 13–15. Monta Lee Dakin, *Brilliant with Lighting: A Reexamination of Artificial Lighting in Eighteenth-Century America* (M.A. thesis George Washington University, 1983), 正如书名所示，这本书对前工业时期的美国的人工照明的质量与数量给出了乐观的评估。

7. *The Book of Husbandry by Master Fitzherbert*, ed. Walter W. Skeat (1534; London: English Dialect Society, 1882), 101; Thomas Tusser, *Five Hundred*

Points of Good Husbandrie, ed. W. Paine and Sidney Herrtage (1580; repr. London: English Dialect Society, 1878), 167, 177, 179; Francis Higginson, "A Catalogue of Such Needful Things as Every Planter Doth or Ought to Provide to Go to New England," in *Remarkable Providences*, ed. John Demos (New York: Braziller, 1972), 42–43; Rolla Milton Tryon, *Household Manufactures in the United States, 1640–1860* (Chicago, 1917), 81–85 (survey of inventories in Providence, R.I., 1716–1725); Abbott Lowell Cummings, *Rural Household Inventories: Establishing the Names, Uses and Furnishings of Rooms in the Colonial New England Home, 1675–1775* (Boston: Society for the Preservation of New England Antiquities, 1964); Dakin, *Brilliant with Lighting*, 68, 138–139; Eliza Leslie, *The House Book: or, A Manual of Domestic Economy for Town and Country*, 3rd ed. (Philadelphia: Carey & Hart, 1840), 168–170.

8. O'Dea, *Social History of Lighting*, 2 (quoting Pepys), 114–115; *The Diary of Ralph Josselin, 1616–1683*, ed. Alan Macfarlane (London: Oxford University Press for the British Academy, 1976), 145–146 (6 November 1648, 16 November 1748), 180 (3 October 1649); Mario Praz, *Conversation Pieces: A Survey of the Informal Group Portrait in Europe and America* (University Park: Pennsylvania State University, 1971); James Horn, *Adapting to a New World: English Society in the Seventeenth-Century Chesapeake* (Chapel Hill: University of North Carolina, 1994), 312, 320–321, 324–325.

9. O'Dea, *Social History of Lighting*, 16–17, 140–141; Laing, *Lighting*, 13.

10. John Russell, *The Boke of Nurture folowyng Englondis gise* (c. 1450) (Harleian MS 4011), "The Warderober," lines 967–968, in *Early English Meals and Manners*, ed. Frederick J. Furnivall (London: Early English Text Society, 1868), 66; O'Dea, *Social History*, 141–143; Kate Mertes, *The English*

Noble Household, 1250–1600: Governance and Politic Rule (Oxford: Basil Blackwell, 1988), 149; Peter Thornton and Maurice Tomlin, *The Furnishing and Decoration of Ham House* (London: Furniture History Society, 1980), 99; *The Diary of a Country Parson: The Reverend James Woodforde, 1758–1781*, ed. John Beresford, 5 vols. (London: Oxford University Press, 1926–31), 2:223 (25 December 1785), 3:238 (25 December 1790).

11. Thomas Wright, *A History of Domestic Manners and Sentiments in England during the Middle Ages* (London: Chapman & Hall, 1862), 43–44, 93–94, 155, 246–249; Margaret Wade Labarge, *A Baronial Household of the Thirteenth Century* (New York: Barnes & Noble, 1965), 120.

12. "The Boke of Curtasye" (c. 1430–1440), in *Early English Meals*, 189; *The Diary of Samuel Sewall, 1674–1729*, ed. M. Halsey Thomas, 2 vols. (New York: Farrar, Straus & Giroux, 1973), 2:622 (13 July 1709).

13. "Boke of Curtasye," 205; Barbara Harvey, *Living and Dying in England, 1100–1540: The Monastic Experience* (Oxford: Clarendon Press, 1993), 202; Wright, *History of Domestic Manners*, 108, 251.

14. Jonathan Bourne and Vanessa Brett, *Lighting in the Domestic Interior: Renaissance to Art Nouveau* (London: Sotheby's, 1991); Peter Thornton, *The Italian Renaissance Interior, 1400–1600* (London: Weidenfeld & Nicolson, 1991), 277, 310; W. G. MacKay Thomas, "Old English Candlesticks and Their Venetian Prototypes," *Burlington Magazine* 80 (1942). 145–131.

15. Peter Hecht, "Candlelight and Dirty Fingers, or Royal Virtue in Disguise: Some Thoughts on Weyerman and Godfried Schalken," *Semiolis* 11 (1980): 28–29; Thomas Dekker, *The Seven Deadly Sins of London* (1601; repr. Cambridge: Cambridge University Press, 1905), 44–45; George Wither, *A*

Collection of Emblems, Ancient and Moderne (London: Henry Taunton, 1635), 40, 169, 253.

16. O'Dea, *Social History*, 37, 154–161; Wolfgang Schivelbusch, *Disenchanted Night: The Industrialization of Light in the Nineteenth Century* (New York: Berg, 1988), 137–142; John Fowler and John Cornforth, *English Decoration in the Eighteenth Century* (Princeton: Pyne Press, 1974), 224; Charles Oman, "English Brass Chandeliers in American Churches," in *Lighting in America*, ed. Lawrence S. Cooke (Pittstown, N.J.: Main Street Press, 1974), 111–113; Jane C. Giffen, "Chandeliers in Federal New England," in ibid., 114–120.

17. Thornton and Tomlin, *Furnishing of Ham House*, 50, 68–69, 139.

18. Lorna Weatherill, *Consumer Behaviour and Material Culture in Britain 1660–1760* (London: Routledge, 1988), 30.

19. 1 Corinthians 13:12, *The New English Bible: The New Testament*, 2nd ed. (London: Oxford University Press, 1970).

20. Thornton, *Italian Renaissance Interior*, 234. 乔叟在提到玻璃镜子时通常暗指其颜色昏暗；John S. P. Tatlock and Arthur G. Kennedy, *A Concordance to the Complete Works of Geoffrey Chaucer and to the Romaunt of the Rose* (Washington, D.C.: Carnegie Institution, 1927), s.v. "glass"。

21. Dora Thornton, *The Scholar in His Study: Ownership and Experience in Renaissance Italy* (New Haven: Yale University Press, 1997), 167–174. D. B. Harden, "Domestic Window Glass: Roman, Saxon and Medieval," *Studies in Building History: Essays in Recognition of the Work of B. H. St. J. O'Neil*, ed. E. M. Jope (London: Odhams Press, 1961), 40–45; Eleanor S. Godfrey, *The Development of English Glassmaking, 1560–1640* (Chapel Hill: University of

North Carolina Press, 1975), 3–7, 235–237; Benjamin Goldberg, *The Mirror and Man* (Charlottesville: University Press of Virginia, 1985), 96–99, 104–106, 110, 114–115, 138–142.

22. Ada Polak, *Glass: Its Makers and Its Public* (London: Weidenfeld & Nicolson, 1975), 114–139. Peter Thornton, *Authentic Decor: The Domestic Interior, 1620–1920* (New York: Viking, 1984), 11, 19.

23. Thornton, *Authentic Decor*, 14–15; 英格兰来客转引自 Charles Saumarez Smith, *Eighteenth-Century Decoration: Design and the Domestic Interior in England* (New York: H. N. Abrams 1993), 20。

24. Peter Thornton, *Seventeenth Century Interior Design in England, France and Holland* (New Haven: Yale University Press, 1978), 36.

25. 在法国，1720 年之后，壁炉架的设计变得不那么重要，但是，英格兰建筑的帕拉第奥风格继续强调烟囱的雕塑意义，它们仍然是模式图则关注的焦点；Thornton, *Authentic Decor*, 17, 51, 97。

26. Charles Woolsey Cole, *Colbert and a Century of French Mercantilism*, 2 vols. (New York: Columbia University Press, 1939), 2:304–315; idem, *French Mercantilism*, 1683–1700 (New York: Columbia University Press, 1943), 133–141; Thornton, *Authentic Decor*, 53–54.

27. Goldberg, *Mirror and Man*, 169–170.

28. "My Great Journey to New Castle and to Cornwall" [1698], *The Illustrated Journeys of Celia Fiennes 1685–c 1712*, ed. Christopher Morris (London: Macdonald, 1982), 140–141.

29. Peter Earle, *The Making of the English Middle Class: Business, Society and Family Life in London, 1660–1730* (Berkeley: University of California Press, 1989), 25; Weatherill, *Consumer Behaviour*, 108, 110.

30. Weatherill, *Consumer Behaviour*, 76, 168; Earle, *Making of the English Middle Class*, 292.

31. Kevin M. Sweeney, "Furniture and the Domestic Environment in Wethersfield, Connecticut, 1639–1800," in *Material Life in America, 1600–1860*, ed. Robert Blair St. George (Boston: Northeastern University Press, 1988), 264–266, 268, 276, 280, 287; Laurel Thatcher Ulrich, *Good Wives: Image and Reality in the Lives of Women in Northern New England, 1650–1750* (New York: Knopf, 1982), 17, 69; Jack Michel, "'In a Manner and Fashion Suitable to Their Degree': A Preliminary Investigation of the Material Culture of Early Rural Pennsylvania," *Working Papers from the Regional Economic History Research Center*, ed. Glenn Porter and William H. Mulligan, Jr., vol. 5, no. 1 (Greenville, Del.: Eleutherian Mills–Hagley Foundation, 1981): 24.

32. Elisabeth Donaghy Garrett, *At Home: The American Family, 1750–1870* (New York: Harry N. Abrams, 1900), 153–156; R. W. Symonds, "Eighteenth-Century Lighting Devices: Wall Fittings and Candlesticks," in *Lighting in America: From Colonial Rushlights to Victorian Chandeliers*, ed. Lawrence S. Cooke (Pittstown, N.J.: Main Street Press, 1984), 108; Hentie Louw, "Window Glass Making in Britain c. 1660–c. 1860 and Its Architectural Impact," *Construction History* 7 (1991): 50.

33. 关于加冕典礼，参见 Fowler and Cornforth, *English Decoration*, 222。"Copy of a Letter from an Officer at Philadelphia to his Correspondent in London, 23 May 1778," *Gentleman's Magazine* (July 1778): 356, 330; 还可参看 Ira D. Gruber, *The Howe Brothers and the American Revolution* (New York: Atheneum, 1972), 298–299。

34. Laing, *Lighting*, 59.

35. Symonds, "Eighteenth-Century Lighting Devices," 109.

36. Alexander O. Curle, "Domestic Candlesticks from the Fourteenth to the End of the Eighteenth Century," *Proceedings of the Society of Antiquaries of Scotland* 60 (1925–1926): 183–214; Rupert Gentle and Rachael Feild, *English Domestic Brass 1680–1810 and the History of Its Origins* (London: Paul Elek, 1975), 62; John Kirk Richardson, "Brass Candlesticks," *Lighting in America: From Colonial Rushlights to Victorian Chandeliers*, ed. Lawrence S. Cooke (Pittstown, N.J.: Main Street Press, 1984), 86–88; Benjamin Ginsburg, "Dating English Brass Candlesticks," in ibid., 93–97; G. Bernard Hughes, "A Chronology of English Candlesticks," in ibid., 98–101.

37. Neil McKendrick, "The Consumer Revolution of Eighteenth-Century England," *The Birth of a Consumer Society: The Commercialization of Eighteenth-Century England*, ed. Neil McKendrick, John Brewer, and J. H. Plumb, (Bloomington: Indiana University Press, 1982), 9–33; Richard L. Bushman, "American High-Style and Vernacular Cultures," *Colonial British America: Essays in the New History of the Early Modern Era*, ed. Jack P. Greene and J. R. Pole (Baltimore: Johns Hopkins University Press, 1984), 345–383; Dakin, *Brilliant with Lighting*, 37; Little, "References to Lighting."

38. Gerard Brett, *Dinner Is Served: A History of Dining in England, 1400–1900* (Hamden, Conn.: Archon Books, 1969), 85–108.

39. 关于维多利亚时期这种象征的精确度，参见 George H. Ford, "Light in Darkness: Gas, Oil, and Tallow in Dickens' Bleak House," in *From Smollett to James: Studies in the Novel and Other Essays Presented to Edgar Johnson*, ed. Samuel I. Mintz, Alice Chandler, and Christopher Mulvey (Charlottesville: University Press of Virginia, 1981), 183–210。

40. Carl Bridenbaugh, "Memoranda and Documents: The High Cost of Living in Boston, 1728," *New England Quarterly* 4 (1932): 800–811; [John] Trusler, *The London Adviser and Guide* (London: n.p., 1786), 167–168; Phyllis Deane and W. A. Cole, *British Economic Growth, 1688–1959: Trends and Structure* (Cambridge: Cambridge University Press, 1962), 57–58; O' Dea, *Social History of Lighting*, 219.

41. Adam Smith, *An Inquiry into the Nature and Causes of the Wealth of Nations* (1776), ed. R. H. Campbell and A. S. Skinner, 2 vols. (Oxford, 1976; repr. Indianapolis: Liberty Classics, 1981), 1:23, 2:869–870. Leroy L. Thwing, "Lighting in Early Colonial Massachusetts," *New England Quarterly* 11 (1938): 168. Rita Susswain Gottesman, comp., *The Arts and Crafts in New York, 1726–1776: Advertisements and News Items from New York City Newspapers* (New York: New-York Historical Society, 1938), 194–197, 221–227; *Rivington's New York Gazetteer* (28 September 1775), quoted 227.

42. Dakin, *Brilliant with Lighting*, 65–67, 123–125（可看到关于博特托特的照明设备清单）; Graham Hood, *The Governor's Palace in Williamsburg: A Cultural Study* (Williamsburg, Va.: Colonial Williamsburg Foundation, 1991), 187–205.

43. *The Diary of Colonel Landon Carter of Sabine Hall, 1752–1778*, ed. Jack P. Greene, 2vols. (Charlottesville: University Press of Virginia, 1965), 243 (1 December 1763), 336 (4 March 1767), 349–350 (28 January 1770), 375 (24 March 1770), 530 (21 December 1770), 850 (15 August 1774).

44. Carter, *Diary*, quoted 1100 (25 April 1777); see also, 156 (March 1757).

45. Carter, *Diary*, 849 (12 August 1774), 996 (8 March 1776), 1002 (15

March 1776).

46. *Journal and Letters of Philip Vickers Fithian, 1773–1774: A Plantation Tutor of the Old Dominion*, ed. Hunter Dickinson Farish (Charlottesville: University Press of Virginia, 1957), 30 (14 December 1773), 31 (15 December 1773), 34 (18 December 1773), 39 (24 December 1773), 40 (25 December 1773), 44 (31 December 1773), 53 (8 January 1774), 59 (12 December 1773), 115 (5 June 1774), 125 (24 June 1774), 135 (9 July 1774).

47. Fithian, *Journal and Letters*, 34 (18 December 1773), 56–57 (18 January 1774), 125 (24 June 1774).

48. Fithian, *Journal and Letters*, 41 (25 December 1773), 61 (29 January 1774), 120 (14 June 1774).

第五章　便利的舒适：政治经济学

18 世纪，盎格鲁美洲人越发使用"舒适"一词来表示即时的身体满足与享受。1795 年 11 月，詹姆斯·伍德福德牧师（Reverend James Woodforde）一从伦敦回到自己位于诺福克（位于英格兰）的家中，就写道："我们在自己那舒适、安静、愉快的茅草屋中喝茶、用餐、睡觉。"伍德福德从 1758 年开始写日记，一直写到了 1802 年，在这 45 年间，他谨慎地分析了自己的身体舒适和不适的情况。比方说，他估计自己的睡眠质量是："由于夜里点的蜡烛长时间燃烧，屋子里尽是难闻的烟味和恶臭，昨晚后半夜睡得不踏实，今天其实感觉不佳。"他不仅在自己感觉太热和太冷时留有记录，而且会用温度计读数来证实自己的主观印象。他记下了自己使用暖床盆（bed warmers）的情形。他关于舒适的记录的细枝末节，还包括他在许多雨天使用了伞。[1]

伍德福德牧师先生对舒适的关注构成了一个历史问题，这正是因为他的标准似乎与自他所处时代以来的盎格鲁美洲人的那些标准如此相似。强调身体舒适的舒适观念——对个人的身体及其所处的即时物理环境有意识的满足——是英美文化的一项创新。这一观念表明了一种批判传统物质文化并改进之的倾向。托马斯·杰斐逊批评大多数弗吉尼亚人的住宅"不舒适"。杰斐逊的前同胞，拉姆福德伯爵本杰明·汤普森（Benjamin

Thompson, Count Rumford）[1]，通过向"那些知道何为舒适，因此值得享受干净的炉灶和欢快的炉火之人"呼吁，推荐他设计的带烟囱的壁炉的技术优势[2]。杰斐逊和拉姆福德伯爵以一种新方式使用"舒适"一词，并预见了一个新世界。

17世纪早些时候，伍德福德的每个关切点——卧室有足够的通风、淘汰烟气弥漫的烟囱、下雨时节有伞、用于家庭休闲的家居装饰——吸引了盎格鲁美洲的政治经济学家、道德哲学家、科学家、人文主义改革家，甚至还有小说家。这些评论家力图以身体舒适之名来评估人体、物质文化和环境之间的关系。当他们将价值观重新组织起来，重新设计物质环境，并敦促重新学习各种行为时，他们对"舒适"一词作了新的、身体上的强调。"没有舒适设施的"意味着"没有任何东西可以减轻不幸"，而"不适"（discomfort）涉及"悲伤"、"忧郁"和"愁闷"的感觉，而非身体上的应激性（physical irritability）。[3]

消费革命中的舒适

强调舒适的身体含义的语言和概念，最初是在1700年左右新兴的政治经济学哲学中发展起来的，当时，这一哲学分析了奢侈品与必需品之间的差异。奢侈品长久以来一直是政治和社会思想的主题，但定义其的反义词，"必需品"（necessity），一直被理所当然地认为拥有自然定义（natural definition）。当18世纪的政治经济学家们开始在与市场的关系中分析必需品时，他们通过表明一种语境下被认为奢侈品之物如何在另一种语境下可以被视作必需品，有效地解构了奢侈品。他们认为，满足人类的需要是

---

[1]　本杰明·汤普森（1753—1814年），英国科学家、发明家，他不仅发明了光度计和色度计，而且改进了家庭炊具和加热器，帮助推翻了燃素说，推动了19世纪热力学的发展。

一种文化而非自然的过程，并且指出，衡量人类各种基本需要的标准是可以被提升的。"舒适"一词越来越多地被用于那些标准，并评估其满足情况。

这种新的对身体舒适的强调体现在 18 世纪的消费革命中，但我们无法理所当然地认为，舒适是新的消费模式的自然的动机，或者唯一的动机。人们"为了自己的舒适"而希冀的物品，可能会由于其他原因而令人向往，尤其是对文雅和健康的关注。18 世纪上半叶种种政治经济学理论让舒适成为大众消费模式的正当动机。到了 18 世纪中期，身体舒适的必要性将科学和技术专业知识集中在更容易控制的家居环境设计上。而到了 18 世纪最后数十年，身体舒适的理想已经获得了足够多的意识形态力量，以致人道主义者将其纳入了他们为穷人、被监禁者和被奴役者获得社会公正的呼吁中，他们认为这些群体缺乏舒适这一点亟需得到补救。在 18 世纪末，身体舒适可以被称作底层人的权利和有产者的人道主义责任。

关于舒适的语言赋予了盎格鲁美洲社会的消费革命以意义，因为更多的人有更多的钱花在更多的商品上。此外，时尚在日益塑造需求。拥有财产的平民开始购买以前专属于富人的商品。人们将其新的消费偏好称作"便利"和"体面"，即在欲望和需求的程度上介于必需品与奢侈品之间的便利设施。与之配套的用胡桃木和其他优质木材制成的桌椅为社交活动提供了专门的家具。茶、咖啡和巧克力等新式饮料需要特殊的玻璃和陶瓷制品来准备和供应。镜子和钟表让技术得以豪华地展示。为客人提供茶水和小型晚餐成为可行的家庭休闲活动。[4]

服装是最受欢迎的时尚消费品。17 世纪的法国廷臣将妇女的连衣裙上身（bodices）和男子的紧身短上衣（doublets）分别换成礼服（gowns）和外套，给欧洲人引入了一种非正式的风格。他们更喜欢用丝绸和棉花制成的花样繁多的衣服，而不是用天鹅绒、缎子、锦缎和绣花羊毛制成的衣服。最初来自东印度群岛的相对便宜的印花棉布，让更多人能够穿着表面光滑、色彩鲜艳、带有与丝绸有着源远流长关系的异国情调衣服。人们可以穿更干净的衣服，因为棉花比羊毛或丝绸更易于洗涤。棉花——体现在印花棉布（calico）、轧光印花棉布（chintz）和平纹细布（chintz）这样的织物中——的轻盈质地，使其与衬裙（petticoats）、礼服、领带和手帕等各种服装配件和服装类型的激增相匹配。[5]

评论家们将新款式和面料的吸引力归因于其更胜一筹的装饰性，而不是其更易于穿着。男装和女装在结构和面料上变得更加高度性别化，比如连衣裙上身的礼服被曼图亚（mantua）取代，曼图亚是一种由轻质面料制成的宽松礼服，穿在上浆帆布、皮革、鲸骨和钢等弹性不佳的材料制成的撑杆上。这是妇女第一次可以合法地制造女装出售，但是仅限于曼图亚；男裁缝则通过制作撑条（stays）来维持他们的特权。撑条将一名妇女的躯干从胸部一直包裹到腰部以下。在我们现代、后紧身内衣时代的想象中，撑条似乎天生就不舒服，但在18世纪下半叶之前，人们并不经常记录对撑条不适的抱怨。所有妇女都应该穿着之。它们维系着体面和理想的体形；宽松的撑条则意味着不合宜。撑条为霍加斯提供了他从日常生活中展示"美的线条"的最好示例，而非"弯曲过度"变得"粗俗笨拙"，也不是如此"笔直"以致像是"卑鄙和贫穷"。虽然18世纪的医学专家谴责了撑条，因为女性为了获得纤细的腰围往往会将撑条系得太紧（图5.1），但如果使用得当，人们认为撑条可以为本来就骨骼脆弱的人，即妇女和幼儿提供支撑。这些衣服实际上导致了其被认为有所缓解的状况，因为它们让胃部肌肉因为不用而萎缩，降低了其支撑脊柱的能力。在18世纪中叶后，儿童使用撑条有所放松，以回应洛克和卢梭的育儿思想；18世纪80年代，女性的使用情况有所缓解，当时，一种先锋时尚以新古典主义的简约之名要求抛弃之。在18世纪七八十年代，非正式的"脱去撑条"作为"自然的优雅"变得时尚起来，而在这种自然的优雅中，身体被留给与常识相契合的自由。

图5.1　时尚。一位丈夫在和妻子穿通心粉式（Macaroni）衣服出门前将她的撑条系紧。

Published by Bowles and Carver, after John Collet, *Tight Lacing, or Fashion before Ease* (London, 1770–1775). 耶鲁大学刘易斯·沃尔波尔图书馆印刷藏品部惠允使用。

正如撑条不一定就是"不适"的同义词一样，我们现在将其同舒适与否联系起来的物品也可能不是出于这个目的而设计的。例如，安乐椅（Easy chairs）并不是为每个人提供舒适的座位；更确切地说，它们是为那些不能靠自己轻松移动的人设计的——慢性残疾人、处于妊娠后期或分娩后恢复期的妇女，以及患有痛风的男性（图 5.2）。安乐椅为人所推荐的优势在于其轻松和温暖；椅子的衬垫让人可以长时间坐着，并带来隔热效果。倾斜的靠背和可以调节的腿部支撑构件有助于睡眠。这些可以调节的靠背和腿部支撑构件，源自 17 世纪以来贵族"私室"中使用的睡椅（sleeping

图5.2 卫生。一个患有痛风的男子坐在安乐椅上，而其他人坐在软垫较少的椅子上。

Thomas Rowlandson, *The Comforts of Bath* (London, 1798), pl. 1. 哈佛大学霍顿图书馆（Houghton Library）哈利·埃尔金斯·怀德纳（Harry Elkins Widener）藏品部惠允使用。

chairs），但是在 18 世纪的大部分时间里，这些懒童（La-Z-Boy）座椅仍然没有如预想般被普遍使用。它们并未用于客厅，在那里，它们本可以作为座椅的普遍选择；相反，它们出现在卧室和房间，通常是在楼上。其中许多都有"闭式凳子"（close stools，定做的夜壶）。医学上的卫生形塑了安乐椅的设计，而不是每个人的身体舒适。类似地，为久病衰弱者设计的"围坐椅"（go-chairs）则提供了"轻松和舒适"，而"空座椅"（hollow-seated chairs）让"坐下轻松得都无法表达"。18 世纪的椅子的设计，主要不是为了安逸和舒适；而是为了有助于保持适当表示尊重和优雅的坐姿，并与摆姿势让人画像者的衣服和假发相匹配。坐具为社会地位的排序提供了一种支撑。[7]

家具的主要用途是表达高雅的品位。乔治·赫普莱怀特（George Hepplewhite）在推荐其设计时最喜欢用的措施是"优雅""富丽堂皇的外观""令人赏心悦目的视觉效果""最新时尚""华丽的装饰和庄重的外观""外观的轻盈"，以及"极大的效用"、"便利"和"普遍的效用"，但不是"舒适"。在促销自己的家具时，托马斯·齐彭代尔（Thomas Chippendale）[1]用了评估性的词汇"富丽堂皇、均衡而和谐""气势恢宏""效果极佳""外观极其整洁""气派非凡、外观宏伟""悦目典雅"。[8] 正如这些词汇所示，消费革命中的大部分开支，都试图表达文雅，一种自文艺复兴以来就存在的、关于品位和行为的明确理想——它的许多同源词就很说明问题，包括 gentilezza、civilité、civilitas、civility、refinement 等等。文雅是一套特别的礼仪，这套礼仪注重在外表、对话和社交方面取悦他人。其优雅行为的准则在物质文化（在服饰、餐饮、音乐和舞蹈、建筑和室内装饰等方面）中都有体现。通过运用身体约束（bodily restraint）来确立社会边界，所有社

---

[1]　托马斯·齐彭代尔（1718—1789 年），英国著名家具设计师、制作者，被誉为"欧洲家具之父"，其姓也译作奇本代尔、齐普代尔。

会境况各异的人（原则上）都可以学习文雅，然后将其应用于他们的社会情境中。到了 18 世纪，文雅在印刷品、视觉文化、戏剧和日常生活中的高度说教性再现中得到了体现（图 5.3）。有些关于《上流社会行为基础》（*The Rudiments of Genteel Behavior*）的指南，书中有关于男女站立、行走、馈赠和接受礼物以及跳舞的正确姿势的插图，为了"在人的外貌、风度、神态和动作上做到并表现得轻松、亲切友好、优雅和自由，而非僵硬、尴尬、变形，因此令人不快"。[9]

图5.3　文雅。瑞克刚刚继承他父亲在商业上创造的财富，又接受了一位舞蹈大师、一位击剑大师和一位园林设计师教授绅士的举止和技巧，而诗人、裁缝、大键琴师和骑师在照顾着他。
William Hogarth, *A Rake's Progress* (London, 1735), pl. 2. 耶鲁大学刘易斯·沃尔波尔图书馆印刷藏品部惠允使用。

人们购买商品更多的是为了展示文雅，而非个人舒适。为便于比较当前与殖民时期的消费，两位历史学家设计了一份索引，关于"大多数西方人现在认为确保舒适度和清洁度的最低限度所需的最基本的十种家庭用品：一张床垫、一个床架、一些寝具、一张桌子、一把或多把椅子、煮沸食物的锅、其他准备食物的用具、一些粗糙的陶瓷制品、餐叉和一些室内照明装置"。在17世纪，这些商品的拥有情况随着财富的不同而不同——就好像它们是奢侈品一样——尽管每种商品都有便宜的版本。就连在富人中，这些物品也不被视为必需品：许多轻轻松松就能买得起这些物品的家庭都没有这些物品。在18世纪，拥有这些商品变得越来越普遍，但是，越来越多的人购买的是更多与优雅和文雅相关的商品——尤其是时尚服装、茶具、餐桌刀叉、玻璃器皿和镜子，而非那些被认为能增加舒适感的商品。[10]消费革命中起重要作用的大多数商品在社交性方面都有着关键作用，最明显的是与服装有关的商品，但也与家居环境中使用的物品有关，如餐具、茶具、座椅家具，甚至是寝具。个人对舒适的需求显然是次要的；就连食物上的花费也不成比例地用于娱乐和上流社会的仪式。就像文雅一样，舒适是一件需要学习和表达的事情，但大多数英美人最初发现，提升文雅比舒适更为可取。18世纪伊始，他们让文雅变成物质文化中一项比舒适更明确的必要之事。

奢侈品与必需品的相对性

前现代的宗教、道德、政治、社会和经济评论员忽视了被我们理解为一种常规分析主题的舒适。在17世纪晚期之前，关于消费模式的道德哲学对奢侈品颇感兴趣。无论是古典时期的哲学家还是基督教哲学家，对于"奢侈"都说不出什么好话，因为它指的是一种违反神圣的或社会的约束的行为。奢侈的物质表现是性格腐化（corruptions of character）的症候：男性对公德的承诺减弱了，因为他们屈服于与奢侈成性的物质文化同义的女里女气的柔弱（effeminate softness）。基督教对个人罪恶的关注强化了关于奢侈的古典道德联想，使其成为对所有个体的威胁，而不论这个个体的社会和政治地位如何。但是，近代早期的经济和社会思想，特别是在商业和禁止奢侈的立法方面，允许贵族享有奢侈特权。对平民来说是奢侈品而可能遭到反对之物，对贵族来说则被认为是维护等级和社会秩序的一种手段。到了18世纪，随着越来越多的人模仿贵族消费商品，奢侈品的反义词，"必需品"，变得与贫困和死亡联系在一起。[11] 尽管18世纪的惯用法仍然将奢侈品与必需品进行对比，但是，舒适越来越多地应用于必需品与奢侈品之间的中间地带。这一进展要求人们重新思考必需品和奢侈品。在18世纪之前，没有人认为奢侈品可以被客观地规定；相反，它们彰显了人们的癖好和盲目的社会模仿。反过来，必需品则是由假定的生存需要客观界定的。

在为英格兰国内经济的消费所作的正式辩护中，奢侈品的可接受性和必需品的相对性变得显而易见。对英格兰政治经济学中生产优先（priority of production）的持续批评盛行于17世纪90年代。这一优先性取决于这样一种假设，即英格兰的财富来自制造品出口，特别是布料出口。据信，对外国商品的消费减少了国家财富。在这种情况下，对英格兰国内生产的商品的消费在很大程度上是无关紧要的，因为在理论上，它既不会增加也不会减少国家的总财富。这些假设在17世纪的后几十年被打破了："每一项经济增长指标都显示出一种进步：农业产出、资本投资、从印度和新世界的进口、国内制造业的范围和数量。最引人注目的是国内消费水平上升的大量证据。"这一时期的大多数经济反思都将贸易平衡的简单模型视为零和博弈，并转而辩称，如果保护主义措施降低了其他国家消费英格兰出口商品的能力，那么这些措施可能会弄巧成拙。新兴的政治经济学家也在微观层面上重新思考了消费的心理动力和社会影响，因为印度布料的消费成了经济变革的一个管中窥豹的点——新潮商品取代了传统商品，奢侈品的普及超越了贵族阶层，以及国内外市场的同时扩大。对奢侈品的传统阐释很容易解释消费模式的增长和多样化，但只能从罪恶和社会混乱的负面角度来解释。新的论点将这些模式解释为社会的善（social goods），不管它们揭示了人们的什么心理。[12]

尼古拉斯·巴本（Nicholas Barbon）是一位对伦敦房地产开发颇感兴趣的医师，在那些对人们消费物质商品的潜力的早期分析中，他最直截了当。他将需要的自然基础最小化："如果严格审视的话，那么，除了食物之外，没有任何东西绝对是维持生命所必需的；因为大部分人类赤身裸体，都曾经躺在棚屋和洞穴里。"历史表明，文化对需求的建构是无止境的："心灵的欲求是无限的，人类会自然而然有所渴望，随着心智的提升，他的感官变得更加精致，更加能够愉悦；他的欲望被嵌入其中，他的欲求随着他愿望而增加，而这是为了一切稀罕的，能够满足他的感官，装饰他的身体，促进生活的安逸、快乐和奢华的东西。"人们消费的几个原因，包括最强烈的（对稀有、装饰和华丽的欲望）与身体舒适不完全相同，但"安逸"是非常相似的。巴本将"鞋匠、马鞍制作者、沙发和椅子制造商"列为服务于"安逸生活"的职业。但是历史性的比较表明，便利没有客观标准："每一种旧时尚都曾经是新的。……因此，既然所有的习惯都同样漂亮，而且很难知道哪一种最方便：那就应该鼓励推广新时尚，因为它为很大一部分人提供了生计。"古典模型从道德和政治角度讨论消费者行为，这种模型让奢侈品在定义上几乎只能作为贵族特权被接受，它为一种关于消费者行为的心理模型所取代，这种模型以同样的方式解释所有人，不论好坏，并以消费是在为他人提供有报酬的工作而为其辩护。约翰·洛克（John

Locke）是另一位与巴本在同一时期写作的医师，他将"民事权益"（civil interests）等同于"生命、自由、健康和身体的懒惰；以及对金钱、土地、房屋、家具等外部事物的占有"。洛克说，这样的占有在任何"人类社会"中都是一种重要的益处，因为政府的存在只是为了"获取、保护和促进它们自身的民事权益"。[13]

18世纪的英格兰作家最初用"便利"（convenience）一词来描述人们对眼前物质文化的身体满足感。在15和16世纪，"便利"（更频繁出现的是"conveniency"）一词具有很强的跟既定秩序和谐且一致的内涵，如"形式、质量或性质的一致性"。但是在17世纪，这个意思变得过时了，因为"便利"越来越多地指涉为"使某种行为的执行或对要求的满足"变得不受限制。比方说，东印度公司金条出口的一名辩护人就使用该术语来证明进口印度制造品的正当性，而理由仅仅是因为人们想要它们："真正和主要的财富，无论是个人的财富，还是整个国家的财富，都是肉类、面包、衣服、房屋、生活的便利品和必需品。"17世纪30年代的一本礼仪指南呼应了"便利即和谐"（convenience as harmony）的旧定义，而没有明显的讽刺意味，将其应用于最随意、最时尚、变化最快的物质文化领域——服装："得体，我称之为衣服与人之间的某种合身性（Suitableness）和便利（Convenience），因为礼仪是给我们的行为设定框架并调整之，以使他人满意；如果我们想一丝不苟的话，我们必须使其与我们的外形、条件和年龄相匹配。"作为消费者社会中关于财产的"舒适"概念的前身，"便利"一词有两个优点：它会根据"任意目的"衡量可用性，并让目的本身在道德上保持中立和无限制。1786年的一份伦敦生活指南就以"便利"为标题，讨论了租用马车、买葡萄酒、借书、寻找纸牌玩家、讨论改进话题、听取议会和其他辩论、参加音乐会，以及洗热水、冷水澡和淡水浴。[14]

当自由主义政治经济学发展起来的时候，"奢侈品"一词并没有失去其很不公正的含义，但是，将其应用于特定消费模式时所包含的负面意义往往比以前小。关于物质的（与"政治的"相对）文化，在18世纪初，人们在提及奢侈品的时候变得越来越具有讽刺意味，而不是发自内心的谴责。[15] 伯纳德·曼德维尔（Bernard Mandeville）[1] 是自由修正主义者中的另一位医师，他的讽刺文章传达了自己在物质消费的得体（propriety）问题上的大部分论点——《我们称之为生活的"舒适"之物》（"what we call the *Comforts* of Life"）。在《嗡鸣的蜂巢》（*The Grumbling Hive*，1705年）中，曼德维尔可耻地忽视了奢侈与贪婪、嫉妒、骄傲和虚荣等恶习之间的联系，反而认为它们都对公共和私人繁荣做出了不可或缺的贡献。

> 恶之根源，贪婪
>
> 那该死的邪恶自然之恶习
>
> 是挥霍，这一高贵罪过
>
> 之奴隶；与此同时，奢侈
>
> 雇用了百万穷人，
>
> 还有无数可憎的傲慢：
>
> 嫉妒本身，和虚荣，
>
> 为实业之牧师；
>
> 其在饮食、家具和服装方面
>
> 受人喜爱的愚蠢，善变，
>
> 那奇怪而可笑的恶习，被化作
>
> 推动贸易运转的车轮……
>
> 因此，恶习滋养了独创性，

---

[1] 伯纳德·曼德维尔（1670—1733年），英国哲学家、古典经济学家，代表作为《蜜蜂的寓言》，在这本书中提出了"私人恶德即公众利益"的著名悖论。

后者与时间和实业一道，

给生活带来各种便利，

这是真正的愉悦、舒适和安逸，

无与伦比，以致穷人

都比以前的富人过得好，

没有什么比这更重要了。

在对《嗡鸣的蜂巢》中最臭名昭著的评论散文《蜜蜂的寓言》（*The Fable of the Bees*，1714 年）中，曼德维尔不仅为奢侈品的意料之外的社会效益辩护，而且他解构了必需品与奢侈品之间的区别，以表明所有所谓的"必需品"都是社会建构的，因此也是"奢侈品"。一个实际物品被视作奢侈品还是必需品没有区别，因为这两个概念之间的区别在它们被运用于特定社会中的特定物品时就被打破了："生活的舒适也同样如此多样和广泛，以致没有人能说出人们所说的舒适是什么意思，除非他知道人们过着怎样的生活。我在'得体'和'便利'这两个词中也观察到同样的模糊性，除非我了解使用它们的人的素质，否则我永远不会理解。……人们可以一道去做礼拜，并如其所愿地尽可能地保持一致。我倾向于认为，当他们为日常的面包祈祷时，主教在祈愿中考虑了几件事，而司事则没有考虑到这些事。"（见图 5.4 和图 5.5）"奢侈品"只是衡量了"思想、经验和一些劳动"在多大程度上使"生活更舒适"，而不是使生活像动物一样"原始朴素"。

18 世纪政治经济学的发展让"奢侈品"与"必需品"成为道德中立的术语。这两个词与身体福祉（physical well-being）的关系至少与道德和生命有限性的关系一样密切。曼德维尔为政治经济学家们分析需求如何影响经济发展制定了议程。他为生活水平本身成为一个需要考虑的问题扫清了道路。民众的便利和舒适度成为衡量西北欧从野蛮走向文明的手段。然而，这些衡量手段没有标准规格或绝对的道德标准。如果奢侈品是一切非"让人活下去所必需之物"，那么所有实际物品，甚至"裸体野人"的物品，都是奢侈品。每个社会的族群"都在他们以前的生活方式上，……在准备他们的食物、整理他们的小屋方面做了一些改进"。在评估何为奢侈品时，"我们的艳羡之情只延伸到对我们来说是新鲜的东西，我们都忽略了我们习惯了的东西的优点，尽管它们从来没有如此新奇"。对曼德维尔来说，"舒适"意味着理想的物质环境："便利的房子，漂亮的家具，冬天的暖火，夏日的宜人花园，整洁的衣服，以及足够抚养孩子的金钱。……我提到的这些是生活中必要的舒适，最谦虚的人都不会耻于声称想拥有，没有这些他们会非常不安心。"[17]

《蜜蜂的寓言》问世五年后出版的《鲁滨逊漂流记》，将这种涉及舒适的观念浪漫化了。面对自力更生困境的克鲁索（Crusoe），详细地展示了在近代早期的英格兰舒适意味着什么。这些细节对舒适观念的诞生的首要意义在于，它们纯粹存在于"第一部以普通人的日常活动作为文学持续关注的中心的虚构故事"。大部分故事都集中在一个问题上，这个问题此时正在文化上变得明显，即身体舒适的达成。笛福的小说揭示了由这种新问题引起的症状和原因，而且，他通过将舒适的情感和身体方面并置，对症状和原因进行了探索。当克鲁索在船只失事后安全着陆时，他"用自己境况的舒适一面来安慰他的心灵"。然后他评估了自己的身体状况："我浑身湿透了，没有衣服可穿，也没有东西可以吃或喝来安慰（comfort）我。"他立刻像动物一样爬上树寻求保护；在那里他睡得"很舒适"（comfortably）。次日，他"没有任何舒适和陪伴"，便开始通过掠夺失事船只和从岛上的自然资源中制作他想要的东西来重建他所熟悉的物质文化。[18]

A MASTER PARSON with a GOOD LIVING

图5.4　奢侈品和必需品的相对性。这些刘土牧帅（master parson）和出师牧师（journeyman parson）生活的描述提供了一系列精确的对比。

Carington Bowles, after Robert Dighton, *A Master Parson with a Good Living* (London, 1782). 耶鲁大学刘易斯·沃尔波尔图书馆印刷藏品部惠允使用。

A JOURNEYMAN PARSON with a BARE EXISTENCE.

图5.5 《一个过着俭朴生活的出师牧师》（*A Journeyman Parson with a Bare Existence*，伦敦，1782年）。耶鲁大学刘易斯·沃尔波尔图书馆印刷藏品部惠允使用。

克鲁索的处境，赤裸裸地考验了曼德维尔"从必需品到奢侈品的物质需要是连续性的"文化定义。他的生存策略暗示了他的各种身体需要中的优先顺序。他从船上带走了食物和饮料、寝具、衣服、木工工具和补给以及武器。除了自己的床，鲁滨逊·克鲁索最初的物质享受大多来自身体摄入的东西——精制食品、酒精饮料和烟草。耐用消费品中大多是金属制品——刮脸刀、剪刀、刀和叉以及一些钱，他意识到这些东西是无用的，但"经过再三考虑，我还是把它们拿走了"。他最有价值的消费品是文学文化产品——"钢笔、墨水和纸"以及书籍，尤其是宗教书籍。在克鲁索被剥夺的东西中，他最怀念的是用于人工照明的蜡烛。他在帐篷后面的洞口上方修建了一堵墙和一个茅草屋顶，借此改善他的居住条件。这个洞穴式的房间是一个多用途的空间，有"一间仓库、一间厨房、一个餐厅和一个地窖"。最后，为了更好地防雨，他把帐篷换成了椽棚（raftered shelter）。克鲁索为自己建造了一座兼有堂屋和客厅的房屋。一旦有了房间，他便制作起家具来："我开始专注于自己最想要的那些必需品，特别是椅子和桌子；因为没有这些，我就无法享受我在世上的舒适；没有一张桌子，我无法如此愉快地写字、吃饭或做好几件事。"[19] 在 17 世纪的第三个 25 年间，他的需求不会显得出格，事实上，笛福就是将这部小说设定在了那个时期。

一旦克鲁索满意地适应了环境，他便开始探索岛的腹地。一处"美味谷"（delicious vale）特别吸引他。他带着有意识的讽刺，在自己的荒岛上为自己建造了一座乡间退隐处（rural retreat）——"一座小凉亭"。克鲁索声称，这座凉亭标志着他实现了舒适。在故事的大部分时间里，他都在拓展自己的物质需要，现在他赞美了自己对新家的身体满足：

> 我无法表达我对走进我的陈旧小屋，躺在我的吊床上的满足感。

这趟没有固定住所的小小旅行对我来说是如此不舒服，以致相比之下，我自己的房子，我就是这么称呼之，对我来说是一个完美的定居点；而它让关于我的每一件事都变得如此舒适，以致我下定决心再也不会远离它，而留在岛上应该就是我的命运。

然而，他的身体舒适度的两大增长点仍未到来——新鲜出炉的面包和一把伞。原则上，舒适显然涉及了解一个人真正需要什么便利设施，并拥有它们，而且不再渴望更多。但是，克鲁索不断与一个舒适与纯粹必需品满足之间的简单等式相冲突。当他后来发现一艘失事的西班牙船只时，他的需要再次扩大："我拿了一把火铲和几个钳子，这些是我非常想要的；还有两个小小的黄铜水壶，一个制作巧克力的铜壶和一副烤架。"正如曼德维尔辩称的那样，将克鲁索的舒适与奢侈区分开来没有客观依据。在岛上的与世隔绝使鲁滨逊学到了曼德维尔式的教训，即他逐渐理所当然地认为寻求自己的身体舒适是自然的（natural），而事实上，这些需求都是深深植根于历史的。几年后，在《英格兰商人全书》（*The Complete English Tradesman*）中，笛福极力主张英格兰的身体舒适史是民族自豪感的源泉：

> 商业贸易让我们的国民待在国内，这是这里的人生活不错的原因；因为节俭不是英格兰的民族美德，故所得颇多者，花费的也多；而因为他们努力工作，故他们过得不错，吃饱喝好，穿得暖和，住得舒服！简言之，英格兰制造业工人比欧洲任何其他国家的贫困劳动者都吃得多，喝得甜，活得更好，更为成功。[20]（如图5.6中所示）

正如曼德维尔和笛福的例子所示，18世纪时尚消费的大众文化之发展与描述物质需要的身体基础的新语言相吻合。大卫·休谟（David Hume）赋予新的修正主义和相对主义的奢侈观以哲学上的名望。[事实上，当他于 1760 年重新发表自己 1752 年的论文《论奢侈》（"Of Luxury"）时，他将其重新命名为《论艺术的精致》（"Of Refinement in the Arts"）。］奢侈意味着"感官满足的高度精致；根据人的年龄、国家或境况，任何程度的奢侈都可能是无辜的或应受责备的"。休谟提醒他的读者，"哲学家的"努力旨在"使幸福完全独立于外部的一切事物"，但他认为"完美的程度是不可能达到的"。其他苏格兰道德哲学家，特别是弗朗西斯·哈奇森（Francis Hutcheson）[1] 和亚当·弗格森（Adam Ferguson）[2]，也对奢侈品的历史相对性和社会相对性给出了类似的审慎解释。他们的阐释利用了传统的奢侈品概念中隐含的不确定性（即超出必要性要求的条件），以表明生活水平的提高不一定会对公德构成负担。弗格森指出，

> 一个人可能建议在人文发展的任何阶段停止其进步，但依旧会招致那些至今尚未进步的人对奢侈品的责难。……如果这场论争转向了什么是维持人类生命的物质必需品方面的知识，就像争论什么是道德合法性的标准一样，那么，医学和道德学人士便可能会在这个问题上产生分歧，如此，每个人都得如目前一样为自己找到某种准则。

"奢侈品"一词如今中性地指令人向往的财产，"人类为了生活的安逸和便利而设计的复杂装置。他们的建筑、家具、装备、服装、家政训练、餐桌的精致，以及总的来说，所有那些与其说是为了解决真正的需求，不如说是为了取悦花哨；与其说是为了实用，不如说是为了装饰的东西"。[21]

---

[1] 弗朗西斯·哈奇森（1694—1746 年），18 世纪苏格兰启蒙运动奠基人，被誉为"苏格兰哲学之父"，著有《论美》与《论道德的善与恶》等作。

[2] 亚当·弗格森（1723—1816 年），18 世纪苏格兰启蒙运动主要思想家之一，著有《文明社会史论》《论历史的进步和罗马共和国的终结》等作。

图5.6　繁荣。在啤酒街上，肉类、饮料、鱼类、服装、鞋子、书籍，甚至艺术品的交易都伴随着"芳香果汁"的消费。

William Hogarth, *Beer Street and Gin Lane* (London, 1751). 耶鲁大学刘易斯·沃尔波尔图书馆印刷藏品部惠允使用。

生活标准

　　休谟所说的"无辜的"奢侈品，以前是一种矛盾修辞法，后来成为政治经济学家、社会评论员和科学家分析的话题。正如在 18 世纪 50 年代初马萨诸塞一场财政争论中一位纸币的拥护者所言，"每个人都有享受自己的劳动成果的自然权利（natural right），既包括便利（conveniencies）、舒适（comforts），又包括生活必需品（necessaries），天生自由（natural liberty）对一个人和另一个人都是一样的；除非他们在享受这些东西时伤害到了社群，否则，穷人应该被允许像富人一样自由地使用它们"。在七年战争之后，英国的商业扩张和大众繁荣与民族自豪感和身份认同之间的矛盾变得越来越少。当"奢侈品"指向政治腐败时，它仍然具有谴责的力量，但是，当它仅仅指消费模式时，这个词失去了其大部分道德力量。在其作《一位宾夕法尼亚农场主致不列颠殖民地居民的信》（*Letters from a Farmer in Pennsylvania to the Inhabitants of the British Colonies* ）中，约翰·迪金森（John Dickinson）抨击汤森 [1] 提出的诸种关税，因为这些关税的征收对象是"绝对必需品或便利品"，比如纸张和玻璃，"对其使用的习俗已经使其成为舒适生活的必要条件"。迪金森嘲笑了议会税收带来的原始主义者的机会（primitivist opportunity）："有些人认为人类变得邪恶而奢侈，一旦他们找到言语之外的另一种表达情绪的方式，找到洞穴之外的另一种居住方式，他们就可能会提出如此异想天开的观点。但是，我想没有人会不厌其烦地反驳他们。" [22]

　　正如迪金森的高傲暗示的那样，英国激进政治思想及其对立思潮中的古典共和主义和其他禁欲主义思想为新兴的自由主义政治经济学提供了意

---

[1]　查尔斯·汤森（Charles Townsend，1725—1767 年）第二代汤森子爵，1776 年担任英国财政大臣，提出对北美殖民地进口的纸张、玻璃、铅、颜料、茶征税，统称"汤森税"。

识形态上的对等物（counterpoint）。利用这种意识形态（在英国和美国都是如此）来支持美国对帝国改革的政治抵制，使对奢侈品的经典批判重新具有了意义。盛行的消费模式被解释为公共道德无力和容易导致政治腐败的原因和症状。约翰·亚当斯（John Adams）[1]将迟来的"牧师的措施"归咎于"灯红酒绿、放荡、奢侈、女里女气和逸乐的普遍精神"：他认为，"家具、马车、服装和饮食的挥霍"是以同样的暴虐行为招致"天堂的审判"。但是，要求通过"开源节流和节约"来恢复公民美德的呼声，很少能为可取的消费模式提供积极的定义。相反，它们表达了原始主义者的幻想："让我们吃土豆且喝水吧。让我们穿上帆布衣服，脱下羊皮服饰（sheepskins），而不是屈服于为我们准备的不义和可耻的主宰地位。"当阿比盖尔·亚当斯（Abigail Adams）敦促他们的家人"更多回归［我们父辈的］原始朴素的举止，不要陷入不光彩的安逸中"时，约翰的回应是建议她把家族用的四轮马车上的纹章取下来，但他保留了马车本身。23

在英国的政治经济学家们开始用生活水平的提高来衡量文明进步的同时，对"古朴"（primitive simplicity）的呼吁促成了新生的共和主义。亚当·斯密把消费问题——"人类的自然需求是什么"——作为理解人类境况的核心。人类与其他动物的不同之处在于，他们无法在自然界中自然地生存。

> 人类从大自然的恩赐中获得了理性和独创力、艺术、发明和改进的能力，这远远超过了她赋予任何其他动物的能力，但与此同时，人类在生活的维系和舒适方面处于更加无助和贫乏的状态。

正是因为人类需要技术才能在大自然中生存，他们与大自然的所有接触都为改善他们的境况提供了可能性。但是，这些改进无法用绝对客观的

---

[1]　约翰·亚当斯（1767—1826年），美国第二任总统，下文中的阿比盖尔·亚当斯是他的妻子。

标准来衡量：

> 促使他做出这些改进［熟食、衣服、住房］的同样的性情和倾向，促使他做出了更大的改进。这种生活方式显得粗鲁、邋遢，再也不能满足他了；他追求更优雅的精确（nicities）和精致。在这个世界上所有的动物中，只有人类是唯一会看待事物差异的，而这些差异不会影响事物的真正本质，也不会在满足自然需求方面给予它们任何优势。

事实上，对"在其他方面同等的事物所作的轻浮的区分和偏好"，这种渴望在很大程度上塑造了人类改善生活水平的"忧虑和不安"。人类故事的大部分都是由这些人为的需求造成的：

> 所有的人文、科学、法律与政府、智慧，就连美德本身，都倾向于这一要务，即为人提供肉类、饮料、食品和住宿，这些通常被认为是最卑微的工作，只适合最底层和最卑微的人去追求。生活中的各种手艺和生意往往使生活的便利品和必需品更容易获得。

文明的技术和社会组织是为消费而发展的。[24]

乔赛亚·塔克（Josiah Tucker）是亚当·斯密时代的精明但不太系统的政治经济学家（也是威尔士亲王在这个议题上的导师），他顺利地将英格兰的消费模式与其他国家的消费模式作了比较，并直截了当地分析了形成这些模式的竞争性动机。他辩称，英格兰的制造品具有如下特征：

> 更适合农民和机械师的要求，因此出现在了温暖的环境中；更适合过中产生活的农场主、自由保有者、贸易商和制造商；更适合批发商、经销商和所有有地产的人，因此出现在上流社会的生活中；而非

适合君主的宫殿或内帷的华丽。因此，正是……这几类英国人在他们的房屋中有更好的便利品，他们拥有更多干净而整洁的家具，种类多样，如地毯、屏风、窗帘、内室钟（chamber bells）、抛光黄铜锁、火炉围栏（fenders）等（国外同级别的人几乎闻所未闻之物），而非在除尼德兰之外的其他任何欧洲国家可以找到之物。

亚当·斯密通过对生活水平的类似的详细分析，解释了消费社会的种种动机，并确定人们对便利品的渴望体现了一种乐观主义，即技术可以提供幸福。他自圆其说地将"便利"定义为"任何系统或机器达到其预期目的的适合性（fitness）"。这种"便利"会转化为经济需求，因为富人拥有更多便利，而其他人想要模仿富人的物质世界："宫殿、花园、装备马车、要人的随从是会让每个人都心动的便利对象"。然而，牙签、挖耳器和指甲钳等物品没有特别的吸引力，除非它们与只有富人才能体验到的"安逸"联系在一起："如果我们考虑到所有这些东西能提供的真正的满足感，那是凭借它本身达至的，并且脱离了那种促成了这种安排的美，那它总是会表现出在最高程度的可鄙和微不足道。但是我们很少会从抽象和哲学的角度来看待它。"无论社会地位如何，富人和穷人对"身心安逸"（ease of body and peace of mind）的真正需要都是相同的。然而，"名利"之谬提供了"唤起并维系着人类工业持续运转的那种欺骗"。[25]

英国人对伞的采用为斯密的观点提供了一个寓言，即舒适文化可以赋予一种具有十足象征性的物件以新的意义，而这基于它对每个人的日常利好。自古典时代——在埃及、中国、印度、希腊和梵蒂冈——以来，用伞来保护人身免受恶劣天气（特别是太阳）的影响，一直与森严的特权，以及宗教仪式息息相关。伞在17世纪法国宫廷女性中变得时髦，这显然是借自中国的样板，在宫中她们可以依靠侍从来对付伞的笨重。伞作为巴黎的一种消费品开始它的职业生涯是在 18 世纪初，当时一名钱包制造商改进了他的行业技术，造出一种轻便、可折叠的伞，既能防雨又能防晒。到了 18 世纪中叶，这种器具在巴黎得到了广泛应用，无论男女：它满足了人们对文雅交往和抵御自然环境的渴望。讽刺的是，这种时尚在传播到英国的同时，也强化了伞与女性的关联（female associations）。[26]

英国一直多雨，但直到 18 世纪的最后几十年，伞才被人广泛使用。早些时候，它们已经引起了英国游客的赞赏，比如军官詹姆斯·沃尔夫（James Wolfe）和人道主义者詹姆斯·汉韦（James Hanway），而在 18 世纪六七十年代，进口的伞被宣传成了时尚新奇品。但是，伞与法国存在的联系经常让敢于冒险使用这些伞的人遭到公开的辱骂，特别是出租马车的车夫（hackney coachmen），这些人的生计部分依赖于提供防雨保护。霍勒斯·沃尔波尔（Horace Walpole）带着鄙夷之情谈到了法国人："他们带着伞在街上走来走去，以免戴上帽子。"正如沃尔波尔所指出的，英国观察家最初认为，法国人携带的"新的、最麻烦的发明是为了维系头饰的美丽"，而非不被雨浇。然而，到了 18 世纪 80 年代，伞在英国的男人和女人中都很流行了，这与佩剑的人数在减少形成了对比。"伦敦街头漫步"指南解释了携带这种新近流行的器具的慎重方式，而讽刺作家们描述了星期天在伦敦购物中心（Mall）闲逛下雨时打开伞造成的混乱（图 5.7）。如今，英国制造商给"广受认可的袖珍和便携式的伞打广告，其轻便、优雅和强度远远超过英国进口的或制造的任何伞"。詹姆斯·伍德福德牧师在其于 1787 年开始记录自己用伞的情况之前，一定主持过许多雨天的墓地仪式；此后，他提及伞的时候越来越多，因为它已经变成了一种惯用配件。伞注定成为英国之道（English ways）的一种转喻，它已经从一种可疑外来的、女性化的（feminine）文雅举止的表达方式，变成了一种时尚的器具，任何人都可以用它来应对英国气候的不适。

图5.7 时尚的舒适。当阵雨袭击圣詹姆斯公园（St. James Park）时，每个人都备好了伞。

Samuel Collings, *The Battle of Umbrellas* (London, 1784). 耶鲁大学刘易斯·沃尔波尔图书馆印刷藏品部惠允使用。

当亚当·斯密详述英国劳动人口在"生活必需品和便利品"上的增加和改进时，他面对的是"一种普遍的抱怨，即奢侈品甚至延伸到了最低阶层，劳苦穷人如今将不再满足于过去令其满足的食物、穿着和住宿条件"。他提出了一个问题，即大众生活水平的提高应该"被视作社会的利好还是不便"，从而承认了传统奢侈品观的力量。而他直言不讳地驳斥了传统的智慧："改善大部分人境况之物，绝不能被视作对整体的不便。"社会正义部分取决于日常食品的可获得性，比如更便宜的土豆、芜菁、胡萝卜、卷心菜、苹果和洋葱，取决于"更便宜、更好的穿着条件"，取决于"许多令人愉快的、方便的家居家具"，以及取决于更实惠的"肥皂、盐、蜡烛、皮革和酿造酒"。[28]

斯密对比了必需品和奢侈品，但他明确承认了曼德维尔的相对主义："我理解的必需品，不仅是维持生命必不可少的商品，而且是有声誉者若是没有便不体面之物，不管这个国家的风俗如何，即使是最底层的人也是如此。"他使用"舒适地"（comfortably）一词解释了亚麻衬衫如何在当时的欧洲成为一种体面，而在古希腊和古罗马人等其他文明民族中则是不必要的。（这里，曼德维尔几乎肯定直接影响了斯密，因为曼德维尔用同样的例子——亚麻衬衫来说明相同的要点。）这些比较表明，体面主要是社会习惯的问题，而非身体满足的问题。在18世纪的欧洲，没有亚麻衬衫将标志着"那种可耻的贫困程度，据推测，若非做了极端恶劣的行为，任何人都不可能陷入这种贫困"。[29]

在《国富论》中，亚当·斯密将生活的"必需品和便利品"与人们劳动的物质利益联系起来。然而，他没有一处把必需品与便利品区分开来。相反，他在总结这本书的著名的第一章，即关于劳动分工的章节时，赞颂了"延伸至最低阶层者的普遍富裕"。构成了这种富裕的物品包括一件羊毛外套、一件亚麻衬衫、鞋子、一张床、一根厨房用炉箅（kitchen-grate）以及煤块，"他那厨房的所有其他器具，他那桌子上的所有器具，刀叉，他用来上菜和分配食物、面包、啤酒的陶制或锡制盘子"，以及"这扇让阳光和热量进入，并防风挡雨的玻璃窗，……如果没有它，世界北部的这些地区将很难提供一个非常舒适的聚居地"。较高程度的劳动分工可能带来的生产多样性，让"勤劳俭朴的农民"的"适应能力"超过了野蛮社会中的统治者。（斯密所说的"野蛮社会"指的是生计依赖狩猎和捕鱼的社会。）[30]

根据亚当·斯密的观点，满足需的首要任务是避免羞耻。因此，身在英格兰的任何人都会对没穿皮鞋"出现在公共场合感到羞耻"。而在苏格兰的"最低阶层"中，只有男性（而不是女性）会感到有这种必要。在法国的"最低等人"中，无论男女，无论是穿着木鞋还是赤脚公开露面，都不会有任何"丢脸"之感。斯密区分了必需品和奢侈品，但是，他根据同一标准，即其他人的意见，对二者进行了定义。虽然得体在必需品的定义中至关重要，但奢侈品的消费可能与得体无关，只要它是"适度的"就行。奢侈品是消耗品，人们可以在不受任何"指责"的情况下放弃之——比如放弃啤酒或葡萄酒。斯密同时否认了对奢侈品的自动否定，并从定义上让大众消费模式受到尊重。[31] 舆论决定了什么才是必需，而舒适在于满足生活之必需，因此舆论现在使大众消费合法化了。

***

亚当·斯密对消费模式的分析表明，同情（sympathy）——一种通过想象他人经历的情绪和知觉以理解别人的能力——如何形塑了物质文化。在 18 世纪后期数十年里，人文主义改革家敦促人们运用同情来理解他人享有身体舒适的权利。对他人身体不适的考虑很好地融入了 18 世纪蓬勃发展的感受力文化，这种文化鼓励享有社会和经济特权的人对那些不如自己幸运者的身体和心理痛苦产生共情。这一哲学的主要体现就是监狱改革运动。杰出的监狱改革家约翰·霍华德（John Howard）[1] 确立了一种社会报道体裁，它依赖于对他人苦难敏感性的人道主义美学。他在观察囚犯悲惨状况时遇到的困难和危险，本身就是其认为设计监狱时要考虑囚犯拥有"干净、有益健康的住所"之需的同情理由。近来大多数关于 18 世纪英

---

[1] 约翰·霍华德（1726—1790 年），英国社会改革家，新教徒，年轻时曾被海盗俘虏，遭到残酷对待，后来担任郡督，致力于监狱改革。

格兰监狱改革的历史编纂作品，都遵循着福柯式的"规训与惩罚"阐释，并专注于控制和改造罪犯的专门设施的设计，但当霍华德在 1777 年写下《英格兰和威尔士的监狱实况》（*The State of the Prisons in England and Wales*）一书时，通常用于唤起同情的词"痛苦"（distress），是他最关键的一个词。为了回应霍华德早先关于囚犯出现斑疹伤寒的严重麻烦的调查结果，议会于 1774 年通过了一项保护囚犯健康的法案。霍华德的持续调查认定，囚犯的生活条件仍然无比悲惨："任何人都可以判断，在 24 个小时中，囚犯有 14 到 15 个小时挤在狭小的房间、牢房和隐匿的地牢里，他们的健康和生命受到了损害。在那样一些囚洞里，地面非常潮湿；而在另一些囚洞里，有时有一两英寸深的水；稻草或被褥铺在这样的地面上；很少铺在兵营那种床架上。"霍华德在囚犯住宿方面提议的"改进方案"，包括单独的卧室、床架（最好是铁制的）、带用于通风的装了护窗和铁条门的窗户，以及用温水洗澡的设施。霍华德甚至执意坚持要求监狱应当拥有供暖："这不仅是人性在我们的气候条件下提出的要求，而且……这对保护囚犯的健康至关重要，因为这可以促进空气流通，预防他们容易遭受的脚部疾患。"当美国寻求为战俘权利呼吁而征募盟友时，关于战俘的舒适也产生了类似的担忧，并被纳入了 18 世纪 80 年代的条约谈判中。这些权利包括囚犯不应被送往"遥远、恶劣的国家"，也不应被关押在"封闭、有害的地方"；被监禁的军官应拥有"舒适的住所，普通士兵应被安置在足够开阔的营地中，可供放风和锻炼"，并住在为本方部队提供的那种"宽敞、不错的营房里"。[32]

　　在新生的美国，关于奴隶住房舒适性的评论也开始使用类似的术语。一位对监狱改革感兴趣的波兰贵族（而他本人当过两年的政治犯），援引了关于苦难的人道主义美学来报道乔治·华盛顿的弗农山庄（Mount Vernon）种植园的奴隶制："我们走进了黑人的一间陋室，因为人们不能用'房屋'一词来称呼之。这些陋室比美国农民最惨不忍睹的农舍更惨。丈夫和妻子睡在一张破旧的草垫子上，孩子们睡在地上；里面有一个非常糟糕的壁炉，一些炊具，但在这一穷困之所中间，还有一些杯子和一个茶壶。"在提到奴隶住房时早期使用的一系列通用术语认为质量差是理所当然的，没有进一步的评论：quarters（住处）、hovels（茅舍）、huts（棚屋）、cabins（小屋）和 Negro Houses（黑人之家）。美国革命之后，旅行者在评估奴隶住房时会使用"舒适"一词，无论正面还是负面，如"经过舒适布置的家具"或"没有便利品、没有家具，没有舒适"。卫生、温暖和隐私逐渐被用来定义奴隶享有舒适的最低权利。随着"舒适"一词逐渐现身于对奴隶生活条件的谴责性描述，奴隶主们越发为自己建造的住所满足体面生活的最低标准而感到自豪，而这种标准是用贫穷的欧美人的生活水平来衡量的。一些奴隶主的这种关切，是 18 世纪下半叶发展起来的人道主义对"舒适"更广泛的定义的一部分。更为紧迫的是，面对整个欧洲大西洋文化圈的反奴隶制运动的发展，他们对这一标准的应用，满足了一种对于对待人形动产（human chattels）[1] 的方式进行道歉的需要。[33]

感受力文化确认了"不舒适"的现象，并使其易于进行合理的纠正。除了关注囚犯和奴隶的居住标准外，人道主义者还特别负责为农村穷人设计舒适的农舍，这将在下一章中说明。长期以来，这些群体的居住状况一直很悲惨，但是，直到一项新的标准——舒适，得到了贯彻，才有人定期报告或研究其不足之处。

***

到了 19 世纪之交，盎格鲁美洲的社会思想在谴责不适和促进物质消

---

[1]　人形动产，指被奴役的非洲人及其后代（enslaved persons）。

费的可接受性时，已经将追求身体舒适的欲望自然化。托马斯·马尔萨斯（Thomas Malthus）的成熟著作代表着并综合了物质文化和社会思想中舒适观念的发明：必需品与奢侈品之间的区别的不可确定性，大众消费模式的接受，建立最低舒适标准的福利主义冲动，以及通过舒适的家居环境来证明家庭生活的名望。在 1798 年《人口论》（*Essay on the Principle of Population*）初版和 1803 年的第二版之间，主要因为进行了一场将英格兰的生活条件与欧洲其他地方进行比较的旅行，马尔萨斯意识到，对舒适和便利的渴望对"道德约束"来说至关重要，这种约束会充分控制人口以维持社会的幸福。舒适要花钱，所以人们努力工作，推迟婚姻的满足，好买得起更多便利设施："在［英格兰的］一个很大的阶层中，盛行着对生活的便利和舒适的确定口味，对改善自身状况的强烈愿望（而这是公共繁荣的主要源泉），以及由此产生的最值得称赞的勤劳和富有远见的精神。"[34]

马尔萨斯对英格兰舒适生活的描绘，直接来自快乐的村民们所呈现出来的那种风格："一顿美餐，一座温暖的房屋，晚上有个舒适的炉边。"（图 5.8）马尔萨斯说，对此类舒适的欲望，"启动了那项活动的绝大部分，从中产生了文明生活的成倍进步和优势；而……对这些物品的追求，以及对这些欲望的满足，构成了人类大半部分的主要幸福（不论文明或开化的），并对人类另外部分的更精致的享受来说是不可或缺的"。

对富人来说提供了最低程度的舒适之物，穷人也需要，而穷人想会要富人的那些非常舒适的"奢侈品"，这既合情合理，又是可取的："因此，无论是对国家财富还是对民族幸福而言，最有利的是奢侈品在广大民众中的传播，而不是在少数人中的过度集中……如果人们注意到，对生活的舒适和便利的品位会阻止人们结婚，因为他们害怕失去这优渥的生活。"[35]

舒适已经变成一系列期望、实际规划和个人要求，正如罗伯特·骚塞（Robert Southey）虚构的于 1807 年参观英格兰的西班牙游客解释的那样：

图5.8 快乐的村民。虽然亲近自然，但是，这个以浪漫的笔触描绘的家庭充分满足了其对住所、食物、取暖和照明的物质需求，同时还拥有诸如鞋子、长筒女袜、丝带、大衣和礼服、烟草、翻制家具（turned furniture）、镜子和陶瓷制品等制造品。

他们的语言中有两个词让他们引以为傲，而且它们无法翻译。其一是"家"，英国人用这个词指他的房子。……其二是"舒适"；它意味着"家"的全部乐趣和优待；在这里我必须承认，这些骄傲的岛民有理由感到自豪。在他们的社交和生活方式中，他们有着我们做梦也想不到的快乐。

骚塞继续将这些理想与消费革命联系起来：

圣徒和哲学家教导我们，欲望最少的人是最聪明、最幸福的人；但在英国，哲学家和圣人都不流行。据记载，东方有一位老年暴君，他会为了发现一种新的乐趣而悬赏；——同样，如果卖家向该国人保证购买的任何东西非常方便，那么该国将给那些愿意为他们发现新需要的人提供永久的奖励。[36]

骚塞举出的此类便利品的例子包括专利开瓶器、袖珍壁炉挡板（pocket fenders）和烤叉、轻型熨斗、机械式蜡烛剪（mechanical candle snuffers）、削笔刀、指甲钳、黄瓜切片器和膝裤（knee britches）的纽扣。

注释

1. *The Diary of a Country Parson: The Reverend James Woodforde, 1758–1781*, ed. John Beresford, 5 vols. (London: Oxford University Press, 1926–1931), 4:245 (4 November 1795)

2. *Thomas Jefferson, Notes on the State of Virginia*, ed. Thomas Perkins Abernethy (MS [1785], orig. pub. 1861; New York: Torchbook, 1964; repr. Gloucester, Mass.: Peter Smith, 1976), 145–147; Benjamin Thompson, "Of

Chimney Fire-places" [1796], *Collected Works of Count Rumford*, ed. Sanborn C. Brown, 5 vols. (Cambridge: Harvard University Press, 1968–1970), 2:239.

3. Samuel Johnson, *A Dictionary of the English Language*, 2 vols. (London: J. F. and C. Rivington et al., 1785), s.v. "comfort," "comfortless," "discomfort."

4. Joan Thirsk, *Economic Policy and Projects: The Development of Consumer Society in Early Modern Britain* (Oxford: Clarendon Press, 1978); Neil McKendrick, John Brewer, and J. H. Plumb, eds., *The Birth of a Consumer Society: The Commercialization of EighteenthCentury England* (Bloomington: Indiana University Press, 1982); Lorna Weatherill, *Consumer Behaviour and Material Culture in Britain, 1660–1760* (London: Routledge, 1988); Carole Shammas, *The Preindustrial Consumer in England and America* (Oxford: Oxford University Press, 1990); John Brewer and Roy Porter, eds., *Consumption and the World of Goods* (London: Routledge, 1993); Carole Shammas, "Explaining Past Changes in Consumption and Consumer Behavior," *Historical Methods* 22, no. 2 (Spring 1989): 61–67; Peter N. Stearns, "Stages of Consumerism: Recent Work on the Issues of Periodization," *Journal of Modern History* 69, no. 1 (March 1997): 102–117. Cary Carson, "The Consumer Revolution in Colonial British America: Why Demand?" in *Of Consuming Interests: The Style of Life in the Eighteenth Century*, ed. Cary Carson, Ronald Hoffman, and Peter J. Albert (Charlottesville: University Press of Virginia, 1994), 497; Richard L. Bushman, "American High-Style and Vernacular Cultures," *Colonial British America: Essays in the New History of the Early Modern Era*, ed. Jack P. Greene and J. R. Pole, (Baltimore: Johns Hopkins University Press, 1984), 345–383; Gerard Brett, *Dinner Is Served: A History of Dining in England, 1400–1900* (Hamden, Conn.: Archon, 1968), 85–108;

Carole Shammas, "The Domestic Environment in Early Modern England and America," *Journal of Social History* 14, no. 1 (Fall 1980–81): 1–24; Lois Green Carr and Lorena S. Walsh, "Inventories and the Analysis of Wealth and Consumption Patterns in St. Mary's County, Maryland, 1658–1777," *Historical Methods* 13 (Spring 1980): 87–96; Lois Green Carr and Lorena S. Walsh, "Changing Lifestyles and Consumer Behavior in the Colonial Chesapeake," in *Of Consuming Interests*, 59–166; Peter Earle, *The Making of the English Middle Class: Business, Society, and Family Life in London, 1660–1730* (Berkeley: University of California Press, 1989), 290–301.

5. Margaret Spufford, *The Great Reclothing of Rural England: Petty Chapmen and Their Wares in the Seventeenth Century* (London: Hambledon Press, 1984), 111, 115, 119, 121. 关于非正式性的风格化，参见 Geoffrey Squire, *Dress and Society, 1560–1970* (New York: Viking Press, 1974), 103–116; Erasmus Jones, *The Man of Manners*, 3rd ed. (London: J. Roberts, 1737; repr. Sandy Hook, Conn.: Hendrickson Group, 1993), 12。

6. Beverly Lemire, *Fashion's Favourite: The Cotton Trade and the Consumer in Britain, 1660–1800* (Oxford: Oxford University Press, 1991), 6–7; Patricia Trautman, "Dress in Seventeenth-Century Cambridge, Massachusetts: An Inventory-Based Reconstruction," in *Early American Probate Inventories*, ed. Peter Benes (Boston: Boston University Press, 1989), 55, 60, 70–71; François Boucher, *20,000 Years of Fashion: The History of Costume and Personal Adornment* (New York: Harry N. Abrams, 1987), 261, 273–274, 294–295, 448. 关于穿撑条之需，参见 Mrs. Delany to Mary Dewes Port, 1 October 1775, *The Autobiography and Correspondence of Mary Granville, Mrs. Delany*, 2nd ser., ed. Lady Llanover, 3 vols. (London: Richard Bentley, 1862),

2:160; Walpole to Richard Bentley, 6 March 1755, *The Yale Edition of Horace Walpole's Correspondence*, ed. W. S. Lewis ct al., 48 vols. (New Haven: Yale University Press, 1938–1983), 35:213; William Hogarth, *The Analysis of Beauty, with the Rejected Passages from the Manuscript Drafts and Autobiographical Notes*, ed. Joseph Burke ([1753]; Oxford: Clarendon Press, 1955), 65。关于对撑条的批评，参见 John Locke, *Some Thoughts Concerning Education*, ed. John W. and Jean S. Yolton ([1693]; Oxford: Clarendon Press, 1989), 90–91; Aileen Ribeiro, *The Art of Dress: Fashion in England and France, 1750–1820* (New Haven: Yale University Press, 1995), 62–75, quoting William Barker, *A Treatise on the Principles of Hair-Dressing* (c. 1780), 45; Anne Buck, *Clothes and the Child: A Handbook of Children's Dress in England, 1500–1900* (New York: Holmes & Meier, 1996), 74–75, 114, 185–186, 192, 210–211; Jane Ashelford, *The Art of Dress: Clothes and Society, 1500–1914* (London: National Trust, 1996), 191; Elizabeth Ham, *Elizabeth Ham by Herself, 1783–1820*, ed. Eric Gillett (London: Faber & Faber, 1945), 27。

7. Robert F. Trent, "Mid-Atlantic Easy Chairs, 1770–1820: Old Questions and New Evidence," *American Furniture* 1993, ed. Luke Beckerdite (Hanover, N.H.: Chipstone Foundation, 1993), 201–211; Clive Edwards, "Reclining Chairs Surveyed: Health, Comfort, and Fashion in Evolving Markets," *Studies in the Decorative Arts* 6, no. 1 (Fall–Winter 1998–1999): 32–67; Elisabeth Donaghy Garrett, *At Home: The American Family, 1750–1870* (New York: Harry N. Abrams, 1990), 124–125. 关于安乐椅确定了"我们的舒适标准"这一太容易被人攻击的论断，参见 John Gloag, *A Social History of Furniture Design from B.C. 1300 to A.D. 1960* (New York: Bonanza, 1966), 120. 关于椅子与地位的关系，see ibid., 1, 63, 74, 93, 120, 127。

8. *The Gentleman and Cabinet-maker's Director*, 3rd ed. (London: Thomas Chippendale, 1762), 6, 17, 20; *Gentleman and Cabinet-maker's Director*, 1st ed., 11; A. Hepplewhite, *The Cabinet-Maker and Upholsterer's Guide* (London: I. and J. Taylor, 1788), preface, 1–24.

9. Francis Nivelon, *The Rudiments of Genteel Behavior* (London, 1737), 25. 关于文雅，参见 Norbert Elias, *The Civilizing Process*, trans. Edmund Jephcott, 2 vols. (orig. publ. in German, 1939; New York: Pantheon Books, 1982 [vol. 2]); Jacques Revel, "The Uses of Civility," in *A History of Private Life*, ed. Georges Duby, trans. Arthur Goldhammer, 5 vols. (Cambridge: Harvard University Press, 1988), 167–205; Roger Chartier, "From Texts to Manners: A Concept and Its Books: Civilité between Aristocratic Distinction and Popular Appropriation," in *The Cultural Uses of Print in Early Modern France*, trans. Lydia G. Cochrane (Princeton: Princeton University Press, 1987), 71–109; Richard L. Bushman, *The Refinement of America: Persons, Houses, Cities* (New York: Alfred A. Knopf, 1992), esp. 57–58 on "ease"; Carson, "Consumer Revolution"。

10. Carr and Walsh, "Changing Lifestyles," 130–133; James Horn, *Adapting to a New World: English Society in the Seventeenth-Century Chesapeake* (Chapel Hill: University of North Carolina, 1994), 307–328.

11. John Sekora, Luxury: *The Concept in Western Thought, Eden to Smollett* (Baltimore: Johns Hopkins University Press, 1977), 1–62; Christopher J. Berry, *The Idea of Luxury: A Conceptual and Historical Investigation* (Cambridge: Cambridge University Press, 1994), chaps. 2–4; Johnson, *Dictionary of the English Language*, s.v. "necessity."

12. Joyce Oldham Appleby, *Economic Thought and Ideology in*

Seventeenth-Century England (Princeton: Princeton University Press, 1978), 158–198, quoted 164–165; Joyce Oldham Appleby, "Ideology and Theory: The Tension between Political and Economic Liberalism in Seventeenth-Century England," *American Historical Review* 81, no. 3 (June 1976): 499–516, esp. 504; Gordon Vichert, "The Theory of Conspicuous Consumption in the Eighteenth Century," in *The Varied Pattern: Studies in the Eighteenth Century*, ed. Peter Hughes and David Williams, (Toronto: A. M. Hakkert, 1971), 253–267; Neil McKendrick, "The Consumer Revolution of Eighteenth-Century England," in *The Birth of a Consumer Society*, 9–33.

13. *Nicholas Barbon on A Discourse of Trade* ([1690]; repr. Baltimore: Lord Baltimore Press, 1905), 14, 21, 33; Ann Bermingham, *Landscape and Ideology: The English Rustic Tradition, 1740–1860* (Berkeley: University of California Press, 1980), 18–19, quoting Addison. Jules Lubbock, *The Tyranny of Taste: The Politics of Architecture and Design in Britain, 1550–1960* (New Haven: Yale University Press, 1995), 96–99; John Locke, *A Letter Concerning Toleration*, trans. from Latin by William Popple (London: Awnsham Churchill, 1689), 6; Lubbock, *Tyranny of Taste*, 100; E. J. Hundert, "Bernard Mandeville and the Enlightenment's Maxims of Modernity," *Journal of the History of Ideas* 56, no. 4 (October 1995): 590.

14. *The Oxford English Dictionary*, ed. J. A. Simpson and E. S. C. Weiner, 2nd ed., 20 vols. (Oxford: Clarendon, 1989), s.v. "commodious," "convenience." Henry Marty, "Considerations on the East-India Trade" [1691], in *A Select Collection of Early English Tracts on Commerce*, ed. J. R. McCulloch, (1856; repr. Cambridge: Cambridge University Press, 1954), 558; Erasmus Jones, *The Man of Manners* (1737; repr. Sandy Hook, Conn.: Hendrickson Group, 1993),

10, 12; [John] Trusler, *The London Adviser and Guide* (London: n.p., 1786), 120–124.

15. Joseph Addison and Richard Steele, *The Spectator*, ed. G. Gregory Smith, 8 vols. (New York: E. P. Dutton, 1930), no. 260 (28 December 1711), 1:35; no. 127 (26 July 1711), 2:165; see also no. 265 (3 January 1712), 4:54–55; no. 478 (8 September 1712), 7:18; John Brewer, "'The Most Polite Age and the Most Vicious': Attitudes towards Culture as a Commodity, 1660–1800," in *The Consumption of Culture, 1600–1800*, ed. Ann Bermingham and John Brewer (New York: Routledge, 1995), 342–350; Beth Kowaleski-Wallace, "Tea, Gender, and Domesticity in Eighteenth-Century England," *Studies in Eighteenth-Century Culture* 23 (1994): 133. 关于妇女在新消费模式中的主动性，参见 Garrett, *At Home*, 249–260。

16. Bernard Mandeville, *The Fable of the Bees: Or Private Vices, Publick Benefits*, 6th ed. (1732), ed. F. B. Kaye, 2 vols. (repr. of 1924 ed.; Indianapolis: Liberty Classics, 1988), 1:25–26, 107–108, 169, 183.

17. Mandeville, *Fable of the Bees*, 1:107, 155.

18. Ian Watt, *The Rise of the Novel: Studies in Defoe, Richardson and Fielding* (Berkeley: University of California Press, 1957), 74, 86; Daniel Defoe, *The Life and Adventures of Robinson Crusoe* ([1719]; London: Penguin Books, 1965), 66–67.

19. Defoe, *Robinson Crusoe*, 72–75, 82, 84–85, 89, 91, 93.

20. Ibid., 112–115, 125, 129–134, 139–141, 144–146, 196–197; Andrew Varney, "Mandeville as a Defoe Source," *Notes and Queries*, n.s., no. 1 (vol. 228 in cont. series) (February 1983): 26–29. Daniel Defoe, *The Complete English Tradesman*, 3rd ed., 2 vols. (London: C. Rivington, 1732), 1:318.

21. David Hume, *Essays Moral, Political, and Literary*, ed. Eugene F. Miller, (rev. ed.; Indianapolis: Liberty Classics, 1987): "Of Refinement in the Arts" (1760), 268, 276; "Of the Delicacy of Taste and Passion" (1741), 5–6; "Of the Middle Station of Life" (1742), 546. Adam Ferguson, *An Essay on the History of Civil Society* (Edinburgh: A. Millar, T. Caddel, A. Kincaid, and J. Bell, 1767), 376–377; Francis Hutcheson, *A System of Moral Philosophy* (London, 1755), 1:287, as quoted in Adam Smith, *An Inquiry into the Nature and Causes of the Wealth of Nations* [1776], ed. R. H. Campbell and A. S. Skinner, 2 vols. (Oxford, 1976; repr. Indianapolis: Liberty Classics, 1981), 1:23–24n.

22. *The Good of the Community Impartially Considered* (Boston, 1754), quoted in T. H. Breen "The Meanings of Things: Interpreting the Consumer Economy in the Eighteenth Century," in *Consumption and the World of Goods*, ed. John Brewer and Roy Porter (London: Routledge, 1993), 258（强调系原书所加）; John Brown, *An Estimate of the Manners and Principles of the Times* (Dublin: G. Faulkner, J. Hoey, and J. Exshaw, 1757), 17, 24–27; John Dickinson, *Letters from a Farmer in Pennsylvania to the Inhabitants of the British Colonies: The Writings of John Dickinson, ed. Paul Leicester Ford*, 2 vols. (Philadelphia: Historical Society of Pennsylvania, 1895), 1:354–355. 关于作为一个公共议题的生活标准，参见 James Raven, "Defending Conduct and Property: The London Press and the Luxury Debate," in *Early Modern Conceptions of Property*, ed. John Brewer and Susan Staves (London: Routledge, 1995), 308。

23. J. G. A. Pocock, *The Machiavellian Moment: Florentine Political Thought and the Atlantic Republican Tradition* (Princeton: Princeton University

Press, 1975), chaps. 13, 14; John Robertson, "The Scottish Enlightenment at the Limits of the Civic Tradition," in *Wealth and Virtue: The Shaping of Political Economy in the Scottish Enlightenment*, ed. Istvan Hont and Michael Ignatieff (Cambridge: Cambridge University Press, 1983), 137–178; Istvan Hont, "The 'Rich Country–Poor Country' Debate in Scottish Classical Political Economy," in ibid., 271–317. John Adams to Abigail Adams, 5 July 1774, 20 September 1774; Abigail Adams to John Adams, 16 October 1774, *Adams Family Correspondence*, ed. L. H. Butterfield et al. (Cambridge: Harvard University Press, 1963), 1:125, 161, 173; David E. Shi, *The Simple Life: Plain Living and High Thinking in American Culture* (New York: Oxford University Press, 1985), 61–65. 关于妇女对奢侈品的倾向以及她们用自己品味加以中和的责任的刻板印象，参见 G. J. Barker-Benfield, *The Culture of Sensibility: Sex and Society in Eighteenth-Century Britain* (Chicago: University of Chicago Press, 1992), 190–214。

24. Adam Smith, "Report of 1762–1763," *Lectures on Jurisprudence*, ed. R. L. Meek, D. D. Raphael, and P. G. Stein (1978; repr. Indianapolis: Liberty Classics, 1982), 334–339.

25. Josiah Tucker, "Instructions for Travellers" (1758), in *Josiah Tucker: A Selection from His Economic and Political Writings*, ed. Robert Livingston Schuyler (New York: Columbia University Press, 1931), 245–246; Adam Smith, "Of the Effect of Utility upon the Sentiment of Approbation," in *The Theory of Moral Sentiments* (1759), ed. D. D. Raphael and A. L. Macfie (Oxford, 1976; repr. Indianapolis: Liberty Press, 1982), part IV, chap. i, para. 1; IV.i.8; IV.i.9; IV.i.10; Smith, Wealth of Nations, book I, chap. i, para. 11; III.i.2.

26. 《鲁滨孙漂流记》（1720 年）的首个法语版，不像早期的英文版，展示着他拿了把伞的样子；David Blewett, The Illustration of "Robinson Crusoe" 1719–1920 (Gerrards Cross, Buckinghamshire: Colin Smythe, 1995), 26–32. 关于伞作为法式"庸俗奢侈的"消费之物，参见 Cissie Fairchilds, "The Production and Marketing of Populuxe Goods in Eighteenth-Century Paris," in *Consumption and the World of Goods, ed. John Brewer and Roy Porter* (London: Routledge, 1993), 235–239。

27. Walpole to John Chute (3 October 1765), Lady Hertford to Walpole (25 September 1775), *Horace Walpole's Correspondence*, 31:215, 35:112, 39:267; "The Battle of Umbrellas," *Wit's Magazine* (London, August 1784), 286–288; George Paston, *Social Caricature in the Eighteenth Century* (London: Methuen, 1905), 23–24, 30, pls. 18–19, 39; Woodeford, *Diary of a Country Parson; Trusler, London Adviser*, 115. 关于英国的用法，参见 William Edward Hartpole Lecky, *A History of England in the Eighteenth Century*, 8 vols. (London: Longmans, Green, 1887), 6:146–147; Jeremy Farrell, *Umbrellas and Parasols* (London: B. T. Batsford, 1985), 7–8, 19–37.

28. Smith, *Wealth of Nations*, (bk.)I.viii.35–36.

29. Ibid., V.ii.(sec.)k, 2–3.

30. Ibid., I.i.11, 23; 关于斯密使用"生活必需品和便利品"表述的情况，参见 pp. 10, 47, 51, 95, 176, 297。

31. Ibid., V.ii.k.3, 869–870; Robert Boyden Lamb, "Adam Smith's System: Sympathy not Self-Interest," *Journal of the History of Ideas* 35, no. 4 (October–December 1974): 679–680; Nathan Phillipson, "Adam Smith as Civic Moralist," in *Wealth and Virtue: The Shaping of Political Economy in the Scottish Enlightenment*, ed. Istvan Hont and Michael Ignatieff (Cambridge: Cambridge University Press, 1983), 179–234.

32. 关于在 18 世纪，对身体上的痛苦在情感上的同情有所增强的意识，参见 Thomas W. Laqueur, "Bodies, Details, and the Humanitarian Narrative," in *The New Cultural History*, ed. Lynn Hunt (Berkeley: University of California Press, 1989), 176–204; Jay Fliegelman, *Prodigals and Pilgrims: The American Revolution against Patriarchal Authority* (New York: Cambridge University Press, 1982), 25–26, 117–122; Barker-Benfield, *Culture of Sensibility*, 8–9, 215–220, 224–231; Karen Halttunen, "Humanitarianism and the Pornography of Pain in Anglo-American Culture," *American Historical Review* 100, no. 2 (April 1995): 303–309; Carolyn D. Williams, "'The Luxury of Doing Good': Benevolence, Sensibility, and the Royal Humane Society," in *Pleasure in the Eighteenth Century*, ed. Roy Porter and Marie Mul vey Roberts (Washington Square, N.Y.: New York University Press, 1996), 77–107。John Howard, *The State of the Prisons in England and Wales*, 3rd ed. (Warrington: William Eyres, 1784), 1–3, 22–23, 32, 38–39, quoted 7, 38。关于监狱的室内陈设，参见 Christopher Gilbert, *English Vernacular Furniture 1750–1900* (New Haven: Yale University Press, 1991), chap. 13。关于监狱改革，参见 Rod Morgan, "Divine Philanthropy: John Howard Reconsidered," *History* 62, no. 206 (October 1977): 388–411; Michael Ignatieff, *A Just Measure of Pain: The Penitentiary in the Industrial Revolution, 1750–1850* (New York: Pantheon Books, 1978); Robin Evans, *The Architecture of Virtue: English Prison Architecture, 1750–1840* (New York: Cambridge University Press, 1982)。Robert Alan Cooper, in "Ideas and Their Execution: English Prison Reform," *Eighteenth-Century Studies* 10, no. 1 (Fall 1976): 80, 指出，霍华德本人是个"人文主义者"，"对减少大量的死罪没有兴趣"，参见 Janet Todd, *Sensibility: An Introduction* (London: Methuen, 1986), 2–3。关于战俘的权利，参见 "Projet of a Treaty Submitted

by the American Commissioners" (1786), *The Papers of Thomas Jefferson*, ed. Julian P. Boyd, 27 vols. to date (Princeton: Princeton University Press, 1954), 9: 419–420; Joyce Appleby, "Consumption in Early Modern Social Thought," in *Consumption and the World of Goods*, ed. John Brewer and Roy Porter (London: Routledge, 1993), 169。霍华德曾报道过美国独立战争期间战俘的状况；参见 *State of the Prisons*, 184–194。

33. Julian Ursyn Niemcewicz, *Under Their Vine and Fig Tree: Travels through America in 1797–1799, 1805 with Some Further Account of Life in New Jersey* (Collections of the New Jersey Historical Society, Newark, item #14), ed. and trans. Metchie J. E. Budka (Elizabeth, N.J.: Grassman Publishing, 1965), 33–35, 100; Isaac Weld, *Travels through the States of North America, and the Provinces of Upper and Lower Canada, during the Years 1795, 1796, and 1797* (London: John Stockdale, 1799), 85; J. F. D. Smyth, *A Tour in the United States of America*, 2 vols. (London: G. Robinson, 1784), 1:76. Bernard L. Herman, "Slave Quarters in Virginia: The Persona Behind Historic Artifacts," *The Scope of Historical Archaeology: Essays in Honor of John L. Cotter*, ed. David G. Orr and Daniel G. Crozier (Philadelphia: Laboratory of Anthropology, Temple University, 1984), 274. 关于为回应人道主义者而对奴隶制所作的辩护，参见 Joyce E. Chaplin, "Slavery and the Principle of Humanity: A Modern Idea in the Early Lower South," *Journal of Social History* 24, no. 2 (Winter 1990): 299–313; John Drayton, *A View of South Carolina, as Respects Her Natural and Civil Concerns* (Charleston: W. P. Young, 1802), 144–149。关于适用于奴隶居住情况的术语，参见 Dell Upton, "Slave Housing in Eighteenth-Century Virginia: A Report to the Department of Social and Cultural History, National Museum of American History, Smithsonian Institution" (July 1982), 5;

Philip D. Morgan, *Slave Counterpoint: Black Culture in the Eighteenth-Century Chesapeake and Lowcountry* (Chapel Hill: University of North Carolina Press, 1998), 104–121。

34. Thomas Malthus, "An Essay on the Principle of Population: The Sixth Edition (1826) with Variant Readings from the Second Edition (1803)," *The Works of Thomas Robert Malthus*, ed. E. A. Wrigley and David Souden, 9 vols. (London: William Pickering, 1986), 3:520; E. A. Wrigley, "Malthus on the Prospects for the Labouring Poor," *Historical Journal* 31, no. 4 (1988): 813–829; D. E. C. Eversley, *Social Theories of Fertility and the Malthusian Debate* (Oxford: Clarendon, 1959), 211.

35. Malthus, "Essay on the Principle of Population," 3:466–468.

36. Robert Southey, *Letters from England: By Don Manuel Alvarez Espriella. Translated from the Spanish*, 2 vols. (London, 1807), 1: 180, 182. 关于对"广泛享受舒适的前景"的共和主义乐观主义，参见 Joyce Appleby, *Capitalism and a New Social Order: The Republican Vision of the 1790s* (New York: New York University Press, 1984), 90–91。

第六章　启蒙的舒适：火炉与灯具

　　随着身体舒适的价值变得更加明确和令人向往，其改进技术获得了知识上的声望。在这方面，本杰明·富兰克林（Benjamin Franklin）是18世纪启蒙哲学家中的典范，他对历史、人类学和有关基本家庭舒适的科学都感兴趣。他致力于缩小舒适的理想与技术之间的差距。他提倡使用鲸油蜡烛，以获得稳定、干净的照明；他建议人们在睡觉的房间进行通风实验，以改善睡眠；他的名字成了无烟和不通风供暖（draft-free heating）的同义词。[1]他意识到，改善舒适感的障碍更多的是文化上的，而不是技术上的，为了消除这些障碍，他敦促读者质疑物质文化方面的专家权威，并超越他们在家居环境方面的民族优越感。

　　在宾夕法尼亚，富兰克林可以考虑家庭舒适方面的来自其他民族的一系列替代方案。他特别留意了尼德兰人和德意志人使用火炉的方法，他们将这些火炉完全封闭，而且只用于取暖的目的。这种火炉减少了气流，因为它们要么从供暖的房间外面吸入燃烧的空气（在德意志人的支腿壁炉的例子中），要么根据所需火焰的强度严格调节燃烧空气［在独立式尼德兰火炉（ferestanding Dutch stoves）的例子中］。富兰克林将这些火炉的干净的温暖（clean warmth）与英格兰殖民者中流行的两种壁炉类型提供的温暖进行了对比：一种是高而深的炉灶开口（hearth openings）的传统设计，另一种是"低膛、窄壁炉"的"新时尚"风格。在传统的大型壁炉中，人们可以温暖地坐在烟囱之中，而烟囱本身也被用来烘干和熏制食物，就像农民传统上在中央明火灶上方使用椽子一样。有了这样的壁炉，用于在日间获得舒适的主要家具，有背长凳（settle bench），实际上成了壁炉的第四道墙，旨在将壁炉空间内的使用者隔离开来，以阻止气流进入房间的其他部分。随着人们走出他们的壁炉，这些传统壁炉正在被上流社会的设计取而代之："近年来，城镇中的大多数老式烟囱都被简化为前文中的第二种类型了，方法是在其内部建造侧壁，缩小壁炉的宽度，并制作一个低拱或低膛。"从富兰克林的观点来看，这两种带烟囱的壁炉都需要在令人舒适的热量和烟带来的不适之间进行易引起反感的权衡。当它们变得烟气弥漫，令人难以忍受时，有必要打开一扇外门来增加通风量，因此不可能用这种壁炉给整个房间供暖："我想我们的祖先从来没有想过为了待在室内而给房间供暖；他们想要的只是有一个生火的地方，这样在寒冷的时候他们可以借此取暖。"[2]

在美洲殖民地乡村住宅中发现的传统壁炉，在物理上接近热源和光源，类似于欧洲农民的明火灶。新的、更小的壁炉是一种改进，因为其更小的烟囱表面（chimneyface）使得烟气更少，而且它们不需要一扇打开的门来通风；不过它们仍然需要室内空气进行燃烧，而空气是它们通过墙壁上的所有小开口吸入的。新的壁炉只是给人一种将家庭生活与自然环境分开的错觉。比起传统的壁炉，它们更干净，但并没有明显更加温暖。由于它们改善了生活方式，而非舒适度，所以对其技术缺陷的科学解决之道可以通过"习俗和想象"的力量来调和——在这种情况下，就是使用装饰性的烟囱架。拥有"大而优雅的房间"的欲望，需要有"更大烟囱的外观"来展示"昂贵的大理石边缘装饰"。

也许，随着时间的推移，就事物的本质而言最合适的东西可能会被认为是最漂亮的。但在当下，当不同国家的男人和女人都对上帝赋予他们的头、腰和脚的形状表示不满，并假装将其塑造得更完美时，很难指望他们总是会满足于最好的烟囱形式。我知道，有些人如此执着于一个高贵的大开口，他们宁愿把家具弄坏，眼睛弄得酸痛，皮肤几乎熏成熏肉，也不愿改变它。

富兰克林视建筑师为时尚而非科学启蒙的仆人，这便给这个问题带来了一系列完全不恰当的担忧："一般来说，建筑师对烟囱开口的比例没有其他想法，除了对称和美观，以及符合房间的尺寸；而依照其功能和效用，其真正的比例则取决于其他很多原则。"他哀叹道，在壁炉的设计中，取暖的实际必要性通常是次要考虑因素；烟囱架的时尚风格优先于高效和舒适。[3]

富兰克林领会到，大多数人喜欢他们的生活方式，并抵制替代选择。18 世纪初，五盘德意志式支腿火炉（five-plate German jamb stoves，由房间外面的火供暖，通常是放在厨房）与尼德兰人的六盘火炉（six-plate stoves）（从被供暖的房间内提供燃料），就在他儿时居住的波士顿为人所知并得以使用，但并不广泛。英格兰人之所以拒绝使用火炉，正是因为它们的技术优点：它们如此有效地消除了气流，以致使房间看起来令人窒息。英格兰人对使用这种火炉怀有一长串的偏见：它们维持了一种"呼吸和汗水相互呼出"的恶臭气氛，"这对那些不习惯它的人来说是非常不愉快的"；火炉本身便散发出一股如熟蜡烛油和唾沫般难闻的气味；而且它们过度的温暖让人"变得纤弱且容易感冒"。富兰克林知道，盎格鲁美洲人采用他的火炉时需要更一丝不苟的家庭行为：人们将不得不避免在火炉上吐痰，以查看火炉是否是热的这种"考虑不周、肮脏、不礼貌的习惯"，而且他们需要更频繁地用肥皂清洁火炉的表面。但是，对使用火炉的最大阻力来自英格兰人对一定要能看到明火的坚持，而火炉就定义而言掩盖了明火。面对选择，他们觉得忍受一些烟比忍受太多温暖要好。[4]

富兰克林将自己认同为科学启蒙亚文化中的成员，而这种亚文化批评在家居环境中将时尚优先于舒适的做法。富兰克林在确立了在大西洋两岸的科学声誉后，没有把这些技术问题放在一边，而是成为启蒙运动中关于烟囱方面的权威。当大卫·休谟的表亲卡姆斯勋爵（Lord Kames）写信给他，就诸如新房屋中冒着烟的烟囱这样一件平凡之事向他征求意见时，他并不生气。"长期以来，我的观点与你表达的观点相似。"富兰克林回复道，"我认为幸福更多地在于每天都会发生的小小的便利或快乐，而非在于世间会发生，但很少在一个人一生中发生的鸿运。"塞缪尔·约翰逊博士在评论卡姆斯勋爵的家乡苏格兰的窗户玻璃的不足之处时，表达了几乎相同的观点：

> 必须铭记，生活不是由一系列杰出的行为或优雅的享受组成的；我们的大部分时间是在满足生活需要、履行日常职责、消除小小不便、获得琐碎的乐趣中度过的；当生活的主流平稳地向前流淌，我们会时好时坏，或者是被小小的障碍和频繁的干扰所困扰。每个国家的真正状态就是日常生活（common life）的状态。[5]

启蒙思想家们将舒适置于教化进程（civilizing process）的核心：对其的改进，要求人们在新技术产生巨大社会影响之前就要重新思考惯常的生活方式。

科学与烟气弥漫的烟囱

自普罗米修斯时代以来，西欧居民一直生活在烟气缭绕的室内环境中，同时只会偶尔表达逆来顺受式的抱怨。他们忽视了明火灶的替代品，比如古代的火坑和日耳曼和斯拉夫文化的密闭火炉（airtight stoves）。但在 18 世纪，有技术头脑的改革者们开始表达自己再也无法忍受生活在烟气中的情绪。这种感受力在法国尤其强烈，巴黎的公寓和住宅中使用炉灶的情况变得频繁起来，因为人们已经认识到烟囱的烟会刺激眼睛，弄脏墙壁和家具，并威胁健康。狄德罗的《百科全书》（*Encyclopédie*）就用 "Cheminée"（烟囱）这一词条来解释启蒙运动期间家居环境的一种重新定位：从烟气缭绕的炉灶到镜子和镜子所反映的时髦舒适，对家居环境时尚的关注加重了对烟气弥漫的室内问题的关注：

> 许多有才干、有创意的艺术家，他们走遍欧洲，学习建筑知识，在这个国家设计和建造了诸多建筑，其强度、轻盈度和优雅度远远优于任何国外的建筑，然而——提到这一点我们定会感到惊讶，他们竟然忽略了便利性的原则，若要使从农舍到宫殿的每一处住所都是舒适的，就必须适当地执行这项原则！[6]

从该世纪初到该世纪末，一本又一本小册子使用牛顿物理学、新型的技术插图和实际实验来解释如何减轻最令人反感的家庭不适。

作为一种热源，壁炉本身成为科学创新的对象。改革者们试图将家居环境设计的重点从时尚转向舒适技术。通过比较两部伟大的 18 世纪百科全书对烟囱的处理方式，可以明显地看出这种转变。在 18 世纪中叶，《百科全书》使用 "Cheminée" 一词来讨论家庭使用镜子的情况，而在 18 世纪 70 年代，《不列颠百科全书》（*Encyclopaedia Britannica*）是在 "smoke"（烟）这一词条下处理烟囱的。这个词条是一篇 8 页长的论文，撰写者是苏格兰著名政治经济学家和农业改革者詹姆斯·安德森（James Anderson）。安德森提醒他的读者们：

烟是一种浓密的、有弹性的蒸汽，由燃烧的物体产生。由于这种蒸汽让感官极为不快，而且往往有害健康，所以，人类已经发明了几种精巧的装置来享受火的益处，而不会被烟烦扰。这些精巧的装置中，最普遍的是一根管道，它从点火的房间通向建筑物的顶部，烟气通过它上升并扩散到大气中。这些管道被叫作烟囱；当它们以适当的方式建造时，它们将完全带走烟；但是，如果建造不当，它们会不完全带走烟，使居民非常恼火。

因为自己的大多数读者都与烟气弥漫的烟囱带来的不适共存，安德森知道，他"指出为完全排放烟气烟囱应当遵循的建造方式，解释通常遭到抱怨的种种缺陷产生的原因，以及消除缺陷的方法，是他能提供的最能为公众所接受的服务"（图6.1）。安德森将供暖技术与文明的进步紧密联系在一起："随着人类在文明上取得进步，当他们在自己的环境中感觉轻松，并形成了一种更充分的享受的观念；当他们获得了清洁的观念，并感觉到享受它是多么奢侈时，他们家中的烟就会变得非常不方便，会被视作家庭享受的最大障碍之一。"[7]

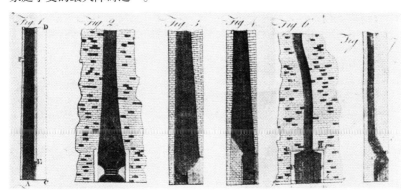

图6.1　烟囱设计的比较。

James Anderson, *A Practical Treatise on Chimneys* (Edinburgh: T. Cadell, 1776), facing 130. 特拉华州温特图尔市温特图尔图书馆印刷书刊藏品部惠允使用。

安德森的文章总结了欧洲科学共同体长达一个世纪的跨大西洋的努力，即将波义耳（Boyle）的气体力学（pneumatics）和牛顿物理学的发现应用于北温带气候下的家庭舒适的基本问题上——如何拥有一个干净、温暖的家庭空间。虽然烟囱已经在西欧使用了几个世纪，但只是在 17 世纪中叶（是为了炼金，而非供暖）才有人首次科学地描述烟道对燃烧的影响。1713 年，尼古拉斯·戈热（Nicolas Gauger）用《火的机理，或如何增加其效果并减少其费用：展示一种新型壁炉的设计，这种壁炉比普通壁炉供暖更好，且不会导致烟气弥漫》一文定义了与家庭供暖有关的问题。当戈热出版了《火的机理》（*La méchanique du feu*）一书时，他是个三十出头的律师，在巴黎高等法院（Parlement de Paris）任职，担任王室审查官（royal censor）。他是议员（省级法院的贵族）的典型，这些人组成了支持实验哲学的最团结的法国团体，而他自己也在物理和化学方面进行了公开演示。他的法国式教育不可避免地为他提供了笛卡儿式的训练，但是，他对光线折射的兴趣也促使他使用了牛顿的理论。他的实验致力于开发用于大气测量的温度计和气压计，并于 1710 年发表了他的发现，《火的机理》。[8]

戈热对理论和实验的科学关注，直接影响到了他在烟囱上的技术工作。正如戈热所撰著作的标题所示，他挪用了机械论的光学理论并将其应用于热学："热射线"（rays of heat）是"从火中喷射出来的燃料颗粒"。一旦射出，热射线会"遵循与光线相同的规律"。当它们撞击固体物体时，"它们的入射角等于反射角"。然而，戈热一提出热运动的这种机械论的解释，他就从"经验"中补充了一个定性推论，即"所有受热的小的实体（Bodies）都努力向上运动"："然后，一束热射线根据它从火中接收到的方向及其不断向上的趋势，通过由其脉冲组成的复合运动（compound motion）继续前进。"火的热量来自"其组成部分的运动"，但在"普通的烟囱"中，只有"很少的直射光线，少之又少的反射光线"会到达房间内的居住者身上，使他们感到温暖。戈热通过应用一些简单的反射几何（reflective geometry）弥补了这个缺陷。戈热没有依靠火射线的随机轨迹来获得令人舒适的热量，而是设计了一个金属火炉，炉子背面有抛物线形状的垂直表面，好将热射线引导至生活空间（图 6.2）。[9]

尽管戈热忠于热量的运动说，但是他将自己的大部分独创性思维应用于通过"蒸腾作用"而非"直射或反射光线"实现的令人舒适的热量的传递。他的壁炉将室外的空气（通过图中标注的 D）直接送入火炉的进气箱（airbox）（通过图中标注的 y），在不先与室内空气混合的情况下进行加热。当来自外部的空气通过壁炉后面进气箱中的挡板（图中标注的 G, H, I）时，温度会升高，然后进入房间［通过圆柱形调风器（cylindrical register），在左上角］置换冷空气。当它与较冷的空气接触冷却时，这些之前没有直接接触火的空气会返回支持燃烧，然后通过烟囱，并被来自外部的新加热的空气取而代之。戈热描述了一个测量这一过程发生速率的实验："如果一张纸 P 通过一根线挂在天花板上，对着 R 孔，热空气通过 R 孔进入房间，那么，空气会在进入房间之前就让摆在它跟前的纸张移动；现在，如果纸张在一秒钟的第四部分被压入两英尺，而这个洞是六英寸见方的，那么在一秒钟内会有超过两平方英尺的空气进入房间。"[10] 根据一个房间的容积推断出的这个速率，表明了壁炉的气流如何迅速改变了房间的空气。

科学的理论和测量为戈热的壁炉提供了最明确的建议。他承诺严格控制环境对家庭生活的冒犯。他的壁炉给出通风和烟气之间传统权衡的一种替代方案："门或窗上的每一条裂缝或通道，以及每一个小裂缝都可以被堵住，而不用担心房间冒烟；然而，当以常见的方式建造烟囱时，有时，必须让外部的空气从门或窗进入，以防止烟囱冒烟。"暖气出口处的阀门允许加热的空气和新鲜的空气精确混合，以根据生火对通风的需求来调整房间的温度。[11]

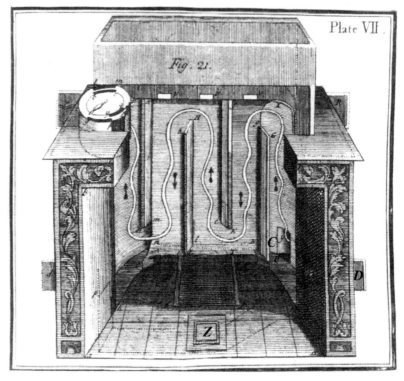

图6.2　尼古拉·戈热的火炉剖面。外部空气通过图中标注的D进入火炉，然后，要么穿过图中标注的C借助加热进气箱加入室内空气，要么穿过图中标注的Z在壁炉中燃烧。

[Nicolas Gauger], *Fires Improv'd* (London: J. Senex, 1715), pl. 7. **特拉华州温特图尔市温特图尔图书馆印刷书刊藏品部惠允使用。**

　　戈热主要是从健康的角度来讨论舒适。他试图通过证明冷空气而不是热空气是有害的，来扭转公众对"热空气不健康"（unwholsome）的担忧。戈热认为，热和冷是不同形状和速度的粒子，因此在这里，他残余的笛卡儿主义得以显现。只有"非常热的空气"才是不健康的，那是因为"它的热量来自异质体（heterogeneous bodies）的混合物，是大火产生的燃料的一部分，而且是在被火炉加热的空气中发现的"。冷空气的"颗粒"是"如此坚硬，以致我们身体的热量可以使它们运动，使其产生如此强烈的冲击，在某种程度上破坏了我们身体各个部分的连续性，撕裂了我们的纤维，特别是伤害了我们的肺（空气不断涌入），从而导致几次瘟热"。他还驳斥了"走出温暖的房间，进入寒冷的空气会使人容易感冒"这一流行观点。烧旺的炉火与易患感冒之间的关联，不是源于一个人离开的那个房间的温暖，而是源于房间本身内部的冷热差异，"身体的一部分是冷的，而另一部分几乎被烧焦了"。因为戈热的壁炉完全从外部来源将空气加热，所以，它"有规律地"将热量传递给"整个身体，［在那里］它被保留的时间会更长"。他作证说，他在使用新壁炉的十年里没有患过一次感冒。[12]

约翰·特奥菲卢斯·德萨吉利埃斯（John Theophilus Desaguliers）将戈热的著作译成了英语，他是在牛顿物理学的实际应用中，在法国与英格兰各自成就之间架起桥梁的理想人选。德萨吉利埃斯是一名胡格诺教徒（Huguenot），他刚于 1683 年出生在拉罗谢尔（La Rochelle），他的父母就携他逃往英格兰。他在伦敦长大，在牛津大学耶稣教会学院（Christ Church, Oxford）上学。他在牛津大学哈特霍尔学院（Hart Hall, Oxford）[1] 取代詹姆斯·基尔（James Keill），开始了实验哲学的演讲生涯。翌年，在牛顿的推荐下，英国皇家学会邀请他演示牛顿关于热的一些实验。很快跻身学会成员的他成为学会的实验技术专家，三次获得科普利实验创新奖章（Copley Medal），并在《哲学学报》（Philosophical Transactions）上发表了 50 多篇论文。他让实验演示成为主要的科学活动，借此可以对有学问的公众进行牛顿力学教育。在他的整个职业生涯中，他始终保持着对应用科学的兴趣，一开始，他于 1715 年翻译了戈热的著作，后来

---

[1] 哈特霍尔学院，现为牛津大学赫特福德学院（Hertford, Oxford）。

是他酝酿已久的两卷本著作《实验哲学课程》（*Course of Experimental Philosophy*）（1733 年，1734 年），除了传统的力学教学大纲之外，此书还包括对水车和铁路等技术主题的讨论。[13]

德萨吉利埃斯对本杰明·富兰克林有着直接的科学影响，后者对烟气缭绕的烟囱的兴趣代表了启蒙运动对这一主题的关注。18 世纪 40 年代初，富兰克林开始了长达十年的研究，确立他在电学方面的国际权威，这是 18 世纪牛顿物理学的关键课题。为了开始他的研究，他阅读了德萨吉利埃斯的《实验哲学课程》，以及德萨吉利埃斯翻译的尼德兰的牛顿主义者，威廉·斯赫拉弗桑德（Willem's Gravesande）的著作《数学物理基础》（*Physices elementa mathematica*，1720 年）。他也阅读了德萨吉利埃斯翻译的戈热《火的机理》，译本的英语标题很能说明问题，即《改善火：一种新的建造烟囱的方法，以防止其冒烟》（*Fires Improv'd: Being a New Method of Building Chimneys, So as to Prevent their Smoking*）。在其《宾夕法尼亚新发明的火炉记述》（"Account of the New Invented Pennsylvanian Fire-Places"，1744 年）中，富兰克林因其"指导性著作"而向德萨吉利埃斯表示感谢，并在小册子的几处地方引用德萨吉利埃斯关于通风的发现，以证实一个技术要点。[14]

在德萨吉利埃斯的《实验哲学课程》和马丁·克莱尔（Martin Clare）的《流体运动》（*The Motion of Fluids*，1735 年）的指导下，富兰克林运用了弹性流体物理学（physics of elastic fluids）解决了冒烟的烟囱的问题。（德萨吉利埃斯和克莱尔都写了一些文章，明确考虑了冒烟的烟囱的补救措施。）作为一种弹性流体，"热使其稀薄，冷使其凝结"，空气"会在其他密度更大的空气中往上升"。烟囱中的火会加热空气，然后空气会往上升，当房间里的其他空气（流向烟囱）取代了它的位置后，也会因加热而变得稀薄，然后往上升。因为烟气比空气重，所以烟气只有在稀薄的空气中才能上升，所以，加热烟囱对空气的持续需求建立了一种令人不安的平衡：要么必定是"有新鲜空气的气流通过门窗进入，要么是——如果门窗被关上——通过每道缝隙强行挤进来"，要么就是"烟不再升起，从而进入房间"。[15]

富兰克林承认，他的许多读者仍然熟悉"我们父辈时代使用的大型明火灶，它们现在仍然普遍存在于乡村和厨房"，在那里人们可以温暖地坐在壁炉里。但是，这样的壁炉有一长串的"不便之处"：

> 它们有时太热而让人无法待在屋里，有时又被烟气所困扰。……如果门不开，他们就几乎总是被烟气环绕。……它们需要一个大漏斗，而一个大漏斗会带走大量的空气，这种情况被称为强力抽气进烟囱；如果没有大漏斗，烟就会从某个有开口的地方冒出来，所以门很少能关上；冷空气会损害坐在火炉前的人的后背和脚跟，使他们感觉不到舒适，直到有屏风或高背长椅（费用相当大）来阻挡它，而这既会妨碍房间，也会使炉边变暗。

在城镇里，这些"老式的烟囱"大多已经被"新式的、有着低矮炉膛、狭窄炉灶的壁炉取代了"。这些新的烟囱"让房间基本上没有烟，而且，在开口缩小的情况下"，可以把门关上。但是，明火仍然需要从房间里抽走空气，而空气"在每一个缝隙中都是如此激烈地涌入，以致不断地发出吹口哨或嚎叫般的声音"，这让"坐靠在任何这样的缝隙上都非常不适，也很危险"。女性尤其容易受到这种冷风的影响，因为她们经常坐在家里"。她们"头部着凉，患上感冒"，这些疾病因其对个人的外表和健康本身的影响而显得严重，因为它们会导致牙齿脱落、眼睛受损、皮肤皱缩，以及普遍过早出现"老年的外表"。[16]

富兰克林认为，戈热的壁炉为在开放式壁炉中平衡烟和气流的问题提供了一种技术解决方案，但他认为这些壁炉过于昂贵和复杂，以致不受人欢迎。这种壁炉还通过让直接由燃烧加热的空气迅速从烟囱中逸出，并将经过辐射和对流加热的室内空气带走的方式，延续了壁炉传统的低效率。富兰克林利用他在物理学方面的科学工作来分解火中的烟、热和光要素。后两种要素呈直线辐射，而烟气作为空气的一部分，通过气流在房屋周围散播。为了减少气流，富兰克林设计了一种火炉，这种火炉通过管道将空气从屋外直接输送到壁炉，从而隔断了用于通风的空气和用于燃烧的空气。因为室内空气在铁制壁炉周围循环，所以，火辐射的热量可以通过金属板周围的对流给房间供暖（图 6.3）。通过分离辐射热和对流热（radiant and convective heat），这种火炉消除了烟，同时最大限度地提高了暖意。富兰克林是启蒙运动中控制电能的英雄，他也自豪地宣称自己控制了烟："烟是一种非常容易驾驭的东西，当一个人知道原理，并且充分了解情况时，就很容易控制和管理。你知道，我是在我的宾夕法尼亚火炉里让它沉降下来的。"[17]

富兰克林的设计将火的热量与不受欢迎的烟要素和不必要的光要素分开了。他对用炉火照明并不特别感兴趣，然而他考虑到了英格兰人想看炉火的光芒和火焰这种返祖的欲望。壁炉前面的一块滑动铁板，可以让人直接看到明火，但它的主要功能是调节从外部进入明火的空气量。富兰克林的壁炉通过减少气流，增加辐射和对流热量，使整个房间都可用于家庭活动，"这样人们就不必蜷缩在炉火旁，而是可以坐在窗户附近，享受光线的好处，阅读、写作、做女红等。他们可以舒适地坐在房间的任何地方"。[18]

约翰·杜尔诺（John Durno）是在英格兰消费者中推广富兰克林的设计的人，他相信，"任何使我们的房间更温暖、更舒适的尝试，以及费用比平常少得多的、始终无烟、与常见的火一样燃烧的尝试，都会得到公众的青睐"。就像在他之前的戈热、德萨吉利埃斯和富兰克林的做法，杜尔诺给自己的读者上了一堂关于"空气和火的属性"的基础物理课，以证明空气的弹性使热空气往上升。这种现象给火炉的设计带来的主要技术问题在于：如何保存"垂直方向的热量，它至少是火产生的热量的四分之三"，但"在所有的明火灶中，它几乎完全消失了"。杜尔诺邀请读者在家里用一个示范模型"借助试验和经验"来检验他的主张，以此来奉承读者的经验主义。读者会发现"与以前相比，暖气在整个房间内更规则、更均匀地扩散开来"。杜尔诺通过比较火炉的类型来培养其读者的技术素养：戈热的火炉（富有效率但价格不菲）、德萨吉利埃斯的火炉（同上）、尼德兰人与德意志人的火炉（富有效率，但会让房间令人窒息）、法国人的陶瓷火炉（同上），以及店铺和咖啡屋使用的火炉［富有效率，但因为有漏隙的火炉烟筒（stovepipes）而有害］。杜尔诺看到了他认为是富兰克林的宾夕法尼亚壁炉在英格兰的唯一的例子，并得出结论，称它优于任何其他类型的火炉："你能完全看到火，也不会像在普通的壁炉里那样失去任何垂直方向的热量。同样，这种火炉的优点是可以通过一条管道持续供应新鲜空气。"因为"烟囱是完全封闭的……如果你坐在壁炉附近，门、窗或任何缝隙里都没有半点吹进来的冷空气会冒犯你，在使用普通壁炉时会发生这种事；在那里，在你身体前半部分被烧焦的同时，你身体的后半部分却即将被冻僵"。杜尔诺修改了富兰克林的设计，将煤而非木材作为主要燃料，并在烟囱上增加了一个可调节的"调节器"（register），用于控制火的强度。火炉的有效性可以通过"放在房间最远的地方"的温度计来测量；它们提供了"可以看见的证据"，证明火炉在"均匀地"给房间供暖。在减少气流的同时，杜尔诺的火炉也有助于房间的通风，因为它仍然直接从外面吸收空气进行加热。这种减少气流的方式确保"蜡烛在各种天气下都会燃烧得很干净；光线会令人愉悦、均匀且稳定"。[19]

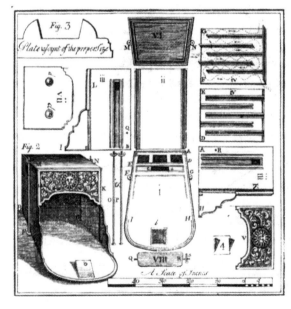

图6.3 本杰明·富兰克林的宾夕法尼亚壁炉的轮廓和剖面图。烟在通风机D后面下降，然后在烟道中上升。

An Account of the New Invented Pennsylvanian Fire-Places (Philadelphia, 1744). 耶鲁大学贝尼克珍本与手稿图书馆（Beinecke Rare Book and Manuscript Library）惠允使用。

正如杜尔诺采纳富兰克林对戈热的样式的重新设计所示，大西洋两岸对火炉技术的兴趣是双向的。1770 年，弗吉尼亚皇家总督博特托特勋爵为弗吉尼亚移民议会（Virginia House of Burgesses）订购了一台"三层的专利暖气机"（Tripel Tier Patent Warming Machine）。它将成为他已经在总督府的舞厅和晚餐室安装的火炉的补充，这是一项不太低调但完全有效的努力，旨在鼓励人们将王室的仁慈与时尚的品位联系起来（图 6.4）。亚伯拉罕·布扎格罗（Abraham Buzaglo）是一名摩洛哥犹太人，1762 年移居英格兰，而且余生致力于改善供暖和治愈痛风，在他的设计中，这种火炉是一流的样式。作为局外人，富兰克林和布扎格罗（很快成为拉姆福德伯爵）在试图改变英格兰对令人舒适的暖意的偏见方面发挥了一定的智识影响力。布扎格罗宣传他的炉灶"在实用、美观性，以及善等方面超过了迄今为止在整个欧洲发明的任何东西"。他声称，它们"朝房间的任何部分散发出同样宜人的热量，而且没有任何臭味"；暖人时"全身均匀，不会灼伤面部或腿部"；并能让人"愉快地看到明亮的火焰"。正如富兰克林所做的那样，布扎格罗将他建议的新的舒适标准与改善健康的承诺结合起来：他的火炉是他治愈痛风的处方的组成部分，而且它们"保护女士的面色和视力"。[20]

在与其他科学家就烟囱冒烟问题进行了数十年的通信之后，富兰克林在美国哲学学会（American Philosophical Society）的《学报》（*Transactions*）中总结了他的观点，这些观点最终取代了《大英百科全书》中安德森那篇关于烟的论文。他哀叹，人们对"烟囱学说"仍然知之甚少，"关于烟囱的错误使用经常给人带来不便"，因为它会刺激眼睛和损坏家具。许多人仍然认为，"烟在本质上比空气轻。……而其他人认为烟囱中有一种向上吸烟的力量，不同形式的烟囱或多或少都提供了这种力量"。为了纠正这些错误，富兰克林描述了几个简单的实验，以证明烟比空气要重，而且"只

图6.4　弗吉尼亚威廉斯堡（Williamsburg）总督府的布扎格罗火炉。博特托特的赞助证明了英格兰人在公共场所使用火炉何以比在家庭空间内使用更为便利。

殖民时期威廉斯堡基金会（Colonial Williamsburg Foundation）惠允使用。

有当被加热后的（从而变得稀薄并变得比周围的空气都要轻）空气附着或带动时，烟才会被带着向上"："点燃烟斗里烟草后，将烟杆倒插入一个装有半杯冷水的醒酒瓶底部；然后在斗钵上放一块破布，朝斗钵吹气，使烟沿着烟杆往下走，从烟杆末端冒出气泡，穿过水上升；在冷却之后，烟就不会在上升后从醒酒器的颈部逸出，但它仍然在扩散并停留在水面上。"缺乏对"烟囱的这些首要原则"的理解，让人们认为烟囱提供了牵引力（drawing），"实际上，正是周围大气的超大重量压着空气进入烟囱下方的漏斗（funnel），并驱使烟和暖空气在通道内汇合"。如果说大气压决定了空气及其携带的烟在烟囱中是上升还是下降，那么如果没有来自外部的恒定气流，房间本身的空气就无法供应火炉。富兰克林将这种经历比作生活在空气泵中，这是一个他的科学读者很熟悉的令人毛骨悚然的类比：如果一个火炉需要更换房间内的空气，那么，"若密闭的房间一直关着，这项操作似乎是绝对不可能进行的；因为，如果有任何力量能够不断地从里面抽出这么多空气，那么空气一定会像气泵的接收器一样很快耗尽，任何动物都不能在里面生存"。当设备齐全的房屋中有一个开放式壁炉，壁板、门和窗都关得很紧时，避免烟囱冒烟的唯一方法就是打开门来平衡压力——这就使得火炉从一开始就失去了存在的理由。[21] 富兰克林向他的读者介绍了戈热的设计原则，这些原则避免了在热量与烟之间做出如此令人厌恶的选择。每个房间都应该有单独且精确调节的外部空气供应，分别用于通风和燃烧。

在这个世纪末，拉姆福德伯爵本杰明·汤普森几乎把烟囱冒烟的问题带回了原点，他设计了一种小型明火灶，它将成为 19 世纪英格兰家庭取暖的标准来源。在启蒙运动改善家庭供暖的努力中，没有一位参与者对这么多种可能性拥有比他更为广泛的经验。他在新罕布什尔的一个农场长大；

作为一名保王派（Loyalist）[1]，他在美国独立战争期间搬到伦敦，开始了行政和军事生涯；战争期间，他加入了巴伐利亚选帝侯的军队，最终以帝国伯爵的身份率领这支军队。因此，他与传统乡村社会的大烟囱、伦敦的世界主义精英的优雅烟囱架，以及中欧的火炉生活在一起。虽然作为一名科学家，他对热量（流体）理论的反驳最知名，但他一直致力于热物理学的实际应用：火药质量标准、光度（烛光）标准、士兵在寒冷天气穿的服装，以及大量依赖性人口（士兵和城市贫民）的营养。他在喂饱大量人口方面的工作，将物理学应用于发明或赞助有前途的烹饪用具，比如带固定的锅的厨房炉灶（kitchen range）、双层蒸炉（double boiler）、高压锅（pressure cooker）和封闭对流烤炉（enclosed convection roaster）。[22]

不过在家庭供暖方面，拉姆福德伯爵仅仅提议对英格兰壁炉的主流设计进行微小的修改。为了在消除烟的同时最大限度地减少升上烟囱的室内热空气流失，他提倡使用带有宽斜面（widely beveled sides）和通往烟道的狭窄喉部（a narrow throat to the flue）的浅炉灶（参见图6.5）。浅炉灶和窄烟道喉部，将把通过烟道的暖空气量限制在实际暴露在火中燃烧的量。倾斜的斜面会将热量反射到房间中。炉灶上方的烟腔（smoke chamber）将容纳烟，直到烟上升至烟道，而挡板将调节必要的气流以带走烟。挡板是其中唯一的创新。拉姆福德伯爵发现，对流热"与烟、蒸汽和加热的空气结合在一起"，所以他完全放弃使用对流热来供家庭取暖。他也知道，自己无法说服英格兰人使用火炉，他们觉得火炉是专门为极闷热的房间设计的。他改造了带烟囱的壁炉只是为了利用辐射热，尽管他计算出的辐射热不到对流热的三分之一。[23] 拉姆福德的壁炉可能象征着温暖和效率，但是它对明火灶传统的遵从损害了这两种构想的优势。

---

[1] 保王派，指美国独立战争期间支持北美殖民地留在英帝国、反对独立的人。

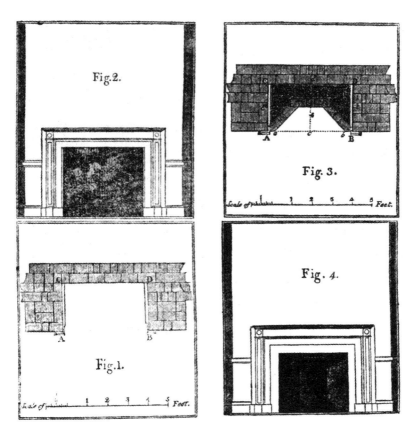

图6.5　左边（图1和图2），一个有着"常见结构"的壁炉，右边，拉姆福德伯爵加以"改善"的一个壁炉。

"Of Chimney Fireplaces"（London, 1796）. **特拉华州温特图尔市温特图尔图书馆印刷书刊藏品部惠允使用。**

　　在该世纪初被认为关于家庭舒适的一个问题是，明火灶会让其加热的空气逸出；但到该世纪末，这已经成为保留这种设计的一个关键原因。英格兰人认为家庭空间需要很多新鲜空气，最好是冷空气。否则，他们将被置于"充斥着令人窒息的空气的密闭环境中，里面充斥着自己身上的汗水，对体质极为有害"。虽然随着火炉的引入，温暖、无烟、不通风的生活空间在技术上变得可行，但是，英格兰的专家开始放弃推荐这些火炉："火炉并不能促进室内空气的排放，但每时每刻都有越来越多的蒸发物从燃烧的蜡烛、宾客的呼吸和汗水中，偶尔还从其他来源散发出来；这种空气会变得有害。在使用火炉的地方，新鲜空气不能适当流通；在不洁的空气受到限制的地方，也不能保持健康。"戈热和富兰克林提议，从被供暖房间外部的来源引入助燃空气，而英格兰人普遍都不接受这一点："它会阻止气流，让室内空气处于停滞状态，从而防止室内空气自由循环。"取而代之的是，由于窗户和门已经变得相对紧密，所以，通过策略性地定位穿墙孔洞，人们在设计让气流进入房间方面极尽聪明之能事。"冷空气会从外部的小孔强行进入，进入房间，并逐渐与热空气以一种不易察觉的方式混合，穿过房间来到火中，带走难闻而停滞的空气。……宾客们将享受到甜美、纯净和新鲜的空气。……为了这个缘故，没有比明火灶更令人向往的了。它们扮演着永久性的通风口角色。"[24] 明火将新鲜空气引入房间，并给房间供暖的矛盾作用需要维持。寒冷通风的房间对你有好处。

点亮启蒙运动

富兰克林的铁壁炉将通过减少炉灶与热跟光的传统联系，使家庭生活更不受自然环境的限制。它通过增加玻璃窗的使用来照亮整个房间，从而使人工照明变得更加容易获得了，尽管黄昏仍会减少需要敏锐视觉的活动。因为火炉为整个房间提供了不受气流影响的温暖，所以家庭成员可以不用考虑对热量和光线的身体需要，而更自由地选择在一起的时间，与此同时还可以进行他们各自的活动。

富兰克林特别关注宾夕法尼亚和整个盎格鲁美洲世界正在发展的上流社会家庭文化与得到改进的人工照明之间的关系。他在对传统人工照明不满的环境中长大。他的父亲经营一家牛油蜡烛店，而他小时候就在那里干活。他们二人都不喜欢这个行业：他的父亲之所以从事这个行业，只是因为他在染布行业里无法找到足够的活儿。当富兰克林的兄弟约翰前往罗得岛去拾起他们父亲放弃的生意时，本杰明对在商店里取代他哥哥这一前景非常反感，以致他想逃到海上去。另一方面，他的母亲是一名福尔格（Folger）家族成员，来自楠塔基特岛（Nantucket），而那里是新的光源——鲸油和鲸蜡的生产中心。富兰克林在光和热的实验中使用了鲸油蜡烛，并将结果应用于铁壁炉的发明。[25]

富兰克林想要让改善日常舒适获得人们智识上的尊重，这种情感在照明方面体现得尤为突出。到了 18 世纪第三个 25 年，有学问的人对人工照明的燃料、器具和改进给予了大量关注。在 17 世纪，英国皇家学会曾经做过一些实验，只是为了证明煤气可以燃烧，但是 18 世纪 60 年代以降，这些努力被专门用于制造人工照明设施。火焰的物理学在 17 世纪就已经被研究过了，但火焰作为照明源是 18 世纪下半叶的一个科学课题。约瑟夫·普里斯特利（Joseph Priestley）[1] 重新研究了火焰本身，在其影响下，拉瓦锡使得燃烧的研究与照明的研究密不可分。拉姆福德伯爵仔细测量了一支无人看管的牛油蜡烛的光输出的衰减情况：在短短十分钟内，它失去了五分之三的亮度，二十分钟后又失去了五分之一的亮度；与此同时，它燃烧的速度是蜂蜡蜡烛或经过适当修剪的牛油蜡烛的两倍。这些对照明技术的关注，在回应与日俱增的人工照明需求的过程中发展起来。吉尔伯特·怀特（Gilbert White）在其令人着迷的著作《塞耳彭自然史》（*Natural History of Selburne*）中计算出，一个家庭花在灯芯草和油脂上的 3 先令可以制作 1600 个灯芯草灯，足够一年的家庭照明。[26]

---

[1] 约瑟夫·普里斯特利（1733—1804 年），英国化学家，氧气、氨气、二氧化氮、二氧化硫的发现者。

　　人们想要更多光亮。对改善家庭照明的兴趣在美国尤其强烈。美国人从抹香鲸中提取出一种在温带气候下流动良好的油，几乎垄断了新的鲸油产业，还提供了一种新的蜡烛材料，鲸蜡，这种蜡燃烧得很干净，并发出可靠的亮光。[一支鲸油蜡烛最终成为"烛光度"（candlepower）的标准。]这些燃料改善照明的潜力很快便得到了认可。1748 年，一家《波士顿简报》（*Boston News Letter*）就赞扬了新蜡的种种优点：

　　　　鲸油蜡烛，在美和芳香方面胜过其他一切蜡烛；持续时间超过同等大小的牛油蜡烛的两倍；火焰的大小几乎是原来的四倍，它发出柔和的、易于扩展的光，使物体接近视线，而不是像所有牛油蜡烛那样，使眼睛不得不从它们产生的持续的昏暗中跟踪物体。一支鲸油蜡烛顶得上三支牛油蜡烛的效率，总的来说，更宜人、更便宜。

　　本杰明·富兰克林因为鲸油蜡烛的这些品质而推广它，并对多灯芯油灯进行了试验，以确定最有效的亮光（bright light）安排。托马斯·杰斐逊在 18 世纪 80 年代担任驻法国大使时，也对不同的油进行了试验，以确定哪种油提供了最经济的照明。为了增加法美贸易，他努力试图说服法国当局相信鲸油作为照明燃料优于植物油。《美国博物馆》（*American Museum*）新任主编弗朗西斯·霍普金森（Francis Hopkinson）写道，杰斐逊"在今年冬天发明了一种廉价、方便且有用的普通烛台附属物，它可以防止火焰在夏天被风吹着摇曳地闪耀，或在冬天被火点燃，并使其为阅读或写作提供愉快而稳定的光亮"。[27]

　　直到瑞士物理学家阿米·阿尔冈发明了一种用于油灯的圆筒状灯芯，产生的火焰比蜡烛或带线状灯芯的灯要亮得多，上述改善照明技术的种种努力才达到顶峰。弗朗索瓦—皮埃尔·阿米·阿尔冈（François-Pierre Aimé Argand，1750—1803 年）在一个日内瓦钟表匠家庭长大。就读日内

瓦大学（University of Geneva）时，他与亨利—本尼迪克特·德·索绪尔
（Henri-Benedict de Sassure）一起学习科学，然后前往巴黎的风月场。在
18世纪70年代后期，他向雅克·内克尔（Jacques Necker）的财政部申
请垄断一种蒸馏酒精的新工艺。在财政部的敦促下，他与蒙彼利埃学院
（Académie de Montpelier）建立了联系，以便实地测试他的工艺。在蒙
彼利埃，蒙彼利埃学院的分支机构，朗格多克学院司库（Treasurer of the
Etats du Languedoc）成为阿尔冈在蒸馏行业的赞助者。他的工业运营所需
的照明规模显然对阿尔冈提出了挑战，使其对更强大的照明形式的设计进
行试验。阿尔冈来到法国之时接受了燃素说（phlogiston theory）的教育，
但在巴黎，他开始意识到拉瓦锡的批评，并于18世纪70年代中期开始发
展自己的燃烧理论。到了1780年，他将自己的理论应用于发展阿尔冈灯
的标志性特征：阿尔冈灯有一种中空的圆筒状灯芯，这种灯芯能沿圆筒内
外输送空气来进行燃烧。1782年，他成功地向朗格多克国家大会（Assemblé
Générale e of the Etat du Languedoc）展示了这种灯的原型，在那里，人们
迅速传播了它的优越品质，即明亮的光线、清洁和易用。[28]

　　与此同时，随着阿尔冈开始与蒙哥尔菲耶（Montgolfier）兄弟合作设
计热气球，他的兴趣逐渐从蒸馏业务转移，1783年，他陪同他们前往巴黎，
参加了他们极为成功的演示活动。当蒙哥尔菲耶兄弟的热气球飞行让当时
的法国科学界对阿尔冈灯的兴趣索然时，他去了伦敦。在那里，他在皇家
学会的人脉为他赢得了一批皇家观众，在那里他可以展示热气球和他的灯
具。演示活动为他赢得了一项专利的皇家支持，而在1784年，英国开始
制造他的灯。阿尔冈在英国期间，在药剂师坎凯（Quinquet）和国王的酿
酒师朗热（Lange）的指导下，他的一款改良型灯具在法国投入生产。朗
热设计了一个带有颈部的玻璃灯罩（glass chimney），通过使空气在通过
火焰顶部时加速，进一步强化了燃烧，从而修改了阿尔冈自己的改进方案，

即在火焰上方设置灯罩（chimney）。（见图 6.6）

作为照明领域的一场革命，阿尔冈灯在象征意义上比实际意义上更重要，同时代的拉姆福德壁炉也是如此。人们购买这种灯具意味着其技术的成熟；总统、贵族和大使都渴望拥有它们，并把它们推荐给朋友们。杰斐逊就送了一个给麦迪逊，并描述了它的优点："最近，这里有一种新灯，只需消耗很少的橄榄油，就可以发出相当于六到八支蜡烛的光。"灯芯呈中空的圆柱体形式，能让空气从其中穿过。它不需要闷熄。他们以两基尼的价格制作灯罩烛台，这些烛台非常适合阅读，好学者经常使用之"。与杰斐逊的建议相反，阿尔冈灯通常照亮时尚的公共空间，如商店或家居环境中的接待区。在听说"专利灯"可以"自行消烟——不会对家具造成伤害——而且比蜡烛更亮、更便宜"之后，乔治·华盛顿订购了一打，用于他在纽约的总统府的"堂屋、入口和楼梯"。[29]

阿尔冈灯是奢侈品，购买和使用都很昂贵。（华盛顿订购了两个售价3 基尼的、花哨的阿尔冈灯，其余的都是 1 到 2 基尼。）为了提供明亮的火焰，阿尔冈灯需要来自重力施压或机械加压的储油罐的稳定而充足的油供应。它们发出的光比蜡烛更亮，但是，蜡烛能够以更便宜的价格提供给定的照明时间。直到 19 世纪，蜡烛一直是家庭人工照明的常用方式。作为大众照明领域的一项技术突破，阿尔冈灯的重要性不及后来在蜡烛的材料和制造方面的改进。19 世纪 20 年代，法国化学家从脂肪酸中开发了硬脂酸蜡（stearine wax），它提供了一种熔化温度足以为编织的灯芯提供燃料的材料，而编织的灯芯燃烧时不会留下一串灰烬。更硬、更光滑的硬脂酸让蜡烛制模（candle molding）的机械化成为可能，而硬脂酸蜡烛在照明方面的优势与蜡烛相比具有竞争性。只有在 19 世纪中叶，在灯罩中用一根扁平的编织灯芯燃烧精炼的鲸油，或后来的石蜡、石油的油灯，才最终在家用照明方面取代了蜡烛。[30]

图6.6 阿尔冈灯（Argand lamp）（英格兰，1780—1800年）。灯上有两个光源可以减少储油器（oil reservoir）投射的阴影。
特拉华州温特图尔市温特图尔图书馆惠允使用。

对舒适的迷恋

对哲学家们致力于改善日常生活技术的讽刺，无疑证明了人们对提高舒适度的浓厚兴趣。英国讽刺艺术长期以来一直是社会评论的丰富来源，而它在18世纪晚期发展出了一个新的主题——不适（图6.7）。从《达利漫画版画》（*Darly's Comic Prints*，1776年）中受纨绔子弟现象启发的版画开始，对服装的讽刺突出了时尚优先于安逸的内在非理性。男性纨绔子弟的奇形怪状的假发与其他男性的利落风格形成了鲜明对比，而这种类型的女性则穿着折磨人的"浴撑（Bath Stays）或女士钢构（Ladys Steel Shapes）"，以拥有理想的身材。当不那么有约束意味的服装在18世纪90年代成为时尚时，它也遭到了讽刺。例如，詹姆斯·吉拉伊（James Gillray）就嘲笑男性和女性时尚的不拘礼节：在《时尚的妈妈或现代服装的便利性》（"The Fashionable Mamma—or—the Conveniency of Modern Dress"，1796年）中，一位优雅的母亲一边照护着她的孩子，一边穿着不带撑条的长袍，而在《风靡一时的假发，或关于不同时代的秃顶的辩论》（"Wigs All the Rage, or a Debate on the Baldness of the Times"，1798年）中，在关于秃顶可取之处的辩论中，剃了光头的男女高举着他们的假发。

讽刺版画还提到了一些本应提供舒适的设备的实际不便之处，比如伞、拉姆福德火炉、用于痛风的假肢、暖手筒和阿尔冈灯。英国最著名的讽刺艺术家詹姆斯·吉拉伊和托马斯·罗兰森（Thomas Rowlandson），以及后来的乔治·克鲁克山克（George Cruickshank），通过在各种系列中以"痛苦"和"舒适"作为总体标签出版了数十幅作品，确立了这一体裁："人生的痛苦""拟人化的痛苦""伦敦的痛苦""旅行的痛苦""私人的痛苦""奢华生活的舒适""一场现代庆典的舒适""痛风状态中的舒适""婚姻的舒适"。这些作品经常配有详尽的说明文字，详细解释了画中场景的物理环境如何代表痛苦，或者代表虚假的舒适。

詹姆斯·贝雷斯福德（James Beresford）在《人生的痛苦；或蒂莫西·易怒和塞缪尔·敏感最后的呻吟，以及易怒夫人的几声补充叹息》（The Miseries of Human Life; or the Last Groans of Timothy Testy and Samuel Sensitive, with a Few Supplementary Sighs from Mrs. Testy）一书中，对新的舒适文化进行了最尖锐的讽刺。在 1806 年首次出版后的一年内，市面上共有 11 个版本，其中 4 个是两卷本扩充版。约翰·奥古斯都·阿特金森（John Augustus Atkinson）和托马斯·罗兰森为以易怒与敏感二人之名按条列出、分门别类的 300 多种痛苦表现制作了插图：身体的痛苦、餐桌的痛苦、家

图6.7　表达各种不适的时尚人士：紧身的衣服、滑动的假发、令人窒息的空气和拥挤的房间。

Thomas Rowlandson, *The Comforts of a Modern Gala. Where Now the Routs Full Myriad Clos the Staircase and the Dore* (London: Thomas Tegg, 1807). 耶鲁大学刘易斯·沃尔波尔图书馆印刷藏品部惠允使用。

庭的痛苦、旅行的痛苦、社会生活的痛苦、乡村的痛苦、城镇的痛苦、水源的痛苦、时尚生活的痛苦，以及阅读和写作的痛苦。

此书中的两名男子——以及据信男人们总是会经历的痛苦——是神经系统受到刺激的牺牲品（图6.8）。敏感先生反问道："我可怜的先生啊，除了五个打哈欠的进气口和每时每刻都在的干扰之外，感官到底是什么？"他们用这样的感受质疑了所谓的家庭舒适："当你在家里的时候，你的家是什么样子的？不过是一座满是小爬行动物巢穴的监狱，而饱受昆虫之扰将更折磨你，因为它们不能杀死你。穿衣服和脱衣服的熟悉操作又是什么呢？不过是对野蛮人才有的裸体特权的刺痛记忆？"易怒先生和敏感先生

图6.8　一座维护良好的房屋要优先于户主的"温暖和舒适"，而在一个冬天的早晨，户主下楼时看见的是一个空空的炉膛、敞开的窗户和正在擦洗的地板。

用讽刺的格言来描述他们的痛苦，以此来回应现代舒适的物质文化的失灵。

在一个冒烟的烟囱前坐了几个小时，就像一个栅栏村庄（kraal）[1]中的霍屯督人（Hottentot）；然后，正当你的痛苦似乎终于结束时，吸气，吸气，臭气，臭气，又一次比以往任何时候都更加愤怒。再加上还有一个爱骂人的妻子。

窗扇的机械装置在没有片刻警告的情况下，用断头台般的力量（如果不是效果的话）粗暴而猛烈地拍打着窗扇。

就在你走路的那段时间，你被一场倾盆大雨追上，而在你偷偷地为自己带着伞的谨慎鼓掌时，这把伞突然被一阵狂风吹倒，瞬间被撕成了带子。

在你长时间斜躺着，四肢都以某种特别舒适的方式舒展着之后，突然从沙发上掉了下来！然后，你徒劳地试图重新恢复你以前的姿势，虽然你回忆起那些快乐，但是你已经忘记了其中的细节，每一次新的尝试都会在你的舒适中留下某种空虚，这是任何东西都无法提供的。[31]

正如此书的标题所示，目录中的痛苦绝大多数明显具有男性色彩（masculine），通常是厌女的，不舒适的，比如，"在无尽的时间里，你一直在马车中等待，而女士们在购物，我们只能通过在耳边放把锯子来解闷"。痛风体现了这种对男性生活的令人不快的悲剧观。患有痛风的男人——女人从未有如此表现——永远都不会知晓真正的舒适，而他们一直处于极度痛苦的风险之中："当痛风发作时，就犹如一位强壮的朋友（一

----

[1] 栅栏村庄，非洲传统的茅屋村庄形式。

位船长）向你致以毁灭性的问候，他在一次突然相遇时的第一股狂喜中抓住你的手，用他手上挠钩的抱怨之声热情地击碎了你脆弱的指关节，然后用大浅盘的重击来问候你最柔软的腱趾，以进一步确证他对你的尊重。"只有在此书结尾处，易怒太太才有机会表达她的抱怨，而这些抱怨主要是关于家政和娱乐的。她也经常表现出厌女情绪，比如，她说一个"悲惨的人"在晚餐后与女士们一起从满是快乐男性的聚会中退出后，还要竭力去讨得半打或轻浮或正经的女性的欢心。[32]

几十年甚至几百年来，所有这些苦难，甚至更沉重的苦难，一直都可以被拿来讽刺，而不会唤起如此明确的同情。不舒适变成了讽刺作品对社会紧张局势的评论对象，这正是因为在盎格鲁美洲的物质文化中，身体舒适已经成为一种强有力的要求。不像 20 世纪研究盎格鲁美洲消费革命的历史学家们，18 世纪的讽刺作家承认舒适文化的发展是一种历史现象：他们并不认为它的必要性是自然而然的。对舒适文化的讽刺尖锐地指出了，通过在家庭生活的物质文化中根据不同性别对舒适的各自需要阐明和区分男性和女性的领域，舒适文化成为一种塑造了中产阶级的社会现象。然而，从一开始，男性的声音在表达需要纠正的不舒适时占了上风。

托马斯·杰斐逊对蒙蒂塞洛庄园（Monticello）[1] 的设计和装修，体现了他对舒适的新的痴迷，因为他试图改善传统建筑的供暖、通风、照明、隐私和卫生。据传其记作者杰克·麦克劳克林（Jack McLaughlin）所言，"他的设计风格是选择通常不切实际但在美学上令人满意的建筑主题，然后对其进行修改，使得空间尽可能舒适宜居"。为了温暖，杰斐逊安装了拉姆福德伯爵新近设计的壁炉和炉子，而为了隔热，朝北的茶室有三层玻璃窗和两扇滑动玻璃门。他的壁室床（alcove bed）有一面纸质屏风，可以根

---

[1] 蒙蒂塞洛庄园，托马斯·杰斐逊的故居，1987 年列为世界文化遗产。

据他对通风或隐私的需要升降。他喜欢自然光照：他的卧室有个天窗，茶室和客厅都是半八边形的格局，以便最大限度地利用它们的玻璃，而餐厅开了两扇三重垂直推拉窗，以作为通往露台的门。他精心关注遮阳和通风，同时保持了对屋外来访者的隐私：他在柱廊之间设计了（但可能没有安装）铰链式百叶窗（hinged blinds），以便它们可以折叠到天花板上，在他最私密的图书馆卧室二合一套房的角落处，他在游廊（verandahs）上安置了百叶窗板，内外都装上了遮阳棚。杰斐逊喜欢百叶窗，因为百叶窗可以采光，同时可以隔热和保障隐私；所以一楼的大部分窗户都有百叶窗。[33]

　　杰斐逊是一个身心能量无限的人，他痴迷于提高家具的物理效能。他买来了一些桌椅，这些桌椅使用旋转机械来减少在房间里走动的需要，而且他鼓励蒙蒂塞洛的家具制造商改进这些设计。他设计了一张温莎扶手椅（Windsor armchair），带有旋转座椅，可以在不起身的情况下在多张桌子上工作。作为对椅子的补充，他设计了一张会旋转的书桌，这样他就可以最大限度地利用桌面的面积，在忙于不同的材料时，不必将它们叠在一起；他还设计了一个旋转的书托，最多可以让五本书同时被阅读。杰斐逊也对可发挥一种以上功能的家具充满了热情：顶部可以翻转90度，在不提供照明的情况下可用作火障的烛台，一张带有凹面端部，以贴合旋转的温莎椅的长凳，这样它可以充当一个搁腿架（leg rest），一张两个扶手都装有烛台的旋转读书椅。他喜欢可调节的家具，他可以为了满足不断变化的身体需求而放置这些家具——比如一个烛台，其中，两支蜡烛的高度及其反光板的角度都可以调节。[34]

　　杰斐逊不会自我嘲弄，但他对便利设备的一些建议可能会让他的通信者们当作对舒适之讽刺的无意识贡献。比方说，除了向麦迪逊宣传阿尔冈灯的优点之外，他还描述了一种点燃灯和蜡烛的奇妙新方法，即磷火柴（phosphorus matches）。这种火柴是一种一端满是磷蜡木条（wax taper），被密封在一根玻璃管中。使用这种火柴颇为简单：玻璃管在一个人的嘴里被温暖，然后被咬破，这立刻点燃了火柴："把它们和蜡烛一起放在你的床边，你就可以在夜里的任何时刻点燃蜡烛，而不用起床。"这种便利也带点风险："在取出木条时必须非常小心，不要让磷滴到你的手上，因为它是无法分辨的。这么一来，如果磷足够多的话，它就会烧到骨头。"据说尿液会将其熄灭。罗兰森一定会很高兴有机会描述消费者的困惑：到底是在床头柜触手可及的位置上放一杯尿液，还是到了紧急时刻再提供新鲜尿液？[35]

杰斐逊从未详细阐述过他所说的"追求幸福"是何含义，而这是美国文化中第二著名的短语（仅次于"人人生而平等"）；但是，考虑到他毕生痴迷于便利和舒适的改善，因此似乎有理由推断，他相信成功获得舒适会带来幸福。实际上，在他自己的时代，平等和舒适就已经紧密地（即使只是含蓄地）联系在一起，因为苦难与滥用社会特权联系在一起。然而，杰斐逊在他对舒适的关切，以及他对平等的假设中阐述了一些理想，而这些理想会在实现的过程中不断需要再被进一步达成，因为它们会随着每次实现而被重新定义。

注释

1. Benjamin Franklin, "The Art of Procuring Pleasant Dreams" (1786), in *The Writings of Benjamin Franklin*, ed. Albert Henry Smyth, 10 vols. (New York: Macmillan, 1905–1907), 10:132.

2. Benjamin Franklin, "An Account of the New Invented Pennsylvanian Fire-Places" (Philadelphia, 1744), in *The Papers of Benjamin Franklin*, ed. Leonard W. Labaree et al., 33 vols. to date (New Haven: Yale University Press,

1959–), 2:424–425. 关于高背长椅，参见 Robert Blair St. George, "'Set Thine House in Order': The Domestication of the Yeomanry in Seventeenth-Century New England," in *New England Begins: The Seventeenth Century*, ed. Jonathan L. Fairbanks and Robert F. Trent, 3 vols. (Boston: Museum of Fine Arts, 1982), 2:220–221. 关于德意志住宅文化中的火炉，参见 Cynthia G. Falk, "Symbols of Assimilation or Status? The Meanings of Eighteenth-Century Houses in Coventry Township, Chester County, Pennsylvania," *Winterthur Portfolio* 33, no. 2–3 (Summer–Autumn 1998): 107–134; Henry C. Mercer, *The Bible in Iron, or The Pictured Stoves and Stove Plates of the Pennsylvania Germans* (Doylestown, Pa.: Bucks County Historical Society, 1914)。

3. Benjamin Franklin to Jan Ingenhousz, 28 August 1785, Writings of Benjamin Franklin, ed. Smyth, 9:423, 425; see also *Robert Clavering, An Essay on the Construction and Building of Chimneys . . .* , 3rd ed. (London, 1743), 8. 富兰克林最初的火炉设计并没有特别流行，尽管广告上有"新发明的宾夕法尼亚火炉……用很少的木材就可使房间温暖而舒适，卓尔不群"的字样；*New York Mercury*, 9 November 1761, as quoted in *The Arts and Crafts in New York, 1726–1776: Advertisements and New Items from New York City Newspapers* (New York: New-York Historical Society, 1938), 123。当他在巴黎寻找火炉的复制品送给朋友时，他了解到许多已经被"搁置"了，而"板条的一些部分已经被用于烟囱的背面或壁炉或其他活计"；Franklin to Hugh Roberts, 9 August 1765; Hugh Roberts to Franklin, 27 November 1765, *Papers of Benjamin Franklin*, ed. Labaree et al., 12:236, 386–387. *In the late eighteenth century Anglo-American use of stoves was still largely restricted to public buildings and houses of the wealthy*; Samuel Y. Edgerton, "Heat and Style: Eighteenth-Century House Warming by Stoves," *Journal of the Society of*

Architectural Historians 20 (1961): 20–26。

4. "Account of the New Invented Fire-Places," 2:438–439. 关于火炉在波士顿的使用情况，参见 Josephine H. Peirce, *Fire on the Hearth: The Evolution and Romance of the Heating Stove* (Springfield, Mass.: Pond-Edberg, 1951), 36–38。

5. Franklin to Lord Kames, 28 February 1768, *Writings of Benjamin Franklin*, ed. Smyth, 5:107–110, quoted 107. 富兰克林恭敬地解释说，问题不在于烟道结构不佳，而是在于卡姆斯勋爵对弹性流体热物理的明显无知，这让他无法正确补偿烟囱烟道内空气温度与烟道顶部和底部温度之间的差异。富兰克林最初是在致 James Bowdoin 的信中提出这些想法的，2 December 1758, *Papers of Benjamin Franklin*, ed. Labaree et al., 8:194–198. *Johnson's Journey to the Western Islands of Scotland and Boswell's Journal of a Tour to the Hebrides with Samuel Johnson, LL. D.*, ed. R. W. Chapman (Oxford: Oxford University Press, 1924), 19–20。

6. Clavering, *Essay on Chimneys*, quoted i; Caminologie, *ou traité des cheminées* (Dijon, 1756), ix–x; "Cheminée," *Encyclopédie, ou dictionnaire raisonné des sciences, des arts et des metiers*, ed. Denis Diderot and Jean d'Alembert (Paris, 1753), 3:281–282; Daniel Roche, *The People of Paris: An Essay in Popular Culture in the Eighteenth Century*, trans. Marie Evans and Gwynne Lewis (Berkeley: University of California Press, 1987), 137, 153–154; John F. Fitchen III, "The Problem of Ventilation through the Ages," *Technology and Culture* 22 (1981): 492–500; J. N. Goldsmith and E. Wyndham Hulme, "History of the Grated Hearth, the Chimney, and the Air-Furnace," *Transactions of the Newcomen Society for the Study of the History of Engineering and Technology* 23 (1942–1943): 1–12.

7. *Encyclopaedia Britannica; or, A Dictionary of Arts and Sciences* (Edinburgh, 1771), 3:606–613. 詹姆斯·安德森将这篇论文扩充进 *A Practical Treatise on Chimneys, Containing Full Directions for Preventing or Removing Smoke in Houses* (Edinburgh, 1776)。

8. *Dictionnaire de biographie française*, ed. M. Prévost et al. (Paris, 1982), 6:723–724. 戈热的作品同时出现在汉堡出版的德语版上。至少还有三个英语版，分别出版于 1715 年、1716 年和 1736 年，还有两个法语版本，分别出版于 1714 年和 1749 年。关于戈热之设计的前身，参见 J. Pickering Putnam, *The Open Fireplace in All Ages* (Boston: James R. Osgood, 1881), 32–69。

9. [Nicolas Gauger], *Fires Improv'd: Being a New Method of Building Chimneys, So as to Prevent their Smoaking . . .* , trans. J. T. Desaguliers (London: J. Senex, 1715).

10. Ibid., 7–9, 29.

11. Ibid., 8.

12. Ibid., 31, 38.

13. *Dictionary of Scientific Biography*, ed. Charles Coulston Gillispie, 18 vols. (Princeton: Princeton University Press, 1971), 4:43–46.

14. Franklin, "Account of the New Invented Fire-Places," 2:419–446；关于"通风"一词，参见 Putnam, *The Open Fireplace*, 37。关于德萨吉利埃斯与富兰克林之间的联系，参见 I. Bernard Cohen, *Franklin and Newton: An Inquiry into Speculative Newtonian Experimental Science and Franklin's Work in Electricity as an Example Thereof* (Cambridge: Harvard University Press, 1966), 243–261；富兰克林可能 1726 年在伦敦见过德萨吉利埃斯。不像戈热，德萨吉利埃斯坦率地承认，人们对热和火的物理学知之甚少；Cohen,

Franklin and Newton, 259。

15. Martin Clare, "A Digression to the Affair of Chimnies," *The Motion of Fluids, Natural and Artificial; in Particular that of the Air and Water* (London: Edward Symon, 1735), 220–226; J. T. Desaguliers, *A Course of Experimental Philosophy*, 2 vols. (London: W. Innys and T. Longman, 1744), 2:208–209; Franklin, "Account of the New Invented Fire-Places," 422–423.

16. Franklin, "Account of the New Invented Fire-Places," 424–425.

17. Franklin to Jan Ingenhousz, 28 August 1785, *Writings of Benjamin Franklin*, ed. Smyth, 9:439.

18. Franklin, "Account of the New Invented Fire-Places." 关于该世纪晚期火炉在费城的使用情况，参见 John C. Wills, *The Politics of Taste in the New Republic: The Decorative Elaboration of the Philadelphia Household, 1780–1820* (Ph.D. diss., University of Michigan, 1994), chap. 6, "The Franklin Stove and the Changing Nature of Household Comfort and Display"。

19. J. Durno, *A Description of a New Invented Stove-Grate* (London: J. Towers, 1753), 3–5, 13, 20, 23, 27, 29.

20. Graham Hood, *The Governor's Palace in Williamsburg: A Cultural Study* (Williamsburg, Va.: Colonial Williamsburg Foundation, 1991), 186–189, 269–271. 大约与此同时，类似的布扎格罗火炉在肯特郡的诺尔庄园（Knole Park）和剑桥大学三一学院（Divinity School）得以安装；Christopher Gilbert and Anthony Wells-Cole, *The Fashionable Fire Place, 1660–1840* (Leeds: Leeds City Art Galleries, 1985), 63–65。关于巴黎使用火炉的情况，参见 Annik Pardailhé-Galabrun, *The Birth of Intimacy: Privacy and Domestic Life in Early Modern Paris*, trans. Jocelyn Phelps (Philadelphia: University of Pennsylvania Press, 1991), 120–122。关于给公共空间供暖，参见 Todd

Willmert, "Heating Methods and Their Impact on Soane's Work: Lincoln's Inn Fields and Dulwich Picture Gallery," *Journal of the Society of Architectural Historians* 52 (March 1993): 26–58; Benjamin L. Walbert, III, "The Infancy of Central Heating in the United States: 1803 to 1845," *Bulletin, Association for Preservation Technology* 3, no. 4 (1971): 76–87。

21. Benjamin Franklin, "A Letter from Dr. B. Franklin to Dr. Ingenhausz, Physician to the Emperor, at Vienna," *Transactions* [of the American Philosophical Society], (pt. 1) (Philadelphia, 1786): 1–27; Franklin to Jan Ingenhousz, 28 August 1785, *Writings of Benjamin Franklin*, ed. Smyth, 9:413–443, quoted 414, 417–418; "Smoke," *Encyclopaedia Britannica*, 3rd edn. (Edinburgh, 1797), 7:547–556.

22. *Dictionary of Scientific Biography*, 13:350–352. Benjamin Thompson, "On the Construction of Kitchen Fire-places and Kitchen Utensils," *Collected Works of Count Rumford*, ed. Sanborn C. Brown, 5 vols. (1802; repr. Cambridge: Harvard University Press, 1968–1970), 3:55–384.

23. Benjamin Thompson, "Of Chimney Fire-places" (1796), *Collected Works of Count Rumford*, 1:221–307, esp. 225–230, 235–236. 拉姆福德设计的烹饪火炉没有贯彻英格兰人对明火烘烤所持的根深蒂固的偏见；David J. Eveleigh, "'Put Down to a Clear Bright Fire': The English Tradition of Open-Fire Roasting," *Folk Life* 29 (1990–1991): 5–18. Charles Willson Peale 用火炉和壁炉做实验："The Improved Brick Stoves at Peale's Museum" (26 January 1796), "Description of Some Improvements in the Common Fire-Place" (17 March 1797), letter to the editor, *Weekly Magazine* (March 1798), in *The Selected Papers of Charles Willson Peale*, ed. Lillian B. Miller, 2 vols. (New Haven: Yale University Press, 1982), 2:140–141, 192–197, 209–215。

24. Clavering, *Construction and Building of Chimneys*, quoted 72–73, 76–78; John Whitehurst, *Observations on the Ventilation of Rooms; on the Construction of Chimneys* (London, 1794), 12, 23; cf. James Sharp, *An Account of the Principle and Effects of the Air StoveGrates . . . Commonly Known by the Name of American Stoves* (London, [178?]). 关于一座房屋太暖的危险，参 见 Thomas Beddoes, *Essay on the Causes, Early Signs, and Prevention of Pulmonary Consumption* (Bristol: Biggs & Cottle, 1799), as quoted in Roy Porter, "Consumption: Disease of the Consumer Society?" in *Consumption and the World of Goods*, ed. John Brewer and Roy Porter (London: Routledge, 1793), 67。在 18 世纪晚期和 19 世纪初，对供暖的技术性关注转移到了大型建筑的特殊需求上，在这些建筑中，健康通风的问题比舒适温暖的问题更重要；Robert Bruegmann, "Central Heating and Forced Ventilation: Origins and Effects on Architectural Design," *Journal of the Society of Architectural Historians* 37 (1978): 143–146。

25. *Benjamin Franklin's Autobiography*, ed. J. A. Leo Lemay and P. M. Zall (New York: W. W. Norton, 1986), 6, 8–9. 富兰克林对人工照明极有兴趣，包括其公共使用和家庭使用：他提倡公共路灯，并设计了一种优质的灯罩（lamp housing），他还协调了扩大殖民地玻璃生产的努力，他的儿子约翰也参与其中。关于富兰克林对照明的兴趣，参见 Esmond Wright, *Franklin of Philadelphia* (Cambridge: Harvard University Press, 1986), 61–62。

26. Arthur Elton, "Gas for Light and Heat," in *A History of Technology*, ed. Charles Singer et al., 8 vols. (Oxford: Clarendon Press, 1954–1984), 4:258–259; Michael Schrøder, *The Argand Burner: Its Origin and Development in France and England, 1780–1800* (Odense, Denmark: Odense University Press, 1968),

35, 592. Wolfgang Schivelbusch, *Disenchanted Night: The Industrialization of Light in the Nineteenth Century* (New York: Berg, 1988), 93; William T. O'Dea, *The Social History of Lighting* (London: Routledge & Kegan Paul, 1958), 42–43.

27. Boston News Letter, 30 March 1748, as quoted in *The Arts and Crafts in New England, 1704–1755*, ed. George Francis Dow (Topsfield, Mass.: Wayside Press, 1927). Francis Hopkinson to Jefferson, 14 April 1787, *The Papers of Thomas Jefferson*, ed. Julian P. Boyd et al., 27 vols. to date (Princeton: Princeton University, 1955–), 11:290.

28. 除非引用了其他来源，否则关于阿尔冈和他的灯具的信息都来自 Schrøder, *Argand Burner*, passim。关于它在美国的使用情况，参见 Wills, *Politics of Taste*, chap. 7, "The Argand Lamp and the Changing Awareness of Time and Self"。

29. Jefferson to James Madison, 11 November 1784, *Papers of Thomas Jefferson*, 7:505; 同一天，杰斐逊向查尔斯·汤普森传达了实际上一样的消息；ibid., 7:518. Washington to Gouvernour Morris, 1 March 1790, *The Papers of George Washington. Presidential Series*, ed. Dorothy Twohig et al. (Charlottesville: University of Virginia Press, 1996), 5:192–193。

30. O'Dea, *Social History of Lighting*, 52–55.

31. James Beresford, *The Miseries of Human Life . . .* , comp. Michelle Lovric (1806; New York: St. Martin's Press, 1995), 8, 13, 21, 24, 44.

32. Ibid., 8–13.

33. Jack McLaughlin, *Jefferson and Monticello: The Biography of a Builder* (New York: Henry Holt, 1988), 5, 20, 254, 280, 298, 322–325, 383, 444, quoted 36, 254.

34. Susan R. Stein, *The Worlds of Thomas Jefferson at Monticello* (New York: Harry N. Abrams, 1993), 258–259, 264–267, 286–287, 290, 418–419.

35. Jefferson to Madison, 11 November 1784, *Papers of Thomas Jefferson*, 7:505.

第三部分

舒适的景观

第七章　如画的舒适：农舍

在《理智与情感》（*Sense and Sensibility*）中，令人发指的罗伯特·费拉斯（Robert Ferrars）表达了自己对达什伍德太太（Misses Dashwood）的新农舍生活的艳羡。

> 就我本人来说，我极其喜欢农舍；这种房屋总是那样舒适，那样优雅。我担保，假如我有多余的钱，我就在离伦敦不远的地方买块地皮，自己造座农舍，随时可以乘车出城，找几个朋友娱乐一番。[1]

奥斯丁的讽刺作品标志着农舍最近的风尚。对奥斯丁来说，"农舍"（cottage）指的是一座房屋，而它的可接受性源于它的朴素和带来的身体舒适。这使农舍包含了新的含义，而且使人们在谈论任何房屋时都会运用一个新的概念，也就是舒适。[1]

1750 年之前，农舍不大可能存在设计这道程序，更不用说其建筑优先事项上有"舒适"这一项。在历史上，"农舍"和"农民"（cottager）一直是贫穷和悲惨的同义词。从词源上讲，"cottage"指的是一种社会和法律地位〔cottars，cottiers（小农）〕，而不是一座建筑物。它指的是一种不稳定的保有权（tenure）。"cottager"就定义来说是佃户，通常没有足够的土地来支撑一个家庭；为了有钱买食物和付租金，他们不得不出售

---

[1] 译文引自〔英国〕简·奥斯丁著《理智与情感》，孙致礼译，第 222—223 页，南京：译林出版社，2016 年，略有改动，谨此致谢。

自己的劳动力或家庭用品。他们的住所与贫困的法律定义密切相关。比方说，1662 年《济贫法修正案》（Poor Law Amendment Act）把农舍与流浪汉联系起来，"他们努力在那些有最好的牲畜、最大的公地或荒地可建造农舍，有最多的森林可供他们焚烧和毁灭的堂区定居下来"。格雷戈里·金（Gregory King）在 1688 年对英格兰社会结构的分析，将 40 万户家庭（占英格兰人口的四分之一）归为"农民和穷人"一类。18 世纪中叶，塞缪尔·约翰逊仍然把农舍定义为"一个陋室；一个简陋的住所；一个小村舍（cot）；一座小房屋。……在法律上，农民指的是住在公地上的人，不用付租金，也没有自己的土地"（图 7.1）。[2] 然而，在接下来的几十年里，经过建筑设计这道程序的农舍成了舒适的同义词，成为第一个具有这种等效性的房屋类型。

农舍与身体舒适的联系，间接起源于 1750 年后的种种园林风尚。这些风尚鼓励在园林建筑的附带建筑中运用异国情调和原始主义的风格，其中包括类似农舍的乡村风格建筑。同一时期，大约是 1850 年至 1875 年间，感受力的文化让身体舒适成为检验人们道德和技术启蒙的客观问题。这个问题最初集中在设计样板农舍以满足最低舒适度标准的慈善意图上，而这些标准实际上是由此类设计界定的。在 18 世纪 90 年代，如画美学说明了从正式的建筑要求中解放出来的自由度，如何赋予农舍以舒适设计的内在潜力。到了该世纪末，农舍已经是英格兰典型的舒适住宅了。

园林中的建筑原始主义

有两套建筑模式图则阐明了农舍与舒适的新关联。主要是从 18 世纪 50 年代到 80 年代，一系列园林建筑模式图则相继出版，而从 18 世纪 90 年代到 19 世纪 20 年代，英国建筑作家创作了数十本包含了农舍设计

图7.1　荒废的农舍。18世纪晚期，当建筑师们开始为有产者家庭设计名义上的村舍时，传统农舍变成流派艺术（genre art）的特征。
John Thomas Smith, *Remarks on Rural Scenery* (London: Nathaniel Smith, 1797), pl. 14. 特拉华州温特图尔市温特图尔图书馆印刷书刊藏品部惠允使用。

的模式图则。学者们对这后一系列出版物进行了研究，探讨其与新古典主义建筑理论、如画美学、圈地和农业改良、对人民激进主义（popular radicalism）和叛乱的家长式反应，当然还有中产阶级崛起的关系。但是，当这些研究只考虑舒适性时，它们理所当然地将农舍作为其建筑代表。事实上，这些建筑模式图则为发明作为舒适家宅的农舍形象提供了关键证据：它们彰显了舒适性作为一种价值的历史偶然性。大多数模式图则的作者地位要低于同时代的顶级建筑师；他们公开向读者招揽生意，他们将读者描述为"文雅的"，这些人至少是"温和的"绅士阶层一员或商贾人士，在农村寻找住宿地以"退隐"和"休整"。他们在估计市场的同时，也在决定品位。这些作者并没有发明身体舒适；他们把建筑焦点放在了 18 世纪中叶发展起来的一个概念和一套价值观上。农舍（指 18 世纪下半叶人们所说的农舍）之所以被认为是舒适的，仅仅是因为它们的设计师和拥有者这般描述。模式图则，连同其塑造的至少拥有中等财富的上流社会消费者的品位倾向，提供的正是这种规范性证据。[3]

19 世纪之交前后，建筑出版物第一次在标题中使用了"舒适"一词，而在那时这仅与农舍相关。当时英国首屈一指的园林建筑师汉弗莱·雷普顿（Humphry Repton），解释了"便利、持久和美观"的经典原则中新的优先事项。便利与舒适密切相关："在建筑和园艺方面，与帕拉第奥[1]、维特鲁威[2]或勒诺特尔[3]的计划相比，当今时代提供了更多关注舒适和便利的例子，这些人在展示无用的对称性时，往往忘记了居住的必要条件。"在该世纪早些时候，对帕拉第奥的英语读者来说，"便利"意味着

---

[1] 安德烈亚·帕拉第奥（Andrea Palladio, 1508—1580 年），意大利建筑师，著有《建筑四书》，设计了维琴查的圆厅别墅、威尼斯的圣马焦雷教堂等。

[2] 维特鲁威（Marcus Vitruvius Pollio, 生卒年不详），古罗马建筑师、工程师，著有《建筑十书》。

[3] 安德烈·勒诺特尔（Andre Le Nôtre, 1613—1700 年），法国造园师，一生改造大量宅邸园林，最著名的是路易十四的凡尔赛宫苑。

"宽敞"。[4]

这一早先的"便利"定义仍然适用于最初的将农舍作为建筑进行的讨论，但这种讨论只是在分析农场建筑时从无关紧要的和修辞的角度提出的。18 世纪中叶，当建筑师们开始使土地所有者意识到建筑是农业"改良"的重要组成部分这一点时，农场住宅获得了应有的尊重。有意改善农场的地主用精心设计和精心建造的建筑来吸引最好的佃户，他们进一步合理化固定资本支出，从而节省了长期支出。以前的建筑理论有意忽视了乡村建筑。15 世纪的意大利建筑师莱昂·巴蒂斯塔·阿尔伯蒂（Leone Battista Alberti）对农场建筑不屑一顾，认为它们"与其说是建筑师的事情，不如说是普通工匠的事情"。艾萨克·威尔（Isaac Ware）在 18 世纪 60 年代写作，当他辩称建筑师不应该认为"普通房屋"够不上自己的天赋时，他是在含蓄地承认以前缺乏对农舍设计的尊重："无论是最简陋的农舍，还是最宏伟的宫殿，他都必须准备好为业主效劳，做出最好的设计。"早期的乡村建筑师设计的是农场建筑，而不是农舍；它们的"便利性"主要体现在空间上，并且是非居住性的。谷仓、马厩、猪舍、牛舍和奶场的格局，至少与农场建筑一样受到关注。[5] 有些农家院场格局包括一间单室"农舍"，但在这样的格局中，农舍通常与马厩对称，而且可以将其本身转换为马厩。在农场建筑中，人类居民的住处的设计次要于动物住处的设计。

如果不是在乡村建筑中，那么，农舍是在何处被等同于舒适的呢？答案在英格兰的景观设计中，在这种设计里，结构体系复杂的建筑可以既有怀旧色彩，又是激进的。在园林设计中，没有一种根深蒂固的知识传统可供颠覆　在 18 世纪上半叶，英国的景观设计师声称已经否定了与规则式园林（formal garden）相关的人为因素，并认同法国和尼德兰影响下的直线、树木造型（topiary）和花坛。但是，园林建筑的类型和数量在整个 18 世纪的英国景观中激增。亚历山大·蒲柏（Alexander Pope）在特威肯纳姆

（Twickenham）的范例式园林，除了其受人称赞的人工洞穴（grotto）之外，还拥有一座贝壳神庙（shell temple）、三个山坡、一座方尖碑、一个"火炉"（用于植物的暖室）和一间橘园（orangery）——一切都看起来巧夺天工。威廉·肯特（William Kent）在斯陀（Stowe）造了园林，霍勒斯·沃尔波尔在这里发现了英格兰现代景观园林的源头，斯陀的园林成为园林建筑在景观设计中的适宜性的典范。威廉·钱伯斯（William Chambers）是邱园很多园林建筑的设计者，他动人地报道了与自然主义式的不规则（naturalistic irregularity）同义的中国园林，如何拥有无数的"宅址或建筑，它们适应精神或感官享受的不同目的"。"万能布朗"（Capability Brown）[1]在他设计的"自然"景观中包括了许多高度风格化的园林建筑；它们对第一位英格兰景观园林史家沃尔波尔来说是自然的，因为它们不是法国的，而且因为其园林建筑都是恰如其分的英格兰风格，即哥特风格。6

在布朗的职业生涯中，即从 1749 年他开始独立工作到 1783 年去世，园林建筑模式图则空前繁荣。此类建筑体现了 18 世纪的前卫风格，尤其是新古典主义风格。它们相对较小的规模和相对的非永久性允许设计者在可控范围内以相对较低的成本进行试验，承受包括资金和设计上的失败。多利克式（Doric）[2]、帕拉第奥式、哥特式、乡村式和怪奇式（grotesque）风格都被重新用于园林建筑。用于"乡村娱乐"的怪奇式建筑，如今包括各种各样意想不到的建筑类型，无法用"庙宇"、"亭台楼阁"（pavilions）和"装饰性建筑"（follies）等艺术史上的通用分类来进行归类。仅从标题页就可以得到一份远非详尽的花园结构清单，它包括"花园座椅，宴会厅，凉亭，门房，界石（terminies），墙墩"，"棚屋，休养处，夏日

---

[1]　兰斯洛特·布朗（Lancelot Brown, 1716—1783 年），英国著名造园师，早期师从威廉·肯特，共留有作品 200 余座，最具代表性的是斯陀园、布伦海姆风景园、查兹沃斯风景园，被誉为"万能布朗"。

[2]　多利克式，古希腊建筑风格，柱身和柱头形式简朴。

和冬季的隐居处，中国式、哥特式和天然的石窟，小瀑布，乡村座椅，浴室，清真寺，摩尔式的（moresque）亭子，怪奇的座椅，温室"，"一间浴室，一个犬舍，亭子……钓鱼台，运动小亭（sporting-boxes）、狩猎小屋（shooting-lodges）、单人和双人农舍"。[7]

农舍成了众多园林建筑中的一种建筑设计对象。它刻意的质朴反映了当地农舍的风格，但是作为一种专业设计，直到 18 世纪 60 年代，农舍才成为景观设计中常见的建筑类型。它在园林建筑中的前身是更为简陋的"棚屋"。

作为园林建筑，棚屋是关于质朴的学问，其要么作为隐居地，要么就作为新古典主义式的原始住宅。隐居地利用基本材料试验了舒适的最低必需品——"用羊髓骨竖直铺成的"地板，但配有"沙发"和"休憩座椅"，"内部衬上了羊毛或其他与苔藓混合的温暖物质"的墙壁，以供冬季使用，"由不规则的大石头和树根构成"的座椅，"由四周缠着常春藤的树干支撑"的露台（gazebo）为室内提供了照明。根据定义，隐居地是棚屋；在模式图则中，与对"隐居地"的描述相对应的说明性标牌有时会被标记上"原始棚屋"。被确定为棚屋的园林建筑，可以与现存的乡土农舍直接类比，因为它们很小，而且是用当地材料建造的。一间 10 英尺见方的园林棚屋，"表面铺着燧石或其他粗糙的石头，内衬木料和苔藓；地面用特制的砂浆铺成，屋顶用茅草覆盖"。棚屋的质朴风格使其很容易转变为名义上的农舍，因此，"牧羊人的棚屋或农舍"，可以拥有"由粗糙的树干构成"的正立面，并拥有"由树枝构成的墙壁。……门窗侧壁的内衬可以是橡木或山毛榉厚板；建筑上覆盖着芦苇、麦秆或石南茅草"。[8]

建筑原始主义专注于棚屋和农舍的设计。罗伯特·莫里斯（Robert Morris）是 18 世纪英国最著名的建筑理论家，他在《乡村建筑》（*Rural Architecture*）中概括了这种联系。面对"我们的现代建筑师"研究的"欢乐、宏伟、粗犷的哥特式风格，或中国式无意义的阶梯"，莫里斯敦促人们回归"希腊和罗马式的纯粹和朴素"："我选择照搬自然和科学所教导的和谐法则；比起欢乐和装饰，更喜欢朴素和实用。"在其关于乡村建筑的著作中，莫里斯重复了维特鲁威的推断，即建筑的起源在于用来取代洞穴作为住所的棚屋之建造："我正在研究的科学，是通过必要性而被广泛接受的：它源于困苦，而实用性是设计师的视角。……在每一座建筑中，在每一种气候下，大自然都要求建筑师使用这种科学，以服务于使用和便利。"根据这种原始主义理论，房屋最初是用人们的手头材料建造的——树枝、苔藓和草皮（图 7.2）。英格兰和威尔士"成千上万的泥墙和茅草建筑"，让人想起了这些原始的房屋，在这些地方，"我们看到棚屋和农舍是以同样的方式建造的，好像这些居民刚刚开始存在一般，他们被自然和需要引导着构建了一种建筑形式，以保护自己免受季节的恶劣影响"。这种建筑原始主义导致人们考虑起舒适的最低需要，而这与农舍，以及"由棚屋换成农舍"的决心有关，这种决心是随着更广阔的土地被耕种，人们成群结队地定居而生的。据推测，这些群体中的领导人在"房间的布置"中对"便利性"给予了新的重视，这样房间就可以避风、遮阴，而且还接近食物、燃料和水。[9]

　　这股原始主义冲动将便利的含义转向了舒适。阿贝·洛吉耶（Abbé Laugier）在 1755 年出版的英译本《论建筑》（*Essay on Architecture*），强化了莫里斯建立的对原始棚屋与最低限度的舒适之间的联系，更重要的是，此书还包括一幅卷首插图，为原始棚屋提供了一幅图像材料："我刚才描述的那间乡村小屋是一个样板，建筑的所有华丽都是在其基础上想象出来的，在快将这首个样板的质朴特性付诸实施的过程中，我们避免了所有本质上的缺陷，我们抓住了真正的完美。"洛吉耶借鉴了维特鲁威对建筑起源的分析，但他也像莫里斯一样，从舒适性和结构完整性的角度解释了基本的建筑需要：露天感受到的太阳太热；山洞可以避雨，但空气太潮湿；因此，我们的祖先建造了一栋由树枝构成的房屋，而事实证明，当没有墙壁时，对于隔热和防寒而言，树枝是不够用的。新古典主义式原始主义其实要求将实验性和创新性的风格引入农村中的建筑。墙面使用的基本材料强化了古典装饰和线脚的缺失，而支撑着伸出来的茅草屋顶的树干在提醒观众思考：巴洛克风格是如何将古典建筑的形式从希腊的纯粹形式中加以扭曲的（图 7.3）。[10]

图7.2　原始棚屋以来的建筑发展情况。
William Chambers, *A Treatise on Civil Architecture . . .* (London: J. Haberkorn, 1759), facing 1. 特拉华州温特图尔市温特图尔图书馆印刷书刊藏品部惠允使用。

图7.3　环状花饰、茅草屋顶使草莓山（Strawberry Hill）的平面图成为一座农舍的平面图。
Robert Adam, *Front of a Cottage for the Honorable Horace Walpole* (1768). **耶鲁大学刘易斯·沃尔波尔图书馆印刷藏品部惠允使用。**

在花园中建造棚屋的目的是"娱乐和休闲"，因此探索让这些建筑变得舒适的基本要求是合乎情理的。诸如旅舍、门房、看守人（keeper）住处和凉亭这类园林和公园建筑，则允许人们对建筑计划和设计进行试验以为餐饮、娱乐和睡眠提供完善的居住空间。在具有持久性的住宅中，用于洗澡或放置抽水马桶的专门空间几乎还不为人所知，与之相比，许多园林建筑结合了与水有关的、更复杂的卫生用具。约翰·普劳（John Plaw）设计了一个"木桩屋"（Wood Pile House），作为一个盥洗室，"其目的是方便在公园或种植园里散步或骑行的人们"。就像园林建筑经常出现的情况，乡村装饰与这种盥洗室提供的基本舒适形成了对比："以回火的黏土为地基，用橡树的分枝和主枝建造，不要太大，切成规则的长度，与麦秆相混合；屋顶是用茅草盖的，在内部的屋顶塞满了苔藓"（图 7.4）。对最新流行的全浸式沐浴方式感兴趣的人，更愿意在园林中洗澡，而不是在家里。就像盥洗室，洗澡最初与户外休闲有关，尤其是在园林里。园林中的隐居处可能包括图书馆和浴室（图 7.5）。浴室总是宣称更贴近自然，

图7.4　用于盥洗室的木桩屋。

John Plaw, *Ferme Ornée; or, Rural Improvements . . .* (London: I. & J. Taylor, 1795), pl. 3. 特拉华州温特图尔市温特图尔图书馆印刷书刊藏品部惠允使用。

但实际上，它们在控制空气和水温方面的设计要比大多数豪华住宅仔细得多。普劳解释了"在一丛美丽的冷杉树中，一个圆形的养鸭子的池塘是"如何使之"产生浴室这个想法的。……它距离酿酒厂和蓄水池只有一小段距离，蓄水池可以供应热水和冷水，足以进行温水浴：这里还提供了可偶尔淋浴的设施。更衣室配有沙发和火炉"。橘园的设计可能包括一个带厕所的浴房（*apartement de bains*），并提供热水和冷水浴。[11]

由于景观园林设计有意打破传统，所以，它颇适合舒适的新价值的发展和应用。特别是制乳室，它将时髦的自然状态（naturalness）与对环境造成的人体不适的谨慎控制巧妙地结合起来。在农场上，制乳室是女性的领地，与农家庭院的其他部分隔开以避免污染，因此，它们很适合放置在园林或公园中，作为一个经过大量装饰的休闲空间，在那里，其在清洁和温度控制方面的优势为舒适提出了新的标准。有教养的妇女设计并管理着

图7.5　有图书馆和浴房的隐居地。
William Wrighte, *Grotesque Architecture; or, Rural Amusement* (1767; reprint London: I. & J. Taylor, 1790), pl. 7. **特拉华州温特图尔市温特图尔图书馆印刷书刊藏品部惠允使用。**

将功能与装饰相结合的制乳室。大量布置的着色玻璃提供了漫射的强光，借此可以观察加工的各个阶段。为了凉爽和清洁，制乳室铺上了瓷砖，而对清洁的器皿的强调让瓷器和其他陶瓷制品得以大量展示。最受欢迎的瓷器是中国瓷器，制乳室通常有些适当异国情调的设计。在 18 世纪 60 年代，约书亚·韦奇伍德（Josiah Wedgwood）开发了奶油色的王后御用瓷器（Queen's Ware），这是制乳室的理想选择，因为它们通常包括供人娱乐的茶室。韦奇伍德预计，"奶油色的瓷砖对制乳室、浴室、凉亭和寺庙都极有好处"。上流社会的制乳室实际上以功能性为理由而大声疾呼，要求提供如画美学的设计方式。游廊保护室内不受眩光的影响，同时在调节室外的温度变化方面与茅草屋顶互补。[12] 有了这样的乡土元素，再加上挤奶女工的住所，制乳室省略了那些用于农舍的一些设计。（见图 7.6）

18 世纪晚期景观设计上对审美的强调，将对建筑的兴趣集中在了农舍的空间位置上，农舍的所在位置具有改变风景的内在潜力。景观设计师托马斯·惠特利（Thomas Whately）观察到，"同样的土地，在田野里不过是粗糙的，而当它是一个村庄的所在地时，则往往显得浪漫；建筑物和其他条件标志着并加剧了这种不寻常现象：为了强化这种观感，可以在陡坡的边缘建一座农舍，一些未磨光的石头构成的蜿蜒的台阶通向大门；另一个农舍在一个山谷里，屋子上挂着它所有的小附属物"。"虽然又小又平凡"，但农舍不一定是"非常广阔的田野或牧羊场里""无关紧要的东西"。横亘在整个绿地的景色中，农舍给人"在如此空旷环境中退隐的想法"。它们为原本可能单调无奇的景观增添了多样性："一座小型单体建筑立剂转移了人们这种高度同质性的注意力，它打破了这种同质性，但没有将它们分开，并在不改变其性质的情况下使其多样化了。"[13]

对农舍的感受联想也在景观设计的文化背景下发展起来。奥利弗·哥德史密斯（Oliver Goldsmith）的诗歌《弃村》(*The Deserted Village*，1770 年)，

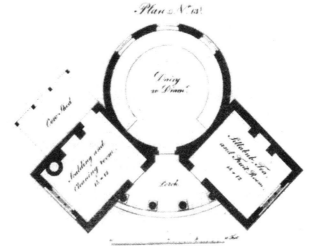

图7.6 有着"冷色调而外观质朴"的制乳室。

James Malton, *A Collection of Designs for Rural Retreats, as Villas, Principally in the Gothic and Castle Styles of Architecture* (London: J. & T. Carpenter, 1802), pl. 27. 特拉华州温特图尔市温特图尔图书馆印刷书刊藏品部惠允使用。

经常被人援引来谴责农业圈地造成的社会不公。此诗实际上处理了一个事件，当时，为了改善哈考特勋爵（Lord Harcourt）放眼纳尼汉姆考特尼（Nuneham Courtney）的景观时的视野，要将当地村民重新安置。这首诗是关于风景造园的，而不是集中化的农业，它还谴责了对绿地（parkland）而非田地的圈地（地主合法剥夺农村穷人对公共土地的惯有权利）。

> 这片土地，就这样被高价出卖，
>
> 最初呈现的种种大自然的朴素魅力，
>
> 但正在衰落的，是其辉煌的崛起，
>
> 令人赞叹的景观，令人惊叹的宫殿；
>
> 在遭受微笑之地的饥荒的折磨时，
>
> 悲哀的农民领着他卑微的一伙人；
>
> 虽然他沉沦下去，只手无力挽狂澜，
>
> 乡村鲜花盛开——一座花园，一座坟墓。

在《纳尼汉姆的村庄搬迁》（"The Removal of the Village at Nuneham"）中，桂冠诗人威廉·怀特海（William Whitehead）描绘了农民们对哈考特勋爵的仁慈感恩戴德的场景：

> 平原上细心的主妇们
>
> 离开她们的农舍时没有一声叹息，
>
> 乐得穿上她们小小的裙裾
>
> 在幸福的豪宅里，温暖而干燥。

在18世纪70年代，农舍及其多愁善感的居住者开始在文化景观中大量出现。它们在风俗画中扮演着重要角色，因为在英格兰风景画中，农民取代了牲畜、宠物和对话片段，成为受到特别优待的形象。[14] 在1780年之前，

311

"农舍"一词每年出现在英国出版物的标题中不到一次，但是在 1780 年至 1800 年间，有 100 多个标题包含了这个词，其中大多数是田园传统方面的出版物。

慈善农舍上的同情人道主义

农民的这种多愁善感（sentimentalization）与对农舍的建筑兴趣同时发展起来，首先是在景观建筑领域，然后是在慈善设计方面，最后是在服务于殷实者的住宅建筑上。1780 年之前，英国建筑出版物的标题中没出现过"农舍"一词；在接下来的 20 年里，至少有 17 份出版物中出现了这个词。第一种在设计上明确优先考虑舒适的房屋是样板农舍（model cottage）。在 18 世纪最后 25 年里，人道主义改革首次优先考虑舒适的建筑学标准。虽然人们可能认为人道主义改革者希望让穷人拥有舒适的住房是理所当然的，但是，这种假设错误地回避了一个问题，即为什么舒适是建筑的优先考虑项。

在 18 世纪下半叶的数十年里，人道主义改革有一种新的建筑标准——身体舒适的最低需要。对农舍建筑适宜度的考虑，同时考验了社会和审美敏感度。对贫困带来的身体痛苦的人道主义关注，肩负起了对舒适农舍的设计的特别责任。纳撒尼尔·肯特（Nathaniel Kent）和约翰·伍德（John Wood）建立了慈善样板农舍的类型；他们的设计具有通用性，这允许频繁模仿和借用（图 7.7）。肯特的《给拥有土地财产的贵族的提示》（*Hints to Gentlemen of Landed Property*）一书，有题为"对农舍重要意义的反思"（Reflections on the great importance of cottages）的一章。肯特是国王在温莎的庄园管家（bailiff），也是卓越的农业改良者托马斯·威廉·科克（Thomas William Coke）的地产测量师（estate surveyor）。作为一名专业的地产测

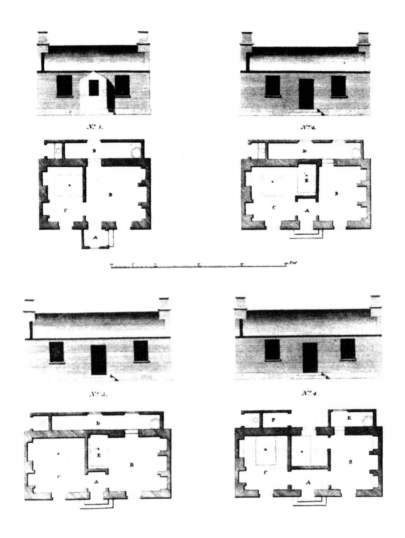

图7.7　两室的样板农舍。

John Wood, *A Series of Plans for Cottages or Habitations of the Labourer* (1781; reprint, London: J. Taylor, 1806), pl. 5. 特拉华州温特图尔市温特图尔图书馆印刷书刊藏品部惠允使用。

313

量师，他对农民的物理环境给出了权威的观点。因为伍德设计了巴斯的皇家新月楼（Royal Crescent）和新议会堂（New Assembly Rooms），所以，当他呼吁将建筑学专业知识应用于普通建筑时，他的建筑学资历是无懈可击的。他利用新古典主义的背景语境来强调对农舍的关注："到目前为止，还没有一位建筑师认为值得向公众提供任何经过精心设计的农舍蓝图；考虑到最简陋的棚屋与最华丽的宫殿之间有规律的层次划分；一座宫殿不过是一座经过改良的棚屋；后者的格局是前者的格局的基础。"他的著作，《一系列关于劳动者的农舍或住所的计划》（*A Series of Plans for Cottages or Habitations of the Labourer*），助推了农舍成为一种通用设计被纳入了建筑主流。作为巴斯促进农业、艺术、制造业和商业发展协会（Society Instituted at Bath for the Encouragement of Agriculture, Arts, Manufactures and Commerce）的会员，伍德跟肯特一样知识渊博，能将农舍设计与社会和经济进步联系起来。[15]

在 18 世纪的最后数十年里，公众的注意力集中在农民的社会和经济困境上。圈起公地的议会法案让地主得以巩固他们的土地，并使小农场主失去了住房和熟悉的生计。农业"改进"据说通过增加有偿劳动的机会补偿了这种取代现象，但是劳动者的实际工资减少了。社会的批评声音指责作为农业革命先锋的大佃农（large tenant farmers）忽视了惯常的家长式角色，故意减少农民人数，以减少缴纳贫民救济税。但是，随着 18 世纪期间英格兰的人口几乎翻了一番，住房短缺无论如何都会出现。那些参与制定关于农村贫困人口的公共政策的人，讨论了贫困人口的情况是否是一个社会问题，是需要通过《济贫法》（Poor Law）改革来解决，还是应该允许劳动力市场来决定他们的命运。斯宾汉姆兰制度（Speenhamland system）[1] 使用工资补贴作为尴尬的解决方案。

慈善家们建议开明的地主为自己的最大利益和慈善事业着想，建造样板农舍。这种通常包含花园、烤炉和作为生计来源的牛的草场的设计，将降低农场主的贫民救济税，并提供来自健康的、人口众多的家庭的劳动力。改革者们以决然的屈尊附就姿态认为，精心设计的农舍将调和审美、社会和经济方面的优先事项：

> 由于一定数量的劳动力是打造富丽堂皇的宫殿的必要条件之一，因此应该为贫困的依赖者提供舒适的住所。这些居民不应出没于宫殿附近，但他们应该坐在同一张桌子上吃饭。如果他们简陋的住所能成为总体风景的次要部分，那他们非但不会玷污它，反而会加增从（作为财富源泉的）行善中获得的尊严。16

对身体舒适的基本建筑学需要的主张，是人道主义者跨越社会鸿沟发现一种共通的人性的一种方式。在将样板农舍作为最低舒适度的有效设计的测度中，住宅改革者敦促宽宏大量的地主将舒适作为一项权利加以考虑："为穷人提供简朴而舒适的住所，就像为牲畜提供舒适而便利的建筑物一样，是必要的。……我们对马厩和犬舍给予了相当多的关注，但是，我们却总是将农舍贬低为对我们的财产设定的累赘和障碍。" 17

农舍以前是为慈善的目的而建的，但从 18 世纪 70 年代中期开始，它们那服务于舒适的设计开始具有新的社会和道德意义。肯特、伍德和其他对住宅感兴趣的农业改革者，通过挑战读者的想象力来考验他们的敏感性：

---

[1] 斯宾汉姆兰制度，18 世纪晚期英国一种院外救济形式的济贫制度，是一种工资补贴制，它将一定重量的面包价格与家庭规模作为补贴的主要标准。参看滕淑娜、吕洪涛、王宗国：《重新解读 Speenhamland 制度——基于公平与效率的视角》，《石家庄学院学报》，2014 年第 1 期。

他们想象走进王国一半的穷人不得不忍受的破碎茅舍（hovels）……那些屈尊造访这些悲惨的廉租房（tenements）的人可以作证，在这些房屋中健康和体面都无法维持。气候常常会渗透到它们的各个部位：这一定会引起各种疾病，尤其是疟疾；比起其他疾病，疟疾是最为频繁光顾农民的孩子，并更早地动摇他们的体质的疾病。令人震惊的是，一个男人、他的妻子和六个孩子不得不一起躺在一个房间里；更重要的是，妻子竟然没有更多私人的地方可供睡觉。

与悲惨住宅的遭遇让"有感情的人"（man of feeling）在他人的经历中找到了共通的人性："这是为穷人解决问题，就像我们希望自己在类似的情况下有人会帮忙解决问题。"这种同情为设计提供了指导："为了让自己掌握这个主题，我有必要觉得自己是一个农民。……没有一个建筑师能制定出一个方便的计划，除非他把自己完美地安置在他为之设计的人的位置上……并为此去拜访他；询问他想要的方便，以及他为此而苦恼的不便。"[18]

建筑方面、慈善方面和农业方面的改革都集中在农舍上。舒适农舍的设计是从对不舒适的建筑的分析开始的。建在"低矮凄凉（dreary）的地方"、有时地板低于地面的农舍，不可避免会"又湿又潮"。如果门直接从外面打开，房间就会变得"冷而阴暗"。通常位于烟囱旁的"楼梯既陡峭狭窄，又状况恶劣"，让房屋"因为缺少空间而非常不便"。[19]

农民那些被认为是简单质朴的需求是美德的衡量标准，也是最低限度的舒适的衡量标准："他们在更质朴的环境中长大成人；过着更原始的生活，比任何其他下层阶级的人都更为远离邪恶和放荡。"

处于社会最底层之人［"穷苦劳动力和小商人"］的需求相对较少：这些需求只是那些简单的自然之物；而自然，总是与质朴保持一致，提供了明显而简单的获取资源的手段。农民在人生大戏中扮演的角色，虽然整体看来很重要，但是就个人的行动而言，却几乎无法辨识。我们第一次也是最后一次见到他，是在田野里或干道上辛勤劳作；当他再也不能辛勤劳作时，他就在其农舍的庇护下隐退，默默无闻地离开这个世界，就像他来到这个世界时一样。

住宅改革者提醒上流社会的读者，他们与农民有着共通的人性："一个贫穷农民的感情，就像生活在更高阶层的人的感情一样，以致如果他的住处温暖、愉快、舒适，那么他就会欢欣地回到那里，愉快地住在那里。"[20]

屈尊纡贵是人道主义的一种策略。农民真正的身体需求是如此之少，以致一点点慷慨就可以带来根本的改善。对舒适住宅的投入将为那些没有财产的人带来社会的福祉：

> 这类农舍将有助于改善［地主的］财产，因为［其居住者］将永久被固定在土地上，并对他们的住宅有相当兴趣，并拥有那些没有同样农舍之人的舒适感，他们最不可能冒着风险参加偶尔出现的骚乱，而且恰恰相反，在发生任何此类灾难时，他们将是农场主可以依靠的最好支持者，最不可能成为教区的负担。[21]

慈善样板农舍的设计至少在最低程度上定义了舒适的住宅。1793年，议会成立了农业部（Board of Agriculture），并责成该部提出减少农村骚乱的方法。1797年，农业部公布了关于农舍最佳形式的全国调查结果。很多方案都是两层格局，因为"上层房间比底层房间更适合睡觉"，但是，它们很少有完整的两层立面。其平面格局是两个房间，而楼层格局一般为12×16英尺。主要的、多用途的楼下房间（downstairs room）有一个壁炉，房间面积大约为12×12英尺。它可以用各种各样的名字来称呼，比如"起居室"（living room）、"居住室"（dwelling room）或"工作间"（working room）。这个房间很少会被叫作"厨房"，尽管它往往有一个烤炉。此外，一楼通常有一个或多个服务室，比如制乳室、食品储藏室或地窖。一楼的格局通常留出了一张床铺的空间，并提供了架物和存储的空间。第二层楼可能也有一个壁炉，但如果楼上有两个内室，那第二个内室就没有供暖，因为农舍很少有一个以上的烟囱。然而，设计者喜欢有两间卧室，甚至考虑过男孩女孩睡在同一个房间是否合适。考虑到自然光的益处，房屋被建议要朝南。窗户装上了玻璃，但装的是平开窗，而非垂直推拉窗。每个房间只有一扇窗户，有大约 10 平方英尺的玻璃窗，而楼上的房间有时共用一扇窗户。当地的材料作为替代性的建筑材料受到推荐，比如泥浆墙、砌墙泥（pisé）、框架、砖。屋顶是茅草盖的，地板有时是夯土的。尽管有这些看似优美如画的设计特点，但农舍的慈善设计并不包括造园。实际上，约翰·巴雷尔（John Barrell）曾经辩称，大多数对农业改良有专业兴趣的人对如画美学所持的也是矛盾态度。然而，在富人的房屋格局通常不包括卫生设施的时代，农舍的格局却往往确定了茅房的所在，尽管是在外面。[22]

最低限度舒适的需要缺少文雅、明亮的空间，而客厅和交叉照明（cross lighting）会提供这样的空间："我绝不希望看到这种农舍得到改善或扩建后而变得精致或昂贵。……穷人所必需的是一间温暖、舒适、朴素的、他们可以在其中用简单餐食的房间，还有一个烤箱烤面包，一个小容器装啤酒和食品，还有两套有益健康的住宿房间，一套给夫妻俩，另一套给他们的孩子。"这一定义看起来完全合情合理。当然，人们想要的住宅至少是样板农舍的标准。但是，建筑改革者认为，农村有许多殷实家庭也无动于衷地住在如下房屋中："因种种因素而有害于健康，一是房间低矮和封闭；二是房屋主要面向北方和西方；三是内室都挤到屋顶了，除了椽子和没有天花板的光屋顶之外，没有什么东西可以保护房屋免受气候的影响，房屋在夏天闷热难待，在冬天冰冷难耐；四是屋顶的三角形状也让他们感到狭小；五是天窗（dormer windows）不断失修，而天窗的漏水大大加剧了潮湿、不健康和腐烂。"[23]

作为一个公共问题，广大农村人口拥有的不舒适得令人痛苦的农舍是一个新的历史现象。在18世纪八九十年代，关于乡土建筑的报道成了英国国内外旅游文学的一个惯例。阿瑟·扬（Arthur Young）是18世纪晚期英国著名农业改革者，而他在评估一个地区时，会将农民住宅的充足与否纳入问题清单。比方说，在游览加泰罗尼亚时，他就反复提到房屋缺少烟囱和玻璃窗。在阿兰（Aran）山谷，他发现那里的"贫穷和悲惨的居所；全城都看不到一扇玻璃窗；几乎没有一个烟囱，而一楼和内室都会从窗户里吐出烟来"。扬感到困惑，无法解释"一种伤害我们感情的贫困"，他发现这些人在利用农业资源时非常勤劳。他试探性地将这种差距归因于一个忽视其社会责任的地主阶级："因此，整个国家都被抛弃在了最底层的阶级手中，而可能有助于国家进步的财富和智慧被转移到了遥远而迥异的渠道上。"然而，他认为，在英格兰，农舍显而易见的舒适有助于风景之美，从而让英格兰地主阶级愿意继续留在这片土地上：

> 对一个喜欢北方气候的乡村的人来说，没有什么比一个有着文明的、人口众多的乡村的自然景观更让人赏心悦目，或者更让人耳目一新。在英格兰，这具有种种引人入胜和令人特征。乡村不太极端的不平等，遮天蔽日的林地，河流波光粼粼的水面形成明暗反差，它轻轻地穿过青翠的山谷，而山谷不会因其湍急而受损，又不会因其缓慢而变得同泥沼一般；围栏，标记着土地的价值和种植物；穷人的分散住所，干净而舒适，与农场主的房屋混合在一起，处于安逸和繁荣的状态；还有绅士们的座位，他们能找到社交和自由的乐趣，也不会

为了首都的物产丰富和品位而放弃给予他们支持的土地。[24]

农民住宅在之前很长一段时间里一直惨不忍睹，但其不足之处在以前没有得到定期的报告或研究。如今，在将舒适的标准应用于之的过程中，它正得到评估和考量。

郊区住宅中的如画美学

英国对样板农舍的人道主义关注，挖掘了景观设计在舒适农舍设计中的潜能。同一批建筑师——雷普顿、普劳、约翰·索恩（John Soane）、查尔斯·米德尔顿（Charles Middleton）、詹姆斯·马尔顿（James Malton）和约翰·克劳迪厄斯·劳登（John Claudius Loudon）为劳动者家庭设计了样板农舍，也为有产者设计了如画优美的农舍。他们之中最著名的一些人主要是景观设计师。毕竟，这些样板农舍本身可能没有多少装饰，但是他们提升了庄园的外观："农舍……对乡下来说诚有裨益，足资装饰；对每一位绅士的住宅来说都足以为此而自豪；相反，没有什么比他家门口有一座破败的、悲惨的、不适合人类居住的茅屋更能反映出他的耻辱。"如画美学的主要理论家，理查德·佩恩·奈特（Richard Payne Knight）批评了18世纪最后25年乡村风格从花园到民居建筑的转变，熟稔地指出这种风格的影响："公园的乡间小屋、装饰华丽的农舍、田园式宅邸、大门和门道，都是由未修剪的树枝和树干组成的，它们都必然具有更强烈的矫揉造作的特征……因为这是为了让牧人的小屋或农夫的农舍真正成为富裕和奢侈的住宅；这就像要让他们的语言、衣着和举止适应上流社会的优雅方式一样，是完全不可能的。"奈特的评论强调了园林建筑如何要为其成为自身风格上的成功的受害者而负责；事实上，在当时，对寺庙、圆形建筑、

废墟和佛塔的激增生出了一种广受支持的反对性的意见。但是，他在农舍
对文雅品位的适应性问题上犯了错。农舍之所以享有风格的特权（stylistic
privilege），是因为它们既富有异国情调（对有产的阶层来说），又是地
道的英格兰风格。[25]

18世纪90年代和19世纪初的建筑模式图则，将农舍的不规则性与
新流行的如画美学联系起来。在其《论英国农舍建筑》（*Essay on British
Cottage Architecture*）中，马尔顿自信地展示了一种意象，以引导人们对
农舍外观的审美反应：

> 当提到被称为"农舍"的那种住宅时，我在脑海中想到了乡下的
> 一座小房子；它古怪而不规则的形状，并且被各种各样的又彼此和谐
> 的颜色着色，它会受到了天气、时间和意外的影响；整座农舍都被明
> 媚的青翠围绕着，有满足、愉快、诱人的一面，而被闩上的门，随时
> 准备接待喜欢飞短流长的邻居，或疲惫力竭的旅人。必须将许多难以
> 形容的东西结合起来，才能赋予住宅这种特征。入口处有门廊；墙有
> 不规则的形制，一部分高于另一部分；有各种不同材料制成的各式各
> 样屋顶，特别是茅草屋顶，它大胆地突出来；房屋的正立面部分是砖
> 墙、部分是挡风雨板（weather boarded），还有部分是木架砖壁；平
> 开窗的灯光都是有益的，并构成了它的特色。

（见图7.8）上流社会的人，怎么能够想象住在以前被等同于贫困农
村的那种房屋里呢？安·伯明翰（Ann Bermingham）展示了如画美学是如
何为农业发展所推动而歌颂了正在消失的景观：这种美学欣赏风景，同时
在社会和历史上与其保持安全距离。一旦进行审美化，建筑的不规则性和
粗糙的材料就可以被用作标志，以表明旧的农村建筑已经被超越，而其传
统优点却得以保持。专供给殷实者的如画农舍，为用于劳动者家庭农舍的

一般构架作了补充。[26]

由于过去半个世纪的乡村建筑在景观设计中的作用，这些如画农舍可以很快成形。到马尔顿出版其作《论英国农舍建筑》为止，他可以想当然地认为，（名义上的）农舍与景观的和谐使其成为几乎所有社会群体的住房选择："这些设计被谦恭地呈给那些有品位的贵族和绅士，他们为自己建造休养地，希望使之成为农舍，或为他们的农民或其他佃户建造住所：作为建造住宅的向导，农夫要让住宅与周围的风景协调一致。"马尔顿批评了将"农舍"普遍用作花园建筑的倾向，试图让家庭生活成为其设计中的优先事项，他提到，它们可以"作为一个富农或富贵绅士的居所，就像是绿篱修剪工或挖沟人的居所。……考虑到它的腐朽，以及房屋中的动产，

图7.8 设计"符合如画原则的"农舍。

James Malton, *An Essay on British Cottage Architecture* (London: Hookham & Carpenter, 1798), pl. 9, **特拉华州温特图尔市温特图尔图书馆印刷书刊藏品部惠允使用。**

任何居所都可能变得鄙陋；但在舒适、丰裕和好客占主导地位的地方，或者在清洁、满足和微笑出现的地方，卑劣是必然要被排除在外的"。[27]

与慈善性质的样板农舍相比，殷实者的农舍拥有更多隐私。他们有更多卧室和其他类型的房间，如堂屋、客厅、厨房和抽水马桶。一系列休闲空间——书房、餐厅、休息室、暖房——为"一个拥有一小笔独立财富的家庭"提供了心理和身体上的舒适，"或让人偶尔从繁忙的商业活动中放松的休憩时光"。由于不受规则性的约束，农舍特别适合便利的设计："总有机会在不损害设计的情况下，通过增加主要宅邸的面积，使种种事物符合愿望。"[28]

农舍的形象与舒适和如画美学密切相关。理查德·佩恩·奈特可以理所当然地认为，舒适的农舍定义了如画的景观：

> 我们乐见整洁而舒适的农舍，里面住着朴素、简单但不粗鲁、庸俗的农民；它们坐落于人们进行种植但没有装饰过的花园、草地和牧场中，那里有大量的羊群和牛群，泉水潺潺，树荫清凉。这种风景我们称之为"田园式的"；尽管它加诸人的感官印象是令人愉悦的；然而，对一个精通田园诗的人来说，这种愉悦感会因为与先前形成的观念的联系而大大增强。[29]

新古典主义式的感受力鼓励人们考虑"从简陋的棚屋到华丽的豪宅的建筑等级划分"。这种明显的尚古主义从演化的角度看待家庭便利设施。最简单的建筑，一室的"原始棚屋"由一圈互相支撑的树枝组成，没有窗户、烟囱或铰链门。最简单的矩形建筑也同样由未经加工的原木和树枝互相支撑着搭建起来，但它有一扇门，以及窗户，但只有一个房间，且没有烟囱。烟囱的引入和使用石块或框架搭建墙壁，与卧室和厨房的分隔是相辅相成的。随着一楼又增加了一间客厅（拥有自己的烟囱），人们开始使用楼梯到达楼上的内室。随着富裕的家庭变成更复杂的政治和经济组织，他们增加了更多专门的房间——餐具室、储藏室、客厅、更衣室和堂屋。[30]

雷普顿从舒适的新古典主义语境出发，提出了舒适的演化观点："现在的乡村生活方式与从前大不相同，以致古代房屋如果没有大的改动和增建，那几乎都无法居住。"他列出了"餐厅"、图书馆、起居室、音乐室、台球室（biliard room）、闺房、藏衣室，以及"冷热浴"的便利设施，并将它们都贴上"伊丽莎白女王时代未知的现代附属设施"的标签，"在这些情况下，如果没有大量添置附属设施，很难保留一座豪宅的古老风格"。如果舒适拥有历史的话，那么在当代英格兰，这种历史依旧可能发生变化。雷普顿辩称，如果它正在英格兰发生变化，而舒适是优先事项，那么，如画风格特别适合英格兰住宅的设计，不仅是因为外观，而且因为其功能实用性：

> 当我们回首几个世纪，将过去的习惯与现在的习惯进行比较，我们很容易对任何人提出建造一座可能适合下一代的房子的设想感到惊讶。在伊丽莎白女王统治时期，谁会规划一个图书馆、音乐室、台球室或暖房呢？然而，现在这些都被认为是舒适和堂皇的必要条件：也许，在未来的日子里，为新的目的而建的新的房间也同样必要。但是，这些永远无法添加到完美对称的房子上。[31]

在讨论农舍的时候，舒适在关于风格的争论中变得至关重要。

一旦农舍设计牢固地确立了舒适在民居建筑中的优先地位，过度运用如画美学就可能会受到以舒适设计的名义提出的批评。雷普顿警告不要将如画的诗意意象转化为建筑的现实：一栋"烟囱被常春藤堵塞住……可能会让这房屋成为产生肮脏、穷困和匮乏的住所"。正如其他艺术在两个极端之间取得平衡一样，"造园必须包括两个对立的特征，即原生的野性和人为的舒适，它们都适应于当地的禀赋和特点；然而，请注意，在人类居住地附近必须优先考虑便利性，而非如画的效果"。[32]

在农舍的设计中，便利和舒适比如画美景更为优先，但不久之后，农舍就有了一种新的优点——优雅。"优雅"一词的使用在18世纪90年代急剧增加。在18世纪英格兰出版的839本书中，将近一半的书——402本——出现在18世纪90年代。（读者可能记得，罗伯特·费拉斯赞赏了农舍的优雅和舒适。）约翰逊将"优雅"定义为"用以抚慰人心而非让人震惊的美；不显堂皇之美；合乎礼节而非伟大之美……任何以其细节而悦人之物……以微小之美（minuter beauties）悦人"。这意味着整洁而非奢侈。尤其是作为室内装修和规划的标准，优雅可以补充农舍外观上的质朴："优雅是一个术语，用于指与这些物体的一般外观相比，它们表现出一定程度的精致，或表面的光滑，或比例的微妙。"到了19世纪前十年，种种优雅设计的主张告诫人们，建筑不要只考虑舒适。"装饰农舍"——也写作"cabâne ornée"和"cottage orné"——达到了这种标准，但仍然优先考虑舒适：

> 一座其起源应归因于当今的品位、尽管外观简陋的建筑，为举止和习惯高雅的人提供了必要的便利，而且可能比其他任何类型的用于享受家庭生活真正乐趣的建筑都更为精心，不受形式和麻烦的附属物的束缚。这种建筑风格的主要特点是在各个方面都呈现为一种为舒适和便利而设计的住宅，而对艺术规则毫不在意；每一个部分都有其明显的用途，而外观在任何情况下都不会为了规整而牺牲。

装饰农舍如果看起来很舒适，那它可能就是优雅的，因为它有游廊和棚架。[33]

到了1800年，别墅和装饰农舍都是郊区的相似建筑。很多模式图则沿着舒适和优雅的路径，在一系列连续性设计（从劳工农舍到装饰农舍再到别墅）中呈现了这两种类型的建筑。别墅需要有一种可识别的风格，但选项都是折中的。它们可以是罗马式的、希腊式的、哥特式的、意大利式的、新古典主义式的，甚至是"农舍式的"，不过，要求是"用一种优雅的朴素来统率全局，而一般的形式和结构，正如第一眼看到的那样，没有任何宏伟壮丽的企图"。农舍是用来看的，别墅则提供了看的有利位置。别墅有阳台和暖房；农舍有质朴的细节。无论是用于娱乐还是家庭生活，农舍都是私密性的。别墅为精致的娱乐提供了空间，同时在一系列房间中保留了家庭休憩的机会，这体现了保留隐私和与外人互动之间的细微差别。别墅的具体规划包括下列一些房间，但不一定包括所有：门厅（vestibule）、前厅（anteroom）、起居室、客厅、音乐室、台球室、餐厅、早餐室、图书室、私室、书房和更衣室。别墅必须雇用随行的仆人，但通过为仆人在房子周围设置单独的通道，主人保留了其专属空间。别墅明显的优雅，使其处于农舍的质朴与贵族和"豪绅"的"乡间宅第的富丽堂皇和涉猎广泛"之间。它们的谦逊和自命不凡意味着舒适，而它们与农舍的诸多联系也突显了这一点。

农舍的设计创造了一种单一类型的房屋，它为社会各界所接受，从有价值的穷人（worthy poor）到富有但不是地主之人。这种可接受性的基础是舒适。18世纪英国文化的三个方面——建筑的尚古主义、富有同情心的人道主义和如画美学——处理舒适问题的方式可以在农舍的设计中加以探索。每一场运动都涉及明显不同的建筑语境——景观园林、农场和郊区。在景观园林中，舒适与小团体的休闲活动建立了联系；在得到改进的农场上，舒适补偿了贫困；而在郊区，舒适表达了优雅的品位。在这些语境中的每一个，农舍都展现了舒适的实现是如何考验感受力和技术的。就像后来的平房和郊区住宅一样，经过建筑设计的农舍象征着舒适。[35]

注释

1. Jane Austen, *Sense and Sensibility* (1811; reprint, New York: Signet, 1995), 213–214, chap. 14.

2. Christopher Dyer, "Towns and Cottages in Eleventh-Century England," in *Studies in Medieval History Presented to R. H. C. Davis*, ed. Henry Mayr-Harting and R. I. Moore (London: Hambledon, 1985), 91–106; "Poor Law Amendment Act, 1622," in Peter Laslett, *The World We Have Lost Further Explored* (New York: Charles Scribner's Sons, 1984), 32–33; Samuel Johnson, *A Dictionary of the English Language*, 2 vols. (London: J. F. and C. Rivington et al., 1785), s.v. "cottage."

3. 对早期经过建筑设计的农舍的研究包括：Sandra Blutman, "Books of Designs for Country Houses, 1780–1815," *Architectural History* 11 (1968): 25–33; Sutherland Lyall, "Minor Domestic Architecture in Britain and the Pattern Books" (Ph.D. diss., University of London, 1974); Michael McMordie, "Picturesque Pattern Books and Pre-Victorian Designers," *Architectural History* 18 (1975): 43–59; David Paul Schuyler, "English and American Cottages, 1795–1855: A Study in Architectural Theory and the Social Order" (master's thesis, University of Delaware, 1976); Michael McMordie, "The Cottage Idea," *RACAR: Revue d'art canadienne/Canadian Art Review* 6, no. 1 (1979): 17–27; Sutherland Lyall, *Dream Cottages: From Cottage Ornée to Stockbroker Tudor, Two Hundred Years of the Cult of the Vernacular* (London: Robert Hale, 1988); James S. Ackerman, *The Villa: Form and Ideology of Country Houses* (Princeton: Princeton University Press, 1990), 212–227。

关于英国和美国的建筑模式图则，参见 John Archer, *The Literature of British Domestic Architecture, 1715–1842* (Cambridge: MIT Press, 1985), esp.

21, 28–30, 56–71, 78–83; Dell Upton, "Pattern Books and Professionalism: Aspects of the Transformation of Domestic Architecture in America, 1800–1860," *Winterthur Portfolio* 19, no. 2–3 (Summer–Autumn 1984): 107–150; Charles B. Wood III, "The New Pattern Books and the Role of the Agricultural Press," in *Prophet With Honor: The Career of Andrew Jackson Downing, 1815–1852*, ed. George B. Tatum and Elisabeth Blair MacDougall (Washington, D.C.: Dumbarton Oaks Research Library and Collection, 1989), 165–189。

4. Humphry Repton, *Observations on the Theory and Practice of Landscape Gardening* (London: J. Taylor, 1803), 11; *The Four Books of Andrea Palladio's Architecture* (1738; reprint, New York: Dover, 1965), 1.

5. Leone Battista Alberti, *Ten Books on Architecture*, trans. James Leoni (1755), ed. J. Rykwert (London: Alec Tiranti, 1955), 205; Claudia Lazzaro, "Rustic Country House to Refined Farmhouse: The Evolution and Migration of an Architectural Form," *Journal of the Society of Architectural Historians* 44, no. 4 (December 1985): 346–367; Isaac Ware, *A Complete Body of Architecture* (1768; reprint, Westmead, England: Gregg International, 1971), 345. 关于农舍建筑，参见 Thomas Rawlins, *Familiar Architecture; Consisting of Original Designs of Houses for Gentlemen and Tradesmen, Parsonages and Summer-Retreats* (London: n.p., 1768), ii–iii; Daniel Garret, *Designs, and Estimates, of Farm Houses*, etc. (London: J. Brindley, 1747), 1–2; William Halfpenny, *Six New Designs for Convenient Farm-Houses* (London: Robert Sayer, 1774), preface; idem, *Twelve Beautiful Designs for Farm-houses*, 3rd ed. (London: Robert Sayer, 1774); Eileen Harris, "The Farmhouse: Vernacular and After," *Architectural Review* 130, no. 778 (December 1961): 377–379; John Martin Robinson, *Georgian Model Farms: A Study of the Decorative and Model Farm*

Buildings of the Age of Improvement, 1700–1846 (Oxford: Clarendon Press, 1983), 15, 19。

6. Batty Langley, *New Principles of Gardening* (London: A. Bettesworth & J. Batley, 1728), x–xi, 193–195; Laurence Fleming and Alan Gore, *The English Garden* (London: Michael Joseph, 1979), 18, 24, 27–29, 32, 34, 38, 60, 62, 92; George Mott, Sally Sample Aall, and Gervase Jackson-Stops, *Follies and Pleasure Pavilions: England, Ireland, Scotland, Wales* (New York: Harry N. Abrams, 1989), 9; H. F. Clark, "Eighteenth-Century Elysiums: The Role of 'Association' in the Landscape Movement," *Journal of the Warburg and Courtauld Institute* 6 (1943): 165–189; S. Lang, "The Genesis of the English Landscape Garden," in *The Picturesque Garden and its Influence outside the British Isles*, ed. Nikolaus Pevsner (Washington, D.C.: Dumbarton Oaks, 1974), 22–29; Tom Williamson, *Polite Landscapes: Gardens and Society in Eighteenth-Century England* (Baltimore: Johns Hopkins University Press, 1995), passim; Michel Saudan, Sylvia Saudan-Skira, and François Crouzet, *From Folly to Follies: Discovering the World of Gardens* (New York: Abbeville Press, 1988), viii; Margaret Jourdain, *The Work of William Kent, Artist, Painter, Designer, and Landscape Gardener* (New York: C. Scribner's Sons, 1948), 79; William Chambers, *A Dissertation on Oriental Gardening*, 2nd ed. (London: W. Griffin, 1773), 16, 21; idem, *Plans, Elevations, Sections and Perspective Views of the Gardens and Buildings at Kew* (London: J. Hakerkorn, 1763); Thomas Hinde, *Capability Brown: The Story of a Master Gardener* (New York: W. W. Norton, 1987), 134, 139; Roger Turner, *Capability Brown and the Eighteenth-Century English Landscape* (New York: Rizzoli, 1985), 86, 145–146, 181, 187; Dorothy Stroud, *Capability Brown* (London: Country Life, 1950), 87, 161, 180, 208–209.

7. Morrison Heckscher, "Eighteenth-Century Rustic Furniture Designs," *Furniture History* 11 (1975): 64n; Alistair Rowan, *Garden Buildings* (Feltham: Country Life Books, 1968), 3; Roger White, "Georgian Landscape Architecture," in *Georgian Arcadia: Architecture for the Park and Garden* (London: Colnaghi, 1987), 9–16. William Halfpenny, John Halfpenny, *Rural Architecture in the Gothick Taste* (London: Robert Sayer, 1752); William Wrighte, *Grotesque Architecture, or, Rural Amusement* (London: I. & J. Taylor, 1700); John Plaw, *Ferme Ornée; or Rural Improvements* (London: I. & J. Taylor, (1795); William Wrighte, *Ideas for Rustic Furniture Proper for Garden Seats, Summer Houses, Hermitages, Cottages* (London: I. & J. Taylor, c. 1790); Thomas Collins Overton, *Original Designs of Temples, and Other Ornamental Buildings for Parks and Gardens in the Greek, Roman, and Gothic Taste* (London: Henry Webley, 1766), pl. 34 [misprinted as 43]. 关于农舍作为景观设计组成部分的早期例子，参见 Nigel Temple, *John Nash and the Village Picturesque* (London: Alan Sutton, 1979), 5–7; Michael McCarthy, "Eighteenth Century Amateur Architects and Their Gardens," in *The Picturesque Garden and its Influence Outside the British Isles*, ed. Nikolaus Pevsner (Washington, D.C.: Dumbarton Oaks, 1974), 51; Timothy Mowl, "The Evolution of the Park Gate Lodge as a Building Type," *Architectural History* 27 (1984): 468。

8. Eileen Harris, *British Architectural Books and Writers, 1556–1785* (New York: Cambridge University Press, 1990), 221; White, *Georgian Arcadia*, 34–35; Wrighte, *Grotesque Architecture*, 3–5, pl. 1; William Halfpenny, John Halfpenny, *The Country Gentleman's Pocket Companion, and Builder's Assistant, for Rural Decorative Architecture* (London: Robert Sayer, 1753), 9; Plaw, *Ferme Ornée*, 6, pl. 12.

9. Robert Morris, *Rural Architecture* (1750; repr., Westmead, England: Gregg International, 1971), preface and introduction; cf. James S. Ackerman, "The Tuscan/Rustic Order: A Study in the Metaphorical Language of Architecture," *Journal of the Society of Architectural Historians* 42, no. 1 (March 1983): 15–34.

10. Marc-Antoine Laugier, *An Essay on Architecture; in which its True Principles are Explained, and Invariable Rules Proposed* (London: T. Osborne and Shipton, 1755), 11–12 (Essai sur l'architecture, 2nd ed. [Paris: Duchesne, 1755], 9).

11. Thomas Collins Overton, The *Temple Builder's Most Useful Companion* (London: I. Taylor, 1774); William Halfpenny and John Halfpenny, *Rural Architecture in the Chinese Taste*, 3rd ed. (1755; repr., New York: Benjamin Blom, 1968), pls. 9–13; Halfpenny and Halfpenny, *Rural Architecture in the Gothick Taste*, 10–11, pls. 14, 15, 18. Jacques-François Blondel, *De la distribution des maisons de plaisance*, 2 vols. (Paris: Charles-Antoine Jombert, 1737), 1:71–72; 2:129, pl. 10; Plaw, *Ferme Ornée*, 2–3, 7; Charles Over, *Ornamental Architecture in the Gothic, Chinese and Modern Taste* (London: Robert Sayer, 1758), 4, pl. 16; John Soan[e], *Designs in Architecture... for Temples, Baths, Cassines, Pavilions, Garden-Seats, Obelisks, and other Buildings; for Decorating Pleasure-Grounds, Parks, Forests* (1778; reprint Westmead, England: Gregg International, 1968), pls. 9–10, 34; Pierre de la Ruffinière du Prey, *John Soane: The Making of an Architect* (Chicago: University of Chicago Press, 1982), 124–128. 关于和隐居处相关的崇高意志，参见 Judith Colton, "Kent's Hermitage for Queen Caroline at Richmond," *Architectura* 2 (1974): 181–191。

12. Margaret Willes, "Country House Dairies," *Apollo* 149, no. 446 (April 1999): 29–32; Robinson, Georgian Model Farms, 82–96, pls. 84–96; Alison Kelly, *The Story of Wedgwood* (London: Faber & Faber, 1975), 21–22; Wedgwood 转引自 Alison Kelly, *Decorative Wedgwood in Architecture and Furniture* (London: Country Life, 1965), 119–123, pls. 58–61; Johann Langner, "Architecture pastorale sous Louis XVI," *Art de France* 3 (1963): 170–186; James Malton, *A Collection of Designs for Rural Retreats* (London: J. & T. Carpenter, 1802), 33–34, pls. 27–28. 关于农舍与制乳室在建筑设计中的联系，参见 du Prey, *John Soane*, 245–255, 377。

13. Thomas Whately, *Observations on Modern Gardening, Illustrated by Descriptions*, 3rd ed. (London: T. Payne, 1771), 116–135, 231–232.

14. Oliver Goldsmith, "The Deserted Village," in *Collected Works of Oliver Goldsmith*, ed. Arthur Friedman, 3 vols. (Oxford: Clarendon Press, 1966), 4:298, lines 295–302. William Whitehead as quoted by Mavis Batey, "Oliver Goldsmith: An Indictment of Landscape Gardening," in *Furor Hortensis: Essays on the History of the English Landscape Garden in Memory of H. F. Clark*, ed. Peter Willis (Edinburgh: Elysium Press, 1974), 57–71. 还可参看 H. J. Bell, "'The Deserted Village' and Goldsmith's Social Doctrines," *Proceedings of the Modern Language Association* 59, no. 3 (September 1944): 747–772. John Barrell, *The Dark Side of the Landscape: The Rural Poor in English Painting, 1730–1840* (Cambridge: Cambridge University Press, 1980), 35–88; Ann Bermingham, *Landscape and Ideology: The English Rustic Tradition, 1740–1860* (Berkeley: University of California Press, 1986), 14–54; Christiana Payne, *Toil and Plenty: Images of the Agricultural Landscape in England, 1780–1890* (New Haven: Yale University Press, 1993), 23–66。

15. Harris, *British Architectural Books*, 490; John Wood, *Series of Plans for Cottages or Habitations of the Labourer ... Tending to the Comfort of the Poor and Advantage of the Builder* (1781; reprint, London: J. Taylor, 1806); John Plaw, *Sketches for Country Houses, Villas, and Rural Dwellings; Calculated for Persons of Moderate Income, and for Comfortable Retirement* (London: J. Taylor, 1800); E. Gyfford, *Designs for Elegant Cottages and Small Villas, Calculated for the Comfort and Convenience of Persons of Moderate and of Ample Fortune* (1806; reprint, Westmead, England: Gregg International, 1972).

16. J. D. Chambers, G. E. Mingay, *The Agricultural Revolution, 1750–1880* (New York: Schocken Books, 1966), 95–102, 119–120, 141–143; Paul Langford, *A Polite and Commercial People: England, 1727–1783* (New York: Oxford University Press, 1992), 435–440, 458–459; Repton, *Observations*, quoted 137–138.

17. Nathaniel Kent to Coke of Norfolk, 1789, as quoted in Robinson, *Georgian Model Farms*, 109; Nathaniel Kent, *Hints to Gentlemen of London Property* (London: J. Dodsley, 1775), 230.

18. Kent, *Hints to Gentlemen*, 229, 237; Wood, *Series of Plans*, 3.

19. Wood, *Series of Plans*, 4.

20. Kent, *Hints to Gentlemen*, 230–231; John Loudon, *A Treatise on Forming, Improving, and Managing Country Residences*, 2 vols. (London: Longman, Hurst, Rees, & Orme, 1806), 1:124–125; Wood, *Series of Plans*, 5.

21. Kent to Coke of Norfolk, as quoted in Robinson, *Georgian Model Farms*, 109.

22. *Communications to the Board of Agriculture on Subjects Relative to*

the Husbandry and Internal Improvement of the Country, 7 vols. (London: W. Bulmer, 1797), vol. 1, part 2, Cottages, 89, 96–98, 103–117, pls. 34–35; J. Miller, *The Country Gentleman's Architect* (London: I. & J. Taylor, 1791); James Malton, *An Essay on British Cottage Architecture* (London: Hookham & Carpenter, 1798), 17–18; Wood, *Series of Plans*, 5, 22, pls. 1–28. 关于实际按照这些模式建起来的农舍，参见 Robinson, *Georgian Model Farms*, 111; Lyall, Dream Cottages, 113–124。关于"乡村专业人士阶层"对如画美景的矛盾心理，参见 John Barrell, *The Idea of Landscape and the Sense of Place, 1730–1840: An Approach to the Poetry of John Clare* (Cambridge: Cambridge University Press), 64–97。

23. Kent, *Hints to Gentlemen*, 231–232; Wood, *Series of Plans*, 4.

24. Arthur Young, "Tour in Catalonia," *Annals of Agriculture and Other Useful Arts* (Bury St. Edmunds: J. Rackham, 1787), 8:202, 207, 210, 263, 273. 关于乡村生活条件的报告，参见 G. E. Fussell, *The English Rural Labourer: His Home, Furniture, Clothing & Food from Tudor to Victorian Times* (London: Batchworth Press, 1949), 50–67。

25. Kent, *Hints to Gentlemen*, 238; Richard Payne Knight, *An Analytical Inquiry into the Principles of Taste*, 2nd ed. (London: T. Payne, 1805), 222; S. Lang, "Richard Payne Knight and the Idea of Modernity," *Concerning Architecture: Essays on Architectural Writers and Writing Presented to Nikolaus Pevsner*, ed. John Summerson (London: Allen Lane, 1968), 91; Dora Wiebenson, *The Picturesque Garden in France* (Princeton: Princeton University Press, 1978), 60–63.

26. Malton, *Essay on British Cottage Architecture*, 2, 4–5; Bermingham, *Landscape and Ideology*, 40–41, 69–75.

27. Charles Thomas Middleton, *Picturesque and Architectural Views for Cottages, Farm Houses, and Country Villas* (London: Edward Jeffrey, 1793), 2; idem, *The Architect and Builder's Miscellany* (1795; repr., London: 1979), pls. 1–15; Malton, *Essay on British Cottage Architecture*, 4–5, 22; pls. 10, 11, 12, 14; E. A. Wade, "James Malton, Picturesque Pioneer," *The Picturesque* (Summer 1993): 19–24.

28. Middleton, *Picturesque and Architectural Views*, 1; Gyfford, *Designs for Elegant Cottages and Small Villas*, 1–3, pls. 1–6; Plaw, *Sketches for Country Houses*, 11–12, pls. 8, 13; Malton, *Essay on British Cottage Architecture*, 27; Nigel H. L. Temple, *John Nash and the Village Picturesque: with Special Reference to the Reptons and Nash at the Blaise Castle Estate, Bristol* (Gloucester: Alan Sutton, 1979), 84. Nikolaus Pevsner, "Richard Payne Knight," *Art Bulletin* 31, no. 4 (December 1949): 311.

29. Knight, *Analytical Inquiry*, 193.

30. Middleton, *Architect and Builder's Miscellany*, pls. 1–12.

31. Repton, *Observations*, 177–179; Loudon, *Treatise on Country Residences*, 69–71; Humphry Repton and John Adey Repton, *Fragments on the Theory and Practice of Landscape Gardening* (London: J. Taylor, 1816), 15.

32. Richard Payne Knight, *The Landscape, a Didactic Poem in Three Books, Addressed to Uvedale Price, Esq.* (London: W. Bulmer, 1794), 36, lines 262–267; idem, *Analytical Inquiry*, 223–225; Uvedale Price, "Essay on Architecture and Building," in *Essays on the Picturesque, as Compared with the Beautiful; and, on the Use of Studying Pictures, for the Purpose of Improving Real Landscape*, 3 vols. (London: J. Mawman, 1810), 2:265–267, 341; Humphry Repton, *Sketches and Hints on Landscape Gardening* (London: W.

Bulmer, 1794), 6, 59–62, 64, 70, 77.

33. Johnson, *Dictionary*, s.v. "elegance"; Thomas Dyche and William Pardon, *New General English Dictionary* (London: Catherine & Richard Ware, 1765), s.v. "elegance"; N. Bailey, *An Universal Etymological English Dictionary* (London: J. & A. Duncan, 1794), s.v. "elegant"; W. F. Pocock, *Architectural Designs for Rustic Cottages, Picturesque Dwellings, Villas* (London: J. Taylor, 1807), 1, 8–9; Edmund Bartell, *Hints for Picturesque Improvements in Ornamental Cottages* (London: J. Taylor, 1804); Lyall, *Dream Cottages*, 73–86.

34. James Randall, *A Collection of Architectural Designs for Mansions, Casinos, Villas, Lodges, and Cottages* (London: J. Taylor, 1806), iv–v; E. Gyfford, *Designs for Small Picturesque Cottages* (London: J. Taylor, 1807), v–vii; Plaw, *Sketches for Country Houses*, pls. 15, 16, 17, 21; T. R. Slater, "Family, Society and the Ornamental Villa on the Fringes of English Country Towns," *Journal of Historical Geography* 4, no. 2 (April 1978): 129–144; John Summerson, "The Classical Country House in 18th-Century England," *Journal of the Royal Society of Arts* 107 (1959): 539–587.

35. 关于后来有着相似的象征意义的房屋类型，参见 Anthony D. King, *The Bungalow: The Production of a Global Culture* (London: Routledge & Kegan Paul, 1984); Alan Gowans, *The Comfortable House: North American Suburban Architecture 1890–1930* (Cambridge: MIT Press, 1983)。

第八章　健康的舒适：游廊

在 18 世纪，门廊（porch）成为全世界范围内英国人家庭建筑中的一个常见要素。从那时起，门廊或游廊就一直是北美最强烈、最能唤起人们舒适意象的元素之一。将门廊与舒适联系起来，是对舒适的自然状态（naturalness）的一个特别恰当的考验，因为门廊的技术和设计都很简单，因此回想起来，这些技术和设计的采用似乎总是能非常明智地与气候相适应。但是，在特定的气候条件下，对一个门廊的需求或缺乏需求，都不是必然的，因为许多处于湿热气候条件下的文化其建筑都没有门廊，而在寒冷气候条件下的一些文化的建筑则有门廊。

建筑语源学显示了暴露在各式天气条件下的英格兰家庭空间设计的独特性。英格兰的乡土建筑拥有好几种半封闭式的结构——德文郡的农家棚屋（linney），用于存放运货马车，湖区的"旋转走廊"（spinning gallery），作为沿着墙体的通道上的单坡"披屋"屋顶（single-sloping pentice roof）和无处不在的"棚屋"（shed）——但这些术语都不适用于时尚建筑中的类似结构。"门廊"是四面封闭以保护入口的空间。"porch"是一个借自古法语单词"porche"的中古英语单词，而后者源自拉丁语"porticus"（portico）。"porch"和"portico"的拉丁语词根是"porta"，指的是"门"，强调的是进入房屋，而非待在外面。"porticos"是开放的，但是它们提供的上面有遮盖的社会空间是附属性的，偶尔具有纪念功能，而这种功能源自其与古典建筑的联系。当 16 世纪晚期和 17 世纪初的宫殿建筑师设计出了文艺复兴风格的拱廊空间时，他们用"cloister"（回廊）、"gallery"（走廊）、"open gallery"（开放式走廊）、"terrace"（露台）、"open terrace"（开放式露台）、"lodge"（小屋）和意大利语单词 *loggia*（凉廊）等术语确定这一新特征。这些术语已经指代用于休闲步行的空间，事实上，凉廊最初指用于散步和宴会（在亲密环境中的精致小吃）的花园正立面。在 17 世纪初，凉廊作为入口正立面也变得时尚起来。[1]

　　"*piazza*"一词进入通用英语中，显然跟 17 世纪 30 年代初伊尼戈·琼斯为考文特花园（Covent Garden）两侧设计的屋前拱廊相关。到了 18 世纪，这一使用不当的意大利语单词，成了一个指代用于提供部分封闭的家庭空间（其后来被称作"porch"或"verandah"）的常见词。这个词最初指的是意大利城镇中的公共空间，在那里，拱廊建筑是"广场"（piazza）的特征。拱廊是有遮盖但开放的空间，人们可以在其中进行户外社交，同时免受恶劣天气的影响，这给 16 和 17 世纪的英格兰游客留下了深刻印象。通过联想，他们将这些拱廊空间称作"游廊"（piazza）。（发音错误表明人们对此并不熟悉，因此，印刷品中的"piazza"在最初大声朗读出来时发"P-H"的音，这后来在房地产广告等乡土出版物中成为"*piazza*"的变体拼写之一。）与此同时，在 17 世纪和 18 世纪初的印度，英国人在本土住宅建筑中遇到了类似游廊的特征。18 世纪人在印度的英国评论员用各种联想——piazza、shed、portico——来描述这个实体，但最终是"verandah"一词进入了英语。回到英国，这个词最早出现在一份建筑出版物上，当时约翰·普劳在其《乡村住宅、别墅和乡间住宅素描》（*Sketches for Country Houses, Villas and Rural Dwellings*，1800 年）中，发表了一份"有一个游廊（viranda），呈印度平房风格的"农舍设计图。[2]

南北卡罗来纳和西印度群岛的气候与舒适

作为舒适典型的查尔斯顿独栋房屋

如果说游廊是人们自然而然就向往的，因为它可以缓解气候中过度的炎热和潮湿，那么生活在美国南方的北欧人应该很乐意采用之。在早期的美洲建筑史中，查尔斯顿"独栋房屋"，连同其"开放、通风的游廊和青翠的花园"，因能适应气候而享有盛誉（图8.1）。但是，这种自然主义的解释取决于一份相当模糊的年代表。早在游廊成为平常之物前，查尔斯顿的夏日就炎热而潮湿，而在游廊变得流行之前，查尔斯顿的建筑就融合了几种新的设计。德雷顿庄园（Drayton Hall，约1738年）的双层有山墙的柱廊，据说"非常适合炎热的南方气候"，但在接下来的半个世纪里，南卡罗来纳几乎没有其他住宅（可能除了迈尔斯·布雷顿之家［Miles Brewton house］）具有其最显著的特征，尽管在广泛使用的帕拉第奥设计书籍中有很多相关提醒。南卡罗来纳的公共建筑有拱廊式的聚集空间，查尔斯顿的街道也有人行道，但这两种设施都没有对城市早期的民房建筑产生显著影响。在1740年之前，查尔斯顿海滨地区的房屋都有阳台，但是，在建筑商看来，这种良好的气候的适应性做法似乎是不必要的。然而，在18世纪四五十年代，面对发烧引起的流行病，人们对环境的认知发生了变化，此时的查尔斯顿似乎成了躲避沼泽地区发烧麻烦的避难所。[3] 据说，这座城市暴露在凉爽干燥的海风中会有清洁的效果，而有经济能力的人也相应地采用了新的设计。

对健康而非舒适的关注，开始成为从建筑上对南卡罗来纳气候做出适应的最迫切要求。乔治·切尼（George Cheyne）和威廉·布坎（William Buchan）在18世纪中叶数十年里的写作，普及了诸多古典时代和中世纪

图8.1　独栋房屋（约建于1760—1790年间）的游廊（1800年之后加上），南卡罗来纳查尔斯顿教堂街（Church Street）90—94号。
查尔斯顿南卡罗来纳历史学会（South Carolina Historical Society, Charleston）惠允使用。

的理论，这些理论讲的是通过避免因暴露于过热、潮湿、地下矿物质和腐烂而失去"弹性"的空气中的瘴气（*miasma*）来保持健康：

> 空气被我们的居住地吸引并被接纳，并在我们生命的每一瞬间与我们的体液混合；因此，空气中持续出现的任何劣质，必定最终会对精神状况产生致命影响：因此，对每个人来说最重要的就是，要注意自己睡觉、观看、呼吸和生活在什么样的空气中，并永远与生命的原理最亲密地结合在一起。

到了 18 世纪 60 年代，两个房间深的"双连房"（double house），通常在地面上有一个全层地下室（full-story basement），有令人印象深刻的楼梯通往一楼。基于同一原理，说到通风，便是越高越好，所以起居室位于二楼。[4]

尽管游廊因其有益于健康而受到一些人的推崇，但在 18 世纪 60 年代，它很少作为卖点出现在南卡罗来纳报纸的房地产广告中。人们经常因为房屋有厨房、地窖、花园、果园、椅屋（chair houses）和马厩，因为每个房间都有一个壁炉，以及因为房屋的建筑材料而推荐房屋，只有在特殊情况下才会以游廊为理由而推荐房屋。当广告确实提到游廊时，它们通常与带侧墙的庭院上的两层游廊不同，后者后来被用于独栋房屋。相反，它们位于乡间的房屋、酒馆、种植园住宅和祭衣室（vestry houses）所在建筑的正面和 / 或背面。到了 18 世纪 70 年代中期，游廊与健康的通风和气候的舒适都有了关联：

> 如今大多数房屋都是砖砌的，三层楼高，其中一些颇为雅致，而且都是整洁的住所；室内布置文雅，但无法与尽可能多的清新海风接触。其中有许多房屋确实受到了阳台和游廊的妨碍，但是在炎热的季节，人们发现这些房屋还是方便的，甚至是必要的。在那些日子里，居民为了享受新鲜空气的好处而躲到那里。由于海水的流动，新鲜空气总是在增加。[5]

在 18 世纪 70 年代之前，游廊在查尔斯顿并非无人知晓，但是它们非常少见，这意味着它们对气候的适宜性附属于其他建筑上的、社会和文化上的优先事项。

游廊最初并未成为独栋房屋的标准配置。连同其在街道上方的山墙端，一室深的独栋房屋与双连房在当时共存，而双连房是更享盛誉的设计，而且在 18 世纪 90 年代之前显然没有游廊。独栋房屋最初"顾及了商业和家居功能"，入口能从街道直接走进商店，以及楼上和更后面部分的住宅空间。可以从游廊俯瞰的院子，显然没有优先考虑舒适，因为考古学家发现院子里散落着房屋和厨房的垃圾。亨利·劳伦斯（Henry Laurens）在 18 世纪 60 年代的信中有 100 多次提到民房建筑，但没有一次提到游廊。1773 年，小乔赛亚·昆西（Josiah Quincy，Jr.）在他关于查尔斯顿优雅的社交的许多详细报道中，没有任何地方记录过将游廊用于娱乐或休闲的情况。[6]

建筑史年表中的模糊性使游廊成为独栋房屋的同义词，但是，几乎没有一座保存下来的、可以确定年代的游廊是在 18 世纪 80 年代后期之前建造的。18 世纪 90 年代，随着花园式花坛（garden parterres）的流行，游廊在查尔斯顿的民房建筑中频繁出现，而花园式花坛通常占据了整个小镇一半以上房屋的狭小后院。游廊如今代表一种对舒适的新的感受力：

> 此地建筑的一切特征之所以形成，都是为了缓和过多的热量；窗户是开着的，门开在房屋的两侧。人们竭尽全力用新鲜空气让公寓套房焕然一新。巨大的长廊之所以形成，是为了让房屋上部免受阳光的照射；只有凉爽的东北风才能径直吹过房间。在查尔斯顿，人们相互竞争，争的不是谁拥有最好的房屋，而是谁拥有最凉爽的房屋。

查尔斯顿的报纸如今给"新发明的专利遮阳帘（Sun-shades）"打广告，并解释了为何人们可能想要这些："这项发明的实用性已经得到了充分证明，得到了英格兰每一位科学界人士和有品位之人的普遍认可。它们特别适合抵御日光，促进通风，同时还装饰了建筑。"到了 18 世纪 90 年代，整个东海岸有时尚意识的家庭都采用了借鉴自园林建筑之特色的游廊。[7]

适应"瘴气缭绕的"加勒比海地区

因为欧洲人从巴巴多斯继续殖民南卡罗来纳，而大陆殖民地继续与西印度群岛进行定期贸易，所以，建筑史学家很容易将查尔斯顿民房建筑的独特特征归因于西印度群岛的影响。西印度群岛位于南卡罗来纳以南，因此推论似乎是正确的，即群岛必定更容易受到高温和湿度的影响，故很可能已经发展出了游廊，作为对气候的功能性适应。但是，17 世纪和 18 世纪初英属西印度殖民地的游廊有多普遍呢？早在 18 世纪，那里有经济能力可随心所欲地建造房屋的人，就已经要么因为建筑怪癖而臭名昭著（他们建造的是英格兰庄园的怪异模仿建筑），要么因为在建筑上优先考虑种植园的生产设施而吝啬于自己的房屋而恶名在外。据报道，巴巴多斯的科灵顿庄园（Codrington House，1660 年）拥有一个长廊和一座凉廊（loggia）[伯克利总督（Governor Berkeley）在弗吉尼亚的绿泉（Greenspring），也是一个同时代的古怪之物]，但是，这些特点使其在 17 世纪英属西印度群岛建造的庄园中独树一帜。热带非洲沿海地区的许多住宅传统在设计和功能上都有类似于游廊的建筑元素，但是，它们对英国殖民地建筑的影响微乎其微。西班牙式带拱廊和走廊的房屋在牙买加幸存下来，不过，没有确凿的证据表明它们是更进一步的建筑的示范。汉斯·斯隆（Hans Sloane）1689 年对牙买加建筑的观察是唯一反复被引用的材料，以证明西班牙建筑对那里的英国住宅的影响，但是，斯隆实际上指出了一个例外，英格兰人巴里上校（Colonel Barry）就住在一栋"四面八方都有走廊的"西班牙房屋中，他同时观察到，一般来说，"英格兰人建造的房子，大部分是砖砌的，而且是英格兰式的，既不凉爽，又不能承受地震的冲击"。[8]

17 世纪加勒比海地区的英国种植园主抵制游廊的创新。理查德·利根（Richard Ligon）是一位绅士，1647 年至 1650 年期间，他作为保王党自愿流亡巴巴多斯，他对生活在西印度群岛的英国人特有的住房需求进行了最为自觉的分析评估。当疾病终止了他糖料作物种植的努力后，他试图利用自己所接受的古典教育，以及在法国和意大利的旅行所得，来改革岛上的一切，从饮食和烹饪到音乐和建筑。他发现种植园主、仆人和奴隶都住在同样令人窒息的住所里，"与其说像房屋，不如说像火炉"。在这种炎热的气候下，他原本以为会找到有着"厚墙、高屋顶、深地窖"的房屋，但结果恰恰相反，"因为大多数房屋都是用木材建造的，低屋顶可以挡风，让阳光进入"。为了改善房屋的通风和干燥度，他提出了一些简单的建议，比如增加百叶窗，这既可以防雨，同时在其他时间又能通风；又比如让房屋坐落于树荫下。他敦促建造拥有两个垂直式侧翼（perpendicular wings）的房屋，一个是朝向西面的较高的侧翼，以便为东西走向的较低侧翼提供下午的荫凉，此侧翼应该有最好的房间，并要离开地面建造，以便从下面提供通风。到了 1700 年，可能是受极少数接受利根的建议的种植园主的影响，盎格鲁－加勒比海地区的乡土住宅采用了高架（elevated）楼层和房间［被称为"荫凉（shades）"］，每端都有足够的百叶窗。但是，富裕的殖民者仍然倾向于建造多层的建筑，其众多的玻璃窗是他们最珍视的特征。托马斯·蒂斯特伍德（Thomas Thistlewood）担任监工时的日记，是关于 18 世纪牙买加的现存最完整的第一手生活记录，日记描述了借鉴西班牙和非洲建筑传统的房屋，但其中不包括类似游廊的结构。[9]

就像在亚热带的南卡罗来纳，当 18 世纪的种植园主专门为在热带居住的英国殖民地建造房屋时，健康的考虑至少与舒适的考虑同等重要。热带气候的热与湿带走了空气的"弹性"，而这种"弹性"是有益于健康活力的必需品。关于西印度群岛的有医学依据的意见认为，这些岛屿上的人的发病很大程度上是由于空气的"恶性"。这种恶性产生于太阳的热量刺激了"从肮脏的、渗出的海岸排出的气体，潟湖令人作呕的死水，以及低洼沼泽地恶臭的泥浆或土壤"。这种确实"与疾病有关的"空气，诱发了一种"腐败的倾向，并让那些总体性的紊乱恶化。如果不是这样，也许仅靠自身，或者只是稍微得到了些许帮助，这些症状就可能会被治愈"。[10]

在考虑房屋和大气之间的关系时，应该保持谨慎态度而非休闲作乐。因为人们需要保护自己不受这些被排放出的恶劣气体的影响，尤其是在晚上，所以他们应该把房屋建在远离潮湿地面的高处，但禁止向大气敞开。热量本身比温度波动危险性小，而后者助推了蒸发和冷凝："一个封闭、有遮蔽、有遮盖的地方"，是"防止腐烂的雾气，或沼泽排放之气的恶意影响的最佳防护措施"。新鲜空气是一个好东西，但前提是它能很好地从恶性的气体中分离出来。

> 这些湿气、蒸汽和被排放之气，被吸入更高的区域，并被太阳的热量和运行所稀释，在白天变得无害或非常微弱；凝结，下沉，接近地表，并在夜季（Night Season）不断下降；因此，必定会伤害那些在那个季节里变更作息守夜而极易受伤害的人；必定会阻碍因为守夜和劳动的行为而流出的汗水。……我们的身体会通过皮肤所有汗管的口吸入并利用周围空气，无论其质量好坏。……但是，太阳在日间的热量，通过它对人体、光和自由的空气的作用，以及我们周围事物的运动，扰乱了空气的宁静，也必然会扰乱汗水的稳定排出、二次混合物的合成（tenour of the secondary concoctions），以及对休憩和安静来说是必需品的精神稳定。

西印度群岛的医学建议，建议人们应该向空气干燥、温度波动较小的干净的小山坡移居，寻求健康的空气。不管其位置如何，都敞开房屋的一侧，是不负责任的。[11]

然而，在 18 世纪的第三个 25 年里，带游廊的低层房屋这类完全不同的设计，开始出现了在英属西印度群岛。爱德华·朗（Edward Long）在18世纪70年代于牙买加担任公职，他基于自己在那里的经历撰写了《牙买加史》（*History of Jamaica*），此书将游廊作为英格兰人在一个重要的休闲空间上的创新：

> 西班牙人的房屋最初并无游廊：英格兰人增添了这些，以使之更凉爽和怡人。……很多家庭据说在游廊中度过了很大一部分时间；荫凉和清新的微风吸引他们在那里度过大部分时间，但他们不是用这些时间来吃饭、喝酒和睡觉：对房屋的主人来说，最令人愉悦的放纵之举，莫过于坐在一张扶手椅上，双脚搭在游廊的一根柱子上；他以这种姿势交谈，吸烟斗，畅饮茶，享受着怠惰的奢侈。

1774年与1775年之交的冬天，珍妮特·肖（Janet Schaw）和她的兄弟从英格兰出发，前往北卡罗来纳查看最近继承的房产，她在途中访问安提瓜（Antigua）和圣基茨（St. Kitts）时指出，"每栋房屋都有一个漂亮的游廊"；它往往有一间通向"花圃"的"通风的"卧室。花园标示着这类房屋所特有的舒适："你可以沿着蜿蜒的小路到达这所房屋，两边都长着茉莉花树篱。这里出现的青翠令人意外，这表明它只需要稍加照护，就可以排除破坏一切的热量。现在艳阳当空，却是如此凉爽，以致我们可以在这些树下走很长一段路。"玛利亚·斯金纳·纽金特（Maria Skinner Nugent）是1801年新上任的牙买加总督的妻子，她同样指出，种植园房屋的"常规"设计是在一楼之上有一个带游廊的二楼，她也将其与周围的花园和乡村的"如画"景象联系在一起。作为著名的来访者，肖和纽金特被接待去参观的是那些让人会产生一些错误印象的种植园房屋样本——那些在岛屿山丘上如画环境中的房屋。[12]

用于军队卫生的游廊

在西印度群岛种植园房屋中采用游廊的做法，几乎没有引起建筑史学家们的注意，因为这被认为是一种必要的本土化的进展。这种自然主义的解释没有考虑到的一个因素是，英国陆军和海军军官在引入这种房屋设计中发挥了关键作用。随着持久性的军事和海军力量在 18 世纪成为法国和大不列颠国家战略的一部分，战备严重依赖于士兵和水手的健康。在 18 世纪，对船上的人来说，战舰比他们与之作战的敌人更危险，正如士兵在营房里比在战场上更可能死于非命。指挥官们痴迷于处理与他们指挥的人员的健康有关的问题——尤其是清洁、饮食和通风的问题——并在此类问题上听取了专家意见。比方说，著名物理学家，同时是海军上将爱德华·博斯科恩（Edward Boscawen）姻亲的斯蒂芬·黑尔斯（Stephen Hales）本人，就致力于船上机械通风的技术问题，而皇家海军迅速采纳了他的建议。

武装部队也更直接地为卫生上的专业知识做出了贡献。黑尔斯与陆军医师约翰·普林格（John Pringle）开展了合作，普林格的著作《对医院和监狱热的性质和治疗方法的观察》（*Observations on the Nature and Cure of Hospital and Jayl-Fevers*，1750 年）和《对陆军营地和驻军疾病的观察》（*Observations on the Diseases of the Army, in Camp and Garrison*，1752 年）分析了腐坏的空气如何导致疾病的发生。作为皇家医师兼皇家学会的主席，普林格权威地将适当的通风确定为健康的先决条件："空气的腐化是这样造成的：许多人一起呼吸，就会压抑空气，使其失去了其有'弹性'的部分；它尤其是被可随汁液排出的物质破坏的，因为那是体液中最不稳定的部分，也是最具腐坏作用的部分。"因为军事医院和海军舰艇甚至比监狱更容易让居住者暴露在如此危险的空气中（由于裸露的伤口普遍存在），所以，武装部队对卫生的生活空间的设计进行了深入研究。在研究医院发病率的过程中，普林格和其他军医得出了一个令人意外的结论，即帐篷和棚屋之类的临时设施，由于其简易结构，通风良好，其死亡率低于更专门的医院或租用的住宅。普利茅斯皇家海军医院（Royal Naval Hospital，1765 年）的设计，最终成功地应用了普林格的发现。其搭建的空间宽敞、密度低的临时建筑物，为有效通风的医院病房设定了欧洲的标准。供恢复期的病人透气的游廊就连接着临时建筑物。[13]

威廉·布坎的《家庭医疗》（Domestic Medicine）是 18 世纪最为人广泛阅读的卫生和医学自我治疗（medical self-treatment）的英国指南，它让普林格的观点成为广为接受的知识。（他将这部作品献给了普林格，而他与普林格有着姻亲关系。）布坎警告说，监狱、船只和贫民窟需要更大通风的教训，也适用于上流社会的生活："奢侈发明的，使房屋变得亲密温暖的各种方法，在让房屋有损于健康上起着不小的作用。除非空气能自由流通，否则没有一所房屋是有益健康的。因此，应该每天打开对向的窗户，让新鲜空气进入每个房间，给房屋通风。"这些经验尤其适用于热带地区："空气不仅失去了它的活力（spring），还由于高温和停滞而变得有损于健康，并由于潮湿变得有害于健康。因此，在低海拔有沼泽的国家，空气通常很恶劣，这种情形就像在树木过度生长，或者有任何散发出潮湿气体的国家。"[14]布坎对防止受停滞的空气（"瘴气"）和腐坏之物感染的关注，与古典时代和中世纪的医学理论是一致的，但是他赋予它新的治疗和预防重点。

数十年前，游廊已经成为西印度群岛的军事医院和宿舍的常规特色。18 世纪 30 年代初，皇家海军在牙买加安东尼奥港（Port Antonio）的林奇〔Lynche's，后来更名为海军（Navy）〕岛上建造了永久性的海军仓库和修船场设施，当时，一座带游廊的建筑，可能是军官宿舍，就矗立在该岛的小山顶上。不久之后，从当时的插图来看，带游廊的双层平民住宅出现了。[15]

18世纪40年代，皇家海军采取了建立自己的医院的政策，以取代之前将生病和受伤的海员的护理都外包的做法。此类医院中最重要的就是新格林尼治医院（New Greenwich），它是在海军上将爱德华·弗农（Edward Vernon）的发起下，在牙买加罗亚尔港（Port Royal）对面的港口修建的，而弗农是1740年占领贝洛港（Porto Bello）的英雄，也是对部下的健康怀有家长式关心的典范。（他实行给他的部下定量供应格洛格酒的做法，用稀释的朗姆酒来满足他们的渴望，希望他们在不当值时减少消费。）在所有英国军人可能发现自己的健康受到直接威胁的地方中，西印度群岛引起了最频繁的恐惧；弗农拥有皇家海军中最大的舰队，52艘船和16000人。弗农呼吁海军委员会拨款建造一所永久性医院，以便降低住院海员的发病率，并防止他们在私营设施中住宿时酗酒和被人遗弃。海军委员会批准了这项提议，并向弗农寄去了一份单层建筑的平面图，这是一个面积超过100平方码的四方院子（quadrangle），"两边各有一个游廊"。在四方院子的中间，会有两栋房屋容纳水手和外科医生，而且它们的通风也会更好，因为"两边都有一个游廊"。除了强调游廊，海军委员会的设计进一步预见了最终的"典型"种植园建筑，并建议建筑建成两层——但前提是底层是用石头或砖块建造，因为在西印度群岛，木材腐烂得太快，以致无法保证在多层建筑中使用。[16]

在西印度群岛不幸地留在陆地站（land station）的军官们，想方设法与他们在海上的甲板上领略的新鲜空气保持接触。海军委员会的设计，尤其是二层游廊的提议，成为西印度群岛的兵营和军官宿舍的理想标准。到了18世纪70年代，西印度群岛的驻军外科医生从普林格的研究中知道，是什么导致了驻扎于此的士兵的高发病率和高死亡率——"兵营颇低的地势和被陷于其中的空气"。他们知道怎样缓和这些条件：将兵营和医院从沿海平原搬到山区，并在修建时配备游廊："我们更坚信了我们的观点，因为驻扎在有阳台的营房里的一个连队，其损失人数不到其他连队的一半，也从没有那么多生病的人。"普林格发现，"酷热从来不是致病的直接原因，而是导致一种普遍性疾病的更间接的原因，因为它会使纤维松弛，并通过从潮湿的地面上升的空气使体液腐坏"。因此，需要让生活区位于海拔较高的地方。到了 18 世纪 80 年代，英属西印度群岛兵营的标准设计，与当地典型的种植园房屋有许多共同特点："主楼层通常建在一个由圆形拱门支撑的一楼露天平台之上，而通往露天平台的通道由两段通往游廊的石阶组成。游廊围绕着整座建筑，人们在游廊度过了许多休闲时间。"[17]

另一个卡罗来纳的游廊

18 世纪中叶，北卡罗来纳沿海地区的房屋与查尔斯顿的房屋相比，更接近于当时英属西印度群岛正变得流行的种植园建筑。威尔明顿（Wilmington）和不伦瑞克（Brunswick）早期的游廊，比查尔斯顿曾经应该存在过的那些游廊得到了更好的记录和研究。在 18 世纪 50 年代，威尔明顿据说拥有许多带"外观不错的双游廊"的砖房。历史记录表明，就像在西印度群岛，军官们主动将游廊引入了时髦的建筑中。1751 年，为了应对西班牙对布伦瑞克的袭击，一名海军指挥官新驻扎在恐惧角河（Cape Fear River）上，他很快就在那里建造了当地已知的第一座带游廊的房屋。在布伦瑞克正上方恐惧角河上的拉塞尔博勒（Russellborough），约翰·拉塞尔（John Russell）上尉为他家的游廊和房屋框架建造了砖砌地基，但他在完成内部装修之前就去世了。阿瑟·道布斯（Arthur Dobbs）总督很快接受了布伦瑞克关于房屋的提议，从新伯尔尼（New Bern）搬到那里以恢复健康。1765 年后，道布斯的继任者威廉·特赖恩（William Tryon）在新伯尔尼修建了其不朽豪宅之后就住在那里，并愉快地说出了该豪宅最显著的特征："房屋四周有一个游廊，两层都有 10 英尺宽，带一个 4 英尺高的栏杆，这对我的小女儿来说是一个很好的保障。"[18]

到了 18 世纪 70 年代，帕姆利科湾（Pamlico Sound）和阿尔贝马尔湾（Albemarle Sound）城镇，以及恐惧角河地区的房屋都有独特的设计，这种设计在房屋的前部和后部都用了游廊，一个面向水，另一个面向陆地。1765 年至 1766 年，博物学家约翰·巴特拉姆（John Bartram）在地势较低的乡村旅行时观察到了这些房屋，发现它们具有缓和气候影响的能力，这引起了他的兴趣："在这些炎热的气候条件下，卡罗来纳和佐治亚的居民通常会在其非常宽敞的房屋的一侧或者多侧建造游廊，它们挡住了炎炎烈日，引来微风吹拂，如果一个人在不工作时不能舒适地坐着或者走着，那一定会很热。他们坐着和走着时的许多对话都是在这些地方进行的。"这种设计显然结合了游廊作为休闲空间的时尚魅力，以及家居建筑中棚屋式结构的乡土传统。自 17 世纪晚期以来，在北卡罗来纳沿海地区，后面和 / 或前面的"遮棚"和"棚屋"一直是框架式房屋的组成部分。它们最初提供封闭空间供人睡觉和工作，而非用于休闲的开放空间，不过门廊的中间有时是开放的，以便直接进入棚屋（shed rooms）。在 18 世纪中叶，此类棚屋，当正面和侧面敞开时，就变成了游廊；而当房屋有两层时，游廊也可以是双层的。加勒比海地区与北卡罗来纳沿海地区的贸易可能充当着这些岛屿对大陆建筑的影响的一个载体，不过，北卡罗来纳住宅那些类似于棚屋的特征是在 1734 年首次被记录在案的，被称作"按照尼德兰风尚建造"。[19]

尼德兰门廊的社交性

在早期的英属美洲，游廊在哪里发展得最显著？答案是在尼德兰人殖民的地区。门廊作为一种半永久性的、部分封闭、旨在户外休闲的建筑特征，显然是作为尼德兰—美洲乡土建筑的 部分发展起来的。它的设计借鉴了尼德兰家居生活的习俗和特点，然后又加以创新。中世纪以来，尼德兰的城镇条例要求屋主在房屋的正面和街道排水沟之间铺设路面；作为对这一责任的补偿，户主有权将该公共空间用于私人休闲，包括在那里安排座位。这种责任和权利的共同行使，通常会导致铺设的路面凸起，从而形成了"台阶"（stoep）。台阶本身就是铺砌的区域，没有更上面的结构，然而长凳可能沿着房屋的墙壁和／或与之成直角修造。如果台阶从门廊（stoop）通向门，那么，楼梯扶手可以为长凳提供一个与门口成直角的靠背。在 17 世纪的尼德兰，这种高高的门廊与富商的住宅有关联，因此，它们最初在 18 世纪的北美的流行可能有竞争的一面。[20] 作为一个小型游廊、给固定座位上提供屋顶的门廊，在尼德兰殖民地建筑中发展而来，而作为一个英语单词，"stoop"仅在加拿大、南非和美国流行。［在今天的尼德兰与佛兰芒小镇里，房屋前部的一个可识别空间通常用于休闲，尽管它缺乏专门的设施或结构；它如今在尼德兰被称作"trottoir"（人行道），但是在佛兰德仍然被称作"stoep"（台阶）。］

到了 18 世纪中叶，在纽约和新泽西的尼德兰人定居区，房屋有各种各样的结构，显然是为社交提供了半保护空间（semiprotected space）。在这些地区，门廊促成了当地一种热情的户外社交礼节。瑞典科学家彼得·卡尔姆（Peter Kalm）在其对北美之旅（1747—1751 年）的描述中，描绘了新泽西新不伦瑞克（New Brunswick）的一些房屋，它们的正面是砖砌山墙："每扇门前都有一个高台（elevation），你从街上走几步就可以到达那里；它像一个小阳台，两边都有一些长凳，晚上人们可以坐在上面，呼吸新鲜空气，打量过路的人。"在奥尔巴尼（Albany），卡尔姆指出，房屋屋顶延伸到墙外，为休闲提供了一个类似门廊的空间："朝街的门一般都在房屋的中间；两边都是座位，在晴朗的天气里，人们几乎整天都坐在座位上，尤其是房屋阴影下的座位。晚上，这些座位上坐满了男男女女；但是这相当麻烦，因为路过的人必须向每一个人打招呼，不然就会是震惊这个城镇居民的不礼貌之事。"这种喇叭形屋檐的设计显然来自旨在保护尼德兰、佛兰德斯和邻近的法国沿海地区潮湿、温和气候下乡村建筑没有用灰泥浆涂抹表面的设计。矛盾的是，在中部殖民地的建筑中，由于使用了砂浆砌石（mortared stone）或木瓦覆层（shingled cladding），墙壁本身变得更加耐用，悬挑（overhang）的范围也随之增加。[21]

卡尔姆认为建筑对气候的适应有利于社交，但实际上，这种适应首先就是受到了社交考量的启发。到了 18 世纪中叶，在新泽西和纽约，门廊有了家具陈设，而屋檐下休闲空间的定义可以延伸到门口的门廊之外，包括房屋的整个正立面。正如门廊上的长凳后面通常会有栏杆，现在，栏杆和 / 或柱子往往标志着房屋墙壁外家庭空间的延伸。这种喇叭形屋檐下的空间往往有木地板或石铺地面（stone flagging）。[22]

这些上方有遮盖的空间吸引了来到纽约的游客的兴趣，尤其是那些对设计有高度兴趣的人，比如艺术家和工程师。1771 年，约翰·辛格尔顿·科普利（John Singleton Copley）在纽约绘制一系列受委托的肖像画时，曾经写信给同母异父的弟弟亨利·佩勒姆（Henry Pelham），后者当时正负责波士顿附近科普利家的大规模翻修："如果我不加侧翼的话，我会在回来的时候加上一个游廊（peazer），它在这里经常出现，非常漂亮和方便。"佩勒姆请科普利解释一下，因为他对"游廊"毫无头绪。科普利回复道：

> 你说你不知道我讲的'游廊'是什么意思。那么我来告诉你吧。它就像是你院子里水泵上的盖子；他们那儿的家禽可能没有围栏，并增加了 3 到 4 根柱子来支撑屋顶的前部，底部则有片良好的地板，而从

柱子到柱子之间有一个中国围栏［栏杆］。这些柱子的尺寸为直径
6×4英寸，从宽的一侧到前面，顶部简洁得很，只有一点装饰线条。
有少量游廊有圆柱（collumns），其顶部通常涂了石膏，但我认为，
如果顶部用整洁的平板封闭起来，我也会喜欢它。这些游廊在夏季是
如此凉爽，在冬季又阻止了风暴，以致我认为房屋若是没有之，我便
喜欢不起来。

在收到这封解释详尽的信后，佩勒姆意识到游廊是如何"非常方便而
宜人的"。[23]

科普利在纽约绘制的肖像人物之一是英国军事工程师约翰·蒙特雷索
尔（John Montresor）。蒙特雷索尔是驻北美英军总工程师的儿子，1754
年至1778年间在北美服役。在北美，很少有欧洲人对建筑有比他更专业
或更广泛的看法。他负责宾夕法尼亚以北的整个英属北美殖民地的勘测和
军事建设项目，但他在纽约安家，并在那里与一个殖民地家庭之女结婚。
1764年结婚之后不久，他画了一个"适合这种气候的乡村住宅"的设计草图，
大概是为了与他的新娘分享。在路途中，蒙特雷索尔把科普利的一些信件
交给了亨利·佩勒姆，在信中，科普利建议他的兄弟向蒙特雷索尔征求关
于如何设计令人困惑的游廊的权威建议。[24]

在纽约乡村地区，门廊与游廊在社会地位最为显赫的家庭和更为朴
素的家庭中都占有一席之地，并与定期社交有着密切联系。安妮·麦克
维卡尔·格兰特（Anne MacVicar Grant）在其作《美洲女士回忆录：带着
美洲礼仪和风景的素描，它们先于革命而存在》（*Memoirs of an American
Lady: With Sketches of Manners and Scenery in America, as they Existed
Previous to the Revolution*）中赞扬了这些联系。她于1755年出生在苏格兰，
3至13岁之间住在奥尔巴尼，父亲是英国陆军上尉，他就驻扎于此。四十

年后，也是在返回英国很久之后，她出版了一本关于那些年月的深度怀旧、笔下如画的令人向往的回忆录，她回忆说，那些年是"一种如此奇特的社会状态，与我听说或读到的任何其他社会状态都完全不同，它在一个新的方面展示了人性，而且到目前为止是理性的好奇心（rational curiosity）关注的对象，也是殖民史上的一种特殊现象"。她写道，奥尔巴尼以其"宁静和舒适"而独一无二。童年时期，她便频繁造访玛格丽塔·舒勒（Margaretta Schuyler）的家，舒勒是菲利普·皮特斯·舒勒的妻子和第一代表亲，而格兰特显然是从舒勒那里学到了对奥尔巴尼周围社会关系的一种温和家长式观点。格兰特对舒勒家族豪宅最强烈的建筑记忆是"门口的大柱廊，有几级台阶通向柱廊，像个房间一样铺有地板；柱廊两侧敞开，四周都有座位。上面要么是一个漆得像雨篷的小木屋顶，要么是一层格栅结构（lattice-work）的覆盖物，而它的上面是一株移植的野生藤蔓，枝繁叶茂"。[25]

舒勒的"柱廊"只不过比安妮·麦克维卡尔·格兰特所说的奥尔巴尼生活的中心，门廊，更为精致。奥尔巴尼镇实际上是"一种半乡村的建筑"，与城市的常规不同，这里的每栋房屋前面都种了一棵树，好为"门前敞开的柱廊提供最宜人的树荫，柱廊四周都有座位，只需走几级台阶就可以上去"。在夏日的夜晚，一家人聚在这些门廊上"享受温暖的黄昏，或宁静清澈的月光"。他们坐在门廊上，"要么轻松懒散，要么在进行社交，穿着最朴素的长袍，头脑坦诚而直率"，他们看着同样满足的奶牛穿过镇上的主要街道，找到回家的路。门廊为这种田园生活提供了社交空间：

> 这些崇尚古风的人分散在门廊里，根据年龄和倾向的相似性分组。在一扇门前是年轻的主妇们，在另一扇门前则是长者们，在第二扇门前，年轻人和少女们一起愉快地聊天或唱歌，而孩子们围着树玩耍，或在奶牛旁边等着其节俭晚餐的主要食材，而他们通常坐在露天

的台阶上享用晚餐。[26]

门廊的发展本身就令人着迷，但它对舒适的实现也有一种象征意义。大约是在 18 世纪中叶，尼德兰－美洲文化的局外人开始注意到门廊，并用如画美学的语言积极讲述。到了 18 世纪六七十年代，中部殖民地游廊的本土设计用专业的设计眼光激励人们——科普利是作为一名艺术家，蒙特雷索尔是作为一名建筑师，而麦卡维卡尔·格兰特是作为一名纯文学作家——调整其特征，以供其他地方使用。1778 年，蒙特雷索尔回到了英格兰，在那个时候，以及 1795 年，他在那里建造了三边都有游廊的"美国农舍"。1795 年，约翰·普劳在《华丽的农舍；或乡村改善》（*Ferme Ornée; or Rural Improvements*）中发表了这种新的建筑设计，它代表"首次在英国或欧洲建筑书籍中发表了一座盎格鲁美洲式建筑"（图 8.2）。普劳发表这一设计，以展示它的"极端奇怪"，因为"其东方、西方和南方都有一个游廊围绕之"。[27] 蒙特雷索尔设计这栋住宅是为了容纳两个劳工的家庭。他本人并不住在那里：在一位英格兰绅士看来，这些游廊看起来太像棚屋，以致不可能成为一座体面的主要住所的最显著特征。

英印游廊与帝国的如画美学

1800 年，普劳出版了一本关于装饰农舍的房屋平面图的新书，其中包括一个"有印度平房风格的游廊（Viranda）"。不像蒙特雷索尔的纽约农舍的游廊，这座平房的游廊环绕了整座房屋。游廊这一特征也出现在"为中等收入者和舒适地休养而精心策划的"农舍平面图中，这些农舍既适用于单户住宅，也适用于双户住宅。普劳利用如画美学，鼓励将"生活的真正舒适"与建筑联系起来，而建筑的异国情调式质朴表明其并不做作。[28]

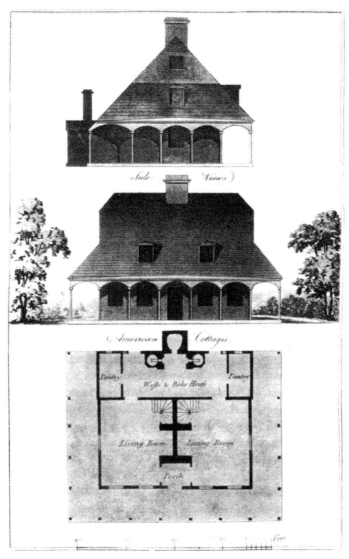

图8.2 约翰·普劳的"美国农舍"。

John Plaw, *Ferme Ornée; or Rural Improvements* (London: I. & J. Taylor, 1795), pl. 19. 特拉华州温特图尔市温特图尔图书馆印刷书刊藏品部惠允使用。

由于英帝国向新大陆扩张，游廊直到最近才被添加到英国的建筑词汇中。1770 年至 1830 年间，随着东印度公司将其业务范围扩展到次大陆内陆地区，公司负责人对孟加拉棚屋设计进行了调整，让带有游廊的平房成为公司高级职员和文职行政人员在城市远郊的典型住所。东印度公司开展业务的最初实体基地是些军事营地，士兵住在帐篷和营房里，而军官住在由土著劳工用传统材料并根据乡土住房设计建造的临时建筑里。经过欧洲人对当地乡土建筑的改造，平房产生了，而游廊是其最令人印象深刻的结构特征。在孟加拉乡土建筑中，用茅草铺盖的悬挑主要用于保护由晒干的砖块和泥土构成的支撑墙，使其免受雨水的侵蚀，但是英国军官将屋檐进行延伸，以提供一个多用途的空间，用于睡觉、洗澡、吃饭和休闲。虽然这座平房只是半永久性建筑，但是，它的位置、布局和居住者都象征着殖民统治。平房位于一个没有其他建筑物的大院（compound）中，这使其有别于土著生活，而开放的游廊证明了人们对统治的信心，同时也方便对周围社会进行监视。这座平房不是纳博布（nabobs）[1] 的建筑：无论是在印度城市还是在英国农村，纳博布建的都是豪宅。[29]

澳大利亚的游廊

几乎所有曾在印度或西印度群岛服役的英国军事统治者，也在澳大利亚建造了首批游廊。该殖民地的第二任省督弗朗西斯·格罗斯少校（Major Francis Grose），就在 1793 年建造了最早的一处游廊，作为对其前任的单层官邸的补充，而该住所位于悉尼军事区，在阅兵场和士兵营房之间。这座军事官邸看起来像是"一座大平房，屋顶很宽，游廊柱子间距很近，以致它们更像是垂直的百叶窗"，从而与 1788 年和 1789 年修建的总督官

---

[1] 纳博布，指通过劫掠印度人而发家的欧洲人，特别是英国人。

邸形成了鲜明对比。首任总督，海军上将阿瑟·菲利普（Admiral Arthur Philli）将总督府（Government House）建成"一个对称的、两层楼高、四坡屋面（hip-roofed）、灰泥砖砌的长方形"房屋。菲利普的继任者，海军上将约翰·亨特（Admiral John Hunter）通过增加一条横穿整栋建筑正面的游廊，使这些帕拉第奥式的特征变得次要。1802 年，亨特的继任者，首位将妻子带到澳大利亚的总督菲利普·吉得利·金（Philip Gidley King），他的妻子安娜·约瑟法·金（Anna Josepha King）延伸了房屋一边的游廊，以补充一间新起居室。而到了 19 世纪头十年，游廊成为指挥官在澳大利亚其他地方的英国殖民地、诺福克岛（Norfolk Island）和纽卡斯尔的标准住所。早期的新南威尔士（New South Wales）——几乎是"一艘巨大的抛锚战舰，船员紧缺，船上藏着几个军官的妻子"——似乎是一个在家庭舒适方面进行创新的怪异场所。尽管军方官员可能忠于自己的职级，但他们正在引入建筑设计，将乔治王朝时期对对称、垂直层次结构（vertical hierarchy）和形式精确（formal precision）的考虑放在一边，以便明显优先考虑气候因素。19 世纪 10 年代，在去澳大利亚之前曾在印度服役 17 年的总督拉克伦·麦夸里（Lachlan Macquarie），通过委托建造带游廊的营房和医院，推动了建筑适应澳大利亚的环境。到了 19 世纪 20 年代，澳大利亚的民房往往都有了游廊。[30]

亚北方带的游廊

在澳大利亚的英国军官（和他们的妻子）利用游廊来适应新的殖民地景观的同时，他们在加拿大的战友（和他们各自的配偶）在做着同样的事情。1780 年，魁北克总督，陆军军官弗雷德里克·哈尔第曼德爵士（Sir Frederick Haldimand）在担任过三河城（Trois-Rivières）的军事长官之后，建造了最早的带游廊的英属加拿大住宅，在那里，他会遇到魁北克建筑中典型的类似游廊的走廊（*galeries*）。他用这条游廊达到了如画美学的效果，使其朝向蒙莫朗西瀑布（Mortmorency Falls）[1]的景色。1795 年 8 月，上加拿大地区（Upper Canada）首任省督的妻子伊丽莎白·西姆科（Elizabeth Simcoe）造访了印第安人事务部（Indian Department）吉尔伯特·蒂斯（Gilbert Tice）上尉的妻子在尼亚加拉大瀑布（Niagara Falls）附近的家，她在这里的类似游廊的结构、舒适度与该地的如画潜力之间建立了相同的联系。她指出，这里"特别干燥和健康"的环境得益于"房屋前面的一个棚屋或长廊和附近的几棵橡树，因此当我们在海军厅（Navy Hall）遭遇酷热时，这里总是有阴凉处和凉爽的空气"（图 8.3）。海军厅是尼亚加拉河（Niagara River）河口处安大略湖（Lake Ontario）上的一组建筑，海军指挥官和水手们先前在此过冬。新任省督本想在那里安家，但他的妻子发现这些建筑不适合居住，坚持要翻修。河口的另一边是她丈夫指挥的卫戍部队，不过她也讨厌待在那里，因为卫戍部队的"棚屋"要么闷热，要么在下雨时让人感冒，所以，"省督命令在房屋上方的小山丘上为我们搭建三个大帐篷，而这座房屋地面非常干燥，拔地而起，非常漂亮"。伊丽莎白·西姆科更喜欢这些类似帐篷的建筑，这与她觉得蒂斯家的游廊非常宜人的原因大致相同：它们"可以看到河的美丽景色和对面的卫戍部队，因为它位于这一效果极佳的位置上，从这一距离看不出建筑的缺点，因此可以画出一幅精美的图画"。为了响应这一如画美学的命令，她画了许多殖民地风景的水彩画。[31]

---

[1] 蒙莫朗西瀑布，位于加拿大魁北克省南部蒙莫朗西河口的瀑布，高 275 英尺，宽 150 英尺，汛期蔚为壮观。

图8.3 如画的上加拿大。

Elizabeth Simcoe, *Mrs. Tyce's near the Falls* (1795). 多伦多安大略档案馆
（Archives of Ontario）惠允使用，档案编号F 47-11-1-0-171 (106d)。

1793 年秋天，在上加拿大的第一个整年结束时，伊丽莎白·西姆科和她的丈夫开始在约克（后来更名为多伦多）附近的土地上建造一座乡村休养所，土地归他们年轻的儿子弗朗西斯所有。他们设计了一座别致的农舍，名字很滑稽："它叫弗兰克城堡（Castle Frank），是根据一座希腊神庙的格局建造的，全部由木头制成，原木长短一致，开槽排列，以便在腐烂时取出任何原木。高大的松树为柱廊做柱子，柱廊两端各有 16 英尺高。"尽管"柱廊"一词暗示了与古典主义的关联和纪念性（monumentality），但该建筑的风格、结构和用途都属于一座刻意设计得朴实无华的带游廊的平房："这里的柱廊是宜人的，而得益于它的高度和建造房屋的原木厚度，房间很凉爽。"这栋房屋还没有完工，到了晚上，她能听到"一只不可能被除掉的昆虫﹝可能是松树甲虫（Pine Beetle）﹞在木头上钻洞，晚上它听起来像一只大蛆"。西姆科一家从未使这座建筑完工。他们一度不得不在屋内搭帐篷以保持干燥，但是他们喜欢弗兰克城堡，并在 1796 年返回英格兰之前饱含深情地参观了城堡。[32]

上加拿大早期军事统治者的房屋所特有的游廊，基本上没有被从美国迁到那里的保王派模仿——而从纽约移民过来的人除外，在纽约，这些建筑在乡土建筑中占有强势地位。移民精英大多以他们习惯的乔治王朝时期的风格来建造房屋；对第一代移民来说，只有他们的军事统治者以如画美学的风格建造房屋，连同几乎不可避免的游廊。[33]

职业环境使军事指挥官倾向于将舒适定义为卫生问题。因此，对设计营房和宿舍的军事工程师以及负责医院的指挥官来说，身体适应是一种职业需要。他们在异域气候中生存下来的资源之一是从其他文化中习得的策略：除了教会之外，没有任何制度化的职业能如此广泛地接触到不同的物质文化。军官的流动性使他们接触到不同的文化，这让他们能够考虑到日常生活环境中的设计选择。

在两个阶段中，英国陆军和海军军官在一个新近扩张的帝国中建立了统治地位：第一阶段从 18 世纪 40 年代到 60 年代，在密西西比河谷和圣劳伦斯河谷，以及东印度公司的内陆地区（以及西印度群岛上新扩大的范围），第二阶段是 17 世纪八九十年代，在澳大利亚和上加拿大。成功的统治取决于与异族文化的妥协。战略重点是保持统治地位，而非军事行动。然而，军官们自己的地位充其量不过是半永久性的，只持续到不可避免的下一站。庄园不适合他们在海外的抱负和职业生涯。军官们之所以最早、最具创新性地让建筑适应了不熟悉的环境（这与他们在总人口中的比重不成比例），正是因为他们不打算殖民并留下来复制祖国。适应能力是职业上的当务之急：他们必须生存下来，才能在另一站服役。这种适应性在世界范围内的象征就是游廊。[34]

从庭阁到游廊

到了 18 世纪 60 年代，见多识广的在美洲的英国殖民者也在他们的住宅中增加了游廊，这种做法在建筑上变得很时髦。在澳大利亚、印度、北美和西印度群岛的英国军官，是否变成了提倡家居舒适的文化英雄？他们的流动性、职业适应性和文化接触，让他们在创新设计的传播中发挥了作用，但是，实际是否采用某种设计特点的取决于建筑权威，而他们在英国的商业帝国风格的传播与大都市对异国建筑装饰和风格的品位之间进行了调和。这些权威是如画景观园林的诠释者和推广者。

乔治·华盛顿的弗农山庄上的所谓柱廊，是帝国军事文化和如画景观设计如何鼓励人们采用游廊的一个缩影。1751 年，华盛顿在北美大陆之外的唯一一次旅行中访问了巴巴多斯，陪同同母异父的兄弟劳伦斯去治疗后者的呼吸道疾病。在寻找住处时，华盛顿兴奋地说，"四周都是些绿意盎然的甘蔗地、玉米地、果树地，美丽的景致让我们眼前一亮"。他从另一名英国军官同僚、詹姆斯堡（James Fort）指挥官克罗夫坦上尉（Captain Croftan）那里租下了布里奇敦（Bridgetown）郊外的一座山坡别墅。虽然革命切断了华盛顿对英国的帝国军事文化的直接参与，但是，他的家居生活方式与其前战友的生活方式是一致的。在他从哥哥处继承而来的弗农山庄，刚隐退的华盛顿将军使用了一种创新的游廊设计，为他的同胞们树立了一个新的自我形象。（一种极具偶然性的解释是，劳伦斯以他在西印度群岛的指挥官弗农上将的名字命名弗农山庄。）美国独立战争之后，他立即重新开始了战前他一直在进行的英式造园工作，开翻修了一个类似游廊的柱廊，为他那隐退英雄的角色提供了一个环境。随着他用典型的夸张措辞宣布了自己谦逊隐退的愿望，华盛顿建造了"一座高耸的柱廊，96 英尺长，由 8 根柱子支撑，它从水上看效果很好"。这个游廊（华盛顿从未称之为柱廊）横穿了整栋房屋的东面，视野延伸至波托马克河，穿过一个花园，花园里有正在尽力生长的观赏性植物和一块新种植的英式草坪。在弗农山庄的西侧，新的蜿蜒车道将游客带到了一个庭院，而庭院由"豪宅"的正立面和与其对称布置的附属建筑物围成，附属建筑物由列柱（colonnade）连接，与之形成对比的是，没有任何建筑阻挡游廊的视线。由于不熟悉这一构造在一栋漂亮房屋中的用途，他的访客通常都称之为柱廊，但是，华盛顿称之为游廊和"长长的开放巷道"，因为他打算将其用作社交空间，而不是帕拉第奥风格的象征。他用英式石板铺砌游廊，将其与景观园林融为一体，同时为休闲和娱乐提供空间。[35]

1795 年夏天，随着华盛顿第三次隐退的临近，建筑师本杰明·亨利·拉特罗布（Benjamin Henry Latrobe）在参观弗农山庄时记录了华盛顿设计和使用其游廊的成功。18 世纪 90 年代，美国大多数关于弗农山庄的绘画和版画都天真地夸大了柱廊的纪念性。拉特罗布也描绘了柱廊的建筑景观，但是，他把更多注意力放在了从游廊看到的风景和在游廊上社交的亲密团体上（图 8.4）。"草坪上的风景"给了他一个与玛莎·华盛顿（Martha Washington）对话的话题，而游廊为她的家人和家里的客人提供了一个聚会的地方。晚饭前，他们会聚在那里进行轻松的交谈，并在那里喝茶。华盛顿和拉特罗布整晚都在那里喝咖啡，讨论着小麦种植的变迁。拉特罗布最近才来到美国，接受了工程师和建筑师的正式培训，并对景观理论有着审美兴趣，他意识到这些活动满足了游廊如画美学和新古典主义的意图。[36]

弗农山庄的游廊始建于 18 世纪 70 年代后期。在过去的二十年里，切萨皮克地区景观园林的爱好者一直在探索将园林庭阁的类似游廊的特征改造用于实际住宅的可能性。在 18 世纪 50 年代后期，华盛顿的邻居乔治·梅森（George Mason）通过将哥特式葱形拱（ogee arches）融入冈斯顿庄园（Gunston Hall）园林一侧的游廊，从风格上明确了游廊与园林亭阁之间

图8.4　弗农山庄素描。
Benjamin Latrobe Sketchbook, 1796, II:21. **巴尔的摩马里兰历史学会**（Maryland Historical Society）**惠允使用。**

的联系；园林里可能有"与具有中国风格的齐彭代尔凉亭相配"的建筑。同时期的英格兰手册，如查尔斯·奥弗（Charles Over）的《哥特、中国和现代品位的装饰性建筑》（*Ornamental Architecture in the Gothic, Chinese and Modern Taste*），便建议将异国情调的风格折中地应用到各种各样的园林结构中：座椅、雨伞、石窟、休憩处、寺庙——除了住宅以外的一切。梅森的设计师威廉·巴克兰（William Buckland）最近才从英格兰移民过来，他显然把独立式亭阁（freestanding pavilion）的设计转变为附属的游廊。大约在同一时间，梅森的弗吉尼亚老乡约翰·泰勒（John Tayloe）正在建造艾里山庄（Mount Airy），其凉廊与詹姆斯·吉布斯（James Gibbs）的《建筑用书，包含建筑和装饰设计》（*A Book of Architecture, Containing*

Designs of Buildings and Ornaments，1728 年）中的房屋和园林亭阁的设计相似，几年后，兰登·卡特在附近的萨宾庄园增加了一个游廊。[37]

在 18 世纪 60 年代，托马斯·杰斐逊在蒙蒂塞洛庄园的前两种格局安排中借用了吉布斯的园林亭阁设计。一种格局依赖的是吉布斯设计的"一座寺庙，为一个有品质的人而建，被建议放在四条人行道的中心，以便每条人行道前面都有一个柱廊"；另一种格局则利用了他设计的"动物园（Menagery）……两端各有一个房间，而后面有两个房间供照看山鸡的人使用"（图 8.5）。在后来的格局安排中，杰斐逊在住宅柱廊的设计中加入了一个游廊，而且他打算建造带有开放式凉廊的侧翼附属建筑物，而这些凉廊就像前两种格局中的亭阁空间。在 1769 年开始修建住宅后不久，杰斐逊再次将其在建筑上的精力转向了装饰性园林建筑。接下来的十年里，特别是在托马斯·惠特利最近出版的著作《现代造园观察》（*Observations on Modern Gardening*，1770 年）的影响下，杰斐逊为蒙蒂塞洛庄园的花园设计了 20 多个亭子。只有一座得以建造，但是，这些设计本身运用了各种风格的异域的园林建筑——哥特式、中国式、新古典主义式、乡村式的休憩处，甚至是如画美学式的人工洞穴。此类园林庭阁和凉亭实际上是没有房屋与之附着在一起的游廊。[38]

游廊与如画美学之间的关联，源于 18 世纪景观设计中两种类型的建筑时尚，它们的名称表明了它们明显的不实用性——园林亭阁和装饰性农舍。亭阁是半永久性建筑，用于户外休闲，以欣赏周围如画的环境。它们的名称源于中世纪华丽的帐篷，这些帐篷与蝴蝶（*papillon*）有着隐喻性的联系。而大多数装饰性农舍都以类似游廊的结构为特色，该结构将其与景观设计中某些类型的乡村建筑联系起来，如休憩处，这表明了它们在建筑上不做作（图 8.6）。

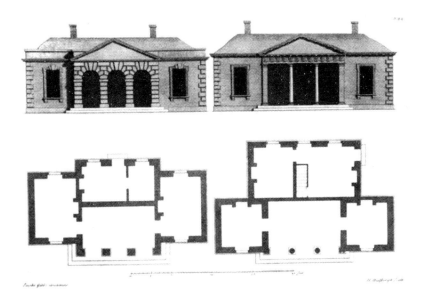

图8.5　一个园林庭阁。杰斐逊为蒙蒂塞洛庄园设计的最初格局，借鉴了哈克伍德（Harkwood）的动物园的一些设计，尽管有些房间缺乏内部沟通。
James Gibbs, *A Book of Architecture, Containing Designs of Buildings and Ornaments* (London, 1728), pl. 84. 达尔豪斯大学达尔泰克图书馆（DalTech Library）惠允使用。

　　在早期的美洲，园林庭阁和装饰性农舍最初是基于费城附近的乡村住宅，在 18 世纪 40 年代以降，这些住宅变得数不胜数。巴尔的摩附近，在 18 世纪的最后 25 年里，有 70 多座游乐花园（pleasure gardens）建成，它们以各种各样的园林结构为特色。[39] 这样的园林建筑，连同其"哲学式的乡村休憩"的表现形式，可能给其他殖民地的游客留下深刻印象，就像 1773 年马萨诸塞的小乔赛亚·昆西参观费城附近约翰·迪金森（John Dickinson）的"乡村宅第"费尔希尔（Fairhill）时所言：

　　　　这位杰出而重要的政治家……在这里和任何人一样享受着"*otium cum dignitate*"。考虑一下他的房屋、园林、暖房、浴场、人工洞穴、书房、鱼塘、田野、草地、无垠的景色（从中可以看到特拉华河的远景）、绘画、古董，以及建筑的改进之处等等，简言之，他一生都是最幸福的人。

"Otium cum dignitate"，指"心灵和身体的放松改善"，一直都是罗马元老阶层的一个理想。小普林尼和贺拉斯对别墅的描述和回忆充满了对物质环境的自觉满足。但是根据定义，这些快乐是日常生活或大众生活的替代品，罗马人的舒适特别优待贵族和男性的自我实现，而不是家庭幸福。这些舒适的理想在塑造物质文化方面有着巨大的潜力——看看别墅在意大利文艺复兴时期的影响——然而在18世纪中间的三分之一个世纪之

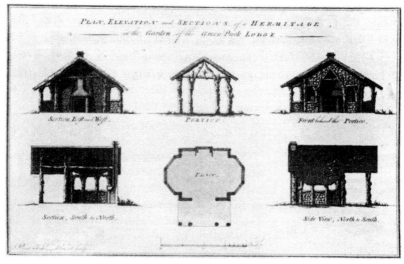

图8.6 一个休憩处的开放式架构。很多类型的园林庭阁都模仿了具有乡村特色的农场建筑中类似棚屋的细节。

John Plaw, *Rural Architecture; or Designs, from the Simple Cottage to the Decorated Villa* (London: I. & J. Taylor, 1796), pl.1. 特拉华州温特图尔市温特图尔图书馆印刷书刊藏品部惠允使用。

前，它在英国的语境中相对无关紧要，这一事实表明，文化选择而非自然
主义决定论（naturalistic determinism）起了作用。在 18 世纪的英国，以及
在奥古斯都时期的罗马和文艺复兴时期的意大利，舒适最初都是偶发的和
娱乐性的。因此，舒适文化的许多实验都发生在园林和景观设计的环境中，
这些地方旨在从身体安置处上激发出一种特殊的幸福感。美国游乐花园的
急剧增加，以及美国的别墅在同一时期修建了游廊，就是这种试验的例证。[40]

　　作为一种盎格鲁美洲建筑要素，游廊也是对如画美学的回应。我们可
以回忆一下，本章中引用的许多观察家，尤其是妇女，将游廊与风景造园
及其带来的景色联系在一起。为何类似游廊的构造会给在景观设计上有审
美辨识力之人留下如此深刻的印象？到了 18 世纪末，几乎没有美国人采
用“现代”英格兰景观设计那么多的细节，比如蜿蜒步道，但几何状的花
坛仍然是其典型特色。随着传统游乐花园的频繁出现，原本符合如画美学
的英式园林中的寺庙、休憩处和亭阁的设计元素，越发有可能作为游廊出
现在华丽的桁架（fermes ornées）上（图 8.7）。将装饰性细节应用于房屋，
要比按照一种陌生的美学设计整个庄园更容易，不管这种美学的描述性语
言多么诱人。美国游廊最初的功能与时髦的英格兰造园中的园林亭阁相同：
它们将视野指向设计好的风景，无论是装饰性花园还是更遥远的景观。[41]

　　游廊的流行从建筑对景观的文化建构的适应发展而来。像游廊这样的
技术“改进”不是满足了对舒适的“自然”需要，而是重新定义了舒适。（近
些年，空调也有类似的效果。）在 18 世纪，这种被重新定义的舒适中的
一部分涉及获得舒适的资格的概念。这里，军队提供了一个超前的例子。
作为一个统治性的勇士集团，军官是英国社会中典型的有闲阶层（leisured
class）。早在中产阶级能够自信地主张这一特权之前，他们就有了享受舒
适休闲的资格。到了 18 世纪中叶，他们在北美洲、印度和西印度群岛的
经历让他们接触到了各种各样的外国本土建筑，至少在殖民地，他们可以

在不失体面的情况下采用这些建筑。从七年战争到拿破仑战争（Napoleonic Wars）的帝国战争和革命战争，连同其统治权的突然变化，以及人民向新的文化环境的迁移，给盎格鲁美洲人带来了更多的游廊设计——非洲式的、法国殖民地式的、法裔克里奥尔式的和西班牙式的。[42] 对注重时尚的平民来说，18 世纪 60 年代的如画美学提供了一种基本原理和品位，允许他们将富有异国情调的、半永久性的建筑特征附着到住宅结构上。北欧文化的人们通过他们的游廊，表达了在家庭和自然环境之间建立一种安逸的关系的愿望。从他们的游廊，我们可以想象出一个舒适共同体。

图8.7　华丽桁架风格的别墅。

Anna Maria Thornton, *West Lawn of Monticello* (1802). 北卡罗来纳温斯顿－塞勒姆（Winston-Salem）早期南方装饰艺术博物馆（Museum of Early Southern Decorative Arts）惠允使用。

注释

1. Paula Henderson, "The Loggia in Tudor and Early Stuart England: The Adaptation and Function of Classical Form," in *Albion's Classicism: The Visual Arts in Britain, 1550–1600*, ed. Lucy Gent (New Haven: Yale University, 1995), 109–145; Rosalys Coope, "The 'Long Gallery': Its Origins, Development, Use and Decoration," *Architecture History* 29 (1986): 43–72.

2. *The Oxford English Dictionary*, 2nd edn. (Oxford: Clarendon Press, 1989), s.v. "piazza," "veranda, verandah"; Albert Matthews, "Piazza," *Nation*, 68 (1 June 1899): 416; Henry Yule and A. C. Burnell, *Hobson-Jobson: A Glossary of Colloquial Anglo-Indian Words and Phrases, and of Kindred Terms, Etymological, Historical, Geographical and Discursive*, 2nd ed. (London: Routledge & Kegan Paul, 1985), s.v. "veranda"; Anthony D. King, "An Architectural Note on the Term 'Verandah,'" *The Bungalow: The Production of a Global Culture* (London: Routledge & Kegan Paul, 1984), 265–267.

3. Jessie Poesch, *The Art of the Old South: Painting, Sculpture, Architecture and the Products of Craftsmen, 1560–1860* (New York: Alfred A. Knopf, 1983), 129; H. Roy Merrens and George D. Terry, "Dying in Paradise: Malaria, Mortality, and the Perceptual Environment in Colonial South Carolina," *Journal of Southern History* 50, no. 4, (November 1984): 547–549; Joyce E. Chaplin, *An Anxious Pursuit: Agricultural Innovation and Modernity in the Lower South, 1730–1815* (Chapel Hill: University of North Carolina, 1993), 93–108.

4. George Cheyne, *An Essay of Health and Long Life* (London: George Strahan, 1724), quoted 6–7.

5. 关于房地产广告中提及游廊的情况，参见 *South Carolina Gazette*,

19 May 1746, 10 May 147, 11 April 1748。[Alexander Hewatt], *An Historical Account of the Rise and Progress of the Colonies of South Carolina and Georgia*, 2 vols. (London: Alexander Donaldson, 1779), quoted 2:290. 关于对种植园住宅，或许还有奴隶所住房屋的游廊的早期描绘，参见 Philip D. Morgan, *Slave Counterpoint: Black Culture in the Eighteenth-Century Chesapeake and Lowcountry* (Chapel Hill: University of North Carolina Press, 1998), 107。

6. 关于独栋房屋的最佳讨论是 Bernard L. Herman, "Rethinking the Charleston Single House," *Exploring Everyday Landscapes: Perspectives in Vernacular Architecture*, VII, ed. Annmarie Adams and Sally McMurry (Knoxville: University of Tennessee Press, 1997), 41–57; and Martha A. Zierden and Bernard L. Herman, "Charleston Townhouses: Archaeology, Architecture, and the Urban Landscape, 1750–1850," *Landscape Archaeology: Reading and Interpreting the American Historical Landscape*, ed. Rebecca Yamin and Karen Bescherer Metheny (Knoxville: University of Tennessee Press, 1996), 193–227, quoted 204。还可参看 George Waddell, "The Charleston Single House: An Architectural Survey," *Preservation Progress* 22, no. 2 (March 1977):4–8; Albert Simons, "Architectural Trends in Charleston," *Antiques* 97, no. 4 (April 1970): 547–555; Poesch, *Art of the Old South*, 52–60, cf.129–139; Peter Coclanis, "The Sociology of Architecture in Colonial Charleston: Pattern and Process in an EighteenthCentury Southern City," *Journal of Social History* 18, no. 4, (Summer 1985): 607–623。*The Papers of Henry Laurens*, ed. Philip M. Hamer et al., 14 vols. to date (Columbia: University of South Carolina, 1968–); "Journal of Josiah Quincy, Junior, 1773," *Massachusetts Historical Society*, Proceedings 49 (October 1915–June 1916): 440–457.

7. Duc de La Rochefoucauld-Liancourt, *Travels through the United States of North America in the Years 1795, 1796, and 1797*, as quoted in Alice R. Huger Smith and D. E. Huger Smith, *The Dwelling Houses of Charleston South Carolina* (Philadelphia: J. B. Lippincott, 1917), 26; 还可参看 John Drayton, *A View of SC, as respects Her Natural and Civil Concerns* (Charleston, S.C.: W. P. Young, 1802), 111–112; advertisement by Charles Stuart, *Charleston City Gazette and Advertiser*, 27 May 1793, as quoted in *The Arts and Crafts in Philadelphia, Maryland, and South Carolina: Gleanings from Newspapers*, comp. Alfred Coxe Prime, vol. 2, 1786–1800 (n.p.: Walpole Society, 1932), 228–229. 1800 年左右，Charles Fraser 绘制了许多带游廊的房屋的素描；*A Charleston Sketchbook, 1796–1806*, ed. Alice R. Huger Smith (Charleston, S.C.: Carolina Art Association, 1940)。

8. Ruth Little-Stokes, "The North Carolina Porch: A Climatic and Cultural Buffer," *Carolina Dwelling*, vol. 26, *Toward Preservation of Place: In Celebration of the North Carolina Vernacular Landscape*, ed. Doug Swaim (Raleigh: North Carolina State University, 1978), 104–111; Jay D. Edwards, "The Evolution of Vernacular Architecture in the Western Caribbean," *Cultural Traditions and Caribbean Identity: The Question of Patrimony*, ed. S. Jeffrey Wilkerson and Roy Hunt (Gainesville: University of Florida Press, 1980), 297–319; Thomas T. Waterman, "Some Early Buildings of Barbados," *Journal of the Barbados Museum and Historical Society* 13 (1945): 140–148.

关于游廊的非洲起源的可能性，参见 Fritz Hamer and Michael Trinkley, "African Architectural Transference to the South Carolina Low Country, 1700–1880," *Tennessee Anthropologist* 22, no. 1 (Spring 1997): 1–34; David S. Cecelski, "The Hidden World of Mullet Camps: African-American Architecture on the North Carolina Coast," *North Carolina Historical Review* 70, no. 1 (January 1993): 6–8; Robert Farris Thompson, "The Song that Named the Land: The Visionary Presence of African-American Art," *Black Art—Ancestral Legacy: The African Impulse in African-American Art* (New York: Harry N. Abrams, 1989), 119–122; Jay Edwards and Mary Lee Eggart, "Architectural Creolization: The Role of Africans in America's Vernacular Architecture" (paper, Department of Geography and Anthropology, Lousiana State University, 1 January 1996)。关于绿泉，参见 Latrobe 的 *View of America, 1795–1820: Selections from the Watercolors and Sketches*, ed. Edward C. Carter II, John C. Van Horne, and Charles E. Brownell (New Haven: Yale University Press, 1985), 100–101。关于 18 世纪初圣多米尼克（今海地）和路易斯安那的法裔克里奥尔建筑类似游廊的构造，参见 Philippe Oszuscik, "Passage of the Gallery and Other Caribbean Elements from the French and Spanish to the British in the United States," *Pioneer America Society Transactions* 15 (1992): 1–4; and idem, "The French Creole Cottage and Its Caribbean Connection," *French and Germans in the Mississippi Valley: Landscape and Cultural Traditions, ed. Michael Roard* (Cape Girardeau, Mo.: Center for Regional History and Cultural Heritage, Southeast Missouri State University), 61–78; Jay D. Edwards, "The Origins of the Louisiana Creole Cottage," ibid., 8–60, quoting Sloane, 30–31。

9. Richard Ligon, *A True and Exact History of the Island of Barbadoes* (London, 1657), 40–43, 102–104; Carl Bridenbaugh and Roberta Bridenbaugh, *No Peace Beyond the Line: The English in the Caribbean, 1624–1690* (New York: Oxford University Press, 1972), 134, 151–154; Richard S. Dunn, *Sugar and Slaves: The Rise of the Planter Class in the English West Indies, 1624–1713* (New York: W. W. Norton, 1973), 287–299; "The Diary of a Westmoreland

Planter, Part 1: Thomas Thistlewood in the Vineyard, 1750–1751," *Jamaica Journal* 21, no. 3 (August–October 1988): 20–21.

10. Edward Long, *The History of Jamaica*, 3 vols. (1774; reprint, London: Frank Cass, 1970), 2:505–520, quoted 515（爱德华·朗因健康原因于 1769 年离开牙买加，再也没有回来）; Cheyne, *Essay of Health*, 8183; Karen Ordahl Kupperman, "Fear of Hot Climates in the Anglo-American Colonial Experience," *William and Mary Quarterly*, 3rd ser., 41 (April 1984): 224–225.

11. Long, *History of Jamaica*, 2:505–520; Cheyne, *Essay of Health*, 81–83.

12. Long, *History of Jamaica*, 2:1; Janet Schaw, *Journal of a Lady of Quality; Being a Narrative of a Journey from Scotland to the West Indies, North Carolina, and Portugal, in the years 1774 to 1776*, ed. Evangeline Walker Andrews and Charles McLean Andrews (New Haven: Yale University, 1923), 90, 101–103, 122, 124; Maria Skinner Nugent, *Lady Nugent's Journal of her Residence in Jamaica from 1801 to 1805*, ed. Philip Wright (1839; rev. ed., Kingston, Jamaica: Institute of Jamaica Publications, 1966), 25–26. 英语中的"One Story"是指一楼以上的一层，即二层。关于作为 19 世纪初牙买加建筑的标准特征的"游廊"，及其与种植园前景的关系，参见 B. W. Higman, *Jamaica Surveyed: Plantation Maps and Plans of the Eighteenth and Nineteenth Centuries* (Kingston: Institute of Jamaica Publications, 1988), 237–240, 267–268.

13. John Pringle, *Observations on the Nature and Cure of Hospital and Jayl-Fevers* (1750), quoted in John D. Thompson and Grace Goldin, *The Hospital: A Social and Architectural History* (New Haven: Yale University Press, 1975), 149, 151; John Pringle, *Observations on the Diseases of the Army, in Camp and Garrison*, 3rd ed (London: A. Millar, 1761), 125–128;

Arnold Zuckerman, "Scurvy and the Ventilation of Ships in the Royal Navy: Samuel Sutton's Contribution," *Eighteenth-Century Studies* 10, no. 2 (Winter 1976–77): 222–234; Christopher Lloyd and Jack L. S. Coulter, *Medicine and the Navy, 1200–1900*, vol. 3, 1714–1815, 4 vols. (London: E. & S. Livingstone, 1961), 70–80; D. G. C. Allan and R. E. Schofield, *Stephen Hales: Scientist and Philanthropist* (London: Scolar Press, 1980), 48–64, 85.

14. William Buchan, *Domestic Medicine; or the Family Physician* (Edinburgh: Balfour, Auld, and Smellie, 1769), 84–85, see also 41–43; Charles E. Rosenberg, "Medical Text and Social Context: Explaining William Buchan's Domestic Medicine," *Bulletin of the History of Medicine* 57, no. 1 (Spring 1983): 22–42.

15. Samuel Vaughan, "A Perspective View of Navy or Lynches Island at Port Antoney in Jamaica,"，以及约 1738 年至 1747 年金斯顿地图上的小地图细节，均转载于 Frank Cundall, *The Governors of Jamaica in the First Half of the Eighteenth Century* (London: West India Committee, 1937), 插图照片分别在第 206 页和 138 页．

16. N. A. M. Rodger, *The Wooden World: An Anatomy of the Georgian Navy* (London: Collins, 1986), 98–112; Vernon to the Navy Board, 30 August 1740; Vernon to the Secretary of the Admiralty, 5 September 1742, *The Vernon Papers*, ed. B. McL. Ranft (Greenwich: Navy Records Society, 1958), 324, 334; Navy Board to the Admiralty, 25 April 1740, *Vernon Papers*, 326.

17. 弗农以其矛盾的纪律和卫生目标给设计带来了知名的破坏。他在四方院子的内部修建了游廊，并用殖民者捐赠的砖块建造了一道坚固的外墙，以防因犯随意离开。他的医院没有采取任何措施来降低发病率，但是，海军检查员将其缺陷归咎于管理和位置上的不足，而不是设计的不足。Vernon to the Secretary of the Admiralty, 7 October 1740, 8 October 1740, 15 November 1742, *Vernon Papers*, 314–315, 325, 338; Military surgeons of the Fiftieth Regiment to Captain Ogilvy, December 1774, quoted in David Buisseret, "The Stony Hill Barracks," *Jamaica Journal* 7, nos. 1, 2 (March–June 1973): 22–23; Pringle, *Observations on Diseases of the Army*, 96–97, 118; Lloyd and Coulter, *Medicine and the Navy*, 3:101–103. Marion D. Ross, "Caribbean Colonial Architecture in Jamaica," *Journal of the Society of Architectural Historians* 3 (October 1951): 27; Edwards, "Evolution of Vernacular Architecture," 314, 324–332; David Buisseret, *Historic Architecture of the Caribbean* (London: Heinemann, 1980), 1–16; Jay D. Edwards, "The First Comparative Studies of Caribbean Architecture," *New West India Guide* 57, nos. 3, 4 (1983): 197.

18. Catherine W. Bishir, *North Carolina Architecture* (Chapel Hill: University of North Carolina Press, 1990), 26–27, 114–124; Stanley A. South, "'Russellborough': Two Royal Governors' Mansions at Brunswick Town," *North Carolina Historical Review* 44, no. 4 (October 1967): 360–361, 366; William Tryon to Sewallis Shirley, 26 July 1765, *The Correspondence of William Tryon and Other Selected Papers*, ed. William S. Powell, 2 vols. (Raleigh, N.C.: Department of Cultural Resources, 1980), 1:138.

19. John Bartram, "Diary of a Journey through the Carolinas, Georgia, and Florida from July 1, 1765, to April 10, 1766," ed. Francis Harper, *Transactions of the American Philosophical Society*, n.s. 33, part 1 (December 1942): 30; William M. Kelso, *Captain Jones's Wormslow: A Historical, Archaeological, and Architectural Study of an Eighteenth-Century Plantation Site near Savannah, Georgia* (Athens: University of Georgia Press, 1979), 74; Frances

Benjamin Johnston and Thomas Tileston Waterman, *The Early Architecture of North Carolina* (Chapel Hill: University of North Carolina Press, 1947), 35, 4143; Doug Swaim, "North Carolina Folk Housing," *Carolina Dwelling*, 26:34, 36, 39; Bishir, *North Carolina Architecture*, 20–25; Carl R. Lounsbury, ed., *An Illustrated Glossary of Early Southern Architecture and Landscape* (New York: Oxford University Press, 1994), 210, 327; Henry J. MacMillan, "Colonial Plantations of the Lower Cape Fear," *Lower Cape Fear Historical Society Bulletin* 12, no. 2 (February 1969): quoted 3–4; Roger G. Kennedy, *Architecture, Men, Women, and Money in America 1600–1860* (New York: Random House, 1985), 60–72.

20. Henk J. Zantkuyl, "The Netherlands Town House: How and Why It Works," *New World Dutch Studies: Dutch Arts and Culture in Colonial America, 1609–1776*, ed. Roderic H. Blackburn and Nancy A. Kelley (Albany, N.Y.: Albany Institute of History and Art, 1987), 144–145; *Masters of Seventeenth-Century Dutch Genre Painting*, ed. Jane Iandola Watkins (Philadelphia: Philadelphia Museum of Art, 1984); plates 1–5, 31, 32, 45, 67, 87, 88, 100.

21. Peter Kalm, *Travels into North America*, trans. John Reinhold Forster (1772; repr., Barre, Mass.: The Imprint Society, 1972), 120, 131, 330–331; David Steven Cohen, *The Dutch-American Farm* (New York: New York University Press, 1992), 33–59; Rosalie Fellows Bailey, *Pre-Revolutionary Dutch Houses and Families in Northern New Jersey and Southern New York* (1936; repr., New York: Dover Publications, 1968), 21; Roderic H. Blackburn and Ruth Piwonka, eds., *Remembrance of Patria: Dutch Arts and Culture in Colonial America 1609–1776* (Albany, N.Y.: Albany Institute of History and Art, 1988), 27, 96–97, 100–102, 104–106, 109, 120–121.

22. James Thacher, *Military Journal During the American Revolutionary War* (Boston: Richardson & Lord, 1823); entry for 2 December 1778, 转引自 Bailey, *Pre-Revolutionary Dutch Houses*, 15。

23. John Singleton Copley to Henry Pelham, 3 August 1771, Pelham to Copley, 25 August 1771, Letters and Papers of John Singleton Copley and Henry Pelham, Massachusetts Historical Society, *Proceedings* 71 (1914): 136–137, 147; Jules David Prown, *John Singleton Copley in America 1738–1774* (Cambridge: Harvard University Press, 1966), 79–82.

24. Copley to Pelham, 12 October 1771, 6 November 173, *Letters and Papers of Copley and Pelham*, 165, 175; Jessie Poesch, "A British Officer and His 'New York' Cottage: An American Vernacular Brought to England," *American Art Journal* 20, no. 4, (1988): 75–97, 为这次关于纽约的游廊的讨论提供了重要的材料介绍。

25. Anne MacVicar Grant, *Memoirs of an American Lady: With Sketches of Manners and Scenery in America, as they Existed Previous to the Revolution*, 2 vols. (London, 1808), 1:7, 45–47.

26. Grant, *Memoirs of an American Lady*, 1:7, 4547, 51, 94.

27. John Plaw, *Ferme Ornée; or Rural Improvements* (London: I. & J. Taylor, 1795), 7; Poesch, "A British Officer and His Cottage," 76.

28. John Plaw, *Sketches for Country Houses, Villas and Rural Dwellings...* (London: I. Taylor, 1800), 11, 13.

29. King, *The Bungalow*, 23–38.

30. Robert Irving, "Georgian Australia," in *The History and Design of the Australian House*, ed. Robert Irving (Melbourne: Oxford University Press, 1985), 37–48, 51–54; J. M. Freeland, *Architecture in Australia: A History*

(Melbourne: F. W. Cheshire, 1968), 12–49; Robin Boyd, *Australia's Home: Its Origins, Builders and Occupiers* (1952; repr., Penguin Books, 1968), 16–19; Brian Hudson, "The View from the Verandah: Prospect, Refuge and Leisure," *Australian Geographical Studies* 31 (1993): 70–78; Balwant Saini, *The Australian House: Homes of the Tropical North* (Sydney: Lansdowne Press, 1982), 20–55; King, *The Bungalow*, 230–233. 澳大利亚建筑史家称游廊为"气候所必需"，"始终是对土地、气候和人民的坦率表达"；Peter Moffit, *The Australian Verandah* (Sydney: Ure Smith, 1976), quoted 5–6. 关于这种比喻，参见 David Mackay, "Far-flung Empire: A Neglected Imperial Outpost at Botany Bay, 1788–1801," *Journal of Imperial and Commonwealth History* 9, no. 2, (January 1981): 133。

31. Sandy Easterbrook, "The Evolution of the Verandah in Canadian Architecture of the Pre-Confederation Period" (Environment Canada, Parks Service, National Historic Parks and Sites Directorate, Canadian Inventory of Historic Building, Architectural History Branch, 1978). *Mrs. Simcoe's Diary*, ed. Mary Quayle Innis (Toronto: Macmillan, 1965), 75, 98, 110, 160.

32. Ibid., 170,177.

33. Janet Wright, *Architecture of the Picturesque in Canada* (Ottawa: Parks Canada, 1984); Marian Macrea, *The Ancestral Roof: Domestic Architecture of Upper Canada* (Toronto: Clarke, Irwin, 1963).

34. Peter Marshall, "Imperial Policy and the Government of Detroit: Projects and Problems, 1760–1774," *Journal of Imperial and Commonwealth History* 11, no. 2 (January 1974): 153–189; Gerald Bryant, "Officers of the East India Company's Army in the Days of Clive and Hastings," *Journal of Imperial and Commonwealth History* 6, no. 3 (May 1978): 203–227; G. J. Bryant,

"Pacification in the Early English Raj, 1755–1785," *Journal of Imperial and Commonwealth History* 14, no. 1 (October 1985): 3–19.

从 17 世纪晚期的殖民开始，军事工程师就在法属圣多明各和路易斯安那有着强大的势力，而走廊和游廊迅速成为殖民地和克里奥尔建筑的固定设施。"北美洲记录在案的最早的大型前廊出现在 1704 年，在北美洲的一座移动式建筑中，刘易斯城堡的正面有一个完整的走廊"，是在奥尔德莫比尔（Old Mobile）的刘易斯堡（Fort Lewis）的一处军营：Jay D. Edwards, "The Origins of Creole Architecture," *Winterthur Portfolio* 29, no. 2–3 (Summer–Autumn, 1994): 164, 173, quoted 180n. Edwards 发现，法裔克里奥尔建筑中的走廊装饰很像法国海军舰艇的装饰。

35. *The Diaries of George Washington*, 1748–1799, ed. Donald Jackson and Dorothy Twohig, 6 vols. (Charlottesville: University Press of Virginia, 1976), 1:73; James Thomas Flexner, *George Washington and the New Nation (1783–1793)* (Boston: Little, Brown, 1969), 11, quoting David Humphrey (1785); Robert F. Dalzell, Jr., and Lee Baldwin Dalzell, *George Washington's Mount Vernon: At Home in Revolutionary America* (New York: Oxford University Press, 1998), 92. 关于华盛顿使用游廊和走廊的情形，参见 *Diaries of George Washington*, 4:190, 192, 334, 336 (5, 10 September 1785; 22, 27 May 1786); Washington to William Hamilton, 15 January 1764, 6 April 1784, *The Writings of George Washington*, ed. John C. Fitzpatrick (Washington, D.C.: Government Printing Office, 1938), 27:303, 388; Washington to John Rumney, 3 July 1784, *Writings of George Washington*, 27:433–435。关于华盛顿不断改造庄园的独创性和风格上的矛盾，参见 Hugh Morrison, *Early American Architecture: From the First Colonial Settlements to the National Period* (New York: Oxford University Press, 1952), 355–361。

36. *The Virginia Journals of Benjamin Henry Latrobe, 1795–1798*, ed. Edward C. Carter II, 2 vols. (New Haven: Yale University Press, 1977), 1:162–172; Charles E. Brownell, "An Introduction to the Art of Latrobe's Drawings," *Latrobe's View of America, 1795–1820*, ed. Carter, Van Horne, and Brownell, 18–34.

37. Dorothy Hunt Williams, *Historic Virginia Gardens: Preservations by The Garden Club of Virginia* (Charlottesville: University Press of Virginia, 1975), 99–104; *Gunston Hall: Return to Splendor* (Mason Neck, Va.: Board of Regents, Gunston Hall, 1991); Mark R. Wenger, "The Central Passage in Virginia: Evolution of an Eighteenth-Century Living Space," *Perspectives in Vernacular Architecture II*, ed. Camille Wells (Columbia: University of Missouri Press, 1986), 142–143; Thomas Tileston Waterman, *The Mansions of Virginia, 1706–1776* (Chapel Hill: University of North Carolina Press, 1945), 253–260.

38. James Gibbs, *A Book of Architecture, Containing Designs of Buildings and Ornaments* (London, 1728), notes for plates 67 and 84, xviii, xx; Gene Waddell, "The First Monticello," *Journal of the Society of Architectural Historians* 46 (March 1987): 8–14, 19, 显示了吉布斯的亭阁与杰斐逊的房屋规划之间的联系。William L. Beiswanger, "The Temple in the Garden: Thomas Jefferson's Vision of the Monticello Landscape," *Eighteenth-Century Life* 8, no. 2, (January 1983): 170–188.

39. *South Carolina Gazette*, 23 June 1766, as quoted in *The Arts and Crafts in Philadelphia, Maryland and South Carolina: Gleanings from Newspapers*, comp. Alfred Coxe Prime, vol. 1, 1721–1785 (n.p.: Walpole Society, 192), 189. Barbara Wells Sarudy, "A Late Eighteenth-Century 'Tour' of Baltimore Gardens," idem, "A Chesapeake Craftsman's Eighteenth-Century Gardens,"

Journal of Garden History 9, no. 3, (September 1989): 125–152; James D. Kornwolf, "The Picturesque in the American Garden and Landscape before 1800," *Eighteenth-Century Life* 8, no. 2, (January 1983): 93–106.

40. Elizabeth McLean, "Town and Country Gardens in Eighteenth-Century Philadelphia," *Eighteenth-Century Life* 8, no. 2, (January 1983): 136–147, esp. 141; "Journal of Josiah Quincy," 473; James S. Ackerman, *The Villa: Form and Ideology of Country Houses* (Princeton: Princeton University Press, 1990), 60.

41. Peter Martin, *The Pleasure Gardens of Virginia: From Jamestown to Jefferson* (Princeton: Princeton University Press, 1991), 141, 158; Barbara Wells Sarudy, *Gardens and Gardening in the Chesapeake, 1705–1805* (Baltimore: Johns Hopkins University Press, 1998), 11, 22, 32; C. Allan Brown, "Eighteenth-Century Virginia Plantation Gardens: Translating an Ancient Idyll," *Regional Garden Design in the United States*, ed. Therese O'Malley and Marc Treib (Washington, D.C.: Dumbarton Oaks Research Library and Collection, 1995), 145–146.

42. Raymond Arsenault, "The End of the Long Hot Summer: The Air Conditioner and Southern Culture," *Journal of Southern History* 50, no. 4, (November 1984): 597–628. 关于游廊可能的非洲—西印度群岛起源，参见 Carl Anthony, "The Big House and the Slave Quarters, Part 1: Prelude to New World Architecture," *Landscape* 20, no. 3, (1976): 12–15。John Michael Vlach 没有提供确凿的证据，证明排屋的设计在引入新奥尔良时包括了一个门廊，但在 19 世纪，美国南部和海地的排屋，无论是城市还是农村，通常都有门廊；John Michael Vlach, "The Shotgun House: An African Architectural Legacy," *Common Places: Readings in American Vernacular Architecture*, ed. Dell Upton and John Michael Vlach (Athens: University of Georgia Press,

1986), 58–78; John Michael Vlach, *The Afro-American Tradition in Decorative Arts* (Cleveland: Cleveland Museum of Art, 1978), 121–138. Jay Edwards, "The Complex Origins of the American Domestic Piazza-Veranda-Gallery," *Material Culture* 21, no. 2, (Summer 1989): 3–58. Edwards 内容广泛的研究提出了一个谨慎的假设，即"西班牙—安蒂利亚（Spanish-Antillian）克里奥尔式的房屋"是美国游廊的"先驱"。关于18世纪中叶美国南方游廊的精确日期参考文献，参见 Lounsbury, *Illustrated Glossary of Early Southern Architecture*, 269。

第九章 性别化的舒适：房屋模式图则

　　舒适农舍的观念进入美国住宅文化的时间，比其进入英国住宅文化要迟数十年。首个美国"农舍"设计发表于1798年，而且被认为是大众住房标准的提升。它是农业改革者们建议的样板农舍示例，没有任何体现如画美学的地方。这份设计书有一张14×10英尺的楼层平面图，两层都有带壁炉的砖石结构或砖砌烟囱，一层的起居室和食品储藏室各有一扇窗户，而阁楼上的两个房间共有三张床（其中一个房间没有窗户）（图9.1）。[1]

　　作为对建造更持久的房屋、更高的装修标准与更多的分化空间的扩大了的需求的回应，美国出现了一股房地产热潮，这股热潮始于18世纪并持续了数十年。更多商人的住宅拥有客厅，而工作区和服务区会在家庭空间的后面或下面分开。在新英格兰，更多家庭建造的是有多个烟囱的房屋，以便为双层和/或双桩的房屋服务。在德意志人定居的地区，框架和砖块建造的对称的房屋取代了石头或原木建造的不对称的房屋。在北卡罗来纳和弗吉尼亚，格局和规模上的变化不像装修方面的改变那般广泛：砖砌烟囱和砖制房基越来越多，锯制的挡雨板和熟石膏越来越多，还有更多的房屋装上了玻璃的垂直推拉窗。[2]

　　这种"生活标准的变革"发生在一个人均财富没有增加的时期，根据部分估计，人均财富甚至可能出现了下降。住房在居民消费中的优先性有所提高，不过依旧普遍偏低："大多数美国人依旧住在小而简陋的本土住宅中。"有两个房间的房屋是标准格局。房屋的规模无需通过扩大来满足

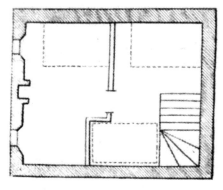

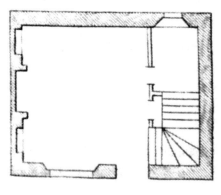

图9.1 劳工农舍。在美国出版的第一张农舍建筑制图。J.B. Bordley, *Essays and Notes on Husbandry and Rural Affairs* (2nd ed., Philadelphia: Thomas Dobson, 1801), pl.5.特拉华州温特图尔市温特图尔图书馆印刷书刊藏品部惠允使用。

新的装修标准，因为这些标准很大程度上都聚焦于房屋的前半部分，尤其是娱乐区的部分，而日常家庭活动的区域——厨房与内室——在修饰上没有多少变化。在 19 世纪初，展示家居的舒适尚未变得如同展示精致和优雅程度那般受欢迎。礼仪行为的专用区域在住宅革命中有着优先性。[3]

舒适观念的适销性

在美利坚共和国最初的数十年里，对幸福的追寻开始赋予住房以更高的优先性。尤其是城镇的商人和工匠，把更多的支出花在建筑的持久性、时尚的外观与精致的室内娱乐空间上面。[4] 但是，美国的建筑师对舒适住宅的明确描述，特别以农舍为代表，等待了一代人以上的时间才从英国的进展中借鉴而来。这种借鉴的明显前提是对园艺和景观园林的兴趣有所拓宽，尤其是在 19 世纪 30 年代。

英国景观设计师约翰·克劳迪乌斯·劳登（John Claudius Loudon）的著述，特别是其首次出版于 1833 年的《农舍、农场和别墅建筑及家具百科全书》（*Encyclopaedia of Cottage, Farm and Villa Architecture and Furniture*），充当着美国建筑师与舒适农舍领域的英国权威之间公认的媒介。1838 年，在努力改善"我们的房屋……在那些熟悉英格兰的如画农舍与景观的人眼中呈现的赤裸裸的无趣方面"时，亚历山大·J. 戴维斯（Alexander J. Davis）在一本美国模式图则中发表了首份农舍图。田园风光、未经砍削成形的原木立柱与开放的游廊象征着农舍的居民与他们周围的自然环境之间的和谐关系。（参见图 9.2）戴维斯在接下来的十年里帮助出版了一系列无比成功的作品，在他的帮助下，安德鲁·杰克逊·唐宁（Andrew Jackson Downing）让农舍成了舒适的美国代名词，而且他让舒适成了房屋设计的关键考量。没有一个美国人的著作比唐宁的著作更能彰显园艺、景观设计学与农舍建筑学之间的联系，而且他直截了当地承认了自己从英国的景观设计学和理论中得到的灵感。[5]

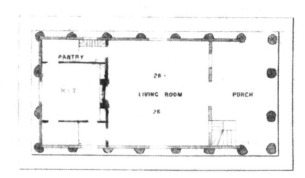

图9.2　原木农舍。在美国出版的第一张如画农舍建筑制图。
Alexander Jackson Davis, *Rural Residences . . . with a View to the Improvement of American Country Architecture . . .* (New York, 1837—1838). 特拉华州温特图尔市温特图尔图书馆印刷书刊藏品部惠允使用。

19 世纪中叶的美国最被广泛阅读的住宅建筑权威是凯瑟琳·比彻（Catherine Beecher，1800—1878 年）和安德鲁·杰克逊·唐宁（1815—1852 年）。1841 年，比彻出版了《供在家和求学的年轻女士使用的一篇关于家庭经济的论文》（*A Treatise on Domestic Economy for the Use of Young Ladies at Home and at School*，下文简称《论文》）。这部论文使其成为最重要的家政权威，并表明她是维多利亚时代在美国家居环境问题上最有技术头脑的评论员。[6] 她的技术性关切聚焦于优先考虑家务必要性的房屋设计，因为家务变成了一种独特的劳动类型。比彻的《论文》问世的同一年，唐宁开始了其长达十年之久的系列著作的撰写，这些书将景观设计学与房屋设计联系起来。他是"现代"英式花园第一个重要的美国宣传家，是美国最受人欢迎的如画美学理论家。他对如画风格的讨论和图解，让房屋模式图则成为 19 世纪最受欢迎的美国建筑类出版物。

作为专业作家，比彻和唐宁是文化创作者而非商业企业家，但他们确实是 19 世纪中叶美国市场的作者。他们每个人都重新定位了一种出版物类型——比彻重新定义了家政手册，唐宁则重新定义了房屋模式图则——而他们采用的种种方式旨在在家居环境中塑造消费模式。比彻逐一列举了"用于家政的合适器具和便利用品供应物"，包括一张"长沙发式熨衣台"、厨房用秤(kitchen scales)、许多诸如煮鱼锅(fish kettles)和熬煮锅(preserving kettles)这样的蒸煮锅，以及打蛋器、苹果取芯器、擀面杖这样的各式器具。唐宁则超越了一般性的建议，为消费者提供了最佳品牌的家具、炉具和抽水马桶，以及在何处购买这些器具的具体意见——比如"整套内室或卧室家具在波士顿布拉特尔街（Brattle Street）49 号和 51 号的爱德华·亨内西（Edward Hennessey）制造厂装配而成"，或是来自波士顿奇尔森厂（Chilson's）的"这个国家发明的最好的热风炉"。[7] 唐宁和比彻二人都让舒适和便利成为房屋设计中的关键问题。对他们各自的理念、出版策略与设计的比较，有助于确定舒适的含义，以及 19 世纪的美国人家庭开支的相应优先事项。

比彻与唐宁的著作的问世恰逢出版业的组织、技术和营销产业化使出版物拥有成千上万的读者成为可能。出师的学徒工变为雇佣工人，而印刷工人则成了印刷厂的经理。随着印刷工艺的去技能化（deskilling）和劳动的分工，资本主义式的重组使企业能够增加利润，并为机器再投资创造资本。造纸和印刷过程的机械化，比如在 19 世纪 30 年代出现的可靠的蒸汽驱动的印刷机，提高了产量并降低了书刊的成本。为了供应印刷机不断提高的产量，到了 1840 年，大多数美国造纸厂用机器连续卷纸而非手工铺纸来生产纸张。图书的营销在出版公司中成为一项独立的职能。图书变成了商品。[8]

比彻与唐宁的书都是由总部设在纽约的公司出版的，目的是在连接东北部和西北部各州的铁路形成的巨大综合市场上生产和销售书籍；比彻的书由哈泼兄弟公司（Harper and Brothers）出版，唐宁的书则是由阿普尔顿公司（Appleton）和威利与普特南公司（Wiley and Putnam）出版的。这些作者的市场规模要足够大，以至于需要能大规模印制几千册的设备，并且要能为此付出投资。当马萨诸塞州批准比彻的《论文》作为其各个学校的教材时，此书是按照老一套的方式印刷的，这是一个成本高昂的过程，但对可能重印的书来说是经济的，因为它刻印下了一整页铅字的图像，可以在不重置的情况下进行重印。唐宁的书也是通过工业流程生产出来的。作为奢侈物件，建筑类出版物以前使用手工印刷技术，用羊皮装订，还包括源自铜版版画的插图。唐宁的《风景造园》（*Landscape Gardening*）是美国第一本用机缝布带（machine-sewn cloth bindings）装订出版的建筑类出版物，也是第一本广泛使用木刻版画的出版物。这些所谓的版画实际上能制作出一个浮雕图像，使其能在与文本相同的页面放上插图。[9]

比彻与唐宁各自的出版物整合了他们致力于改善美国家居环境的设计的努力。比彻一生致力于女性的教育和女性教育工作者的职业化；唐宁接受私人和公共委托，为全国各地提供适当的景观和民居建筑品位的示范。[10]二人的写作对象都是那些有可能雇用仆人的屋主；二人都以傲慢的态度对待农场主和机械工人的家庭；二人都反对新富阶层中可能出现的庸俗行为。

他们力求改造这个社会，正是这个社会的城市化、工业化与民主文化让此类广泛的出版现象成为可能。美国的社会流动性困扰着比彻与唐宁，直接影响到了他们对家居环境的设计。他们都承认，阅读托克维尔的《论美国的民主》塑造了他们对美国社会的发展的理解。（《论美国的民主》关键的第二部分——及其将个人主义视为美国的国民性的观点——正好在他们出版自己的处女作之前问世了。）托克维尔对美国式个人主义的分析强化了比彻的焦虑，即在一个不断扩张的民主国家中，高度的横向与纵向流动性预示着混乱的社会与政治冲突。她解释了西部的定居点是如何打破社会与政治等级制度的，因此，人们在寻找合理的家庭经济模式时举步维艰：

> 富人的儿子正在离开他们祖宗的豪宅，住进林间木屋，在那里，他们摆脱了安逸而文雅的状态，共同担起新住处的贫困。……同等的人之间会不断对比境况，会存在一种持续的诱惑，这种诱惑呈现为模仿那些更富者的习俗，并获得他们的享乐。

她有意让自己的书改变"安逸而文雅的状态"，好让他们通过自己承担家务的重担抵制这种社会竞争，来理解她们的家庭的社会现实。[11]

唐宁不那么反民主，但是在垂直流动性对品位的可能影响上，他势利得更直率。他认为，屋主们发现越来越难用高雅的住宅设计来表现他们的个性。在"非凡的展示"已成为"人民共性"的美国语境中，总想"展示自我"的绅士们很容易使自己看起来"粗俗"，并让自己困惑不已。相反，"希望自己的房屋因好品位而卓然不群的绅士"不得不克制这样的冲动，并"选择相反的路线，即使房屋内部以纯真之美（chaste beauty）与优雅的简约而引人注目，而非由于精心而丰富的装饰"。唐宁集中关注"乡村"住宅，这对他那淡雅的好品位来说是至关重要的："只有在这个国家，我们都应该能找到必要的安逸和便利，而非那种对外观效果的热爱和对炫目的渴望，这种热爱和渴望在很大程度上是由城市生活中单纯的财富竞争引起的。"[12]唐宁敦促所有房主考虑他们的房屋表面上的舒适度，以此向公众表明他们对家庭美德的承诺。他的设计象征着房主对家庭生活的关注，而且，他是以明显女性化的外部装饰和建筑特征来象征女性在家庭中的重要性。凉亭、棚架、门廊和阳台这些妇女可以在那里与孩子们一起悠闲地享受休闲空间的如画般的半永久性建筑，理想地表达了主人对家庭美德的投入。

比彻是一个女人，而唐宁是一个男人的纯粹事实并没有让性别成为比较他们的工作的唯一因素。比彻以"妇女的"体裁出版自己的作品——家务手册；唐宁是以"男性的"体裁出版自己的作品——建筑学论文。但是，在参与创造家庭生活的文化时，他们二人也都跨越了以往的性别界限。唐宁用建筑设计来象征家庭的优先事项，比彻则通过主张妇女的建筑方面的特权（architectural prerogative）来定义家庭的便利和舒适。

安德鲁·杰克逊·唐宁论品位与舒适

唐宁是纽约州纽堡市（Newburgh）一位车轮修造工最小的儿子。唐宁的父亲在自己的身体每况愈下时改换了营生，转而从事商业园艺，在安德鲁出生之前，他经营一家园圃约有 5 年。（出生于 1815 年的安德鲁必定是以安德鲁将军，而非安德鲁总统[1]之名命名的。）几年以后，他的哥哥查尔斯在他们的父亲去世后继承了家业，安德鲁在 1831 年 16 岁时成为哥哥的合伙人。截至安德鲁离开学校进入这一行业，他已经在当地的学院接受了几年的正规教育，他马上利用这一优势宣传自己的专业知识。从 17 岁起，他一直在当地的和国家级期刊上发表关于园林的文章。他早年出版的书中显而易见的雄心壮志在他的个人生活中也很明显：1838 年，23 岁的时候，唐宁迎娶了约翰·亚当斯的外曾孙女卡洛琳·德·温特（Caroline De Wint），后者来自哈德孙河谷一个显赫的家族。唐宁利用这层关系将其第一本书献给他妻子的叔公约翰·昆西·亚当斯（John Quincy Adams）。1852 年，在接受其最重要的正式委托——华盛顿的公共广场（Public Grounds）的路上，唐宁遭遇了一场致命的船舶事故，中断了自己辉煌的职业生涯。[13]

截至 19 世纪 30 年代中期，唐宁兄弟的园圃已经有了全国的客户群，他们的园圃以园艺科学和标本方面的国际通信而闻名。通过出版《从改善乡村住宅看园林理论与实践》（*A Treatise on the Theory and Practice of Landscape Gardening with a View to the Improvement of Country Residences*，下文简称《园林》），唐宁巩固了这些人脉并将其化为资本，而那是美国第一本始终把实用园艺建议与英国园林一个多世纪以来处理的美学问题联系在一起的书。他 26 岁出的那本书被公认为唯一的"美国园林专著"。一年后，也即 1842 年，他出版一本号称是美国第一本"致力于研究乡村建筑"的书，并获得了同样的成功。这本书在建筑学的关注点发展了第一本书中一个比较小却引人注目的特点，也即仕美化的环境中的房屋透视图。

---

[1] 安德鲁·杰克逊（Andrew Jackson，1767—1845 年），美国将军，也是美国第七任总统（1829—1937 年），曾经参加 1812 年战争并以骁勇善战著称，故根据唐宁的出生时间，此处有这种说法。

（就像图 9.3 所示的他自己的房屋的插图。）在《园林》一书中，唐宁确定了"乡村住宅的适当特征"："一处住宅，由于其各式各样的住宿条件，不仅为乡村生活的一切舒适和便利提供了充足的空间，而且以其多样和如画般的形式与轮廓……似乎与周围的自然环境有某种合理的联系，或保持着完美的一致。"唐宁的著作帮助开创了房屋模式图则的领域，并在其中一直处于主导地位。《园林》在 1879 年之前共印了 8 版 16 次；《乡村住宅》在 1887 年之前共印了 13 次；而《乡村住宅设计》（ The Architecture of Country Houses，1850 年）在 1887 年之前共印了 19 次。[14]

图9.3　安德鲁·杰克逊·唐宁在纽约州纽堡的住宅。唐宁为景观环境中的房屋所作插图为房屋模式图则提供了最有影响力的典范。
Andrew Jackson Downing, *A Treatise on the Theory and Practice of Landscape Gardening, Adapted to North America* (New York: Wiley & Putnam, 1844), facing 371. 特拉华州温恩图尔市温特图尔图书馆印刷书刊藏品部惠允使用。

唐宁将建筑出版的市场从需要有精确的最新风格细节的书籍的木匠调整为可以通过作为整体设计的消费者来彰显其品位的潜在房主。他在不到10年的时间里出了三本书，这标志着房屋模式图则已经取代了建筑指南，成为最受欢迎的建筑出版形式。建筑指南，尤其是阿舍·本杰明（Asher Benjamin）所著的名叫《美国建筑者指南》（*The American Builder's Companion*，1806年）和《务实的木匠》（*The Practical House Carpenter*，1830年）的书，为木匠们提供了风格装饰上的精确细节，却在很大程度上无视了建筑设计或空间使用的问题。这些书很少提供平面图或立面图，并完全无视选址和景观设计的问题。

因为崇尚赞赏乡间农舍的如画美学，所以，唐宁的设计几乎吸引了整个社会的房屋建筑商。唐宁强调，品位应当是所有有产者的特权，而非仅限于富人。"优雅"（*Elegance*）是其处女作《园林》的关键美学术语，而这本书是他向哈德孙河谷一位富有的地产所有人致敬之作；但是，那本书也提醒自己的读者们，正如只凭金钱无法保证品位，在朴素的环境中也能找到真正的美："充斥着各种荒诞、没有任何主角或意义的乡村闹剧，给它们的主人带来了巨大的麻烦，并且所费不赀，却没有给雅致的心灵带来一丝一毫美的影子，而这是在瞥到一眼那整洁的住宅——这种住宅有着保存完好的草坪和树木那些朴素的森林特色——就能感受到美。"[15] 他的后期著作借鉴了半个世纪前英国关于乡村建筑的出版物，彰显了有品位的农舍和别墅的受众是何等广泛，从商人、工人到富商，都能建得起。那些书描绘的景观环境中的房屋透视图鼓励潜在的建设者想象生活在如画的环境中。在唐宁对这种体裁的重塑中，房屋模式图则无视建筑的细节，并向人们提供展现品位的说明书。

唐宁的著作的成功，大部分取决于这些著作有效地利用了最近发展起来的插图技术。更擅长口头表达而非图画意象的他，直接招募了国内最好的建筑制图师和雕刻师，亚历山大·J.戴维斯和约瑟夫·A.亚当斯（Joseph A. Adams），接着使其协作，将他的设计化为可出版的插图。在杰出的建筑师生涯之前曾经做过印刷工和建筑插图画家的戴维斯，已经出版了第一本房屋模式图则，但是，他缺乏唐宁的商业精明和对用文学表达如画美学的谙熟。戴维斯在1837—1838年出版的《乡村住宅》通过利用如画美学在风格、结构、装饰等方面多样的要求，为房屋模式图则提供了图示模型。戴维斯没有强调作为建筑指南的楼层平面图，而是用"景观环境中的透视图"来描绘房屋，以帮助潜在的屋主在各个设计中进行选择。《乡村住宅》一直是戴维斯在富有的纽约客中间宣传他的建筑实践的一项努力，但是，这本六卷书的每一卷都只包括四个版，手工上色平版印刷的费用限制了书籍的市场，所以，这个项目仅仅在两卷书之后就结束了。戴维斯的著作几乎没有评价导致唐宁成功的种种雅致的选择，不过其精美的插图给唐宁留下了深刻印象，后者聘请戴维斯准备其绘制的草图的成品。（讽刺的是，景观设计师唐宁能够很好地描绘住宅草图，却对住宅的景观环境的把控感到无力，而建筑师戴维斯经常会为自己的建筑图纸提供如此精致的景观，以致建筑本身几乎消失在了视线之外。）曾经为《乡村住宅》刻版的亚当斯，利用戴维斯根据唐宁的草图绘制的图画来雕刻用于印刷唐宁的插图的木块。[16]

唐宁的房屋模式图则的关键先行者，是农业与园艺杂志上的建筑插图。由于平版印刷的高昂费用，园艺出版社很少刊登建筑插图，但是，出版商希望在如画的环境中展示建筑物。到了19世纪30年代后期，园艺杂志开始使用一种插图技术，这种技术自19世纪10年代来一直被农业出版社用于农业建筑题材，也即"雕版"木刻，这种技术比平版便宜，还可以与文字结合。与此同时，农业杂志开始出版住宅设计图，通常是通过竞赛的方式，而住宅设计图仍然是典型的古典风格。已经为园艺出版社撰稿的唐宁，把园林设计师对如画乡村建筑的兴趣与富裕的市民对别墅时尚设计的兴趣结合了起来。他还把对园艺出版社的美学兴趣与农业出版社的商业实践性结合了起来。[17]

唐宁的传记作家之一，乔治·塔特姆（George Tatum）已经解释过唐宁如何在美国普及"现代"英国园林及其如画美学："唐宁着手展示园艺的自然或英式风格可能怎样适应一处简单的农舍或朴素的农场，而通过让普通人相信品位并非富人的专属财产，他成功地使成千上万的美国中产阶级对他们家的外观感兴趣起来。"（参见图 9.4）虽然在英国 18 世纪美学理论最激烈的讨论期过了半个世纪才开始写作，不过在试图区分现代园林中的"美丽"（the beautiful）与"如画"（the picturesque）概念时，唐宁也紧随了这种讨论。美丽的景观是曲线优美却也平滑流畅的，其地形和树木的主要特征是圆形轮廓，河流和水体则呈现逐渐复杂的曲线状。相形之下，如画的景观令人惊讶，这些景观将枯树、裸露的岩石和荆棘丛生的树林等原始特征并置，勾勒出建筑和植物的棱角。如画的景观有着"精神失常般的轮廓、相对突兀而破碎的表面，以及稍许野性而大胆的性格之增长"。[18] 如画一般指的是视觉上的非正式和自然主义；如果严格运用这些概念，那么可以说，唐宁实际上在为"美丽的"景观设计"如画的"住宅。当用对比鲜明的插图来说明这一区别时，他认为，一个男人和他的狗在树林里表现的是如画，一个女人和她的孩子在自家的草坪上表现的是美丽（图 9.5）。

唐宁腼腆地为其对自己眼中的女性品位所作的评论开脱，他暗示自己意识到了女性在以前的男性家庭建筑领域的特权。他半心半意地在为关于室内装饰的评论道歉，以免这些评论侵犯了女性的专业领域。他承认，女性对装饰织物和家具有着"天生的好品位"，不过也认为他自己在这些问题上的建议是合理的，因为这些建议提供了合理的标准，没有这些标准那

图9.4 一处小小的括弧形的农舍，没有（上图）和有（下图）藤架、藤架座椅与凸窗等如画特征，显示出在朴素的住宅中可以添加多么雅致的装饰。

Andrew Jackson Downing, *The Architecture of Country Houses* (New York: Appleton, 1852), facing 80, 78. 特拉华州温特图尔市温特图尔图书馆印刷书刊藏品部惠允使用。

图9.5　园林中美丽的或"优美的"风格（上图）和如画的风格
（下图）。

Andrew Jackson Downing, *A Treatise on the Theory and Practice of
Landscape Gardening* (New York: Wiley & Putnam, 1844), facing 55. 特
拉华州温特图尔市温特图尔图书馆印刷书刊藏品部惠允使用。

只会是"幻想的问题"。"当我们说我们的目的主要就是向他们提供通常在这个领域表现出的自然而然的好品位的理由，并指出少数人由于缺乏本地人的认知而导致的前车之鉴时，我们公正的读者大概会原谅我们对其领地的侵入，这样的话，他们就有可能——如果可能的话——避开陷阱。"唐宁对家庭生活崇拜的敏感性和他对性别与家庭建筑的相关性的认识，使其能够为一种增强了妇女对建筑的发言权的文化而设计住宅。最强而有力地明确肯定了那种特权的人则是凯瑟琳·比彻。

凯瑟琳·比彻论家庭生活与舒适

凯瑟琳·比彻出身于一个文化程度很高的高尚家庭。[20] 她是《汤姆叔叔的小屋》一书的作者哈丽特·比彻·斯托（Harriet Beecher Stowe）的姐姐，而她的父亲莱曼·比彻（Lyman Beecher）则是一位举国闻名的福音派牧师。16 岁的时候，作为家中八个孩子中的老大，凯瑟琳在母亲去世之后欣然承担起母亲的责任，直到父亲一年之后再婚。二十出头的时候，她开始当一名独立的教师，先是在伦敦，接着是在康涅狄格州的哈特福德（Hartford）。在父亲的督促下，尽管不情不愿，她还是跟一位耶鲁大学的教授订婚了，不过，当这位年轻的男子在一次海难中殒命后，她很快就决定不会再婚。此后，她在很多复杂的家庭中居住过——通常包括她的父亲或兄弟姐妹——同时追求着她作为一名妇女教育的管理者兼倡导者的事业。虽然她的父亲是一位基督教福音传道者，而她是其热心对象之一，但是，当她本人领导起一场受人尊敬的女士不会从事的宗教复兴时，他并不赞成。尽管如此，她还是鼓舞了一群来自哈特福德的精英家庭的妇女，并利用该群体筹集了建立后来的哈特福德女子神学院（Hartford Female Seminary）的捐款。

比彻通过放弃自己在福音事业上的成功，重申了自己的优先事项，并致力于世俗的社会改革手段。当她创办了那家有一座新大楼和八名教职员工的女子神学院时，作为一名教育家的她开始获得全国性的名声。比彻在那里教授道德哲学，而在1831年，她出版了自己的第一本书，《建立在经验、理性和〈圣经〉的基础之上的精神与道德哲学诸要素》（*The Elements of Mental and Moral Philosophy, Founded upon Experience, Reason, and the Bible*）。这部著作阐明了一种意识形态信念，即女性之所以在道德上优于男性，是因为她们更愿意自我牺牲，而比彻判定这是对道德的考验。

比彻致力于改革者的事业，以便帮助女性实现其自我牺牲。她力图通过建立一个全国范围内的学校系统来培养女性教师，从而使教学成为一种女性的职业。[21]当她的父亲在1831年搬到辛辛那提以担任莱恩神学院（Lane Theological Seminary）院长时，她也搬到那里，旨在利用该市在俄亥俄河上的战略位置，以便在人口迅速增长的老西北和上南方地区推进她的计划。比彻一家西迁之后，十年的社会和政治灾难接踵而至。她身上专横的新英格兰式的势利让最初支持她的当地精英疏远了她，而她的父亲则因为莱恩神学院窝藏废奴主义者而遭到指责。然而，在与废奴主义者安吉丽娜·格里姆凯（Angelina Grimké）的激烈争论中，凯瑟琳·比彻极力拒绝让妇女参与任何政治活动，与新生的女性主义运动保持距离，因为这将会损害她们在家庭中对道德权威的垄断。在辛辛那提的失败使她的想法更需要全国的曝光度。

对年轻女性的教育既感兴趣又有经验的比彻，想为中学市场写作。她认为自己的一本书，《道德导师》（*The Moral Instructor*，1838年），有成为最近在几个州以公费建立的新的公立学校系统的教材的潜力。她的妹夫，卡尔文·斯托（Calvin Stowe），在俄亥俄州立法机关委托他报告欧洲小学制度之后已经成为一个公立教育的国家级权威。比彻利用自己与他的关系向宾夕法尼亚州和马萨诸塞州的新任公立教育主管们介绍了自己和她的书。当宗派主义和嫉妒明显成为通过任何道德教育文本的障碍时，比彻寻求女士杂志的赞助。她致信一位编辑说："您能不能帮我把这样一部作品介绍到学校里去，在《母亲杂志》（*Mothers Magazine*）上登一个小小的通知——因为如果母亲们有兴趣在学校接受道德教育，那么事情就好办了。"她还坦率地承认，如果她要卖出自己的作品，那么，她需要有更高的文学知名度："为了让我自己出名，尽可能受各个阶级的欢迎——毫无疑问的是，这并非为了美名或恶名，而是为了扩大其影响的范围。"[22]

当《道德导师》在商业上的无望变得显而易见之时，比彻开始撰写《供在家和求学的年轻女士使用的一篇关于家庭经济的论文》。自 17 世纪以来，关于家务劳动的实用建议手册以零碎的方式提供了食谱和家庭补救办法。比彻重新定义了这一体裁，其方式包括将这一体裁的建议进行个人化定制，以便鼓励妇女对其家务承担者的角色拥有自我意识，为有关健康和家务的具体建议提供医疗和技术解释，以及借助对家庭生活的社会意义的分析来制定实际建议。比彻意在使《论文》成为一本教科书，同时是一部家政方面的女性主义著作。1842 年，她的这本书在马萨诸塞州成功被批准供学校使用，这保证了她的销售和生计，扭转了十年来在开拓新教科书市场方面的失败局面。她最终与哈珀兄弟签订的合同允许出版商将销售额的 5% 作为坏账担保，将销售额的 20% 作为"支付给零售商的佣金"，再加上"印刷、纸张和装订费用"的"当前市场价格"。扣除掉这些费用之后的净利润，将由出版商和拥有版权的"绅士委员会"平分。这个委员会将"为准备这些作品花费的时间和劳力"付给比彻"一笔适度的补偿金……"，并会申请"出版商支付的剩余款项，用于帮助教育和安置希望在我国最贫困地区就业的女教师"。十年里，这本书每年都会再版，它的商业成功让凯瑟琳·比彻获得了追求改革目标所必需的经济独立。[23]

在由一家中等规模的波士顿公司出版的《论文》初版中，比彻谦虚地说自己是面对危急情况才写这本书的。只是个人对美国妇女健康灾难性状况的了解才让她承担了这项工作。

> 作者怎么会写这样一本书呢？她回答道，因为她早年由于缺乏这种知识而痛苦；因为在她照顾下的其他人由于她的无知而受苦；以及因为许多母亲和老师经常要对带着遗憾予以承认的种种情况表示同情。

> 对一所女子神学院大约12年的关注，以及随后的广泛旅行使她对这个国家的女性健康有了这样的认识，也使她认识到在缺乏早期家庭知识和习惯的情况下往往会削弱和破坏年轻妇女体质的原因，以及由此造成的痛苦。

她原本希望有"医学先生们"介绍的关于"生理和卫生"的材料。她对自己在"家政"方面的专长更有信心，她这样评价自己，"作为一个大家庭中的老大，从早年起她就习惯了照顾孩子，习惯了着手大部分家务事"。但是，她向读者们保证，即便是在家务事上，她也向他人学习，因为"她的幸运之处在于，她一生的大部分时间都生活在模范的和有才华的管家的家庭中，而在这样的朋友的监督下，这部作品中详述的大部分家务活都是由作者完成的"。由波士顿另一家公司出版的第二版重复了这位谦虚的作者形象，不过这本书现在享有"马萨诸塞州教育委员会的批准；它配有额外的版画、丰富的词汇表和完整的索引"。[24]

唐宁的听众毫无疑问只是男性——为自己的家庭建造宅邸的男性，而比彻的听众则理所当然是女性——那些最终会婚配并操持家庭的女性。比彻在向妇女提供家政建议的文学传统中工作，不过，政治经济学对她的思想有更广泛的影响。她对几乎所有公认的观点都持批判的态度，而且，她把家庭生活中的女性角色当作一种契约性的，而非自然的劳动分工来分析。这种分工源于一种社会契约，该契约授予男性公共事务上的权威，女性则在家庭事务上有权威。比彻希望让女性的工作更有效且更合理，但是，她没有对女性承担所有的家务或工作量大到令人窒息表示愤恨。比彻这位女性教育的倡导者实际上呼吁较少对女性进行人文上的教育，好让她们能将更多时间投入家庭科学的系统研究中。她希望中产阶级女性从事更多活计：她们中有太多人由于依赖仆人，导致自己缺少有益的家务劳作而身体衰弱。[25]

一旦在商业上获得成功，比彻就重新编辑了《论文》，并再次更换出版商，迫使其波士顿的第二家出版商把合同卖回给她，这样的话，纽约的哈珀兄弟公司就可以开始不断重版这本书了。由于这本书是由国内最大的图书公司出版的，所以，她直率地引用了对其作为一本教科书所取得的可贵成功的评价。她声称此书在建筑学方面的经验特别成功，并详述了一位老师的证据，此人评论道：

> 她从来没有读过一本会唤醒更多兴趣的教科书，有些年轻女孩在没有进行其他学习的时候可以从中学到一课。她还评论道，在她们背诵关于建造房屋的章节时，她们对发明自己的建筑格局非常感兴趣，这给予老师指出其中困难和缺陷的机会。如果家庭经济的这个部分是在我们学校教授的，那么，我们的土地就不会像现在这样被笨拙、畸形、不方便和不必要的昂贵房屋破坏殆尽了。

与她先前文本的情形一样，她把这本书推广到"国内已经对大众教育主题感兴趣的领军人物"那里。她特别呼吁培训妇女担任教师的最重要的"女子神学院"曼荷莲女子学院（Mount Holyoke）的校长玛丽·里昂（Mary Lyon）批准和支持将家庭经济引入妇女正规教育课程：

事实在于，就连在这个民主国家，劳动也被认为是低俗和有辱人格的，而且品位与科学之间的诸多联系没有一个是围绕着一个女人的特殊职业的。为了弥补诸多出于这个原因的恶果，一个重要的步骤是让年轻女士在为她们的性别而设的最高学府意识到，她们需要的特殊职业是跟她们学习过程中的任何一门学科同样光荣而重要的科学。

她再次做了自我牺牲的宣称，这本书的销售收入将用于教育改革事业。[26]

比彻声称，《论文》将让"家庭经济学"有可能像"政治经济学"或"道德科学"一样得以"系统"教授。政治经济学的系统特别适合建筑的分析。她在"劳动经济、金钱经济、健康经济、舒适经济和良好品位"等标题之下讨论女性的建筑议题。反过来，建筑隐喻确立了家庭经济学的重要性。在为她们的国家做出"智识和道德上的提升"贡献的过程中，妇女——作为母亲、工薪阶层和佣人——正在"建造一座辉煌的庙宇"。妇女应该把建筑问题视作自己要处理的特殊问题。比彻反问道："对年轻的女孩来说，在建造一所房子，以及适宜地取暖和通风方面应该起指导作用的原则，难道不像雅典政制（Athenian Constitution）的原则，或罗马战术的规则那样重要吗？"她意在使妇女在建筑方面精益求精，这样的话她们就能够影响丈夫，和丈夫在一起时他们可以形成"未来居所的计划"。因此，她向自己读者介绍了平面图和立面图等建筑术语，并详细讲解了如何阅读墙、窗和门的布局及比例图。[27] 她的读者将会审视的平面图很有可能是安德鲁·杰克逊·唐宁的方案。

对唐宁来说，"门廊和游廊"是家庭舒适的拱形符号："没有一个或多个这样的符号，就不能认为住宅是完整的。"它们保护着房屋的入口，并提供了一个在恶劣的天气下能够散步的地方；它们的背阴处使其在夏季

"非常必要而且宜人"；并且因为在一年的大部分时间里，它们都是"家庭最喜欢的休闲所在"，尤其是如果它们有讨人喜欢的景色的话（图9.6）。但是，表现（representing）这些可能性比它们的实际优点更为重要："宽大阴凉的门廊暗示的是舒适的观念，并很好地表现了目的"，同样，"给别墅添上的凸窗、阳台与露台"，则标志着"优雅的享受，这种享受属于人类在一个有教养和优雅的社会中的住所"。在没有"藤蔓覆盖的门廊"的情况下生存则表达的是"生活在一个笨拙、拙劣、粗陋的居所里"，"一个人的心中只有一丁点欢快的家庭投合"。[28]

图9.6　农舍建筑中的棚架和走廊。
Andrew Jackson Downing, *The Architecture of Country Houses* (New York: Appleton, 1852), facing 112. **特拉华州温特图尔市温特图尔图书馆印刷书刊藏品部惠允使用。**

比彻也分享了唐宁的如画美学，而且在园林的问题上她承认他的权威。当她表现其梦想的房屋，"一座保证最节省劳动力和费用，是作者所见过的最大程度上的便利和舒适的哥特式的农舍"时，这个房屋拥有两个而非一个"游廊"，分别从客厅和餐厅打开。她还用如画般的细节描绘起了另一座哥特式农舍——由她的平面艺术家丹尼尔·瓦兹沃斯（Daniel Wadsworth）建造而成——这个农舍有一个用城垛装饰的凉亭和谷仓，而农舍的门廊用柱子支撑，并"简单地用小树的树干做成，呈现出一派美丽的乡村风格"（图 9.7）。她对这种理想化的农舍所作的景观美化简直是如画般的："与其把遮阴的树当作单棵的树按直线排开或散布开来种植，不如将其成簇排列种植，配备草皮、花和灌木铺就的大开口。"这种造园旨在"给人以自然中所见的优雅、安逸和多样"。[29]

图9.7　哥特式农舍。

Catherine E. Beecher, *A Treatise on Domestic Economy* (New York: Harper & Brothers, 1848), 274. 特拉华州温特图尔市温特图尔图书馆印刷书刊藏品部惠允使用。

　　但是在房屋的设计上，比彻不会把如画的理想放在实际的考量之上。种种家庭优先事项证明了对门廊或其他任何关于家庭生活的建筑象征的需求持怀疑态度是正当的。"良好的品位"是可取的，但重要性不如"舒适经济"："妨害一个家庭的便利和舒适，以确保有优雅的房间，以向同伴展示，这可谓软弱而愚蠢。"她总体上谴责了"游廊和柱廊""非常昂贵"，尤其是它们的"花费如果用于额外的儿童室或厨房便利设施，将确保获得更多舒适"。花在门廊上的钱转而能够"致力于为家庭佣人提供舒适的厨房和房间"或厕所和带自来水的"浴缸"等"在后门的住宿配套条件"，这给妇女省去了"许多艰苦的劳动和混乱"。[30]

　　比彻把家庭生活与工作联系起来；唐宁则把家庭生活与闲适的隐私（leisured privacy）联系起来。在他处理屋内空间的利用时，他更关心的是让用人们派上用场，而非减少女性的家务活。在节省家庭劳动方面，上菜架和通话管（speaking-tubes）跟水泵一样重要："最大程度的舒适……在于仅仅雇用实际所需的用人。"唐宁对厨房的运作方法或位置不感兴趣，只是希望屋内其他地方的人不会意识到厨房的存在。唐宁的房屋唯一一处男性空间是一个僻静处，图书馆。女性空间则是从厨房到闺房，再到"花园、草坪和游乐场"，而一家人会共同使用客厅、门廊和餐厅。[31]

　　在这种男性对家庭运转方法漠不关心的语境下，比彻断言，"内容涉及美国妇女的健康和日常生活舒适的家政学，其最重要的一点是恰当地建造房屋"。比彻把房屋设计上的"良好的品位"视为比劳动、花费、健康和舒适的经济更"可取、但不那么重要"的考虑因素。关于品位，她几乎没有什么可说的，除了断言"按照良好的品位的规则建造一座房子，总是跟建造一座笨拙且比例不均的房子同样便宜，而且大体上会更便宜"。劳务的经济性（economy of labor）意味着，如果男人没有办法雇用足够的服务，或者他们的妻子"身体虚弱"，那么，男人不应建造大房屋：

"房屋中的每一个房间都会增加装修和装饰的费用，并增加清扫、除尘、清洁地板、上油漆、安装窗户、照料和修理家具的劳动量。"为了节省劳力和金钱，呈四方形格局的房屋——以最低的建造费用围住最大的空间，并能最有效地供暖和通风——比那些有着不规则但符合如画美学的突出物（projections）和侧厅的房屋会更受人喜欢。广场、门廊和游廊——唐宁的家庭生活的拱形象征——尤其所费不赀："如果把它们的成本投入额外的儿童室和厨房便利设施上，那么就会获得更多舒适。"[32]（图9.8）

比彻把住宅设计的问题与住在（living in）房屋中的经验，而非观看（looking at）房屋的经验联系起来。对她来说，房屋格局比观感更为重要。房间的布局，"以及适当的便利设施的供应"能够"节省劳动和提供舒适"。女性频繁使用的房间——厨房、起居室、儿童房——应该位于同一层，这样彼此方便："对一位身体虚弱的女性来说，没有什么会比上下楼梯更危险；不过，为了拥有两个大的客厅，为了向数位朋友或陌生人进行展示，人们在健康、舒适和金钱方面做出了巨大的牺牲。"她特别注重考虑储存，并仔细注意壁橱和架子空间的布局，特别是在可能用作儿童室的房间里。[33]

比彻建议，在设计便利设施时应当优先考虑水处理设施，这样的话，女性也就不用充当运水工了。"用通常花在餐具柜或者沙发上的一半费用就能用上水井或蓄水箱的水，只要简单地旋转旋塞（cock），水就会流到要用水的地方。"唐宁只是注意到人们普遍喜欢室内管道（indoor plumbing），却很少将其列入本人的平面图中。不像唐宁，比彻提供了一种依据——"劳动的汗水遍布全身，因疾病导致虚弱"的人们，在任何天气出门都对健康不利——而且，她实际上在自己的房屋格局中设计了管道设施。比彻设计了一套能为厨房提供冷水，为洗澡和洗衣提供热水的完整的管道系统。她还专门为这些和其他"在后门的住宿配套设施"制定了一个单独的格局，包括厕所、垃圾箱和木柴堆（图9.9和9.10）。比彻建议，

"每个女性"都应该利用自己的影响力来确保所有这些便利条件，即使这涉及牺牲游廊或"最好的客厅"。[34]

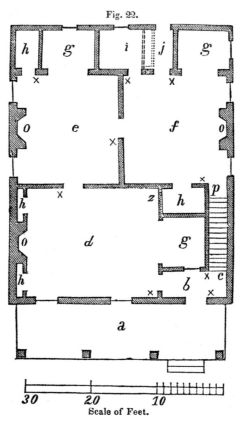

Fig. 22.

Scale of Feet.

a, Porch.
b, Entry.
c, Stairs.
d, Parlor, 16 by 20 feet.
e, Dining-room, 16 by 16 feet.
f, Kitchen.

g, g, g, Bedpresses.
h, h, h, h, Closets.
i, Store-closet.
j, Back entry and Sink.
p, Cellar stairs.
o, o, o, Fireplaces.

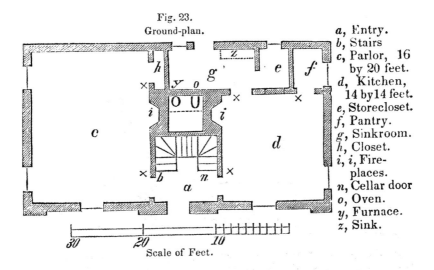

Fig. 23.
Ground-plan.

a, Entry.
b, Stairs
c, Parlor, 16 by 20 feet.
d, Kitchen, 14 by 14 feet.
e, Storecloset.
f, Pantry.
g, Sinkroom.
h, Closet.
i, i, Fireplaces.
n, Cellar door
o, Oven.
y, Furnace.
z, Sink.

Scale of Feet.

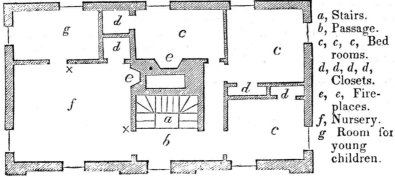

Fig. 24.
Second Story.

a, Stairs.
b, Passage.
c, c, c, Bedrooms.
d, d, d, d, Closets.
e, e, Fireplaces.
f, Nursery.
g Room for young children.

图9.8　用掉了同样多的建筑材料，带游廊（上页图）和不带游廊（本页图）的住宅的规划图。本页的规划图有两层楼。

Catherine E. Beecher, *A Treatise on Domestic Economy* (New York: Harper & Brothers, 1848), 266, 267. 特拉华州温特图尔市温特图尔图书馆印刷书刊藏品部惠允使用。

Fig. 34.

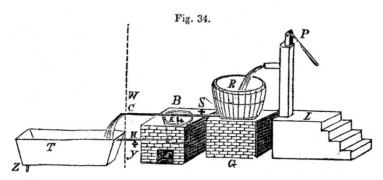

P, Pump. *L*, Steps to use when pumping. *R*, Reservoir. *G*, Brickwork to raise the Reservoir. *B*, A large Boiler. *F*, Furnace, beneath the Boiler. *C*, Conductor of cold water. *H*, Conductor of hot water. *K*, Cock for letting cold water into the Boiler. *S*, Pipe to conduct cold water to a cock over the kitchen sink. *T*, Bathing-tub, which receives cold water from the Conductor, *C*, and hot water from the Conductor, *H*. *W*, Partition separating the Bathing-room from the Wash-room. *Y*, Cock to draw off hot water. *Z*, Plug to let off the water from the Bathing-tub into a drain.

图9.9　用最少的劳动获得水的 "住处" 。

Catherine E. Beecher, *A Treatise on Domestic Economy* (New York: Harper & Brothers, 1848), 275. 特拉华州温特图尔市温特图尔图书馆印刷书刊藏品部惠允使用。

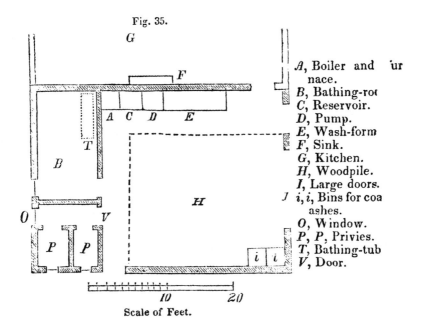

Fig. 35.

G

F

A C D E

T

B

O

V

P P

H

J

i i

A, Boiler and 'ur
 nace.
B, Bathing-ro(
C, Reservoir.
D, Pump.
E, Wash-form
F, Sink.
G, Kitchen.
H, Woodpile.
I, Large doors.
i, i, Bins for coa
 ashes.
O, Window.
P, P, Privies.
T, Bathing-tub
V, Door.

10 20

Scale of Feet.

Fig. 35, is the plan of a building for back-dooi
accommodations. At *A, C, D, E,* are accommoda
tions shown in Fig. 34. The bathing-room is adjacent
to the boiler and reservoir, to receive the water. The
privy, *P, P,* should have two apartments, as indispensa-

图9.10 一个有"位于后门的配套设施"的建筑的平面图，以及说明文字的
片段。

Catherine E. Beecher, *A Treatise on Domestic Economy* (New York: Harper &
Brothers, 1848), 276. 特拉华州温特图尔市温特图尔图书馆印刷书刊藏品部惠允
使用。

舒适观念的名望

唐宁更关注房屋的外观，而非房屋空间的利用。在设计"房间的便利安排方案"的时候，他主要考虑的是房间的"朝向"（aspect）和"视野"（view）。家庭空间的使用方式不如确保这些空间彼此分离那么重要："家居的理想是要让房屋的每个部分本身是完整的，即使在不用于展示的情况下，也很少为了照顾家人或客人而打破格局。"[35] 他所谓的家人，指的就是不该被打扰的父亲。

唐宁让妇女通过家庭生活中拱形的如画美学象征（弯曲的藤蔓）而拥有建筑方面的主动性。不是每一座农舍都能"表现科学与知识，因为科学要求建筑者和设计师接受建筑学教育"；但是每个人都有一种对美的"感知"，"恒久的藤蔓"最有效地将其表达了出来，"因为光从有用性上来讲，永远无法使任何人种植开花的藤蔓"。真正修筑一间农舍的"建筑师、石匠、木匠"从来不会种植藤蔓。种植藤蔓的只是那些"住在农舍中，并使其真正成为一个家的人，大体上是母亲或女儿，她们种植藤蔓的行为是在家庭祭坛上献出的一种爱的劳动"。因为与女性气质有"最直接和自然的联系"，"乡间农舍上的藤蔓总是在表达家庭生活并呈现爱心"。弯曲的藤蔓是唐宁其他弯曲符号的典型，比如可以在莱茵建筑中找到的"花环柱（wreathed column）"。唐宁将现代读者从这种"对自然的象征和对深情拥抱的象征"的倾向性解读中拯救了出来：

> 凡是在有缠绕着的藤蔓，或者攀缘植物遵循这种植物的生命法则绕着一根光秃秃的树干或树枝呈螺旋式上升的地方，你就有了弯曲的柱子。藤蔓是脆弱的，依赖强者的支持——强者支撑弱者——简言之，就是诗人自己那多情、充满爱意、轻信的妇女身份

（womanhood）。

值得称道的家庭生活要求妇女在身体上依赖男性的同时在情感上支持男性。[36]

比彻与唐宁各自对空间的综合利用的倾向与他们的性别经验相一致。家务上的劳动分工并没有跨越性别界限，在包括中产阶级家庭的大多数家庭中，最繁重的家庭劳动形式——准备食物、纺织与儿童看护——通常会涉及空间的重叠使用。比彻主张，更小、更简单的房屋设计本身就是一种可取的便利，而不仅仅是对经济需要的让步，她非常愿意根据季节或时间，以不同的方式使用同一空间。她建议用落地式窗户代替走廊或客厅的外门。在夏天，这样的窗户可以对新鲜的空气开放，不过在冬日，它们可以安全地关闭，并用填塞物来抵御寒冷和气流。她还设计了"柜式折叠床"，也即可供睡眠的壁龛，这种壁龛可以在晚上打开，让客厅变成卧室。（参见图 9.8A。）

比彻与唐宁的住宅设计使家居环境中长期的性别关系（gender relations）得以持续化。比彻从在房屋中工作的经验出发考虑房屋，她本人关心的是为了家庭工作而将家庭空间作多用途利用。唐宁则优先考虑男性休闲和房屋外观的象征意义。[37] 但是，他们每个人都挪用了另一性别在家居环境问题上的传统特权——所以唐宁有了对家庭关系的感情化处理，而比彻则是在住宅设计方面有着技术专长。

这种挪用是如何形成的？作为前提条件，至少部分答案可能与他们的生平有关。他们的经验有助于将问题抽象化。他们二人实际上都不是典型的性别化的家庭角色（gender domestic roles）：唐宁没有子女，而比彻选择单身。如画美学是否能够让他们的权威跨越性别呢？当然，如画美学在品位问题上对主观情感的强调，让唐宁能够参照他自己的设计唤起家庭生活的情感。此外，如画美学设计的质朴及其异国情调风格自觉地为乔治王朝时期和新古典主义时期住宅设计的对称、等级以及经典风格提供了一种替代选择。

如画美学与对家庭生活的崇拜涉及一场性别之间以及关于性别的对话。截至 19 世纪 40 年代末，呼吁妇女在建筑方面进行自我教育，以便表达妇女对房屋设计的兴趣的凯瑟琳·比彻似乎是有先见之明。到了 19 世纪中叶，妇女在美国阅读人群中占据了主导地位，妇女撰写最受欢迎的书籍，编辑最受欢迎的杂志。在比彻的《论文》出版后的 10 年里，由于认识到了妇女在农场家庭高效运作方面的专长，以农业题材为主的出版社开始以妇女的设计和对当地房屋的评论为特色。唐宁的最后一本书，《乡村住宅设计》（ *The Architecture of Country Houses* ）始终关注有关舒适性和室内装饰的问题，正如其副标题直截了当地指出的那样，"对家具及通风和取暖进行的长篇讨论"（ with Lengthy Discussions of Furniture as well as Ventilation and Heating ）。这本 1850 年出版的书可能受到了新的妇女出版物的影响——这些出版物致力于家居环境——诸如比彻的著作和戈迪（ Godey ）的《女士之书》（ *Lady's Book* ），后者由萨拉·约瑟法·黑尔（ Sara Josepha Hale ）主编。1846 年 9 月，戈迪的《女士之书》开始定期在一个"样板农舍"（ Model Cottages ）的板块刊出房屋设计图。作为 1850 年每一期都发行了 6 万多本的美国发行量最大的月刊，《女士之书》几十年来一直是国内建筑领域最受欢迎的出版物。英国的设计，主要是伦敦的《农舍、农场和别墅建筑及家具百科全书》，其在 19 世纪早期占据着主导地位，不过，到了 19 世纪 50 年代中期，是包括唐宁的著作在内的美国人的专著占据了主导地位。[38]

唐宁和比彻对建筑学有何影响？唐宁的设计特点几十年来在郊区和小镇建筑中很受欢迎。比彻的设计，虽然不断在《论文》中更新，但是对房屋的设计没有明显的直接影响。尽管她对改善家居环境以造福妇女深感关切，不过，她本人的改善策略使建筑设计成为一个附属事项。在建筑上运用如画美学将会损害她在房屋设计中把家务活放在首位的原则。她的设计出现在了一本专门针对年轻妇女的著作的某一章中；一位业余建筑师为这本书准备了她的设计之粗糙但又精确的复制品。在其《论文》首次出版后的一代人的时间内，尽管妇女杂志为房屋设计提供了最大的曝光率，但是，美国家庭建筑的趋势与她的建议相悖。随着客厅的精心布置、卧室面积的扩大、阳台的增多和不规则的房屋格局，是唐宁发展了美国的农舍与别墅的风格。[39] 舒适文化的象征化，比真正实现要更容易实现。

注释

1. 这份设计先是发表在 J. B. Bordley, *Country Habitations* (Philadelphia, 1798)，随后出现在 J. B. Bordley, *Essays and Notes on Husbandry and Rural Affairs*, 2nd ed. (Philadelphia: Thomas Dobson, 1801), pl. 5。

2. Edward A. Chappell, "Housing a Nation: The Transformation of Living Standards in Early America," in *Of Consuming Interests: The Style of Life in the Eighteenth Century*, ed. Cary Carson, Ronald Hoffman, and Peter J. Albert (Charlottesville: University of Press of Virginia, 1994), 193–209; Jane C. Nylander, *Our Own Snug Fireside: Images of the New England Home, 1760–1860* (New Haven: Yale University Press, 1993).

3. Chappell, "Housing a Nation," 208 (quoted), 212–220, 229; Dell Upton, "The Traditional House and Its Enemies," *Traditional Dwellings and Settlement Review* 1 (Spring 1990): 71–84.

4. Thomas Jefferson, *Notes on the State of Virginia* (MS [1785]; orig. publ.

1861; New York: Torchbook, 1964; repr. Gloucester, Mass.: Peter Smith, 1976), 145–148; Jack Larkin, "From 'Country Mediocrity' to 'Rural Improvement': Transforming the Slovenly Countryside in Central Massachusetts, 1775–1840," in *Everyday Life in the Early Republic*, ed. Catherine E. Hutchins (Winterthur: Henry Francis du Pont Winterthur Museum, 1994), 175–201; Lee Soltow, *Distribution of Wealth and Income in the United States in 1798* (Pittsburgh: University of Pittsburgh Press, 1989), 57; Bernard Herman, *Architecture and Rural Life in Central Delaware, 1700–1900* (Knoxville: University of Tennessee Press, 1987), 14–41, 109–114; idem, *The Stolen House* (Charlottesville: University Press of Virginia, 1992), 183–195, 206–210, 217–222; Carole Shammas, *The Preindustrial Consumer in England and America* (Oxford: Clarendon Press, 1990), 165–169.

5. Alexander Jackson Davis, *Rural Residences* (New York, 1837–1838); Andrew Jackson Downing, *Treatise on the Theory and Practice of Landscape Gardening* (New York: Wiley & Putnam, 1841); idem, *Cottage Residences* (New York: Wiley & Putnam, 1842); idem, *The Architecture of Country Houses* (New York: D. Appleton, 1850); David Schuyler, *Apostle of Taste: Andrew Jackson Downing, 1815–1852* (Baltimore: Johns Hopkins University Press, 1996).

6. Kathryn Kish Sklar, *Catherine Beecher: A Study in American Domesticity* (New York: W. W. Norton, 1976).

7. *Miss Beecher's Domestic Receipt Book: Designed as a Supplement to Her Treatise on Domestic Economy* (New York: Harper & Brothers, 1846), 252–269; Downing, *Architecture of Country Houses*, 476; Kenneth L. Ames, "Downing and the Rationalization of Interior Design," in *Prophet With Honor: The Career of Andrew Jackson Downing, 1815–1852*, ed. George B. Tatum and

Elisabeth Blair MacDougall (Washington, D.C.: Dumbarton Oaks Research Library and Collection, 1989), 191–217. 关于 19 世纪对舒适观念的兴趣，参见 Elizabeth Donaghy Garrett, *At Home: The American Family, 1750–1870* (New York: Harry N. Abrams, 1990), chap. 8, "The Quest for Comfort: Housekeeping Practices and Living Arrangements the Year Round"。

8. Ronald J. Zboray, "The Transportation Revolution and Antebellum Book Distribution Reconsidered," *American Quarterly* 38 (1986): 53–71; idem, "Antebellum Reading and the Ironies of Technological Innovation," *American Quarterly* 40 (1988): 65–82; Gail Caskey Winkler, *Influence of Godey's "Lady's Book" on the American Woman and Her Home: Contributions to a National Culture, 1830–1877* (Ph.D. diss., University of Wisconsin–Madison, 1988), 99–107.

9. Mary Woods, "The First American Architectural Journals: The Profession's Voice," *Journal of the Society of Architectural Historians* 48 (1989): 118; Charles B. Wood III, "The New 'Pattern Books' and the Role of the Agricultural Press," in *Prophet With Honor*, 182.

10. Clifford E. Clark, Jr., "Domestic Architecture as an Index to Social History: The Romantic Revival and the Cult of Domesticity in America, 1840–1870," *Journal of Interdisciplinary History* 7 (1976): 33–56; Norma Prendergast, *The Sense of Home: Nineteenth-Century Domestic Architectural Reform* (Ph.D. diss., Cornell University, 1981).

11. Catherine Beecher, *A Treatise on Domestic Economy for the Use of Young Ladies at Home and at School* (New York: Harper & Brothers, 1846), 40; Andrew Jackson Downing, *A Treatise on the Theory and Practice of Landscape Gardening* (London: Longman, Brown, Green, and Longmans, 1849), viii–ix.

12. Downing, *Architecture of Country Houses*, 409–412. 关于唐宁的评论倾向，参见 Richard L. Bushman, *The Refinement of America: Persons, Houses, Cities* (New York: Alfred A. Knopf, 1992), 354–365。

13. George B. Tatum, "Introduction: The Downing Decade (1841–1852)," in *Prophet With Honor*, 1–42.

14. George Bishop Tatum, *Andrew Jackson Downing: Arbiter of American Taste, 1815–1852* (Ph.D. diss., Princeton University, 1949), 41, 50, 149; Downing, *Treatise on Landscape Gardening* (1849), 370; Vincent J. Scully, Jr., *The Shingle Style and the Stick Style: Architectural Theory and Design from Downing to the Origins of Wright*, rev. ed. (New Haven: Yale University, 1971), xxv–xxix.

15. Downing, *Treatise on Landscape Gardening* (1849), 79.

16. Jane B. Davies, "Davis and Downing: Collaborators in the Picturesque," in *Prophet With Honor*, 84.

17. Wood, "New 'Pattern Books,'" 182.

18. Tatum, "The Downing Decade," 2; Downing, *Treatise on Landscape Gardening* (1849), 74.

19. Downing, *Architecture of Country Houses*, 373.

20. 如无其他引证，以下传记信息来自 Sklar, *Catherine Beecher*。

21. Catherine Beecher to Mary Lyon, 17 November 1844, Beecher Family Papers, Archives, Mount Holyoke College, South Hadley, Massachusetts.

22. Sklar, *Catherine Beecher*, 301–304; Lawrence A. Cremin, *American Education: The National Experience, 1783–1876* (New York: Harper & Row, 1980), 69.

23. Beecher, *Treatise on Domestic Economy* (1846), 9.

24. Catherine Beecher, *Treatise on Domestic Economy* (Boston: March, Capen, Lyon, and Webb, 1841), preface; Beecher, *Treatise on Domestic Economy* (Boston: T. Webb, 1842), preface.

25. Beecher, *Treatise on Domestic Economy* (1846), 5–6, 25–26, 39–45.

26. 关于更换出版商，参见 Catherine Beecher to Mrs. Z. P. G. Bannister, 20 January 1845, Beecher Family Papers. Beecher, *Treatise on Domestic Economy* (1846), 8; Beecher to Lyon, 17 November 1844; Catherine Beecher to the Rev. Gorham D. Abbott, 9 November 1843, Katharine Day Collection, Stowe-Day Foundation, Hartford, Conn.; Kathryn Kish Sklar, "The Founding of Mount Holyoke College," in *Women in America: A History,* ed. Carol Ruth Berkin and Mary Beth Norton (Boston: Houghton Mifflin, 1979), 177–198。

27. Beecher, *Treatise on Domestic Economy* (1846), 6, 8, 261–263; Catherine Beecher, circular to family, 11 December 1840 (Cincinnati), Katharine Day Collection, StoweDay Foundation, Hartford, Conn.

28. Andrew Jackson Downing, *Cottage Residences*, 2nd ed. (New York: Appleton, 1844), 21–22, 38, 53, 65, 89.

29. Beecher, *Treatise on Domestic Economy* (1846), 271–277, 331.

30. Ibid., 259–263, 265, 271, 276–277.

31. Downing, *Cottage Residences*, 5; Andrew Jackson Downing, "On Feminine Taste in Rural Affairs," in *Rural Essays*, ed. George William Curtis (1853; repr, New York, 1974).

32. Beecher, *Treatise on Domestic Economy* (1846), 258–263.

33. Ibid., 259, 271.

34. Ibid., 259–260, 277. 卫生关切和家庭建筑之间的关系，参见 Annmarie Adams, *Architecture in the Family Way: Doctors, Houses, and*

Women, 1870–1900 (Montreal and Kingston: McGill–Queen's University Press, 1996)。

35. Downing, *Cottage Residences*, 10–12.

36. Downing, *Architecture of Country Houses*, 79, 346–347.

37. Witold Rybczynski, *Home: A Short History of an Idea* (New York: Penguin, 1987), 158–162.

38. Susan Geary, "The Domestic Novel as a Commercial Commodity: Making a Best Seller in the 1850s," *Papers of the Bibliographic Society of America* 70 (1976): 366; Winkler, *Influence of Godey's "Lady's Book,"* 32–41, 137–193; Sally McMurry, *Families and Farmhouses in Nineteenth-Century America: Vernacular Design and Social Change* (New York: Oxford University Press, 1988), 56–86; George L. Hersey, "Godey's Choice," *Journal of the Society of Architectural Historians* 8 (1959): 104–111.

39. Jan Jennings, "Drawing on the Vernacular," *Winterthur Portfolio* 27 (1992):255–279; Dell Upton, "Pattern Books and Professionalism: Aspects of the Transformation of Domestic Architecture in America, 1800–1860," *Winterthur Portfolio* 19 (1984): 107–150.

结　语

　　我从两个假设开始了这项研究：人们通常能够适应任何事物，以及大多数人认为他们的生活方式是正确的。从这个视角来看并不令人意外的是，在中世纪和近代早期的英国，以及在英属美洲的头两个世纪，提供身体舒适的便利设施并没有随着时间的推移发生太大变化。也不让人意外的，是在整个社会范围内，那个时期物质生活的基本标准自始至终都非常相似——堂屋、内室、带烟囱的壁炉与床。对它们的改进没有太多要求。对展示社会地位并借以维护之的物品有着越来越高的要求。即便是在这个前工业时期的社会，服装、家具和建筑的时尚也激发出了物质文化设计的巨大变化。在中世纪和近代早期的英国文化中，家居舒适发生的改变主要不是与家庭生活相关，而是与好客、清洁以及空气的健康有关。这些关切引起的物质文化上的改变，后来会被理解为个人与家庭舒适度的提升。

　　最终被认定为所有人最低限度的舒适，起初是为地位特殊的人开发的。自相矛盾的是，早期最有影响力的室内环境设计的创新，其中很多与禁欲的、非教区的神职人员有关。准确说来，这是因为他们脱离了日常生活，他们比世俗中人更富批判性地看待社会的物质文化。结果，他们设计的生活方式置于创新之上的传统与习惯性限制更少。带烟囱的壁炉、玻璃窗和客厅在大多数俗众将其作为生活标准的一部分之前，就已经是牧师住所的常规特征了。

　　除神职人员之外，封建社会中另一个很大的社会分类就是妇女。为了保护妇女，以及为了指定妇女从事特定任务而创造出单独的空间对 16 与 17 世纪的家居环境设计的变化——内室、床、厨房和生火区域——来说至关重要。消费的性政治偏爱男性，因为在法律层面上，一个家庭的财富是他们的，而且他们会用客厅来展示他们购买的商品。在性的意义上，客厅比堂屋—内室复合体的空间更鲜明地区分出了家庭空间。如果妇女最感兴趣的家庭地带——炉灶、内室和庭院——在家庭支出上的新方向上排在第二位，那么，身体舒适的优先权也可能保持在较低水平。

在这项研究中，我最大的惊喜是发现了有多少舒适文化是与园林一起发展的——见证了游廊、农舍与房屋模式图则。因为在 18 世纪的英国，舒适起初是不定期的、娱乐性的，所以花园和园林为探索舒适文化提供了大量契机。

这些进展表明了文化是如何塑造消费的。当这种关系被运用于以满足近代早期的英国世界发展的种种需求为导向的自觉的消费者社会时，就会变得特别有趣。加入以家庭为导向的消费大众之中，需要各个家庭提升其技术专业化水平，并减少其维持生计的初级生产活动。人工照明与新的供暖设施定义了家庭空间与（新的流行社交方式出现的）时间。供暖与照明上的种种变化象征着一种环境，在这种环境下，家庭活动及其伴随的消费模式将会较少受到传统要素的约束。

基本的舒适技术的历史性变化仰赖有时尚意识的公众的存在，他们被人告知，先前认为的在功能上合乎需要的设施存在不适之处。文化要求用以塑造新的消费模式的过程在前工业的语境下尤为明显，在那里，家庭空间及其设施的设计与使用上的变化，远比单靠技术创新所能解释的要剧烈得多。这些进程包括随着都市文化的发展，大众对宫廷和贵族的模仿，随着世界经济的发展从与非欧洲社会的物质文化的联系中接触到了设计与消费的新的可能性，以及印刷术发明后世俗的与乡土的图像传播的加强。

　　18 世纪英美社会的消费革命发展出一种舒适文化，该文化将"舒适"一词新的身体意义与其传统上的道德支持意义综合在了一起。这种感受力意识到，舒适是文化上的进步，而非身体上的自然需求。对舒适的关切为适度但创新的消费模式提供了一个理论基础，这些消费模式既超越了贵族对奢侈的要求，也超越了贫困者的刚需。

　　到了 1800 年，身体舒适已经发展成一种可以习得并被展现为社会进步的标志的文化。对舒适之家的满足感成了赋予种种消费模式以意义的最具说服力的方式之一。在 19 世纪早期的数十年里，舒适理想提供了对中产阶级的形成来说至关重要的价值、消费模式，以及行为举止。在 18 世纪的英国社会和盎格鲁美洲社会发展出来的舒适文化，明确肯定了其必不可少的家庭属性、技术承诺与普遍性：所有人都有权获得身体上的舒适，所有人都能以同样的方式获得舒适。

主要专有名词对照表

aclove bed　壁室床

alcove　凹室

Argand lamp　阿尔冈灯

bay window　凸窗

bedding　寝具

bed warmer　暖床盆

bedstead　床架

biliard room　台球室

boss　（穹顶、天花板等上面的）圆形凸饰

boudoir　闺房

bower　凉亭；闺房

brazier　火盆

buttery　酒贮藏室

candlestand　烛台

candlestick　烛架

chapter-house　牧师会礼堂

chimneyface　烟囱面

426

chimneyhood　烟囱帽

colonnade　列柱

conservatory　暖房，温室

corn cribs　玉米透风仓

corner door　角门

cross-passage　联络排送风道

cross window　横窗

curtain wall　幕墙

dormer　天窗

dairy　制乳室

duplex　联式房屋

easy chair　安乐椅

farmhouse　农场建筑

fireback　背墙

firehood　防火罩

floor plan　楼层格局

flue　烟道

girandole　多枝烛台

garderobe　私室；珍宝贮藏室

hall　堂屋

hearth　炉灶

hinged blinds　铰链式百叶窗

hinged door　铰链门

hypocaust　火坑

landscape architecture　景观设计学

landscape garden　景观园林

landscaping　造园

lean-to　披屋

leg rest　搁腿架

mantletree　壁炉梁，壁炉拱架

molding　线脚

mullion　竖框，直棂

ogee arch　葱形拱

oil reservoir　储油器

pantry　食品储藏室

pattern book　模式图则

poultry pen　禽舍

portico　柱廊

reading chair　读书椅

sash window　垂直推拉窗

sconce　壁式烛台

seating furniture　坐具

shade　遮棚，遮蔽物

slavehouse　奴隶屋

sleeping chair　睡椅

smokehouse　烟熏房

solar　（中世纪房屋的）顶层房间，屋顶室

solid wall　实心墙

square pane　方形窗格

stonework　石造部分

summerhouses　凉亭

tobacco house　烤烟房

town house　排房；城市住宅

turf house　草皮房

vaulting　拱顶结构

warming pan　长柄炭炉

wattle-and-daub　泥笆

window cap　窗帽

wing　翼；侧厅；厢房；耳房

withdrawing room　休息室

译后记

众所周知，英国小说家弗吉尼亚·伍尔夫有本名著《一间自己的房间》（*A Room of One's Own*）。光是书名本身就值得玩味。一间房间，有那么重要吗？可见还有一个题眼"自己的"。"自己的"不仅意味着"所有权"（在最宽泛的意义上）、隐私、私密，而且意味着放下戒备、安全，可能还有"舒适感"。

在今天的城市中，在租房、购房时，很多租客、买家考虑的主要因素包括价格、位置、采光、交通通达度、是否学区房等，可待住进来后，他们可能会发现，还有一个至关重要的因素不能忽视，那就是舒适度——理想的情况，恐怕自然是身体和心灵同时可以栖居于斯。

然而，比起价格、位置、采光等客观标准，舒适度这个乍看来偏主观的因素要如何衡量呢？整个房屋的舒适度，要如何根据屋内的设计、布置、装饰进行切分呢？或者说，是否有可能将舒适度量化呢？

当然，舒适度的问题是具体而微的，体现在男女老少为了自己过得更舒心而做出的种种选择上。毕竟，跟今人一样，大多数人日常面临的问题不是哲学意义上的，而是对付生活，处理生活抛来的种种挑战，让自己和家人都过上更好的生活，比如用日光灯替代煤油灯——用砖房替代土坯房，等等。

在《舒适观念的诞生》中，作者约翰·E.克劳利以其广阔的视野，对各式各样的舒适相关物进行了研究，包括但不限于烟囱、游廊、窥镜、火炉、